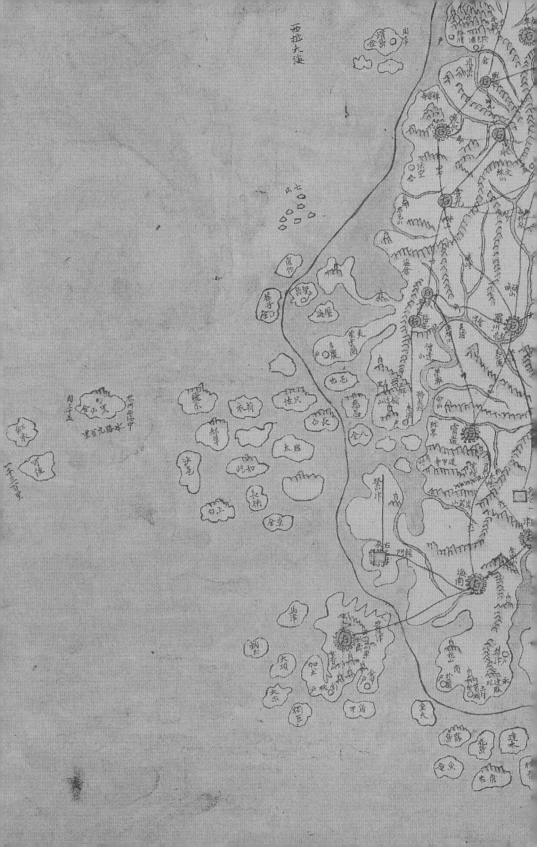

섬문화 답사기
진도 제주편

치열한 생존과 일상을 기록한 섬들의 연대기

어떤 사람은 나라의 재력이 빈약한데 (……)
내 생각에 섬은 우리나라의 그윽한 수풀이니
진실로 경영만 잘하면
장차 이름도 없는 물건이 물이 솟아나듯,
산이 일어나듯 하리니(……).

或曰 國力貧弱, (何以增官.) 臣以爲海島者,
我國之幽藪也. 苟一經理, 將有無名之物,
水湧而山起, (綏遠之司, 將與戶曹相.)
《경세유표》 제2권 〈추관형조(秋官刑曹)〉에서

진도
제주
편

치열한 생존과
일상을 기록한
섬들의 연대기

김준 지음

섬문화
답사기

보누스

섬 씨오쟁이를 꿈꾸다

섬에 들면 오랫동안 섬을 지키며 살아온 사람들에게 먼저 인사를 한다. 낙지를 잡는 사람, 오랫동안 김 양식을 해온 사람, 제주에서 뭍으로 시집와 평생 물질을 하며 살아온 어머니, 바지락을 캐는 사람, 외줄낚시만 평생 고집해온 사람, 시금치농사를 짓는 할머니, 돌미역만 뜯는 부부, 소리를 잘하는 사람, 음식을 잘하는 사람 등 셀 수 없이 많다. 짧게는 20년, 길게는 30, 40년 섬과 바다에 기대어 살아온 사람이다. 섬을 지키는 섬지기이다. 이들은 나이가 많다. 언제 섬지기를 그만두어야 할지 모른다. 운이 좋아 자식이 대를 잇기도 하고, 새로운 섬지기가 나타나기도 하지만 대부분 그렇지 못하다. 이분들은 외래종이 넘치는 세상에서 섬을 지키는 토종 씨앗 같은 존재다. 그들이 살아온 이야기는 그대로 섬살이고 섬문화다. 그러니 섬문화 답사기는 섬문화 토종을 갈무리하는 '섬 씨오쟁이'이다.

　자본에 섬을 입맛대로 요리하게 맡기는 것이 아니라 재래종 씨앗을 받아 후대에게 물려줘야 한다고 믿었다. 종묘회사가 만드는 씨앗은 당대에 달콤한 맛을 전해주고 끝난다. 다음 세대를 걱정하지 않는다. 섬이 그리되어서는 희망이 없다. 인디언은 '일곱 세대' 앞서 보고 의사를 결정한다고 한다. 섬문화 답사기를 시작한 근본적인 이유다. 조상 대대로 내려오는 섬살이를 소중하게 갈무리해 보관하는 '씨오쟁이'를 만들고 싶었다.

우리 속담 중에 '남이 장에 가니까 씨오쟁이 지고 따라간다.'는 말이 있다. 도시도 농촌도 정체성이 사라진 채로 뿌리를 알 수 없는 공간과 내용으로 채워지고 있다. 모두 세금으로 만들어낸 결과물이다. 이런 결과물은 종묘회사가 만든 씨앗처럼 후대로 이어지기 어렵다. 생명다양성이 거세되고 제초제만 남는다.

섬은 섬의 자연과 문화가 공존해야 한다. 이것이 섬살이 자양분이다. 이를 지켜내지 않으면 문화다양성이 거세되고 쓰레기로 남아 섬을 오염시킨다.

섬을 걷고 주민을 만나고 그들 삶을 기록하는 것은 생태와 문화 속에서 얻어낸 지혜를 씨오쟁이에 담아두려는 것이다. 씨앗을 갈무리해두고 다음 해 씨를 뿌리는 새로운 농부를 기다리는 것이다. 누군가는 이 씨오쟁이에서 섬 소설을 꺼낼 것이고, 누군가는 시를 꺼낼 것이다. 또 누군가는 그림을 그리고 노래를 만들 것이다. 각자 재능대로 섬 이야기를 할 것이다. 그러다 고향을 찾아, 혹은 섬살이를 하려고 섬을 찾는 이도 있을 것이다. 섬다움을 지키며 섬을 가꾸려는 사람도 만날 수 있을 것이다. 섬문화 답사기가 이런 사람들에게 필요한 책이 되었으면 좋겠다. 씨오쟁이를 고집하는 이유다.

이번 섬문화 답사기는 진도 제주편이다. 초고를 쓴 것이 2014년이다. 완도편(2015년)과 함께. 추가 조사를 하고 마무리를 하려고 한참 진도군 조도면 섬들을 드나들 때 '세월호' 사건을 겪었다. 더 이상 진행할 수 없었다. 다시 원고를 붙잡기까지 적잖은 시간이 흘렀다.

인천에서 시작된 뱃길은 서해안을 따라 내려와 진도 서쪽 조도군도를 지나 제주도로 이어진다. 목포에서 시작되는 뱃길도 진도와 해남 사이 울돌목을 지나 제주도로 이어진다. 지금 뱃길도 그렇지만 옛날에도 그 뱃길은 유효했다. 뱃길만이 아니다. 삼별초부터 구현대사로 이어지는 질긴 끈이 있다. 또 쌀과 소금이 부족한 제주에서 미역과 귤을 가지고 들어왔던 곳도 진도, 해남, 완도 등이다.

진도 본섬을 제외하면 나머지 섬들은 정말 새떼처럼 조도면에 모여 있다. 한 면에 35개 유인도와 119개 무인도로 모두 154개가 모여 있다. 좁은 공간에 많은 섬이 분포한 것으로는 단연 기네스북에 등재될 정도다. 섬만 많은 것이 아니라 관매도, 주지도, 양덕도, 혈도, 병풍도 등 그 모양새가 아름답다. 베트남에 하롱베이가 있다면 우리나라에는 조도 군도가 있다. 대부분 바위섬이다. 바위가 많으니 땅이 얼마나 척박하겠는가.

게다가 물길이 거칠기는 조선에 제일이라. 명량해전의 울돌목, 장죽수도, 맹골수도, 거차수도, 독거수도, 모두 조류가 거세서 한때는 오갈 수 없었고 많은 목숨을 앗아간 곳이기도 하다. 거친 바다가 아픔만 주는 것은 아니다. 섬살이를 가능케 한 돌미역과 멸치라는 선물을 주었다. 거친 물길만 탓하고 살 수 없었다. 섬에 태어난 죄로 환경에 적응해 살 방법을 찾아야 했다. 진도 미역이나 멸치가 맛을 아는 사람들에게 인기가 있는 것은 모두 그 덕분이다. 그래서 일찍부터 바위에 붙은 돌미역에 의지해 생활했다. 오죽했으면 '진도곽'이라는 말이 생겼을까. 결혼하는 딸에게 혼수품으로 넣어 보내는 것이 진도곽이라 했다. 진도 미역을 알아줬다. 해남 윤씨가 탐냈던 맹골군도의 미역이 아니던가.

거친 바다에서 바위를 붙잡고 살아야 하는 돌미역은 어쩌면 섬 주민들의 삶인지도 모른다. 돌미역이 없었다면 무인도로 바뀌었을 섬들이 꽤 많을 것이다. 조도군도의 작은 섬에서 섬살이를 할 수 있었던 것은 오롯이 돌미역 덕분이다. 섬사람들이 바다에 겸손하고 고마워하는 이유다.

제주도의 섬문화를 정리할 때 제일 고민이 많았다. 많은 사람들이 제주를 연구했고 관련 책들도 쏟아지고 있다. 여기에 또 한 권을 더할 생각은 없었다. 그렇다고 새로운 해석을 더하기도 어려웠다. 궁여지책으로 본섬은 제외하고 작은 섬을 소개하는 것으로 마무리했다. 다만 본섬은 제주를 바라볼 때 꼭 생각했으면 하는 몇 개의 꼭지를 더했다.

화산섬을 일구며 제주를 지켜온 제주 사람들의 지혜는 어떤가. 일만 이천 신이 사는 제주는 더 말할 필요가 없다. 섬살이 근본은 말할 것도 없고, 잊고 왜곡된 우리 글 뿌리도, 우리 음식 원형도 제주에서 찾지 않으면 안 될 형편이다. 자꾸 제주다움이 육지와 비슷해지는 것이 안타깝고 속상한 이유다.

운명으로 받아들이지만 운명을 삶으로 바꾸는 것도 섬사람이다. 씻김굿, 들노래, 아리랑, 다시래기 등 진도의 민속과 소리가 감동을 주는 것도 이 때문이다. 죽은 자를 불러 산 자를 해원케 하는 진도씻김굿의 지혜도 이런 바다에서 태동한 것이리라. 세계 유산으로 지정된 제주해녀, 세계농업유산 밭담, 오래된 포구와 원담, 집 안에 들여놓은 우영팟, 몸국 등 제주인의 삶과 지혜는 끝이 없다.

이처럼 섬과 바다, 섬사람과 어민들의 속내를 제대로 알려고도 하지 않고, 육지 생각으로 재단할 때 화가 난다. '바다를 멀리해라', '물을 조심해라'는 말도 그렇다. 삼면이 바다이고 물과 바다와 친하게 지내며 미래가치를 만들어도 시원찮을 판에 멀리하라니. 아이들은 바다에서 뛰놀고 싶은데, 위험하니 가지 말라고 한다. 미래가치를 찾아서 아이들이 꿈을 펼칠 수 있도록 격려하고 장려하지는 못할망정 가지 말라 한다. 가만히 있으라 한다. 그리고 자신들은 무한한 가치를 지닌 섬과 바다를 소모품처럼 사용하고 있다. 미래 세대에게 물려줘야 할 유산이라는 생각이 없다. 생명다양성과 문화다양성이 미래가치라고 힘주어 말하면서 말이다.

과학기술만으로 이야기할 수 없는 것이 섬살이다. 세월호가 그것을 여실히 보여주지 않았던가. 섬살이는 경험이다. 과학보다 앞선 것이 경험이다. 어쭙잖은 지식으로 바다를, 섬을 안다고 나서는 육지 것들의 오만에 대한 경종이다. 토종 씨앗을 갈무리하듯 오랜 섬살이 경험과 지혜를 여기에 담고 싶었다.

씨오쟁이에 담긴 지혜는 오롯이 섬사람들의 아픔이고 땀이다. 그러니 '섬문화 답사기'는 나 혼자 쓴 글이 아니다. 다만 대표 저자가 된 셈이다. 이게 빚이다. 평생 진 빚이니 평생 갚아야 한다. 나에게 섬은 학교이고 섬사람은 교사였다. 언젠가 섬을 학교로, 섬사람을 교사로 모시고 싶다. 내가 그리는 섬학교 모습이다. 씨오쟁이는 섬학교와 교과서를 만들기 위한 준비 과정이다. 이제 겨우 고개를 넘어 그 끝을 가늠하기 어렵지만 천천히 준비하려고 한다. 씨오쟁이에 토종 씨앗을 갈무리하는 농부처럼.

끝으로 어려운 시간을 잘 견뎌준 아내와 보리, 푸른, 바다, 가끔 섬여행에 동행하는 막내 별아 그리고 만만찮은 대장정에 기꺼이 동행해 준 보누스 가족에게 고마움을 전한다.

통영 추도로 가는 뱃길에서

차 례

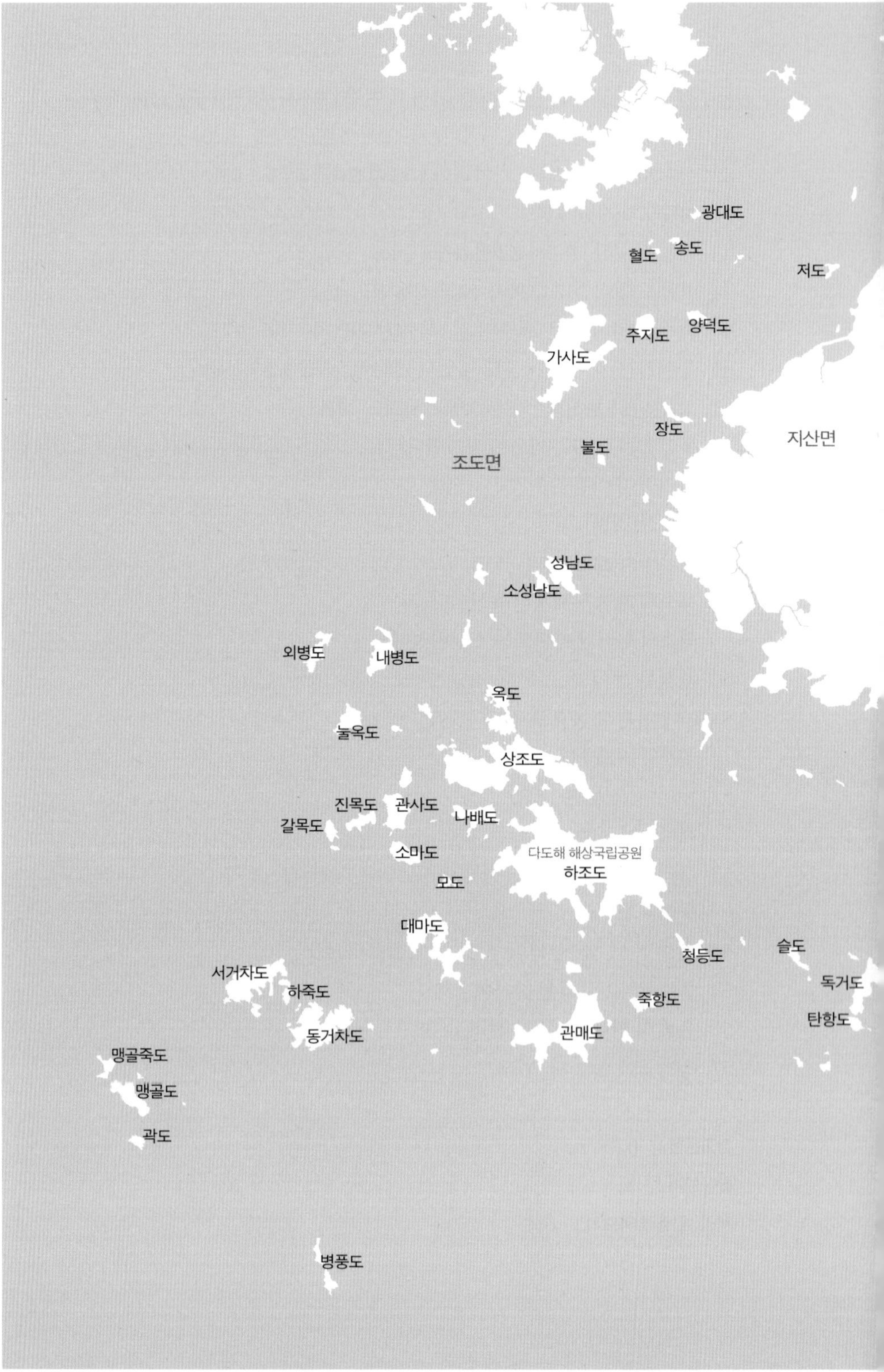

광대도

혈도　송도

저도

주지도　양덕도

가사도

장도

불도

조도면

지산면

성남도

소성남도

외병도　　내병도

옥도

눌옥도

상조도

진목도　관사도

나배도

갈목도

소마도

다도해 해상국립공원

모도

하조도

대마도

청등도

슬도

서거차도

독거도

하죽도

죽항도

탄항도

동거차도

관매도

맹골죽도

맹골도

곽도

병풍도

진도읍

진도군

진도

의신면

금호도

모도

접도

상구자도

하구자도

추자면

횡간도

추포도

상추자도

하추자도

우도면

우도

비양도

제주특별자치도

차귀도

가파도

마라도

일러두기

- 본 섬문화 답사기 시리즈는 2011년 현재부터 사람이 살고 있는 전국의 유인도를 직접 탐방하여 취재한 내용을 지역별로 엮어갈 예정입니다. 다만 지금은 무인도일지라도 유인도 시절에 독특한 사연을 가지고 있거나 섬 생태계에서 국내외에 보전해야 할 가치가 높은 생태계를 갖고 있는 경우에는 포함시켰습니다.(예:진도 불도, 제주 차귀도 등)

- 각 섬별 본문 마지막의 개황에 나와 있는 각종 통계와 자료는 《대한민국 도서백서 大韓民國 島嶼白書》(2011년 행정안전부 발행), 《전남의 섬》(2002년 전라남도 발행)을 참조했고, 30년 변화자료는 《도서지 島嶼誌》(1973년, 1985년 내무부 발행), 《한국 도서백서 韓國島嶼白書》(1996년 내무부 발행)를 참고했습니다. 본문과 참조 자료 사이의 일부 통계 불일치는 필자의 현지 취재 시점과 자료 사이의 시간 흐름에 따른 변화이며, 구 통계 중 일부 데이터는 오자로 보이긴 하지만 확인할 수 없어 그대로 인용합니다.

- 2010년 현재 연륙교로 연결된 섬 아닌 섬도 본서 기획의 전체적 맥락을 위해 같이 조사하여 게재합니다.(예:진도 본섬, 진도 접도 등)

- 각 섬 제목에 붙은 숫자는 지도에 표시한 숫자와 같습니다. 섬은 진도는 본섬을 설명하고 주변에 딸린 섬과 조도와 조도 주변의 작은 섬 순으로 편성했습니다. 제수노는 제주도에 딸린 작은 섬을 통해 제주 본섬과 관계를 설명하고, 본섬은 기존에 좋은 연구와 책들이 많아서 제주도의 섬생활과 문화적 특징을 설명하는 것으로 대신했습니다.

- 본문에 사용한 사진은 대부분 필자가 촬영한 것이며, 외부 도움을 받은 일부 사진은 저작권 표시를 따로 하였습니다.

- 본문에서 언급한 참고문헌 중 도서는 《 》부호로, 논문·신문·예술작품·지도 등은 〈 〉로 표시했습니다.

전라남도 진도군

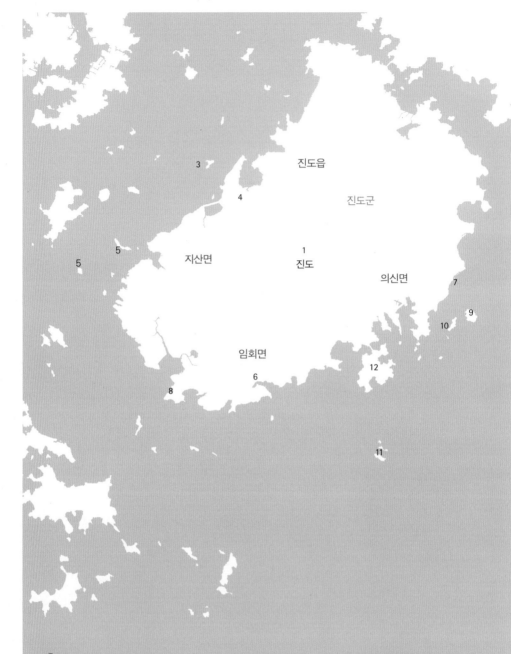

진도읍

진도군

3

4

지산면

1
진도

의신면

7

5

5

9

10

임회면

12

6

8

11

1

육지를
닮고 싶다
진도 본섬, 진도읍

"아따, 딸들이 춤도 잘 추고 노래도 잘 허네. 인물은 인물이여."

"글씨 말이여. 진도 인물이 갔어."

모처럼 제대로 된 구경을 한다 싶었다. 진도에 우리나라에서 '잡놈'이라는 소리를 듣는 꾼들은 다 모였다. 팔도의 소리꾼, 학자들도 다 모였다. 일찌감치 굿을 보러 온 주민들이 난장이 열리기 전부터 천막을 꽉 메웠다. 굿도 보고 떡도 먹을 수 있는 흔치 않은 자리다. 이게 얼마만인가. 입구가 조화로 빼곡하다. 사람보다 더 많은 조화 덕에 망자의 오지랖을 짐작할 수 있다. 저 오지랖에 가족들은 얼마나 힘들었을까.

'무형문화재 석좌교수 박병천 장례식장'

망자를 보내는 씻김굿의 달인이 죽었다. 수많은 망자들의 넋을 씻겨 좋은 곳으로 보낸 그였다. 이제 누가 그의 눈을 감길까. 큰딸이 나섰다. 아버지에게 배운 춤과 소리다. 망자는 딸의 소리를 듣고 무슨 생각을 했을까. 지전이 흔들렸다. 얼굴에 원망과 슬픔이 교차했다. 누구보다 서럽고 서러운 자식은 막내딸인 듯하다. 하염없이 어깨를 들썩이며 흐느낀다. 아버지의 주검을 앞에 두고, 가족들은 각자 생전의 아버지 기억을 더듬어 가슴에 담는다. 같은 아버지이지만 가슴에 담는 아버지는 같지 않으리라.

진도읍 전경. 바다가 원망스럽다. 바다가 육지라면, 섬에 태어난 것이 한이 되어 다리를 놓는 것이 숙원 사업이었고, 농사지을 내 땅을 마련하는 것이 소원이었다. 큰 섬 진도도 그랬다. 원하는 다리가 놓여 사람도 차도 무시로 드나드는 육지가 되었다. 이제 새로운 소원은 뭘까.

진도 큰 애기 쌀 두 말 먹고 시집가기 힘들었다

진도는 금골산, 첨찰산, 여귀산, 백야산, 지력산 등 크고 작은 산이 바다로 내려 뻗으며 작은 골짜기를 만들었다. 그곳에서 사람들은 산과 언덕을 일구고 갯벌을 메워 밭농사와 쌀농사를 지으며 살았다. 그리고 녹진, 소포, 굴포, 금갑, 벽파 등 작은 섬과 어촌에 자리를 잡은 갯사람들은 미역농사도 짓고 톳도 뜯고 물고기도 잡았다.

진도가 '섬'답지 않게 농사가 많은 것은 섬이 크기도 하지만 간척을 많이 했기 때문이다. 농업이 주업이 된 것은 그리 오래된 일이 아니다. 땅이 많지 않아 소포만이 간척되기 전까지 오랫동안 보릿고개에 시달려야 했다. 소포만은 진도군 지산면 소포리와 진도읍 산월리 사이를 말한다. 1970년대 초반 방조제를 쌓아 진도읍까지 들어오는 물길을 막았다. 1980년대까지 이어진 이 간척사업으로 농경지 700헥타르가 마련되어, 군내 경작 면적을 10퍼센트나 증가시켰다. '진도 큰 애기 쌀 두 말 먹고 시집가기 힘들다'는 말도 이후로 사라졌다. 통일벼 등 다수확 품종으로 생산량이 증가해 진도뿐만 아니라 쌀이 부족한 제주도에 판매하기도 했다. 제주와 진도는 고대부터 뱃길이 이어져왔다. 농사지어 번 돈을 밑천 삼아 목포나 광주 등 도시로 나간 사람도 많았다. 소포리는 진도 서쪽 바닷가에 인접한 100여 가구에 이르는 큰 마을이다. 진도대교가 열리기 전, 그곳은 서부와 동부(진도읍)를 연결하는 나루터 마을이었다. 당시 목포와 진도를 오가는 여객선이 닿던 선창이었다. 조도의 수많은 섬 주민들은 팽목항으로 들어와 소포리를 거쳐 진도읍에 드나들었다. 팽목항은 '진도항'으로 명칭을 바꾸었지만 '세월호' 이후 팽목항이라는 이름으로 널리 알려졌다. 지금은 농사짓는 전형적인 농촌의 모습이지만 1970년대 초반까지 수백 년 동안 염전을 일구며 살아왔다. 1973년 소포만이 막히면서 염전은 사라졌다. 그리고 소금농사 대신 쌀농사를 짓고 있다. 최근에는 검정쌀을 생산해 판매하고 있다.

진도에는 원조 노래방이 있다

소포리에는 '소포리노래방'이라고 간판을 붙인 유명한 노래방이 있다. 그렇다고 도시에서 흔히 볼 수 있는 노래방은 절대 아니다. 농한기에 밤마다 마을 사랑방에 모여 한 소절씩 뽑으며 삶의 고단함을 잊고자 했던 것이 시원이다. 그러니 딱히 언제 문을 열었다고 누구도 말할 수 없다. 남자들이 사랑이나 회관에 모여 새끼를 꼬고 술도 한잔 할 때, '어메'(진도에서는 어머니를 이렇게 부른다)들은 한곳에 모여 길쌈도 하고 들노래, 육자배기, 흥타령, 둥당이타령 등 노래를 불렀다.

노래는 들일, 밭일, 집안일까지 도맡아 하는 여성들의 유일한 탈출구

참여형 프로그램 〈진도 토요 민속 여행〉의 한 장면. 진도에서 소리 자랑하지 마라. 밭일 하는 '어메'들도
남도들노래 한 자락은 구성지게 뽑아내고, 논에서 일하는 아제도 육자배기 정도는 할 줄 안다. 매주 토요
일 오후 정기공연을 하는 토요민속공연은 여행객에게 인기 만점이다.

였다. 이 집 저 집 옮겨 다니며 노래를 부르다 언제부턴가 한남례씨 집
에 간판을 걸었다. 소포리 민속의 핵심인 걸군농악, 닻배노래, 강강술
래 모두 노래방에서 익히고 전해져 오던 소리들이다. 지금은 아예 '소
포리민요전수관'을 만들어 체험마을을 운영하고 있다. 새마을운동이
추진되고 진도대교가 놓이면서 소포리노래방은 위기를 맞았다. 어머
니들의 일은 더 많아졌고 바빠졌다. 방조제가 들어서면서 염전도 사라
지고 나루터도 없어졌다. 농지로 바뀐 네모반듯한 논은 품앗이 대신 기
계가 모를 심고 벼를 베면서 노래방도 위기를 맞았다. 한씨 집에 간판
을 건 것은 1975년 무렵이었다. 노래를 무척 좋아했던 그녀는 직접 북
을 잡고 노래방을 열었다. 일이 고되고 시집살이가 매울 때, 서방이 미
울 때 노래방에 모여 노래와 슬픔과 한을 풀었다.

어메 어메 우리 어메

뭐 할라고 나를 나서

글 공부나 시켜 주제

일 공부를 시켜 가꼬

딸 고생을 시키는가

논에 가면 가래 원수

집에 가면 시누 원수

아깝다 내청춘

언제 다시 또 올끄나

- 흥타령 중에서

진도는 사철 푸르다

해남 우수영을 통해 진도에 차들이 무시로 드나들기 시작한 것은 1984
년이었다. 이후 진도 문화와 육지 문화는 섞임과 충돌을 통해 변화했
다. 간척으로 큰 농지가 마련되면서 농업 문화가 형성되고, 관광객 등
외지인이 들어오면서 유흥 문화도 유입되었다. 진도대교가 열리면서
'겨울대파'와 '겨울배추' 등 특용작물의 재배도 가능해졌다. 진도에서
대파와 배추는 보리의 대체작목으로 빠르게 확산되었다. 육지에 비해
서 겨울철에도 따뜻하고 해양성 기후인 탓에 맛이 좋아 호평을 받았기
때문이다. 특히 대파는 서울은 물론 부산, 대구 등 전국으로 유통된다.
'대구의 따로국밥집 주인도 진도 대파가 올라오지 않으면 문을 닫는다'
고 한다. 생산량은 전국 대파 생산령의 20~30퍼센트를 차지하며, 맛
이 뛰어나고 향이 좋고 액즙이 많아 김장철이면 대파를 싣고 육지로 나
가는 대형 트럭이 줄을 잇는다. 최근에는 재배 면적이 늘어나면서 과잉
생산이 우려된다.

인근 해남 지역이 월동배추 단지로 알려져 있지만, 맛과 당도에서 해남 배추를 능가한다는 평가를 받고 있다. 하지만 농민들은 유통구조가 복잡하고 날씨에 따라 가격 변화가 심해 늘 불안하다. 우스갯소리지만, 육지에 폭설과 한파가 오면 진도 사람들은 콧노래를 부른다. 육지 밭에 있는 배추들이 얼거나 눈에 묻혀 상품성을 잃으면 가격이 오를 수밖에 없는 것이다. 아쉬운 점이라면 가공공장이 없어 부가가치를 높이지 못한다는 점이다.

이 외에도 진도의 특산물 중에 빼놓을 수 없는 것은 우장춘박사에 의해서 진도에 보급되었다고 알려진 구기자이다. 뿌리, 잎, 줄기 모두 약재로 사용되는 구기자는 손으로 따서 수확해야 한다. 한때 일본 수출품으로 각광받기도 했지만, 최근 중국산이 급격하게 유통되고 다른 지역에서도 대량 재배되면서 옛날 같지 않다.

진도대교가 열리면서 '겨울대파'와 '겨울배추' 등 특용작물의 재배도 가능해졌다. 뭍에 한파와 폭설이 오면 진도 농민들은 표정 관리를 한다. 뭍의 월동 배추나 대파가 피해를 입어 진도산이 높은 가격을 받을 수 있기 때문이다. 겨울철에도 진도의 논과 밭은 푸르다. 재배 면적이 너무 넓어 가격 폭락이 걱정되기도 한다.

'섬이지만 갯내음이 없다'

진도의 양식어업은 김, 미역, 톳, 어린 전복 양식으로 변해왔다. 초기의 김 양식은 회동 지역을 중심으로 진행되어 금갑, 접도 등으로 크게 확산되었다. 또 진도곽으로 명성이 높은 자연산 돌미역은 독거군도, 맹골군도, 거차군도 등 조도 지역의 크고 작은 섬에서 생산되고 있다. 또 20여 년 전부터 톳 양식이 시작되었고 어린 전복을 길러서 양식 어민에게 판매하고 있다. 특히 전복 치패 양식은 회동·모세미·가계 지역을 중심으로 전국의 60여 퍼센트를 생산하고 있다. 육지 출입이 용이해지면서 어민들은 수협위판 대신에 조금이라도 높은 가격을 받을 수 있는 목포에 개별 판매를 선택했다. 특히 외지에 개별 판매할 경우 수협을 통해 계통출할 때 물어야 할 수수료 등을 부담하지 않아도 되었다.

지금은 간척으로 사라졌지만 소포만 일대는 진도의 대표적인 갯벌 지역으로 낙지와 조개 등을 잡았던 지역이다. 농업에 의존했지만 바다에도 굴, 바지락, 김, 미역, 갈치, 도미, 낙지 등이 풍부했다. 하지만 바다는 진도 주민들보다는 목포 배들이 더 많이 조업을 하고 외지 사람들이 더 활발하게 어업활동을 했다. 진도 주민들은 기껏해야 김이나 미역, 톳 양식이 고작이었다. 김 양식을 둘러싸고 해남 사람들과 경계지 논쟁을 치렀던 것도 이것과 무관하지 않다. 논쟁은 해남의 어란 지역 어민들이 김 양식을 진도 해역까지 확대하면서 시작되었다.

최근 진도에서는 전복 양식이 활발하다. 이 외에 굴포, 슬도, 청등도 등에서는 멸치를 많이 잡고 있다. 또 독거도, 맹골도, 곽도, 관매도 등 조도군도 외곽의 거친 바다에 위치한 섬들은 자연산 돌미역을 뜯어서 소득을 올리고 있다.

자연산 굴은 강계, 금갑, 죽림, 송정 등 의신면을 중심으로 생산되며, 겨울철 '굴구이'가 유명하다. 진도의 날씨는 육지와 달리 겨울철에도 따뜻하기 때문에 관광객과 등산객이 많이 찾는다. 특산물과 방문객을 생각하면, 진도는 사철 소득사업을 할 수 있는 곳이다. 이를 잘 활용하지 못하는 것이 아쉽다. 읍내 사람들이 바닷가나 조도 사람들을 만나면 '갯것 왔냐'고 했다고 한다. 반가워서 하는 인사일 수 있지만 섬이면서 어촌과 어업 그리고 섬에 대한 천시가 진도 몸섬 안에 있었다는 것이 씁쓸하다.

민속의 원형, 보배로운 섬

임이 죽어서 극락을 가면 / 이내 몸도 따라가지 지장보살.
아리아리랑 쓰리쓰리랑 아라리가 났네. / 아리랑 응응응 아라리가 났네.

다려가오 잘 다려가오. / 우리 임 뒤따라서 나는 가네.
아리아리랑 쓰리쓰리랑 아라리가 났네. / 아리랑 응응응 아라리가 났네.

원수야 악마야 이 몹쓸 사람아 / 생사람 죽는 줄을 왜 모르나.
아리아리랑 쓰리쓰리랑 아라리가 났네. / 아리랑 응응응 아라리가 났네.

저 넘에 계집에 눈매 좀 보소 / 속눈만 뜨고서 발발 떠네.
아리아리랑 쓰리쓰리랑 아라리가 났네. / 아리랑 응응응 아라리가 났네.

아리랑은 한국 민요를 대표한다. 아리랑 앞에는 '진도 아리랑' '정선 아리랑' '밀양 아리랑' '서울 아리랑' 식으로 지명이 붙는다. 노래와 지명의 결합은 그 자체로 비범하다. 모든 아리랑은 지역 음악을 토대로 하여 만들어졌다. '진도 아리랑' 역시 선율의 기본은 전라도 '육자배기'

송순단 진도씻김굿 전수 조교의 '희설', 진도에는 우리 민속의 원형이 잘 보전되어 있다. 민속은 삶으로 빚은 옹기와 같다. 장과 된장이 담겨 있어야 옹기가 구실을 하고 진한 색깔이 우러난다. 삶을 담지 못하는 민속은 주인이 떠난 빈집을 지키는 옹기와 같다. 진도를 민속의 원형이라 하는 것은 삶이 담겨 있기 때문이다.

다. 진도 아리랑은 그 자체로 민중시다. 민족 음악이며 민속 음악이다. 섬사람의 삶을 잘 표현하고 있어 남도 민요를 상징하기도 한다.

진도 민속은 모두 인지리와 소포리에서 출발했다고 해도 지나치지 않는다. 무형문화재로 지정된 진도북춤은 소포리에서, 씻김굿, 다시래기, 만가 등은 인지리에서 시작되었다. 인지리는 진도 민속과 무형문화재와 관련된 조공례, 박병천, 신영희 등 많은 인물을 배출한 마을이다. 또 소포리는 검정쌀의 원조 마을이자 진도북놀이, 진도만가, 강강술래, 남도들노래, 소포걸군농악을 보유하고 있다. 지금도 일곱 개의 자생 전통민속보존회가 삶의 소리와 가공되지 않은 다양한 전통 민속을 보전 전승하고 있다.

씻김굿 하면 진도를 떠올리지만 씻김굿은 해남, 신안, 영광 등 전라

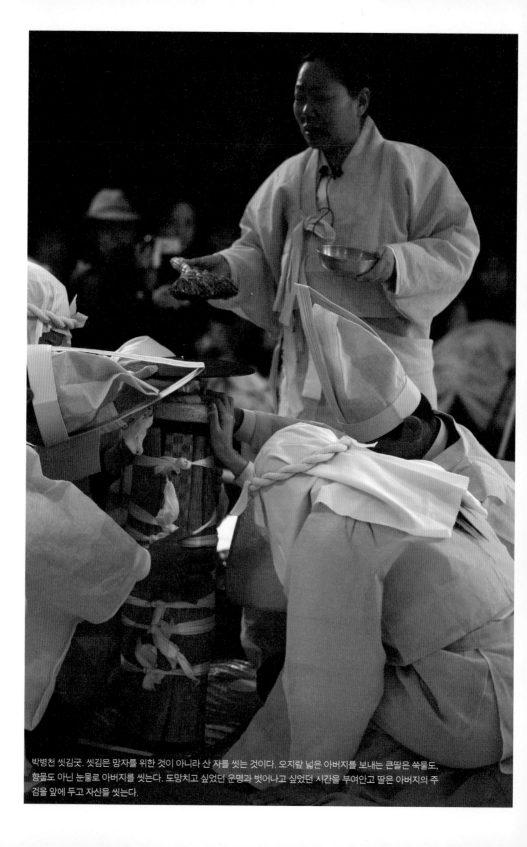

박병천 씻김굿. 씻김은 망자를 위한 것이 아니라 산 자를 씻는 것이다. 오지랖 넓은 아버지를 보내는 큰딸은 쑥물도, 향물도 아닌 눈물로 아버지를 씻는다. 도망치고 싶었던 운명과 벗어나고 싶었던 시간을 부여안고 딸은 아버지의 주검을 앞에 두고 자신을 씻는다.

도 여러 지역에도 세습무를 통해 전승되어온 천도굿이다. 진도를 씻김굿의 본향으로 생각하는 것은 채씨 무계, 박씨 무계, 김씨 무계 등 10여 개의 무계가 있었기 때문이다. 흔히 이를 '판', 즉 '단골판'이라 이른다. 진도에는 여러 단골판이 있었다. 이 판은 단골의 활동 공간을 이르기도 한다. 이 중 밀양 박씨 무계가 돋보인다. 고인이 된 박병천이 대표적인 박씨 무계 출신이다. 국가지정 무형문화재 진도씻김굿 예능보유자인 박씨의 무계는 대금젓대의 명인 박종기를 비롯해 박선내(무녀), 박보아(국악인), 박옥진(국악인), 박동준(국악인) 등 4대에 걸쳐 많은 예인들을 배출했다. 진도씻김굿 예능보유자 김대례, 국악인 김성녀도 모두 박씨 무계와 관련 있다. 진도에 많은 놀이와 노래가 전승될 수 있었던 것도 단골이 펼치는 굿이 있었기 때문이다. 그래서 진도를 '민속의 원형' '보배로운 섬'이라고 부른다. 진도를 이야기할 때 '섬' 같지 않은 특징을 지닌 '섬'이라고 한다. 육지를 닮고 싶다고 모태와 같은 섬을 부정할 수는 없다. 진도 문화의 기저에 바다가 있다. 진도에 독특한 노래와 춤, 민속문화가 형성될 수 있었던 것도 '섬'이었기에 가능했고 오늘날까지 전승될 수 있었던 것도 '섬' 때문이다.

불 꺼진 항구에 낚시를 드리우다, 벽파진

진도는 다리가 두 개나 놓여 무시로 차들이 오가지만 여전히 남쪽 저 멀리 있는 섬이다. 그 이름만으로도 더 이상 설명이 필요 없다. 무슨 상징물이 필요하랴. 울돌목을 사이에 두고 해남의 우수영과 진도의 벽파신 두 마을이 마주보고 있다. 모두 조선의 수군들이 자리를 잡았던 진영이다. 거친 물살을 수천 년이나 잘도 견딘 굴섬, 녹섬, 넙섬, 솔섬이 의연하다. 비를 제대로 만나지 못해 도로 위로 흙먼지가 스멀스멀 올라오는 초여름 같은 어느 봄날 벽파진으로 향했다. 진도대교를 건너 금골산을 지나 이른 세등삼거리, 그곳에서 벽파진과 함께 뜬금없이 제주행을 알리는 이정표를 발견했다. 20년 전 항일운동가 '곽재술'과 '곽재필'을 찾아 세등리를 헤맨 적이 있다. 현풍 곽씨가 모여 사는 마을에서 어렴풋이 그를 기억하던 할머니를 만나 흐릿한 기억과 옛날 기록들을 꿰맞췄다. 곽재술(郭在述)은 보성전문학교에 입학했다가 중도에 고향으로 내려와 항일운동을 했던 인물이다. 이들은 직접 만든 연극과 야학을 통해 주민을 계몽하고 조선총독부의 농촌진흥운동을 비판하며 진도적색농민조합을 통해 항일운동에 나서기도 했다. 반대로 또 다른 곽씨 중에는 경찰에 투신해 활동한 이도 있었다. 광복 전후의 좌우익 갈등은 그대로 한 마을에서 재현되면서 한국전쟁 시기에 많은 주민들의 안타까운 피해로 이어졌다.

세등리를 지나 벽파로 향했다. 그곳은 강화에서 뱃길로 달려온 삼별초군이 용장산성에 자리를 잡을 때 주진으로 삼았던 곳이다. 여몽연합군도 벽파를 통하지 않고는 삼별초가 근거지로 정한 산성을 범할 수 없었다. 이순신이 명량해전을 앞두고 최후의 전술을 고민한 곳도 같은 곳이다. 그런가 하면 이주, 홍언필, 김정, 노수신, 김안로, 김수항, 조태채 등 고려와 조선조의 많은 사람이 유배객으로 울돌목을 지나 벽파진에 올랐다. 그곳에는 고려 희종 3년(1207년)에 지은 정자가 있었다. 중국을 왕래하는 사절을 위로하기 위한 만든 것으로 조선 세종 11년(1465년) 중건을 했다. 파출소 뒤편이 정자가 있었던 자리이다. 그곳에 올라 바다를 내려다보았다. 주광주와 함께 개혁을 꿈꾸던 김정(1486~1521년)이 제주 유배를 떠나기 앞서 이곳에 '도벽파구호'(渡碧波口號)라는 시를 남겼다.

벽파진. 많은 사람들이 유배객으로 울돌목을 지나 이 벽파진에 올랐다. 진도로 유배된 양반치고 벽파진의 인심 좋은 나루 사공의 신세를 지지 않은 사람이 없다. 들어오는 시간은 정해졌지만 뭍으로 나가는 시간은 알 수가 없다. 그곳에 벽파정이라는 작은 정자가 하나 있었다. 유배객뿐 아니라 시인묵객이 오가며 글을 남겼다.

> 우주는 원래 심원하나
> 인생은 원래부터 떠다니는 삶이라네.
> 작은 배 한 척에 몸을 싣고 이제 떠나면
> 고개를 돌려 보아도 아주 아득하겠지.

김정은 애초에 금산으로 유배되었지만 일 년 만에 진도로, 그리고 몇 달 후에는 제주도로 유배되었다. 거친 풍랑을 헤치고 무사히 제주에 이를지, 살아 돌아올지 알 수 없는 길이었다. 시인묵객들은 벽파정에 기대어 꽤 많은 시를 남겼다. 김정의 시를 보고 전라감사 송인수(1499~1547년)와 을사사화로 유배된 노수신(1515~1590년)도 시로 답했다. 김정호가 쓴《대동지지(大東地志)》(1864년)에는 "벽파진은 고려

진도 '만가'. 굿 중에 최고의 굿은 상여굿이다. 더구나 죽음도 축제로 승화시켰던 진도의 상여굿은 그중에서도 백미다. 다시래기로 날밤을 새며 상주를 울리고 웃기더니, 북망산천으로 가는 길도 축제길이다. 삶과 죽음의 경계를 잊게 한다.

때 대진(大津)이라 부르는 곳으로 건너편 해남 땅 삼기원에 가는 큰 길목이라 나루를 지키는 진장 한 사람을 두었다."라고 적혀 있다. 오가는 객과 무사 항해를 위한 당집도 있었다. 그곳에 전하는 이야기다.

옛날 벽파에 마음씨가 고운 나루사공이 있었다. 날씨가 좋고 바다도 평온한 날이었다. 십여 명을 싣고 벽파를 출발한 사공이 해남으로 노를 저어 가고 있었다. 그런데 벽파진에서 백발의 노인이 급하게 사공을 불렀다. 급한 일이 있으니 제발 자신도 태워달라는 부탁이었다. 이미 배는 나루에서 꽤 멀리 와 있던 터라 난감했지만 착한 사공은 배 안에 있던 사람들을 설득하고 벽파나루로 배를 돌렸다. 노를 저어 나루로 다가오는데, 조금 전 배를 돌렸던 곳에서 회오리바람이 불며 바닷물이 하늘로 용솟음쳤다. 나루에 도착해 보니 백발의 노인은 온데간데없었다. 사공은 백발노인의 은공을 갚기 위해 당을 짓고 매년 제사를 지냈다고 한다. 정자는 간 곳이 없고 빈터에 붉은 벽돌만 뒹굴고 그 앞 바닷가에 벽파진이라 새긴 큰 돌이 세워져 있을 뿐이다.

거리로 보면 해남과 가까운 녹진이 있지만 물길이 사납고, 벽파진과 연결하는 도로가 좋았다. 벽파진은 명실공히 진도의 관문이었다. 1983년 진도대교가 개통되면서 벽파진은 역사가 되었고 마을은 쇠퇴하기 시작했다. 한때 100여 가구가 살았던 제법 큰 마을이었지만 지금은 손으로 꼽을 정도다.

마을 앞 선창에서 낚시를 드리우고 세월을 낚고 있는 주민을 만났다. 어제는 '비드락'(어린 감성돔을 말한다)을 열두 마리나 잡았다며 자랑했다. 열두 마리. 자꾸 입안에서 맴돌았다. "신에게는 아직 열두 척의 배가 있습니다."

백의종군에서 삼군수군통제사로 복귀한 이순신에게 열두 척의 배가 남아 있었다. 거제의 칠천도에서 대패한 조선수군은 남해 바다를 내주고, 육군은 남원성과 진주성마저 왜군의 손에 내주었다. 왜군은 전라도 곡창지대를 분탕질하며 한양으로 향했다. 왜군의 전선은 133척에 사기충천, 조선 수군은 12척에 수리한 한 척을 더해 13척, 그리고 사기가 떨어진 병사들. 더 힘들게 하는 것은 왜적이 아니라 내부의 적들이었을 것이다. 선조는 바다를 포기하고 육지전에 임하라고 했지만 이순신의 생각은 달랐다. 충무공은 '신에게는 아직 열두 척의 배가 있다'는 장계를 선조에게 올렸다. 어명을 받지 않는 것이 전후 어떻게 될 것이라는 것을 왜 몰랐겠는가.

한 시간여 지켜보았지만 소식이 없다. 열두 마리를 자랑했던 것이 겸연쩍은지 물때가 맞지 않는다고 에둘러 변명했다. 들물에 들어오는 것이 물고기가 아니던가. 때를 알아야 한다. 들고 나는 것이 그렇다. 충무공은 때를 알았다. 시위를 당겨야 할 때, 기다려야 할 때. 주민들의 삶과

명량해전 당시를 보여주는 그림. "신에게는 아직 열두 척의 배가 있습니다." 충무공은 바다를 포기하라는 선조의 어명을 받고 이렇게 답했다. 육지 중심으로 육지의 시선으로 섬과 바다를 바라보면 그곳은 포기해도 되는 하찮은 공간이 되고 만다.

목소리에 귀를 기울였기 때문이다. 그래서 수군통제사로 복귀하는 그를 따라나선 이들이 줄을 이었다. 돌아서려는데, 사내가 소리를 쳤다. 고개를 돌리니 망둑어 한 마리가 대롱대롱 낚시에 걸려 올라왔다. 그가 소리 내어 웃었다. 나도 따라 웃었다.

선창 뒤편 바위언덕을 오르자 돌 위에 비석이 서 있었다. 1956년 세워진 이 비는 진도 군민들이 성금을 모아 만들었고, 이은상 선생이 비문을 쓰고 진도 출신 서예가 소전 손재형이 글씨를 남겼다. 바위를 깎아 거북이 모양의 주추를 만들고 그 위에 세운 비석으로 머리에는 용 두 마리가 휘감고 있었다. 명량해전의 대승을 기리는 이충무공전첩기념비이다. 비석에 새긴 글이다.

벽파의 푸른 바다여 너는 영광스런 역사를 가졌도다. 민족의 성웅 충무공이 가장 외롭고 어려운 고비에 빛나고 우뚝한 공을 세우신 곳이 여기이더니라.

벽파와 해남을 연결하는 여객선이 오갈 때는 식당과 가게가 몇 개 있었다..인천과 목포에서 부산과 제주를 오갈 때 들러가는 길목이었다. 완도와 여수를 오가는 객선도 벽파를 비켜 갈 수 없었다. 독게(민꽃게)를 잡기 위해 통발을 손질하던 노인은 '불 꺼진 항구'라며 담배를 물었다. 녹진의 거대한 전망대에 올라보고 이웃한 벽파진과 그곳에 세워진 전첩비를 살피니 더욱 비루하다.

일반현황

위치 | 전남 진도군 진도읍
면적 | 374.98km² **해안선** | 602.95km
가구수 | 14,004 **인구(명)** | 28,993(남: 14,044 여: 14,949) **어선(척)** | 1,792
어촌계 | 전두오천계 등 48개

공공기관 및 시설

공공기관 | 본청 1개소, 군청출장소 1개소, 주민자치센터 6개소, 경찰서 1개소, 파출소 6개소,
치안센터 1개소, 119안전센터 1개소, 119 지역대 5개소, 우체국 6개소, 농·축협 본점 4개소,
지소7개소, 수협 본점 1개소, 주민자치센터, 국민건강보험공단 진도출장소, 진도교육지원청,
국립남도국악원, 향토문화회관
의료시설 | 병원 3개소, 의원 20개소, 약국 12개소, 보건소 1개소, 보건지소 13개소
교육기관 | 보육원 11개소, 유치원 11개소, 초등학교 9개소, 중학교 6개소, 고등학교 3개소
전력시설 | 한전
급수시설 | 광역상수도

여행정보

교통 |
[고속·시외버스] 진도 → 해남 1일14회 운행(약 55분 소요)
진도 → 광주 1일9회 운행: 진도-녹진-우수영-삼호-남악-광주(약 2시간 소요)
진도 → 목포 1일16회 운행(약 1시간 소요)
진도 → 강남터미널 1일3회 운행(약 5시간 40분 소요)
진도 → 동서울터미널 1일2회 운행(약 5시간 40분 소요)
진도 → 부산 사상 1일2회 운행: 진도-해남-강진-장흥-보성-벌교-순천-광양-부산(약 6시
간 20분 소요)
[농어촌버스] 진도읍 → 쉬미, 소포 1일7회 운행
진도읍 → 전두, 한의 1일6회 운행
진도읍 → 녹진, 우수영 1일3회 운행
진도읍 → 덕병, 용인 1일6회 운행
진도읍 → 가계, 회동 1일4회 운행
진도읍 → 벽파, 연동 1일6회 운행
진도읍 → 내동, 원포 1일3회 운행
진도읍 → 사천, 쌍계사, 운림산방 1일5회 운행
진도읍 → 도목, 원두 1일3회 운행
진도읍 → 금갑, 접도 1일8회 운행
진도읍 → 송군, 회동 1일6회 운행
진도읍 → 십일시, 소포 1일8회 운행
진도읍 → 팽목, 서망 1일10회 운행
진도읍 → 탑립, 죽림 1일5회 운행
진도읍 → 송호, 동구 1일4회 운행
진도읍 → 세방, 마세 1일6회 운행

[도선] 한림페리11호 · 금오페리7호 · 조도고속훼리호 : 1일7회 왕복 운항 / 팽목–하조도 창유
한림페리11호 · 금오페리7호 · H/L해운 · 서진도농협(061-542-0020) 1일2회 왕복 운항 / 팽목
–관매도
섬사랑10호 · 신해5호 : 1일1회 왕복 운항 / 목포연안여객선터미널–율도–쉬미항–저도–광
대–송도–혈도–양덕–주지–가사–소성남–성남–옥도–내병–외병–눌옥–갈목–진목–하조도
창유항–율목–나배–관사–소마–모도–대마–관매–동거차–서거차–상조도 율목항
여행 | 국립남도국악원, 운림산방, 삼별초공원, 진도대교, 국립남도국악원, 진도역사관, 지산면
소포정보화마을
특산물 | 구기자, 대파, 울금, 흑미(검정쌀), 홍주, 미역, 김
특이사항 |
[토요민속공연]
매주 토요일 오후 2시부터 진도향토문화회관 대공연장에서 전통 민속공연을 하고 있다.
[신비의 바닷길 축제]
매년 고군면 회동리와 의신면 모도리 사이 약 2.8km 바닷길이 드러나는 현상을 구경하기 위해
국내외 관광객들이 찾아온다. 진도 고유의 민속예술인 강강술래, 씻김굿, 들노래, 다시래기 등
국가지정 중요무형문화재와 만가, 북놀이 등 전라남도 지정 무형문화재를 선보이고, 다양한 이
벤트를 제공한다.
[명량대첩축제]
매년 해남군 우수영관광지와 진도군 녹진광광지 일원에서 열린다. 명량해전 재현, 만가행진, 씻
김굿, 주민참여 퍼레이드를 비롯하여 시군대표 문화공연 등 많은 볼거리 및 체험 프로그램으로
멋과 흥이 어우러진 축제를 운영하고 있다.

2

당신들이 있어
행복합니다
진도 소리여행

소복을 입은 단골이 물동이에 바가지를 엎어놓고 숟가락으로 두드리
며 중얼거렸다. 무슨 소리인지 도통 알아들을 수 없었다. 숟가락 장단
은 공명되어 가슴을 울렸다. 할머니는 상 위에 정화수를 올려놓고 비손
을 하셨다. 나는 이불을 둘러쓰고 귀를 막았다. 아무리 귀를 틀어막아
도 소리는 가슴을 파고들었다. 동생이 홍역을 했던가. 정확하게 기억
은 나지 않지만 크게 아팠다. 산골마을 약방에서 주는 약으로 낫는 병
이 아니었다. 그렇다고 광주에 있는 큰 병원으로 갈 형편은 더욱 아니
었다. 소리는 새벽까지 이어졌고, 내 머릿속에는 칠판에 '미신타파'라
는 글씨를 써놓은 선생님 얼굴이 떠올랐다. 굿을 하는 것이 부끄러웠
다. 이제 그 소리가 그리움으로 남았다. 다시 들을 수 없는 잃어버린 소
리다. 가끔 굿판을 찾아가 굿도 보고 떡도 얻어먹는 것은 그때 기억에
대한 그리움 때문이다. 할머니의 비나리가 듣고 싶은 것이다.

　징~징. 징. 징. 어둠을 뚫고 징소리가 울렸다. 장단에 맞춰 소리를 풀
어낸다. 저승의 육갑을 풀어낸다는 '희설'이다. 진도씻김굿 전수조교
송순단의 소리다. 어릴 적 가슴속을 파고들던 그 소리다. 이른 새벽 아
무도 다녀가지 않는 '큰샘'에서 길어 온 물을 장독 위에 올려놓고 빌던
그 소리다. 잠들어 있던 그리움이 살아났다. 눈가로 뜨거운 것이 흘러
내렸다. 관객들이 모두 숨을 죽였다. 정신이 맑아졌다.

비록 무대 위에서 하는 공연이지만 느낌만은 제대로 전달된 것 같았다. 진도의 민속 공연은 매주 토요일 오후 2시에 진도향토문화회관에서 무료로 공연된다. 진도 최고의 소리꾼과 유랑극단에서 잔뼈가 굵은 예인들이 다수 출연하는데다 전국에 소문이 나서 공연마다 만원이다.

"흥보가 잘산다제. 배가 아파서 못살것다."

오장육보에 심술보 하나 더 얹은 놀부 역은 강준섭이 맡았다. 다시래기 기능보유자다. 연기가 아니다. 얼굴에 오기가 창창하다. 연기가 삶이고 삶이 연기였던 사람이다. 단막창극이 무대에 올랐다. 끼를 어찌하지 못해 유랑극단에서 잔뼈가 굵은 그다. 몸짓과 소리에 카리스마가 넘쳤다.

10여 년 전 칠순의 김내식 어르신 북춤을 보고 모두 탄복했다. 전라남도 무형문화재 39호다. 젊은 사람들 북춤에서 볼 수 없는 여유와 선이 보인다. 춤이 곧 살풀이다. 진도 북춤은 양손에 채를 쥐고 빠른 잔가

〈진도 토요 민속 여행〉 프로그램. 길에서 아낙들에게 붙들리면 진도 아리랑 한 대목은 불러야 무사히 지나갈 수 있었다. 아리랑만 아니라 흥타령 등 남도소리는 즉흥성과 해학성이 뛰어나며 삶의 애환을 풀어낸다.

락과 엇박을 많이 사용하는 즉흥성이 돋보인다. 고인이 되어버린 예인 박병천의 북춤을 본 적이 있다. 남자의 춤이 이렇게 아름다울 수 있구나 싶어 눈물이 났다. 너무 조용해 주변을 살폈다. 모두 춤에 푹 빠져 넋을 잃었다.

아무래도 소리의 맛은 '진도 아리랑'에 있다. 즉흥성과 해학성으로 치자면 전국 어느 아리랑이 이를 넘어서겠는가. 삶의 질곡을 흥으로 풀어내는 사람들이다. 평범한 일상을 뛰어난 언어와 소리로 맛을 냈다. 오죽했으면 상갓집에서 가무로 상주들을 달래고 거짓상제의 허튼춤으로 세태를 꼬집었겠는가. 다시래기가 그것이다. 진도 아리랑 사설을 잠깐 보자.

저 건네 저 가시나 엎으러나져라
일쌔나주는떼끼 보듬어나 보자
저 건네 저 가시나 앞가심 보아라
넝쿨 없는 호박이 두 통이나 열었네

첫 번째 사설은 마음에 둔 여인과 연을 맺으려는 사내의 애절함이 읽힌다. 다음 사설은 어떤가. 처녀 가슴이 아무리 컸기로 호박만 했을까, 민망스러움보다 웃음이 터진다. 또 '남의 남편은 외제차를 타는데, 우리 남편은 논두렁만 탄다'든가, 서방을 '명태잡이' 보내고 '석 달 열흘' 바람이 불기를 바라는 내용도 있다. 지역성과 현장성과 해학성이 돋보이는 사설이다. 남도소리를 배우려고 진도대교가 닳도록 오가던 먹물 소리꾼들이 결국 진도에 터를 잡은 것은 무슨 연유일까. 진도의 소리는 배울 수 있는 공부가 아니다. 노래는 아낙들의 삶이고 소리는 세월이었다. 명창의 득음과 또 다른 차원이다.

진도가 배출한 예인들의 뿌리를 더듬어보면 굿으로 이어진다. 진도 씻김굿은 남도소리의 뿌리다. 우리 문화의 정수다. 그 굿은 단골이 주관한다. 단골은 자신의 영업구역을 가지고 있었다. 이를 '단골판'이라 한다. 봄과 가을 두 차례 '도부'라는 보리와 나락을 주었다. 단골은 어린 아이로부터도 하대를 받아야 했다. 우리 굿은 육지에서만 아니라 섬에서도 배척당했다. 예인들도 섬을 떠났다. 단골의 설움을 벗기 위해서다. 그렇다고 그 끼가 묻힐까.

국가무형문화재는 종묘제례악을 1호로 모두 114개가 지정되었다. 이 중 전남은 15건이며, 진도군은 강강술래, 남도들노래, 진도씻김굿, 진도다시래기 등 4건이다. 도지정무형문화재로 진도북놀이, 진도만가, 진도홍주, 남도잡가, 소포걸군농악, 조도닻배노래 등이 있다. 사실 진도의 섬사람들 그대로가 보물이고 보배다. 진도는 일찍부터 가락과 음률로 유명해 '율향'이라 했다. 조선 말기 정치가이자 대학자 무정 정만

매주 토요일 오후에는 어김없이 토요민속공연이 펼쳐진다. 진도씻김굿, 다시래기, 강강술래, 남도들노래 등 중요무형문화재와 진도만가, 진도북놀이, 소포걸궁농악, 남도 잡가 등 도지정 무형문화재 등이 공연된다.

조(1858~1936년)는 민비시해사건에 연루되어 진도로 유배를 왔다. 그가 남긴《은파유필(恩波遺筆)》에 강강술래를 이렇게 소개했다.

> "이날 밤 여러 집안 여자들이 달빛을 바라보며 땅을 밟고 노래할 때 한 여자가 선창하면 여러 여자들은 느린 소리로 강강술래를 맞는다"(是夜家家女子帶月踏歌一女子唱之衆女子曼聲應之曰强强須來)

진도에서는 매주 소리판이 펼쳐진다. 금요일 저녁에는 남도국립국악원의 '금요상설공연'이, 토요일 오후에는 진도군립민속예술단의 '토요민속공연'이 열린다. 운이 좋은 날은 해가 지고 난 후 소포리 마을 사람들이 준비한 '토요상설공연'을 구경할 수 있다. 소포리만 아니라 인지리, 사천리 등 여러 마을에서 민속전수관을 운영하고 있다. 잃어버린 소리를 듣고 싶거든 진도로 가보시라. 그곳에는 삶의 소리가 있다.

조선 사람은 호랑이가 무섭고, 일본 사람은 '우~'가 무섭다?

갯사람들의 삶을 닮은 것일까. 거칠게 숨을 쉬던 물길이 멈추었다. 호수 같다. 잠시였다. 물비늘을 곧추 세우고 서서히 소용돌이를 치더니 방향을 바꾸며 거친 숨소리를 내뱉는다. 고를 매고 푸는 씻김굿처럼, 청어 엮는 강강술래처럼 물길은 질베(길베)가 되어 합쳐지고 풀어진다. 그 길을 배 한 척이 힘겹게 오르다 숨이 차는지 되돌아 우수영으로 돌아오고 만다.

> …… 명량해협에서 물은 겨울 산속 짐승의 울음소리로 우우 울면서 몰려갔다. 물은 물을 밀쳐내면서 뒤채었다. (중략) 해남반도에서 목

다리 오른쪽 움푹 들어간 곳이 '명량리'이며, 그 뒤 크게 움푹 들어간 바다에 접한 마을이 임진왜란 당시 우수영이 있었던 곳으로 마을 이름도 '우수영'이다. 바다가 서럽게 운다. 당쟁 속에서 나라를 지키기 위해 분연히 떨쳐 일어난 민초들의 삶을 헤아리지 못하는 지도자들이 안타까워 울고, 고단한 백성들의 삶이 서러워 운다. 그래도 얼마나 다행인가, 그 삶을 헤아리는 지도자가 있었으니.

포 쪽으로 달려가던 북서 해류는 돌연 거꾸로 방향을 바꾸어 남동쪽
으로 몰려가는데 하루에 네 차례씩 엎치락뒤치락했다.……

김훈은 《칼의 노래》에서 "명량에 순류와 역류가 없다"고, 적에게도
충무공에게도 명량은 '사지'(死地)라고 했다. 현재 진도대교의 왼편 움
푹 들어간 곳이 '명량리'이며, 그 뒤 크게 움푹 들어간 바다에 접한 마을
이 임진왜란 당시 우수영이 있었던 곳으로 마을 이름도 '우수영'이다.

영웅은 시대가 만든다지만 그 시대를 만드는 것은 민초들이다. 충무
공은 민초들의 도움 없이 울돌목 싸움을 승리로 이끌기 어렵다는 것을
알았다. 복잡한 울돌목의 물길을 아는 사람은 해남과 진도의 어민들뿐
이었다. 성패가 여기에서 결정될 것이라는 것을 아는 '명장'이었다. 우
수영 관광지에 세워진 마하수 5부자의 조각상이 이를 잘 말해준다. 그

의 리더십이 없었다면 사지에 나설 사람이 누가 있었겠는가. 고기잡이 배를 끌고 나와 수군으로 위장하고, 언덕에 모여 둥그렇게 원을 그리며 춤추고 노래했다. 마치 행군하는 것처럼 보여 적은 군사로 많은 적군이 겁을 먹게 만들어 사기를 떨어뜨렸다. 이것이 강강술래의 기원이다. 진도를 비롯해, 해남, 무안의 바닷가 마을에서 정월 보름달이 뜨면 노래와 춤으로 손을 잡고 원을 그리며 노는 부녀자들의 놀이로 자리를 잡았다. 1966년 중요무형문화재 제8호로 지정되었고, 2009년 세계무형문화유산으로 지정되었다.

해남에는 전라우수영이 있고, 진도에는 벽파진이 있다. 그 사이에 흐르는 물이 바닷길을 엮고 푸는 울돌목이다. 우수영에서 만난 팔순의 정장석씨. 나이에 비해 체격이 건장하고 용모가 반듯하다. 마을에 남아 있는 우수영 흔적이라며 성터, 영창, 망재를 안내했다.

명량해전에서 좁은 해협을 가로질러 줄을 감아 수많은 적함을 수장시켜 대승을 거두었다고 한다. 이 설에 최근 의혹을 제기하는 사람들이 있다. 우수영 성벽은 민가와 도로 경계가 되었고, 영항은 얼마 전 공공 건물을 짓는다며 헐었다. 이도 저도 못하는 망재만 이름만 남았다. 그곳에서 수군들이 목포 바다와 진도 울돌목을 망보았다고 전한다. 여기까지는 자료를 조금만 찾아도 알 수 있는 내용이다.

우수영이 탯자리인 할머니가 점심이나 먹자고 한다. 할아버지도 더이상 알려줄 것이 없다며 점심이나 먹자고 한다. 식당에서 대접하겠다는 걸 한사코 집에서 먹잖다. 일어서려는데 정씨가 던진 한 마디에 다시 의자에 앉았다.

"조선 사람은 '호랑이가 무섭다'고 하는데, 일본 사람들은 '우-' 소리가 무섭다고 했어."

이게 무슨 귀신 나락 까먹는 소리람.

"왜놈들은 울돌목이 얼마나 겁났으면 '우--' 소리만 들어도 무섭다는 거야."

울돌목 바다의 울음소리가 저승사자의 목소리로 들렸던 모양이다. 명량해전이 있었던 그날은 음력 보름 무렵으로 물살이 가장 거친 '사리'였을 것이다.

해남 문내면에는 울돌목 싸움과 관련한 마을로 우수영 외에 충무리와 명량리가 있다. 명량리에는 20여 호 주민들이 울돌목의 거친 물소리를 시간 삼아 생활하고 있다. 충무리에는 1688년 세운 명량대첩비가 모셔져 있다. 이 비는 원래 우수영에 있었는데 1942년 일제가 비를 철거해버렸다. 비석도 무서웠던 모양이다. 광복이 되고 마을 주민들이 경복궁 근정전 뒤뜰에서 나뒹구는 것을 찾아내 지금 자리에 모셨다.

울돌목 바다의 울음소리는 저승사자의 목소리처럼 거칠다. 명량해전이 있었던 그날은 음력 보름 무렵으로 물살이 가장 거친 '사리'였을 것이다. 다리는 선창과 포구의 몰락으로 이어진다. 우수영이나 벽파진도 그랬다. 어디 그뿐일까. 섬의 정체성을 훼손하고 뭍의 자본과 문화가 물길처럼 거칠게 들어온다. 그리고 섬사람과 섬문화는 빠져나간다. 얻은 것 대신 잃은 것들이다.

이젠 물소리보다 자동차 소리가 더 크게 들린다

죽어서도 울돌목의 거친 숨소리를 잊지 못할까. 이젠 물소리보다는 자동차 소리가 더 크게 들린다. 충무사 코밑으로 고가도로가 만들어졌기 때문이다. 자꾸만 작아지는 울돌목 소리가 아쉽다.

우수영은 한때 1,000여 명의 주민들이 거주했다. 자연 마을만 해도 10여 개에 이른다. 지금은 600여 명으로 줄었다. 1984년 진도대교가 만들어지기 전에는 인근 갯바위에서 채취한 미역, 톳 등 해초들이 우수영으로 집결되어 뭍으로 나갔다. 바다가 워낙 거칠어 밀물과 썰물이 교차하는 잠시 동안 섬과 뭍을 연결하는 나룻배로 사공이 물산을 운반했다.

진도대교는 우수영 몰락의 시작이었다. 일제강점기에 세워졌던 어업협동조합 우수영지점은 문을 닫았다. 간혹 낚시꾼들을 태운 배들이 오갈 뿐이다.

그러던 우수영 포구가 모처럼 부산하다. 쓰러져가는 건물 왼쪽에는 판옥선이 지어지고 있다. 오른쪽 바지선 옆에는 거북선 모양을 한 유람선이 외장 도색 등 마지막 공정을 하고 있다. 명량대첩 축제 때문이다. 모처럼 활기를 띠는 우수영, 온 사방에 울돌목의 거친 숨소리가 복원되길 기대한다.

겨울철에 몰이 최고지라, 청룡마을

"부산으로 경상도로 많이 가요. 서울 사람들은 몰을 먹을 줄이나 알간디. 요것이 없으면 경상노에서는 제사를 못 시내고, 세주에서는 잔치가 무효라요."

올겨울 들어 제일 추운 날씨라는데 콧바람이 하얗지만 얼굴은 달아올랐다. 방금 뜯어온 모자반을 배에서 퍼 올린 뒤 자루에 담느라 방한

청룡마을. 어업보다 농사에 의존했던 사람들이지만 일찍 바다농사에 눈을 떠 부자가 된 마을도 있다. 스스로 바닷일을 하찮은 일로 여기고 어민들을 무시하기도 했다. 섬이면서 육지가 되고 싶어 했던 사람들. 어민들은 섬의 타자였다.

복에 긴 작업용 장화와 비옷까지 입어 뒤뚱거렸다. 모자반 더미에서 바닷물이 뚝뚝 떨어졌다.

모자반은 갈조류로 모자반과에 속하며, 조하대에서 자라는 해조류다. 부산에서는 '모재기', 대구에서는 '마재기', 통영·완도·진도·해남 등 남해에서는 '몰', 보령·서천 등 서해에서는 '참몰'이라 부르며, 제주에서는 '몸', '말'이라고 한다.

진도에서는 '모자반' 중에서도 참모자반을 양식하고 있다. 모자반은 뿌리, 줄기, 잎의 구분이 분명하다. 잎 주변에 콩만 한 작은 기포들이 많아서 파도나 조류에 떨어진 모자반은 수면에 떠다닌다고 '뜬말'이라고도 한다. 조간대[만조시 해안선과 간조시 해안선 사이]나 점심대[저조선에서 수심 40~50미터에 이르는 항상 물에 잠겨 있는 곳]에 뿌리를 박고 기포에 의지해 직립하여 자라며 해중림을 형성해 어패류에 중요한 서식

청룡리는 '개매기체험마을'로 일찌감치 유명세를 탔다. 개매기는 조수간만의 차이가 크고 굴곡도가 높은 서남해의 어촌마을에서 주민들이 공동으로 고기를 잡던 오래된 어법이다. 남도의 바닷가 사람들은 오목하게 육지로 들어온 바다를 가로질러 대나무를 세우고 그물을 걸어 안으로 들어온 물고기를 가두어 잡아 반찬을 했다. 한동안 잊고 있었던 삶의 흔적이 축제로 재현된다.

지를 제공한다.

북대서양의 바하마제도 동쪽에 있는 '사르가소(Sargasso) 해'의 이름은 스페인어로 모자반을 뜻한다. 1492년 콜럼버스가 모자반으로 덮인 이곳 바다를 항해하면서 많은 고생을 해 붙여진 이름이다. 최근 겨울철이면 북서풍의 조류를 타고 중국의 모자반들이 신안의 비금, 도초, 흑산 등 섬 지역으로 밀려와 해안가는 물론 김 양식에도 큰 피해를 주기도 한다.

제주도 사람들은 돼지고기나 돼지뼈와 내장을 삶은 물에 모자반을 넣어 끓인다. 이를 '몸국'이라 한다. 대소사 잔치에 빠져서는 안 될 음식이다. 경상도에서는 제사상에 반드시 올려야 하는 제물이었다. 청정하고 조류 소통이 좋은 곳에서 자라는 것이 몰, 즉 모자반이다. 진도에서 양식한 모자반은 부산과 경남은 물론 제주까지 찾아간다. 채취하는 철에는 선착장에서 대형 트럭이 기다리고 있다.

진도에서 겨울철에 가장 바쁜 마을을 꼽으라면 김 양식을 많이 하는 초사리, 금계리, 수품리가 선두를 다툰다. 벌써 한 달 전에 첫물을 수확했다. 모두 진도 남동쪽에 위치한 마을이다. 닭섬에 들어가는 길에 잠깐 들른 곳이 청룡마을이었다. 최근에 완공한 해안도로를 달리며 백수해안도로처럼 명소가 되겠다는 느낌이 들었다. 진도는 세방리에서 보는 일몰이 유명하지만 이곳에서 보는 노을도 못지않을 것 같다. 게다가 혈도, 송도, 광대도, 주지도, 광덕도 등 가사5군도가 한눈에 들어오지 않는가. 청룡에서 쉬미항까지 시원스럽게 뚫린 길을 따라 자전거를 타고 달려도 좋을 것 같다. 그 길이 소포 - 세방 - 팽목 - 접도 수품항까지 이어진다. 조금만 다듬고 가꾼다면 영광의 백수해안도로가 부럽지 않을 것 같다.

청룡리는 '개매기체험마을'로 일찌감치 유명세를 탔다. 어촌체험마을 대상을 비롯해 해마다 상을 휩쓸고 있다. 몇 년 전 직접 개매기 체험을 했었다. 직접 손질해서 맛을 보았던 기억이 새록새록 했다. 개매기는 조수간만의 차이가 크고 굴곡도가 높은 서남해의 어촌마을에서 주민들이 공동으로 고기를 잡던 오래된 어법이다. 진도와 함께 장흥과 완도 등에서 축제자원으로 재현해 큰 성과를 거둔 후 어촌체험마을의 대표 프로그램이 되었다. 이곳 개매기는 청룡포구에서 맞은편 산자락으로 연결하는 400미터가 훨씬 넘는 갯벌에 그물을 설치해 물고기를 잡는다. 이를 청룡마을 대표 어촌체험 프로그램으로 만들어 일 년에 몇 차례 운영한다. 다른 개매기에 비해 고기가 많이 들고 어장도 넓어 가족 단위로 체험하기에 안성맞춤이다.

순한 인상을 풍기는 아주머니가 익숙한 솜씨로 크레인을 조작해 모자반을 옮겼다. 배에는 남편과 몇 명의 남자들이 타고 있었다. 남자들은 바다에서 모자반을 채취하는 일을 맡고, 여자들은 선창에서 자루에 담는 일을 하고 있었다. 아주머니는 고3 수험생인 아들이 대를 이어 바다농사를 지을 것이라며 묻지도 않은 자랑을 했다. 그게 무슨 자랑거리나 될까 싶지만 육지 사람들은 결코 누리지 못할 자랑이 맞다. 이렇게 아들이 바다 일을 잇는 경우는 흔치 않다. 옛날과 달리 바다농사를 짓는 사람들의 위치도 많이 달라졌다는 것을 실감했다. 당연히 소득이 높기 때문이다. 청룡리만 해도 젊은 사람이 많다. 아버지의 대를 이어 어업을 하려고 들어온 사람도 생기고 학생들은 수산업 관련 대학으로 진로를 결정하기도 한다. 학자금 전액을 지원받기 때문에 돈도 들어가지 않고, 졸업하면 아버지 일을 이어받기 때문에 취업을 걱정할 필요도 없다는 것이다. 참으로 현명한 선택이다. 청년실업자가 늘어나는 요즘에 보장된 일자리가 있다는 것은 행복한 일이다. 더구나 부모가 잘 닦아놓은 길이지 않는가.

"그런데 바닷가에 산다고 장가 못 가면 어떡하죠?"라며 아주머니에게 짓궂게 물었다. 섬이나 바닷가에서 결혼을 못하다가 마침내 외국인 여자와 늦장가를 가면 그나마 다행이고 노부모를 모시고 사는 늙은 총각들을 많이 보았기 때문이다. 아주머니는 나를 보고 모르는 소리 그만하라며 핀잔을 주었다. 요즘 아가씨들은 영악해서 '돈은 땅이 아니라 바다에서 나온다'는 것을 더욱 잘 안다는 것이다. 생각이 제대로 박힌 여자라면 어촌으로 서로 가려 할 것이라고 했다. 청룡리만 해도 아버지 뒤를 이어 전복, 미역, 모자반 등 양식을 하고 있는 젊은 사람들이 많았다.

"서울 촌놈들에게 몰 잘 묵으라고 방송 좀 냄쑈."

아주머니와 동서지간이라는 파마 머리 아주머니가 경상도와 전라도 말이 반반쯤 섞인 말투로 툭 던졌다. 서울 사람들이 모자반 맛을 알면 전라도에 처녀 총각이 몰려올 것이라는 의미이리라.

3

물은
생명이다
진도읍 저도

하늘은 스스로 돕는 자를 돕는다

그날은 내게 그런 날이었다. 도심 한복판의 아파트 베란다에서 바다의
날씨를 예측한다는 것은 억지다. 기상예보가 있지만 새벽이 되어서야
결정되는 경우가 많다. 배를 타기 위해 짧게는 한 시간, 길게는 두세 시
간을 달려야 하는 곳에 사는 뭍사람에게는 잔인한 예보다. 예보를 듣고
출발하면 첫배를 탈 수 없다. 배가 한 편만 있는 경우는 어쩌란 말인가.
이젠 요령이 생겨 섬사람에게 전화하거나 선장에게 직접 묻기도 한다.
바람의 낌새가 없었는데 배를 타니 바람이 불기 시작했다. 문제는 저도
를 오가는 배가 상행선과 하행선 두 편뿐이라는 점이다. 그런데 얄궂게
도 비슷한 시각에 엇갈려 배치되어 있기 때문에 객선을 이용한 당일치
기 여행은 불가능하다. 경비도 절약할 겸 섬으로 들어갈 때는 객선으로
들어갔다 나올 때는 사선으로 나오기로 결정했다.

　저도는 마진도에 딸린 부속섬이었다. 마진도가 조도면에서 장산면
으로 행정구역이 바뀌면서 저도는 졸지에 신안군에 속했다. 장산면이
나 마진도에서 12킬로미터 떨어진 곳에 위치해 있다. 그런데 진도 소
포리에서는 1,500미터 거리에 불과하다. 결국 1990년 1월 1일 장산면
에서 진도읍 내산월리로 행정구역이 바뀌었다. 그렇다고 생활권이 진
도권이라 속단하기 어렵다. 뱃길이 목포와 연결되어 있기 때문이다. 객

선을 이용하려면 목포에서 20여 개의 섬을 돌고 도는 거차군도행 배를 타야 한다. 시간이 아깝다면 중간 기착지인 진도군 쉬미항에서 그 배를 기다렸다 타는 것이 좋다. 뱃길로 3킬로미터도 되지 않는다. 내가 이번에 선택한 방법이다. 저도는 원래 닻을 내릴 만한 섬이라는 의미였다. '닻섬'이었던 것이다. 그런데 닥나무 저(楮)자로 차용해 '저도'로 쓰고 말았다.

쌀이 아니라, 물이 문제다

손님이 없으면 그냥 지나치는 섬이다. 수많은 섬을 거쳐 하룻밤을 자고 귀향하는 완행 배다. 그래도 이 배가 있어 저도를 비롯해 가사군도 등 많은 섬사람들이 목포를 생활권으로 두고 있다. 배에서 만난 차찬홍(1943년생)씨도 목포에서 일을 보고 사흘 만에 섬에 들어오는 길이라

내릴 사람이 없으면 지나치는 섬이다. 섬에서 물은 그 무엇보다 귀한 자원이다. 쌀농사를 지을 수 없는 섬이지만 더 급한 것은 물이다. 쌀은 사 오면 되지만 물은 사서 될 문제가 아니다. 물은 생명이다. 빗물은 받아서 허드렛물로 쓰고 우물이 마르면 빗물도 식수로 사용하기도 했다.

고 했다. 11시가 훨씬 넘어서 배를 탔으니 도착하자마자 점심시간이었다. 염치불구하고 차씨가 든 짐을 하나 뺏어 들고 차씨를 따라 집으로 들어갔다. 그렇잖으면 점심을 굶어야 할 판이다. 게다가 바다가 사나워져 나오는 것도 장담 못할 판이다. 하룻밤을 섬에서 자야 한다면…, 생각에 여기에 이르자 용기를 내어 따라나섰다.

쉬미항에서 만난 주민이 그 섬에 가거든 반장을 만나거나 전 반장을 만나라고 알려줬다. 반장은 진도에 나가고 없었고, 내가 만나려고 했던 전 반장이 차씨였다. 행운이었다. 5대째 섬에서 살고 있는 그는 지난해까지 마을 일을 맡고 있었다. 우체국 일도 하고 있었다. 저도에는 모두 여섯 가구가 살고 있다. 차씨 부부를 비롯해 세 가구는 부부가 살고 나머지 세 가구는 독거노인이다. 많이 살 때는 22가구에 102명이 살았던 섬이다.

전기도 들어오지 않던 시절, 종이나 징을 쳐서 마을 소식을 알렸다. 그전에는 목소리가 큰 사람이 언덕에 올라 마을회의, 울력 등을 알렸다. 지금은 작은 섬에 사는 사람이 적어 방송하는 것이 멋쩍다.

이렇게 작은 섬에 사람들이 많이 살 때 가장 큰 문제는 쌀이 아니라 물이었다. 큰 산이 없고, 섬도 작아 물이 넉넉지 않았다. 여름에 빗물을 넉넉하게 받아놓아도 겨울을 넘기기 어려웠다. 주민들은 샛바람을 거슬러 노를 저어서 안치마을 논 가운데 웅덩이에서 물을 길러 와야 했다. 지금도 몇 가구 되지 않지만 겨울을 나기가 쉽지 않을 것 같다고 했다.

차씨와 이야기를 나누는 동안 전복 양식을 하려고 시설을 만들고 있던 남자 세 사람이 점심을 먹기 위해 들어왔다. 청룡리가 고향이라는 분이 마을어장을 임대해 양식을 하고 있었다. 나머지 두 사람은 고용된 외국인이었다. 밥을 먹다가 세 사람이 일을 끝내고 진도로 나갈 것이라는 이야기를 듣고 눈이 번쩍 뜨였다.

배편도 해결했겠다, 뜨뜻하게 점심도 먹었겠다, 이제 부러울 것이 없었다. 느긋하게 빈집도 둘러보며 마을을 구석구석 살펴보았다. 그래 봤자 몇 가구 되지 않는 섬이라 한 시간이면 족했다.

먼저 학교로 향했다. 얼마 전에 이곳 폐교의 주인을 만났다. 몇 사람이 공동으로 폐교를 구입해 활용할 생각이라고 했다. 앞에 작고 아담한 해수욕장도 있고, 교실 한 칸, 관사 한 칸으로 이루어져 있다. 관사에는 할머니 한 분이 거주하고 있었다. 학교는 작았지만 운동장은 제법 널찍했다. 작은 학교에 한때 20여 명의 학생이 있었다. 이 학교에서 4학년까지 다니다 목포로 전학한 마지막 학생이 차씨의 딸로 이젠 30대 중반이 되었다. 한국전쟁 무렵 차씨도 같은 학교의 초가지붕 아래 책상도 없이 공부를 했다. 그도 6학년까지 다니다 목포유달초등학교 5학년으로 편입했다. 당시부터 저도 사람들은 병원, 교육, 학교 등 목포와 연결되었다. 친척과 결혼과 동창생 등 가족관계는 물론 사회관계도 목포를 중심으로 이루어졌다.

교회 전도사, '주민'이 되었다

바다가 살아 있으면 섬에 사람이 들어온다. 최근 저도에서도 빈집 두 곳이 새로 단장해서 입주를 준비하고 있다. 전복 양식을 하려는 두 사람이 들어오기로 했기 때문이다. 양식을 하려면 마을어장을 가지고 있는 마을에 살아야 가능하다. 마을 주민 중에 전복 양식을 하는 사람은 없다. 조류가 거칠기 때문에 양식은 엄두도 내지 못했다. 대신 자연산 미역과 주낙으로 생활을 했다. 양식을 하지 않아도 그럭저럭 생활했던 것은 바다가 준 선물 덕분이었다. 하지만 작년에는 자연산 미역을 구경하지 못했다.

마루 옆에 지팡이 두 개가 세워져 있었다. 한 개는 다리가 불편한 퇴행성 관절염을 앓는 사람을 위한 보조다리가 달린 지팡이이고 다른 한

포구에서 얼마 떨어지지 않은 바다에서는 여전히 전복 가두리를 설치하느라 바쁘다. 크레인이 가두리를 들어 올렸다 놓았다 분주하다. 선창에 기대어 바람을 피하면서 전복 양식장에서 가두리를 설치하는 배에 시선을 떼지 못했다. 쉬미항까지 나를 데려다줄 배였기 때문이다. 하루에 한 번 오가는 뱃길이라 당일치기로 왔다 갈 수 없다. 오가는 배에 손짓 발짓 해서라도 도움을 청해야 한다.

짚으로 만든 돌미역 틀. 조도는 돌미역과 돌김이 유명하다. 빈집을 기웃거리다 짚으로 만들어 사용했던 옛날 김발과
미역가닥을 만드는 틀을 발견했다. 쌀농사가 전혀 없는 섬이라 김발과 미역틀을 만들려면 뭍에서 짚을 사 와야 했다.

개는 일반 지팡이였다. 할아버지와 할머니가 살았던 집일까. 집 안을 들여다보니 전기장판과 이불이 방바닥에 깔려 있었다. 금방이라도 방에서 노인이 나올 것 같은 분위기였다. 방아를 찧는 돌절구가 세 개나 있었다. 헛간에는 돌김과 돌미역을 뜯어서 말리던 오래된 민구들이 쌓아져 있었다. 구급약통도 갖춰져 있는 것으로 보아 섬에서 꽤 행세했던 집안이었다. 특히 짚으로 만들어진 돌미역 틀은 처음 보는 것이었다. 보통 신우대로 만들었지만 최근에는 나무로 길쭉한 사각틀을 만들어 그 위에 그물을 붙여서 사용하고 있다.

마을을 어슬렁거리다 교회 전도사를 만났다. 1940년생이라는 할머니는 60대 초반에 목포에서 섬으로 들어왔다. 아들은 고생하지 말고 섬에서 나오라고 하지만 여생을 교회를 지키며 섬살이를 하기로 결정했다. 목사가 없는 교회였다. 그녀가 처음 들어올 때 섬 주민은 12명이었다고 했다. 예수님의 열두 제자가 섬에 있었던 것이다. 그 사이 세 명은 '천당'으로 가고 남은 사람은 아홉 명이다. 이 중 남자 세 명만 빼고 전도했다. 처음 섬으로 들어왔을 때는 주민들이 그녀를 '주민'으로 인정하지 않았다. 살려고 들어왔는데도 말이다. 톳을 거둘 때는 톳줄을 붙잡고, 갯바위에서 미역을 뜯을 때는 같이 갱번으로 나갔다. 그렇게 10년째 되던 2010년, 드디어 할머니도 미역짓을 받았다. 그동안 주민들과 함께한 세월을 인정한 것도 있지만 대부분 주민들이 나이가 많아져 미역 작업을 하기 어려워졌기 때문일 것이라는 것이 할머니의 해석이다. 자연산 미역을 채취해 분배받을 권리를 갖는다는 것은 이제 주민들이 섬사람으로 인정하겠다는 표시다.

포구에서 얼마 떨어지지 않은 바다에서는 여전히 전복 가두리를 설치하느라 바쁘다. 크레인이 가두리를 들어 올렸다 놓았다 하고, 네 명의 남자들이 왔다 갔다 하며 분주했다. 저들이 일을 끝내야 나갈 수 있을 덴데…. 바람을 피할 수 있는 컨테이너로 만든 대합실에 배낭을 내려놓고 자리를 잡았다. 낯선 이에게 관심을 보이던 주민은 이런저런 섬살이 이야기를 나누다 넋두리처럼 식수는 물론 받아 놓은 빗물도 벌써 바닥이 나서 올겨울 나기가 쉽지 않겠다며 자리에서 일어섰다. 파도소리와 바람소리는 더욱더 거칠어지고 있었다.

일반현황

위치 | 전남 진도군 진도읍 산월리
면적 | 0.168km² **해안선** | 4.5km
가구수 | 21 **인구(명)** | 28(남 : 19 여 : 9) **어선(척)** | 10
어촌계 | 저도 어촌계

공공기관 및 시설

전력시설 | 한전
급수시설 | 우물, 운반급수

여행정보

교통 | 배편 | 섬사랑10호·신해5호 : 1일1회 운항 / 목포-해남 시하도-진도 쉬미-저도-가사
-하조도 창유-관사-관매-동거차-서거차(약 2시간 45분 소요)
특산물 | 톳과 미역 및 김 양식을 하였으나 최근 인구수가 감소하여 주변 해역에서 다시마와 미
역을 채취하고 있다.
특이사항 | 저도는 하늘에서 내려다봤을 때 '닭이 날개를 펴고 있는 형상'이라고 한다. 그래서
'닭섬'이라고 불렸는데, 후대에 '닭섬'을 한자로 표기하면서 닥나무 '저(楮)' 자를 쓴 '저도'(楮島)
가 되었다고 한다.

변화 자료

구분	1995	2011	
주소	진도군 진도읍 내산월리	진도군 진도읍 내산월리	
면적(km²)	0.171	0.171	
인구(명)	24	15	
	(남 : 10 여 : 14)	(남 : 7 여 : 8)	
가구수	10	10	
급수시설	우물 3개	간이상수도시설 1개소,	
		우물 3개소	
전력시설	자가발전기 10대	한전계통	
어선(척)	2	4	
어가(농업겸업)	10	10	

4
죽기 전에 하는
상여굿
지산면 소포리

"나 죽거들랑 생애굿이나 걸게 잔 해주고 어르신들 한 사람도 빠짐없이 음식대접 하여라."

월급을 미리 받는다는 '가불'이라는 말은 들었지만 상여굿을 당겨 한다는 말은 처음 듣는다. 게다가 유언까지 남겼다. 이게 어디 예사 굿이던가. 굿 중 으뜸이요 소리 중 최고인 상여굿이요 상엿소리 아니던가. 소포리의 동갑내기인 김병천씨의 연락을 받고 한걸음에 소포리로 향했다. 벌써 오래된 이야기가 되었다. 김씨는 민속놀이전수관 관장을 맡기도 했다.

소포리는 진도군 지산면에 위치한 마을로, 소포방조제와 대흥포방조제가 넓은 들을 안고 있는 진도의 곡창지대다. 농지가 조성되기 전에는 갯벌을 일궈 소금(煮鹽)을 구웠고, 염전(거제염전, 금팔염전, 동막염전, 삼화염전, 소포염전, 제일염전, 한일염전 등)을 조성해 천일염을 생산했던 마을이다.

작은 마을축제에 상여놀이가 올려졌다. 비록 연출된 놀이이지만 상여는 100년 동안 마을 주민의 주검을 옮기던 진품이었다. 벌교 가서 주먹 자랑하지 말고, 순천 가서 인물 자랑하지 말고, 여수 가서 돈 자랑하지 말라 했던가. 덧붙이자면, 진도 가거들랑 소리는 절대 하지 말아야 한다.

상여놀이. 죽음은 떨어져 살던 산 자를 불러 모으는 시그널이다. 그 절정은 상여놀이다. 노인들도 지팡이를 짚고 나와 구경한다는 것이 상여굿이다. 어느 딸이 제일 서럽게 우는지 품평회를 하는 것도 잊지 않는다.

당시 망자로 나서는 이는 두 눈 시퍼렇게 뜨고 손님을 불러놓은 김 씨다. 그도 진도 사람이 아니던가. 마을에서는 명함도 못 내밀지만 어디 가면 '노래 잘한다'는 소리를 듣는 준 소리꾼이다. 그런 그가 어느덧 쉰을 넘어 중년에 접어들었다. 40대 초반에 만났으니 10년 객지 벗이다. 지난해 그를 보고 깜짝 놀랐다. 몰골이 말이 아니다. 남들은 그 나이면 살이 붙는다는데 뼈만 남았다. 어디 아프냐는 말에 '굿만 재미있는 줄 알았는데, 요즘 농사짓는 재미에 빠졌다'며 너스레를 떨었다. 혼자서 전수관 운영하랴 마을 찾는 손님들 치다꺼리하랴, 자기 논밭 풀이나 제대로 뽑았겠는가. 눈길 줄 틈도 없었을 게다. 동갑내기라 진도에 가면 막걸리 한 사발씩 하며 넋두리를 나눈다. 전수관을 운영하고 마을

소포리의 도깨비굿. 돌림병을 퍼뜨리는 역신이라 여기는 도깨비를 쫓아내는 굿이다. 진도 도깨비굿이 널리 알려져 있으며 제주도의 영감놀이도 그중 하나다. 도깨비가 역신으로만 등장하는 것은 아니다. 때로는 바닷가에 물고기를 데리고 와 풍어를 약속하기도 한다.

일에 힘쓰느라 마음 공부를 심하게 했던 것 같다. 이제 농사 공부를 하려는다는 말에 가슴이 찡했다.

진도에서는 장례를 치를 때 씻김굿으로 주검을 깨끗이 했다. 이를 '곽머리씻김굿'이라 불렀다. 호상 때는 상여놀이를 한다. 출상 전날 밤 상주의 계군들이 빈 상여를 메고 상엿소리와 춤을 추면서 한바탕 노는 것을 말한다. 진도만 아니라 강원도, 경기도, 충청도에서는 '손모듬', 경상도에서는 '개도듬', 황해도에서는 '생여도듬', 전라도에서는 '대뜨리'라 했다. 또 슬픔에 잠겨 있는 상주를 웃겨 시름을 털어내고 망자를 보내드리기 위해 전날 밤 재담과 노래와 병신춤 등으로 밤을 지새운다. 이를 진도에서는 '다시래기'라고 하며 신안에서는 '밤달애'라 한다.

"음지가 양지 되고 양지가 음지 된다는 말이 틀린 말이 아니여. 이럴 줄 알았으면 이리로 시집올걸."

한껏 멋을 내고 굿을 보러 인지리에서 온 할머니가 한마디 거들었다. 소포리는 할머니의 친정어머니 고향이었다. 할머니가 어렸을 적에 마을 사람들은 대부분 소금밭에 의지해 살았다. 염전으로 이어지던 물길을 막기 시작한 것은 1973년 새마을방조제였다. 그리고 1986년 진도읍까지 이어지는 소포만방조제가 만들어졌다.

이보다 일 년 앞서 진도군 군내면 녹진리와 해남군 문내면 학동리를 잇는 진도대교가 놓였다. 뱃길이 끊기고 섬은 육지가 되었다. 목포에서 진도 소포리를 오가던 뱃길이 끊기면서 포구주막도 문을 닫은 지 오래되었다. 숱한 사연이 이어지던 뱃길 위로 자동차가 달리고 소금밭은 논이 되고 다시 태양광발전소로 바뀌었다. 끊긴 뱃길은 단순한 뱃길이 아니었다. 진도 서남부 사람들이 읍내로 가기 위해 이용했던 주요 교통로였다.

소포리 주민들은 농사보다는 소금농사를 잘 지었고, 갯일을 하며 살

왔다. 먹고살기 힘든 시절이라 목포에서 배를 타고 염전 일을 하겠다고
몰려들기도 했다. 그 염전과 갯벌이 농사짓는 땅으로 변해 검정쌀을 재
배하고 있다. 검정쌀은 소포리의 특산품이 되었으며 해마다 10월이면
검정쌀 축제를 개최한다.

사람이 문화재요 보물이다

진도에서 문화재를 운운하는 것은 의미가 없다. 섬이 민속이요, 사람이
보물이기 때문이다. 그런데 이 엄청난 진도의 힘을 오랫동안 한편으로
는 '꾼'으로, 다른 한편으로는 '여성'이라는 굴레로 가두어버렸다. 스스
로 육지가 되고 싶고, 양반이 되고 싶은 욕망은 꽁꽁 숨기면서 말이다.
그나마 전승되던 것도 1960년대 문화재보존 정책으로 오히려 미신이

검정쌀은 소포리의 특산품이며 10월이면 검정쌀 축제를 개최한다. 우리나라에서 처음으로 진도에서 재
배되기 시작한 진도 검정쌀은 진도 홍주, 진도 대파, 진도 구기자에 이어 지리적표시제에 등록되어 있다.
검정쌀은 검정콩, 검정깨 등과 함께 블랙푸드 열풍을 몰고 왔다. 암 예방과 노화 억제 물질인 안토시아닌
이 많이 포함되어 있다.

지역적인 것이 세계적인 것이라는 말은 진도 민속을 두고 하는 말이다. 남도의 섬, 진도 사람들의 축적된 삶의 지혜들이 노래와 춤으로 전승되어 축제가 되어 외국인들이 더욱 관심을 갖고 체험을 한다.

되었고, '문화재'라는 껍데기로 남게 되었다. 그중 일부만이 무형문화재라는 이름으로 변형되어 전승되고 있다. 최근 이 갇힌 보물을 꺼내 '문화상품'으로 포장하는 것을 어쩌면 다행으로 여겨야 할지도 모르겠다.

　소포리민속보존회에만 해도 소포걸군농악, 강강술래, 닻배놀이, 명다리굿, 세시풍속, 어머니노래방(소포노래방), 베틀노래 등이 있다. 이 중 이름도 독특한 '명다리굿'은 사주팔자에 명이 짧다고 나온 어린이를 위해 하는 굿이다. 전라도에서는 무명을 '명'이라 한다. 여기에 생월일을 적고 수건을 만들어 마을 사이에 징검다리를 놓고 굿을 한다. 진도에서 함부로 소리 자랑했다간 큰코다치고 만다. 소포리 마을 민속이 전승되고 문화상품으로 거듭날 수 있었던 것은 '소포노래방'과 '소포걸군농악'을 지켜왔기 때문이다. 덕분에 소리와 춤과 장단의 '꾼'들은 자신들의 재능이 녹슬지 않도록 농사짓는 틈틈이 갈고닦을 수 있었다. 소포리 민속놀이체험관이 개관하던 날, 이 꾼들은 얼마나 기뻤을까. 살다 보니 이런 날이 있다며 목청껏 소리를 뽑내고 풍물을 치며 당산할머니와 조상들에게 소식을 전했다.

그 뒤에서 여성들의 힘이 컸다. 농사일, 산일, 옷을 짓는 일 등 모두 여성들 차지였다. 그들이 부르는 강강술래, 둥당이타령, 육자배기, 홍타령, 남도들노래, 산타령, 물레타령, 도깨비굿, 모두 삶이 배인 노래들이다. 그 소리에는 '섬사람'과 '여성'의 아픔을 넘어 해학과 희망이 있다. 소포리나 인지리가 진도 민속의 중심으로 자리를 잡을 수 있었던 이면에는 양반과 남성 중심 사회를 뒤집어버린 여성의 힘이 컸다. 지금도 이들이 없다면 민속놀이는 물론 농사일도 지속하기 힘들다.

상여놀이만 해도 그렇다. 유교식으로 엄숙하게 치러야 할 의례를 북과 장구를 치고 소리를 하는가 하면, 해학적 놀이판으로 만들어버렸다.

씻김굿 길닦음처럼 하얀 질베를 두 줄로 늘어뜨려 상여를 끄는 '진도만가'. 상엿소리에서 요령을 흔드는 것과 달리 북, 장구, 꽹과리, 피리를 동원해 소리를 하며 묘지까지 향한다. 망자를 북망산천으로 이끄는 이는 어머니다. 그래서 더 편안하다. 몸에 담고 두 달 부족한 일 년을 기다려서 얻은 생명이다. 그러니 보내는 몫도 오롯이 어머니 몫이다. 섬에서 태어나 바다로 간다. 세상에 올 때처럼 어머니의 손에 이끌려.

남성들의 틈을 비집고 상여를 끄는 이도 여자들이다. 자연스레 진도 소리는 여성들 몫이 되었다. 그 기운을 고스란히 전수받은 것이 소포어머니노래방이라면 억지일까. 소포상여놀이의 상두꾼들도 소포노래방 출신 어머니들이다. 씻김굿 길닦음처럼 하얀 질베를 두 줄로 늘어뜨려 상여를 끄는 '진도만가'가 그것이다. 인지리에서 시작되어 진도 전역으로 확산되었다. 진도 민속의 으뜸이다. 마을의 상엿소리뿐만 아니라 인지리의 무업 종사자들이 부잣집이나 유지의 상례에 초청되어 갔을 때 진도씻김굿의 길닦음 노래를 활용해 부르는 소리가 진도만가다. 상엿소리에서 요령을 흔드는 것과 달리 북, 장구, 꽹과리, 피리를 동원해 소리를 하며 장지로 향한다.

죽음마저 축제다

10여 명의 여자들이 하얀 치마저고리를 입고 도로를 막았다. 애처롭던 상엿소리는 진도 아리랑과 흥타령에 묻혔다. 구경하던 사람들도 어깨춤을 덩실덩실 춘다. 상여만 없다면 단풍놀이라고 해도 틀리지 않을 분위기다. 마이크가 몇 바퀴를 돌았다. 이곳이 노래방인가. 급기야 자리를 잡고 앉아서 술판이 벌어졌다. 씻김굿에 길닦음처럼 무명 질베를 잡고 상여를 끌던 여자들도 퍼질러 앉았다. 이렇게 저승길을 닦는 상여놀이가 '진도만가'다.

  진도 무속에서 비롯되었다는 만가가 1970년 소포에서 처음 시작되었다고 주장하는 사람도 있다. 부모 주검 앞에 자식들이 덩실덩실 춤을 추며 걸게 판을 벌인다. 육지 것들 잣대로는 이해하기 힘든 대목이다. 진도에서 죽음은 슬픔으로 끝나지 않는다. 이들은 상엿소리를 하는 소리꾼과 함께 흥을 돋우어 이승에 남은 가족에게는 위안을 주고, 구경꾼들에게는 굿을 보여줘야 한다. 물론 망자의 넋을 위로하면서. 세상에,

죽음의 굿이 이토록 아름다울 수 있을까.

신안에는 밤달애놀이가 있다. 섬사람들은 죽음을 단순히 숙명으로 받아들이지 않았다. 죽음은 산 자들의 삶을 다잡는 카타르시스요 축제였다. 진도 문화는 그 자체가 축제요 놀이였다. 포르투갈 파두의 숙명처럼.

5

섬마을,
멸치공장이 되다
지산면 장도, 불도

사람이 없는 유인도에 들어서는 것은 때로는 섬뜩하다. 삶의 흔적이 고 스란히 남아 있는데도 인기척을 느끼지 못할 때는 더욱 그렇다. 멸치철 에만 사람이 북적거린다는 장도에서 그런 느낌을 받았다.

장도는 지산면 가학리에 속하는 섬이다. 섬이 길쭉해서 장도라 불렀 다. 1780년경 김해 김씨가 들어왔으며 1815년 이영기가 해산물을 채 취하기 위하여 어장철에서 거주했다. 1910년에는 이씨의 자손들이 거 주하기 시작했다. 섬이 동서로 좁고 길게 자리를 잡고 있어 긴 섬(진섬) 이라 부르기도 한다. 지산면 세방리에 딸린 섬이다. 면적은 0.04제곱킬 로미터로 아주 작고, 해안선은 3.5킬로미터에 이르는 작은 섬이다. 주 변에 소장도, 불도, 양덕도, 주지도, 가사도가 있다. 장도를 오가는 객선 이 없다. 멸치배나 고기잡이 배를 얻어 타고 가거나 얼마간 뱃삯을 내 고 사선을 이용해야 한다. 지산면 가치리에서 배를 이용할 수 있다.

섬은 작지만 주변에 어장이 아주 좋다. 장도와 주지도와 가사도 궁항 사이에 멸치 어장이 형성되어 호황을 누리고 있다. 봄에 시작해서 가을 까지 무시로 오가며 낭장망 멸치 그물을 털어서 장도에서 멸치를 삶아 가공한다. 멸치잡이 어업만 아니라 인근 어민들은 이곳에서 주낙을 이 용해 장어, 우럭 등을 잡고 있으며, 낚시꾼들에게는 갯바위낚시로 널리 알려져 있다.

원주민들은 하나둘 섬을 떠났지만 인근에 조류가 활발하여 멸치 어장이 잘되면서 주민이 40여 명으로 늘었다. 그렇지만 원주민은 두 가구에 불과하고 멸치 어장을 하는 가구만 다섯 가구에 이른다. 원주민들은 주소지만 이곳에 두고 목포에 거주하고 있으며, 어장을 하는 사람들은 가치리 주민들로 멸치 어장철에 낭장망으로 멸치를 잡아 삶고 말리는 가공공장을 운영하고 있다. 원주민들이 살던 집은 섬 중턱에 쓰러지고 있거나 집터 흔적만 남았다. 대신 선창을 둘러싸고 다섯 가구가 멸치를 삶는 솥을 걸어두고 건조장을 만들어 섬살이를 하고 있다.

장도와 주지도 사이와 장도와 불도 사이에 수십 통의 낭장망이 설치되어 있다. 들물에는 장도와 주지도 사이에서, 썰물에는 장도 뒤쪽 불도가 보이는 바다에서 그물을 걷는다. 멸치 낭장을 하는 사람들은 섬의 토박이들이 아니라 낭장망을 시작하면서 섬에 거처를 둔 사람들이다. 그래서 멸치 어장철이면 섬이 북적대지만 겨울철에는 사람이 아무도

장도. 원주민은 모두 뭍으로 나가고 객들이 들어와 멸치를 삶고 말리고 주인 행세를 하고 있다. 멸치의 품질은 신선도가 생명이다. 가까운 곳에 멸치 어장이 형성되니 장도보다 더 좋은 멸치공장이 어디에 있겠는가.

없다. 실제로 1월 말 섬을 찾았을 때 아무도 만날 수 없었다.

봄이 무르익은 5월, 다시 멸치 어장을 찾았다. 겨울철과 사뭇 다른 풍경이 펼쳐지고 있었다. 바다에는 그물을 터는 배들이 분주하고, 그물을 턴 배들은 멸치를 삶기 위해서 바쁘게 물살을 가르며 섬으로 향했다. 좋은 멸치는 신선도를 유지하는 것이 관건이다. 그래서 어장과 가까운 곳에 멸치를 삶는 가공시설을 둔다. 이것이 여의치 않으면 배 안에서 멸치를 삶는다. 가치리 어민들이 장도에서 뙤리를 틀고 멸치가공시설을 마련한 것도 이런 이유 때문이다. 게다가 멸치를 건조할 공간을 확보해야 하고, 주변이 깨끗해야 한다. 바다 가운데 있는 섬만큼 좋은 조건을 갖춘 곳이 있겠는가.

장도와 가까운 거리의 불도도 한때 40여 명이 살았지만 무인도로 바뀌었다. 250여 년 전 김유곤이라는 사람이 조난을 당해 정착하면서 사람이 살기 시작했다고 한다. 불도는 퇴적층과 동굴이 매우 아름답고 섬

멸치 그물 낭장망을 걷는 모습, 객선도 오가지 않는 섬이 무인도가 되지 않는 것은 바다가 주는 선물 때문이다. 그 섬에 멸치가 없었다면 진작 무인도가 되었을 것이다.

불도를 포함한 가사군도에는 불교와 관련한 이야기가 많은 곳이다. 불도는 바위섬으로 모양이 탑을 닮았고 동굴에 부딪히는 소리가 목탁 소리처럼 들리기도 한다.

의 서쪽 해변에 약 30미터에 이르는 퇴적암층이 마치 탑처럼 생겨 '탑바위'라 부른다. 동굴에 파도가 치면 마치 목탁을 치는 듯한 소리가 난다고 해서 불교 신도들이 신앙의 대상으로 삼기도 했다. 섬에 옹달샘이 있지만 식수를 충당하기 어려워 본섬에서 가져다 먹었다. 최근 불도를 관광자원으로 개발하려는 시도가 있었다.

일반현황

위치 | 전남 진도군 지산면 가학리
면적 | 0.248km^2 **해안선** | 10km   **육지와 거리** | 2.9km(가학선착장)
가구수 | 4   **인구(명)** | 10(남: 7 여: 3)

공공기관 및 시설

전력시설 | 송전
급수시설 | 운반급수

여행정보

특산물 | (낭장망으로 잡은)멸치, 톳
특이사항 | 장도는 지산면 셋방향 건너편에 보이는 섬이다. 섬의 모양이 길게 생겼다 하여 긴
(진)섬이라 부른다. 섬 내의 밭도 길게 늘어져 있고 섬의 길이가 2km로 한 바퀴 도는 데 1시간
이상 걸린다.

변화 자료

구분	1972	1985	1996
주소	진도군 지산면 세방리	진도군 지산면 가학리	진도군 지산면 세방리
면적(km²)	0.24	0.24	0.238
인구(명)	24	16	14
	(남: 13 여: 11)	(남: 9 여: 7)	(남: 7 여: 7)
가구수	4	5	5
급수시설	우물 1개	우물 1개	우물 5개
전력시설	–	자가발전기 3대	자가발전기 1대
어선(척)	무동력선 2척	5	7
어가(농업겸업)	1	5	5
		5	

개황 | 불도

일반현황

위치 | 전남 진도군 지산면 세방리
면적 | 2,000km^2 **해안선** | 4km **육지와 거리** | 3.2km(가학리 선착장)
가구수 | 무인도

여행정보

여행 | 장도, 셋방낙조, 여귀산
특산물 | 자멸치, 차좁쌀
특이사항 | 섬 봉우리에 있는 큰 동백나무가 부처님과 같고 섬 모양은 목탁 형상을 하고 있어 부처섬이라고도 한다. 탑 및 동굴에 파도가 치면 목탁 소리를 낸다고 하여 불교 신도들의 수도장으로 전해지고 있다.

변화 자료

구분	1972	1985	1996
주소	진도군 지산면 세방리	진도군 지산면 가학리	진도군 지산면 세방리
면적(km^2)	0.10	7.7	0.071
인구(명)	36	18	6
	(남: 20 여: 16)	(남: 13 여: 5)	(남: 3 여: 3)
가구수	6	5	3
급수시설	–	미전화지구 5가구	자가발전기1대
전력시설	우물 1개	우물 1	우물 2개
어선(척)	무동력선 1대	무동력선 2척	동력선 2척
어가(농업겸업)	1(1)	5	3
		5	

6

고산선생님 덕분에
먹고살제
임회면 굴포만

가을에 보는 진도의 남쪽 해안은 색다른 풍경이다. 파란 바다의 빛깔과 어울리는 누런 나락이 콤바인의 행차에 흔적도 없이 사라졌다. 옆 논에는 여물려면 가을볕을 더 견뎌야 하는 벼들이 얼마 남지 않은 시간을 맘껏 즐기며 아름다운 자태를 한껏 뽐내고 있다. 저 건너 임회면 백동리 18번 국도에는 어머니가 갓 수확한 나락을 널고 있다. 작은 다랭이 논도 트랙터가 없으면 농사짓기 어렵다. 벼를 심고, 수확을 하는 모든 농사일이 기계 없이는 할 수 없게 되었다. 기계가 아니면 묵혀야 한다.

잠시 숨을 돌리고 굴포를 지나 바로 백동리 저수지로 올라왔다. 이곳에서 내려다보면 너른 들녘이 한눈에 들어온다. 고산이 간척했다는 들녘이다. 굴포에서 백동리까지 바닷물이 들어왔다. 바닷물이 들어오는 입구가 좁고 양쪽에 산이 있어 간척하기 좋은 곳이다. 게다가 안쪽은 수심이 낮아 개답하기도 적절했다.

굴포를 둘러싸고 상굴포, 하굴포, 남선, 백동, 신동, 짝벌 등 여러 개의 마을들이 다닥다닥 붙어 있다. 이곳 주민들은 400~500여 년 전에는 모두 갯것에 기대어 찬거리를 구하고, 산에서 나무를 해서 팔거나 숯을 구웠다. 이들 마을이 본격적으로 농사짓기 시작한 것은 400여 년 전이다. 고산 윤선도(1587~1697년)가 양지머리(굴포)와 짝벌을 연결하는 원을 막아 100만 여 평의 농토를 조성하면서 농사가 중요한 생계수단이 되었다. 조선시대 권문세가들이 토지를 확대하는 방법 중 대표적인 것이 간척이었다. 16세기 인구가 증가하고, 장시를 기반으로 한 유통질서가 형성되면서 곡물수요가 증가했기 때문에 평민, 사대부, 국가 등 다양한 계층에서 간척사업을 추진하였다.

16세기 해남에 근거를 둔 윤씨 가(家)는 해남, 진도, 완도 지역에 입안(立案)[관에서 개인에게 간척을 허가하는 문서]을 받아서 간척사업을 전개했다. 이 시기에 간척이 가능했던 것은 염분기가 있는 토지에서 재배할 수 있는 벼 품종의 도입과, 개간에 성공하면 주인이 없는 땅이기 때문에 쉽게 양안(量案)[토지대장]에 올릴 수 있다는 점, 조세 부담이 가볍다는 점 등 때문이었다. 간척사업의 선구자였던 고산은 굴포만이 아니라 노화읍에도 100만 여 평의 간척지를 조성했다. 지금도 굴포 주민들은 정월 보름이면 고산의 은덕을 기리는 제사를 지내고 있다.

16세기 해남에 근거를 둔 윤씨 가는 마을의 안녕과 풍어, 고산 윤씨 종가의 번성까지 기원한다. 권력을 쥐락펴락했던 고산, 작은 마을의 신으로 자리를 잡았다. 초라하다고? 모르는 소리다. 마을이 살아야 국가가 살고, 마을이 건강해야 나라가 편안하다는 것을 안다면. 그래서일까, 문중에서도 마을로 내려와 차례를 지낸다.

한 지붕 세 가족

"굴포리 주민 일동이 전부 건강하고 잔병도 없이 농사도 풍년 되도록 해주십시오. 바닷가 어부들이 풍어를 기원하기 위해서 소지를 올립니다. 고산 선생님 종친 집안 모두 편안하시고 사고 없이 길이길이 보전하길 기원하는 소지를 올립니다."

당제를 주관하던 설씨가 한지를 태우며 축원을 한다. 마을의 안녕과 풍어, 고산 윤씨 종가의 번성까지 기원한다. 이를 '소지'라고 한다.

정월 보름 바닷물은 굴포리 제당 앞까지 들어온다. 호수처럼 고요한 바다는 풍물소리에 장단을 맞추듯 출렁인다. 제당 안에는 조기, 장대, 삶은 돼지고기, 사과, 곶감은 물론 수입산 바나나도 올랐다. 제물도 세계화된 지 오래라 그리 새삼스러운 일도 아니다. 정작 나를 놀라게 한 것은 위폐다.

"고산 윤선도 선생 영위"(孤山 尹善道 先生 靈位)

도대체 진도의 작은 어촌마을과 고산은 무슨 인연이 있었던 것일까. 어떻게 그가 마을 신으로 등극한 것일까. 게다가 제사를 지내는 곳이 배중손을 모신다는 정충사(精忠祠)라는 사당이라는 것이 믿기지 않는다.

해남 윤씨 가는 일찍부터 완도와 진도 지역 갯벌을 막아 농지를 조성했다. 노화읍 석중리와 진도 굴포리가 대표적이다. 굴포리 간척은 1640년대 중반 고산의 나이 60세 무렵에 했을 것으로 추정한다. 고산 선생은 이곳에서 설씨 성을 가진 여자를 만나 잠시 정착했다. 제사에 참석한 해남 윤씨 측에서는 족보에서도 확인할 수 있다고 귀띔해준다. 고산이 원둑을 쌓아 200여 정보의 농지를 입안한 덕에 주변 마을 주민들이 농사를 지을 수 있었다. 갯벌을 막아 간척하는 일이 쉽지 않았던 모양이다. 번번이 둑을 쌓으면 파도에 부서졌다. 고산은 어느 날 엄청

당제. 마을 주민들이 고산 할아버지에게 음식을 장만하여 올리고, 잔병 없이 농사는 풍년이 되고, 고기잡이는 만선이 되길 기원한다. 그리고 잊지 않고 윤씨 집안도 편안하고 잘되길 기원한다. 갯벌을 막아 농사지을 땅을 만들어주었기 때문이다.

나게 큰 구렁이가 원둑을 지나가는 꿈을 꾸었다. 다음 날 나가 보니 꿈에서 본 그 자리에 하얗게 서리가 내려 있었다. 그곳에 둑을 쌓으니 무너지지 않고 완성할 수 있었다고 한다. 그래서일까, 굴포방조제는 뱀이 기어가듯 구불구불하다.

그 후 1940년대 지금의 방조제가 만들어져 굴포·백동·신동·남선 마을 주민들이 농사를 짓고 있다. 네 마을 사람들은 생계를 유지할 수 있는 것이 모두 고산 선생의 은덕이라고 생각했다. 원둑 위에 당집을 새로 단장하고 정월 보름이면 고산 선생의 은덕을 기리는 제사를 지냈다. 처음에는 설씨 할머니 위폐도 모시고 밥도 두 그릇을 올렸다고 한다. 수백 년은 되었을 아름드리 소나무 한 그루가 남아 있다.

기존 당집하고는 이미지도 다르다. 반듯한 기와지붕에 배중손 장군

굴포리 간척지. 삼별초가 용장산성에서 패하고 제주도로 후퇴할 때도 저렇게 포구에 바닷물이 가득했다면 쉽게 배를 타고 바다로 나가지 않았을까. 혹시 갯벌이 드러나 배를 타려고 우왕좌왕하는 사이에 여몽 연합군의 공격을 받은 것은 아닐까.

을 모신다는 '정충사'라는 현판도 걸려 있다. 배 장군과 굴포리는 어떤 인연이 있었던 것일까. 그는 김통정 장군과 함께 삼별초의 중심 인물이다. 여몽연합군의 공격으로 김통정 장군은 금갑진을 거쳐 제주도로 후퇴했지만 배 장군의 행적은 알려진 바 없다. 몇 해 전 배 장군의 '굴포 사망설'이 제기되었다. 이를 관광자원화하는 과정에서 당집은 배중손을 모시는 사당으로 바뀌었다. 사당에 장군의 동상도 세워졌다. 5월이면 배씨 문중에서는 장군을 기리는 제를 올리고 있다. 당집을 잃은 굴포리 마을 주민들은 한동안 마을 제사를 지내지 못했다. 최근에는 진도군의 지원을 받아 정월 보름 사당에서 마을 당제와 고산 선생의 은덕을 기리는 제사를 함께 지내고 있다.

제관이 축문을 읽는다.

"굴포리 주민 일동은 통천지재이신 윤선도 선생님께 아뢰나이다. 바닷물을 막아 논둑을 쌓으시고 수십만 평의 농토를 만들어 헐벗고 굶주린 주민들의 식량난을 해결해주신 은공을 잊지 못하여……."

제관의 재배가 끝나자 해남 윤씨들도 술잔을 올리고 절을 한다. 언제부터인지 모르나 마을 당제는 고산 선생 감사제와 함께 지내고 있다. 해남 윤씨들이 참관하는 것도 이 때문이다. 술이 한 순배 돌자 제관 설씨가 말문을 연다.

"오늘 당제는 진도군의 도움으로 가능한 것인데 예산이 많이 부족합니다. 그렇게 아시고 소찬이지만 즐겁게 드십시오. 고산 선생님을 위한 제사도 겸하니 내년에는 해남 윤씨 종친에서도 생각해주었으면 합니다. 옛날처럼 네 마을이 모두 참석한 축제로 했으면 좋겠습니다."

주민들의 바람이 당집에 긴 여운을 남긴다.

배중손 장군을 모신다는 정충사라는 현판이 걸려 있는 당집. 마을 신을 모셨던 당집이 기와집으로 바뀌고 고산을 모신 사당에 정충사라는 현판이 걸린다. 배중손 장군의 동상도 세워졌다. 그리고 장군을 기리는 제사가 시작되었다. 한 지붕 아래 마을 신, 고산, 장군을 모시는 성소로 바뀌었다.

바다 덕에 '개안하다'

굴포에서 많은 시간을 보내는 이유 중 하나가 굴포식당 때문이다. 뼈째 고아낸 걸쭉한 복탕이 진국이다. 특별한 간판도 없다. 포구 옆에 있는 작은 슈퍼마켓이 바로 식당이다. 최근에는 그래도 복탕전문집이라는 간판을 세웠지만 옛날에는 입소문으로 물어 물어 찾아야 했다. 안을 보면 허름한 시골 식당이다. 걸쭉한 진도 사투리를 쓰는 안주인의 범상치 않은 포스에 밥을 먹고 계산한 후 카메라를 들고 딴전을 부리다 겨우 허락을 얻어 사진을 찍었다. 나오는 밑반찬도 여느 식당에서 보기 힘든 것들이다. 금방 무쳐 내온 것 같은 미역, 봄동, 콩나물 그리고 걸쭉한 복탕. 신안과 무안 그리고 진도 일대의 바다에서 잡은 졸복을 미리 구입해두었다가 사용한다. 안주인이 솥에 푹푹 끓이고 있는 졸복을 국자로 퍼서 보여주었다.

굴포만은 크지 않지만 자갈, 모래, 갯벌을 한꺼번에 볼 수 있다. 이러한 생태환경 덕분에 낙지, 바지락, 굴, 꼬시래기 등 다양한 갯벌생물을 만날 수 있다. 모두 밥상에 오르는 찬거리이다. 꼬시래기는 데쳐서 무쳐 먹는 해초로 자갈이나 조개껍데기에 붙어서 자라는데, 갯바닥에 있을 때는 긴 머리카락처럼 보이며 서해와 남해 갯벌에서 서식한다. 송정에서 걸어서 왔다는 할머니는 점심을 싸 가지고 와서 굴을 까고 있었다. 의신면에 속하는 송정마을은 젊은 장정들 걸음으로도 한참 걸리는 거리다. 진도 연안에는 갯벌이 많았지만 소포만을 비롯해 덕병 갯벌 등 크고 작은 간척사업으로 사라지고 지금은 죽림, 굴포, 접도 등 일부 지역에만 남아 있다.

굴포만 안쪽으로 깊숙이 만입되어 있어 물이 들면 호수와 같지만 서해와 달리 배를 타고 2~3분만 나가면 큰 바다와 접할 수 있다. 그래서 전복을 비롯해 장어, 능성어, 문어 등 좋은 어장을 형성하고 있다. 특히 굴포리를 중심으로 낭장망을 이용해 몇 집은 멸치를 잡고 있다. 한때 김 양식을 해서 아이들을 가르쳤던 이씨 부부는 소규모의 통발로 고기를 잡아 생활하고 있다. 어장에서 '물'[통발이나 그물에 고기가 들어 있나 확인하는 것]을 보고 배에서 내리는 부부를 만났다. 편안한 얼굴이었다.

"지금은 마음이 개안하요. 지기들 벌어서 지기 먹고, 나 벌어서 나 먹고, 주라고 해도 줄 것도 없소."

마음이 개안하다는 말은 '홀가분하다'는 말쯤 될까. 모두 장성해서 짝을 이루었고, 이렇게 매일 바다에 나가서 풍족하지는 않지만 생활할 수 있어 좋다는 것이다. 이 모두 바다가 있어 가능한 일이다. 이씨도 꽤 넓은 논을 가지고 있지만 농사는 포기한 지 오래되었다. 그래도 통발 네 줄을 넣어서 장어 잡고, 문어 잡아 그럭저럭 생활비로 쓰고, 손자 용돈도 준단다. 게다가 자식들이 명절이라고 집에라도 오는 날이면 갯것

굴포만. 진도의 남쪽 포구는 큰 바다로 이어지는 뱃길의 시작이다. 추자도와 제주도로 이어지는 바닷길의 시작이며, 연근해어업을 하는 어민들의 희망의 길이자, 바닷물고기가 오가는 생명의 길이다.

들을 내놓는다. 바다가 있어 '개안하다'는 말이 어울린다.

굴포에는 아직도 자연산 전복이 있다. 작업은 완도에 있는 제주 출신 잠녀들이 맡고 있다. 옛날에 비해서 그 양이 많이 줄었고, 양식 전복에 밀려 찾는 사람이 많지는 않지만 자연산 전복 맛을 본 사람들은 꼭 찾는다고 한다. 중만리에서 최근까지 물질을 했던 제주 출신 잠녀 최씨 할머니는 직접 어장을 사서 자연산 전복을 따기도 했다. 50년 전 이곳으로 시집왔을 때 진도 사람들은 전복을 먹을 줄 몰랐다고 한다. 겨우 삶아서 말렸다가 먹는 것이 전부였단다.

갑자기 갈매기가 머리 위로 모여들기 시작한다. 바지락을 캐던 주민들이 주섬주섬 챙기더니 밖으로 나오기 시작했다. 물이 들기 시작한 것이다. 갈매기들이 먼저 알고 들어오는 먹이를 찾아 비행을 시작했다. 주민들은 갈매기 소리에 밀물을 직감하고 이동할 채비를 한다. 몇 시에 물이 들고 나는지 조석표를 볼 필요가 없다. 무릎까지 들어가는 갯벌에서 낙지를 잡던 주민들은 벌써 나와 졸졸 흐르는 민물에 가래를 씻고 있었다.

7

영등할미,
초가집을 슬레이트로 바꾸다
회동마을 신비의 바닷길

'신비의 바닷길'은 썰물 때 주위보다 높은 해저 지형이 노출되는 것으로 마치 바닷물이 갈라지는 것처럼 보인다. 조석차이가 큰 서해안은 해안선이 복잡하고 바닷속의 고저 변화가 심해 매년 음력 2월 말에서 4월 초까지 대사리 기간에 많이 나타난다. 진도를 비롯해 충청남도 무창포, 영광군 송이도와 각이도, 여수시 화정면 사도, 화성시 제부도, 인천시 무의도, 옹진군 선재도와 측도, 부안군 하섬, 서귀포시 서건도, 인천시 무의도 등 20여 곳에 이른다.

이 중 으뜸은 자타가 공인하는 진도군 고군면 회동리와 의신면 모도리 사이 2.8킬로미터에 펼쳐지는 '바닷길'이다. 이 길은 1976년 주한프랑스대사 피에르 랑디가 '한국판 모세의 기적'이라며 감탄해 프랑스의 한 신문에 소개한 것이 계기가 되어 해외에도 널리 알려졌다. 이후 일본 TV에 방송되면서 일본 관광객들이 단체로 찾기도 했다. 그 후 진도군은 대형 주차장, 대형 야외 공연장, '뽕 할머니' 동상을 세워 대표 축제 만들기에 나섰다. 최근에는 신비의 바닷길 연중체험을 위한 '신비의 바닷길 체험관'을 만들기도 했다.

1976년 프랑스대사를 처음으로 만났다는 박상기씨(당시 회동마을 이장)의 기억이다.

"그때는 내가 이장하고 지도자를 겸해서 할 땐디. 누가 이장을 찾는

뽕 할머니 상. 뽕 할머니는 호랑이가 우글거리는 섬에서 가족들이 호환을 피해 건너간 모도로 가기 위해 용왕님께 간절하게 빌었다. 그 정성이 용궁에 이르러 바닷길이 열렸지만 정작 할머니는 가족을 만난 뒤 죽고 말았다.

다고 그래, 만났단 말이여. 한국 말도 잘 하드만. 불란서 대사관이여. 귀국하게 되었는데 진도가 작품이 유명해서 작품하고 진돗개하고 사려고 왔다가 마침 이 광경을 보았어. 묘하게. 저것이 뭐냐고 깜짝 놀랐어. 몇백 년부터 그랬고, 바지락도 많이 파고, 소라, 낙지도 잡고 싶은 대로 잡는다고 그랬어. 세상에 이렇게 좋은 것을 놔두고 자기들만 보았냐고 하는 것이여, 탄복을 하고 갔어.

그 뒤로 바로 군수한테서 전화가 와서 불란서 대사를 만났던 곳에 표석을 세우라는 것이여. 그리고 우리 부락 초가집을 전부 스레트(슬레이트)로 바꿨어. 동네 이장 하면서 혼났그만. 타 동네는 스레트가 있도 않은디 개명되어버리니까 뭔 일인고 하고 놀래 부렀제.

일본 놈들이 어떻게 알고 나무로 100미터까지 올려서 사진 촬영을 했어. 한국 비행기를 차대해 가지고 지상, 지하 촬영을 해서 그래 가지고 일본 가서 떼돈 벌어 부렀다구만. 그래 가지고 일본 놈들이 일 년에 4천, 5천 명이 왔제."

지금은 슬레이트를 발암물질이라며 교체해야 한다고 하지만 그때는 귀한 지붕재료였다. 지붕을 얹고 남은 것은 헛간이나 창고에 고이 모셔 두었고, 간혹 가족모임이나 마을 잔치에서 삼겹살이라도 구워 먹을 때 면 훌륭한 불판 역할을 하기도 했다.

신비의 바닷길을 여는 신을 '영등신'이라 한다. '영등'은 하늘에 사는 '바람 신'으로, 음력 2월 초하루에 인간이 사는 땅에 내려온다. 지역에 따라 3일, 15일, 20일을 머물다가 올라가는데 내려올 때 딸을 데리고 내려오면 날씨가 좋지만 며느리와 함께 오면 바람이 많이 불고 일기가 불순하다고 한다.

날씨는 농사는 물론 어업에 큰 영향을 미친다. 풍농과 풍어를 결정하 는 영등할미와 며느리에게 올리는 제사를 '바람 올린다'라고 말하는 것 도 이 때문이다. '영등굿'에 대한 기록은 《동국여지승람》과 《동국세시 기》에 나타나고 있다. 바다농사 의존도가 높은 제주에서는 영등할미가 내려와 보말, 고동을 까 먹으며 미역씨, 전복씨, 소라씨 등을 제주 해역 에 뿌려놓고 올라간다고 전해지고 있다.

특히 제주시 건입동에 있는 신당인 칠머리당에서 마을 수호신에게 올리는 '칠머리당영등굿'은 해녀가 하는 굿으로 '유네스코 인류무형유 산'(2009.9.30.)에 등재되기도 했다. 제주에서는 '영등할망'이라 부른 다. 역시 영등신을 이르는 말이다. 할망은 곧 '신'이다. 뽕 할머니가 '신 격'이 되는 것과 같다. 어느 해 영등철 제주 수협에서 제주 어민들의 풍 어와 안전조업을 기원하는 '영등환영제'가 있었다. 제청 양쪽에는 '풍 어만선'과 '안전조업'이라는 글씨가 걸렸다. 세월호 이후 치러진 굿 이다.

뽕 할머니. 강지주 화백이 그렸다. 자식이 없거나 사랑을 이루지 못하는 사람이 빌면 소원이 이루어진다고 한다. 진도군 금계리 회동마을의 영당에 모셔져 있으며, 신비의 바닷길 축제 때 제를 모신다.

진도 지역 어민들은 2월을 '영등달'이라 부른다. 바람이 많기 때문에 배를 타고 고기를 잡는 것은 삼가지만 바닷물이 가장 많이 들고 나는 '영등사리'(혹은 영등살)라 바지락, 소라, 낙지 등 갯벌어업은 활발하다. 이 무렵은 겨울과 봄이 바뀌는 시기로 진도 바다는 해조류가 마무리되고 먼 바다에서 하는 꽃게잡이, 가까운 곳에서 하는 멸치잡이 등을 준비하는 시기다.

진도에 전해지는 뽕 할머니의 이야기는 이렇다. 서기 1480년경 손동지라는 사람이 제주도로 유배 도중 풍랑으로 표류하여 지금의 회동마을에 살게 되었다. 그 당시에는 호랑이의 피해가 심하여 마을 이름을 '호동'이라 불렀다. 호랑이의 침해가 날로 심해져 살기가 어렵게 되자 마을 사람들이 뗏목을 타고 의신면 '모도'라는 섬마을로 피했다.

그런데 황망 중에 할머니 한 분을 호동마을에 남겨두고 말았다. 할머니는 헤어진 가족을 만나고 싶어서 매일 용왕님께 기도했다. 어느 날 꿈속에 용왕님이 나타나 "내일 무지개를 내릴 터이니 바다를 건너가라"는 선몽이 있어 모도에서 가까운 바닷가에 나가 기도했다. 그러자 갑자기 호동의 뿔치와 모도 뿔치 사이에 무지개처럼 치등(모래등)이 나타났다. 모도로 피했던 마을 사람들이 뽕 할머니를 찾기 위해 징과 꽹과리를 치면서 호동에 도착했다. 하지만 할머니는 '나의 기도로 바닷길이 열려 너희들을 만났으니 이젠 죽어도 한이 없다'는 유언을 남긴 채기진하여 숨을 거두고 말았다.

　이를 본 주민들은 뽕 할머니의 소망이 치등으로 변하였고 영(靈)이 등천하였다 하여 영등살이라 칭하고 이곳에서 매년 제사를 지냈다. 그 후 자식이 없는 사람, 사랑을 이루지 못한 사람이 소원을 빌면 이루어진다는 전설이 전해지고 있다.(출처 : 진도군 홈페이지)

신비의 바닷길은 주민의 바지락밭

어민들에게 '신비의 바닷길'은 생계를 이어주는 '바지락밭'이었다. 또 물이 빠지면 낙지를 잡고 소라도 주웠다. 김 양식이나 굴 양식도 막 시작되던 시절이라 일 년이면 몇 차례씩 열리는 바닷길은 주린 배를 채우고 돈을 마련할 수 있는 바다의 선물이었다.

　"옛날 우리가 스무 살 미만일 때는 짐으로 져 날렸어. 아, 이 앞에 있

조차에 의해 나타나는 '물갈라짐'은 전국에 20여 곳 있지만 규모나 모양새에서 으뜸은 진도의 회동리와 모도 사이의 바닷길이다. 이곳에서는 매년 영등철에 축제가 열린다. 영등축제라 불렸지만 2005년부터 '신비의 바닷길' 축제로 이름이 바뀌었다.

는 모도 뒤로 나가면 작은 섬이 세 개 있는데 그곳에 조기가 바글바글
했어. 요새도 돔도 낚고 고기도 겁나게 잡아. 낚시로. 바닷길이 났다 그
러면 바지게를 갖고 소라, 낙지, 바지락은 말할 것도 없고. 엎져 들어가
던 초가집 살던 시절에 그것 팔아다 먹고 살았제."

회동슈퍼에서 만난 칠순의 마을 주민이 '모세의 기적'은 무슨 '귀신
씻나락 까먹는 소리'냐며 들려준 이야기다. 세 개 섬은 모도와 금오도
와 무인도 한 개를 말한다. 축제로 관광객이 몰려들자 선창에 생선회를
파는 임시가게가 마련되었고, 일부 주민들은 해조류와 건어물 등을 팔
았다. 지금처럼 도로 사정이 좋지 않고 자가용도 많지 않았던 때라 진
도읍에서 숙박을 해도 마을까지 오는 것이 불편했다. 또 바닷길이 열리
는 것을 보려면 새벽부터 기다려야 하기 때문에 마을에서 숙박이 불가
피했다. 마을에서 숙박을 원하는 사람이 많아지자 가정집을 민박으로
바꾸었다. 당시에는 영등제에 참여하려면 한 달 전에 민박집을 예약해
야 했다. 해안도로가 뚫리고 버스나 순환버스 그리고 자가용 등 교통수
단이 다양해지면서 '당일치기' 여행객들이 늘었다. 그러면서 민박집은
문을 닫았고 교통체증이 발생하기 시작했다. 이렇게 사람들이 몰려들
자 진도군에서는 행사장과 주차장을 마련하고 계절과 물때와 상관없
이 물 갈라짐을 살펴볼 수 있는 상설전시장도 개관했다.

김발로 먹고사는 회동 사람들

몇 년 전 나도 축제에 참가했다. 구름처럼 모여 있던 여행객들은 바닷
길이 열리자 사물놀이패의 길놀이를 따라 바다로 들어가기 시작했다.
그리고 바닷길 곳곳에 흩어진 미역과 다시마를 줍기 시작했다. 또 미처
빠져나가지 못한 고기들을 줍고, 낙지도 잡았다. 반면에 주민들은 호미
로 바지락을 팠다. 이들에게 축제는 그저 바지락밭이 좀 더 많이 열리

김발로 먹고사는 회동마을 사람들. 바지락밭을 여행객들에게 내준 주민들이 가사리, 톳, 미역 등 해조류
를 가져와 판매한다. 진도대교가 놓이기 전에는 축제 때면 방을 빌려달라고 사정했지만 대형 리조트까지
생겨 무시로 차들만 밀려왔다 밀물처럼 빠져나가고 있다.

는 날에 불과할 뿐이다. 최근에는 이들 주민들도 바닷길에 의존하지 않
고 김 양식으로 생활하고 있다. 회동리는 진도에서 김 양식을 가장 많
이 하는 마을이다. 옛날에 생계를 책임지던 바다밭은 이제 축제 행사장
으로 바뀌었다.

　이들이 김 양식으로 생계를 유지하기 시작한 것은 30여 년 전부터
이다. 인근 완도에서는 일찍부터 김발이 시작되었지만 갯벌이 발달하
지 않은 진도에서는 김보다는 미역이 유명했다. 수심이 깊은 바다에서
도 김 양식을 할 수 있는 기술이 개발되자 진도와 해남 사이의 '만호바
다'에 부류식 김 양식 시설이 들어서기 시작하였다. 이곳을 김 양식장
으로 주목한 사람들은 해남의 송지면 어민들이었다. 진도의 회동, 금
호도, 모도 등 만호바다에 접한 마을이 아직 김 양식에 눈을 뜨지 않고

있을 때였다. 해남 지역의 어민들은 진도의 마을어장까지 양식을 확대했다. 진도의 어민들이 김 양식에 관심을 갖기 시작하면서 두 지역 간에 발생한 '어장 분쟁'은 마을을 넘어 지자체로 확대되었다. 1994년에는 진도 어민들이 진도대교를 점거하고 김 양식장의 반환을 요구했고, 해남 어민들은 계속 양식을 하게 해달라고 시위를 벌이기도 했다. 조사 결과 진도와 해남의 양식 어장은 바다경계선을 기준으로 진도 쪽으로 80퍼센트, 해남 쪽으로 20퍼센트가 조성되어 있는 것으로 확인되었다. 2011년 10월부터 2020년까지 해당 어장에 대해서 해남군에서 양식 권리를 행사하고, 진도군에는 같은 규모의 신규 어장을 허가해주는 것으로 조정되었다. 현재 진도군은 회동을 비롯한 모나리, 가계, 모도, 그리고 원포리 등 진도 동남쪽의 어촌에서는 김 양식을 대규모로 하고 있다.

봄바람이 불고 김 양식이 끝날 무렵, 바다는 물 갈라짐을 준비하고 어부는 그물을 손질한다. 가계리, 회동리, 모나리의 몇 집은 멸치를 잡기 위해 낭장망을 바다에 넣는다. 바닷물이 갈라지는 바다에는 어류가 많이 서식하고 해조류가 풍성하다. 회동리 주변의 바다도 그렇다. 바닷물이 거칠고, 태풍이 오가는 바다는 건강한 해양생태계가 유지되는 경우가 많다. 인간이 욕심껏 그물질을 하도록 자연이 허락하지 않기 때문일까. 회동에서 멸치 낭장을 하는 박씨는 아내와 아들, 그리고 한 명의 일꾼을 데리고 멸치 낭장과 김발을 하고 있다. 올해 벌써 세 번째 태풍이 오면서 멸치 낭장은 재미를 못 보고 김발을 준비해야 할 판이다.

8
가을 꽃게,
서망항이다
임회면 남동리 서망항

울돌목을 건너면 바위로 이루어진 금골산이 먼저 인사를 한다. 이곳에서 잠깐 망설였다. 서망항까지 가는 길은 두 길이다. 어느 길을 택할까. 곧장 진도읍까지 내달려 십일시를 지나 팽목을 거쳐 서망에 이르는 길은 길이 좋지만 단조롭다. 여유가 있다면 회동, 금갑, 굴포, 남도석성을 거쳐 서망에 이르는 길을 권한다. 이 길은 첨찰산과 여귀산을 돌아 바다를 굽어보며 드라이브를 할 수 있는 길이다.

진도는 아무리 둘러봐도 비린내가 나지 않는 섬이다. 농사를 많이 짓는다. 고기잡이를 천시해서일까. 시인묵객들이 무시로 드나들어 먹물이 들어서일까. 진도 사람들은 골과 골을 막아 물을 가두고 들어오는 바닷물을 막아 농사를 지었다. 서망에 이르는 길에 누렇게 익은 벼들이 출렁댔다. 황금바다다. 이렇게 벼가 고개를 숙일 무렵이면 예로부터 미식가들은 게를 찾았다. 특히 '해오'(蟹螯)라 칭하는 '게의 집게다리 살'을 최고로 꼽았다.

존재감도 없는 작은 해수욕장을 전세 낸 듯한 아이들의 소리가 잦아들 무렵 서망항에 이르렀다. 진도군 임회면 남동리에 위치한 서망마을에 자리잡은 포구이다. 서망항에는 진도, 완도, 강진, 해남 등 일대의 유인등도 3개소와 무인등도 73개소 등 모든 항로표지를 관리하며 지나가는 선박에 항행정보를 제공하는 '진도항로표지종합관리소'가 있다.

온 국민을 슬픔에 빠지게 했던 '세월호'의 침몰 당시 역할을 제대로 수행하지 못해 문제가 되기도 했다.

서망마을로 들어가는 입구에 '날 찾아왔어요'라며 묻는 꽃게가 장승처럼 서 있다. 그런데 이곳 꽃게는 껍질이 붉은 것을 보니 찜 솥에 들어갔다 나온 것 같다. 봄가을이면 꽃게를 잡아 들어오는 배들과 그 꽃게를 사려는 상인으로 북적댄다. 최근에는 여행객들도 곧잘 이곳에 들러 알뜰하게 구입해 간다. 추석 무렵이라 꽃게를 선물하려는 사람들로 북적댔다. 단단하고 살이 꽉 찬 꽃게 수놈들을 골라 박스에 담고 톱밥과 얼음봉지로 마무리했다. 꽃게는 낮에 모래펄에서 잠을 자고 주로 밤에 활동한다. 특히 기온이 내려가면 겨울잠을 잔다. 꽃게를 운반할 때 온도를 낮추어 톱밥 속에서 잠을 자도록 하는 것은 서로 상처를 주지 않고 활동도 멈추게 하여 살이 빠지지 않도록 하기 위해서다. 집에서 박

진도의 서망항은 꽃게잡이로 유명하다. 꽃게는 곶을 가지고 있는 게다. 양쪽으로 툭 튀어나온 곶은 꼬챙이처럼 날카롭다. 낮에는 자고 밤에 활동하니 꽃게 잡는 일이 쉽지 않다. 진도의 남쪽 바다는 거칠고 험하다. **통발**을 넣고 건지는 일이 극한직업이다.

스를 열었을 때는 잠에서 깨어난 꽃게가 막 잡은 것과 다름없다는 것이 상인들의 이야기다. 맛있게 먹으려는 인간의 탐욕에 감탄할 뿐이다.

꽃게잡이는 '극한직업'이다. 서망항에서는 꽃게잡이에 통발을 이용한다. 자망이나 안강망을 이용하는 꽃게잡이와는 다르다. 물론 충남 일대에서도 통발을 이용하는 경우가 있다. 밤에 활동하는 꽃게를 잡아야 하기 때문에 어민들도 밤낮이 바뀌는 것은 물론이요, 낮에도 양망과 투망을 위한 준비로 잠을 자지 못한다. 봄철과 가을철 각각 한 달이나 한 달 반 동안에 일 년 농사를 지어야 하기 때문에 선주들과 선원들은 내내 바다에 머문다. 게다가 거친 바다와 사투를 벌이는 일이 많다.

술 한 잔에 게 집게발

꽃게라는 이름은 곶해(串蟹)에서 비롯되었다. 등딱지 두 개의 꼬챙이가 곶처럼 생겼기 때문이다. 넓적하게 생긴 다섯 번째 뒷다리를 이용해 노를 젓듯이 수영한다. 조선시대의 정조가 반한 음식이 꽃게탕이다. 그뿐만 아니다. 고대 중국의 주당 필탁(畢卓)이라는 관리는 늘 한 손에 '게 발'을 들고 다른 손에는 '술잔'을 들고 '주지'(酒池)에 빠져 생을 마치면 무엇을 더 바라겠는가라고 노래했다. 조선의 선비 김종직, 정약용, 허균도 식탐을 금하는 양반 체통은 잠시 뒤로 미루고 게 맛을 그리워했다.

꽃게만이 아니다. 이제 오징어를 사려면 속초 주문진이 아니라 진도 서망항으로 와야 할 판이다. 동해안은 여름철 수온이 떨어져 오징어 어획량이 줄어드는 반면에 남서해는 수온이 상승해 오징어 어장이 형성되고 있다. 조도 서쪽 바다에 오징어 어장이 형성된 것은 2005년 무렵부터다. 동해에는 냉수대가 자리를 잡은 반면에 난류를 찾아 오징어들이 남하하면서 나타난 현상이다. 여름철이면 40~50척의 동해안 오징어 배들이 내려와 조업하고 있다. 여름철에는 장어 어장이, 늦가을에는 조기 어장도 형성된다. 이런 어장을 두고 '물 반 오징어 반', '물 반 꽃게 반'이라는 기사가 종종 올라온다. 덕분에 서망항은 여름철에는 오징어, 봄과 가을철에는 꽃게 파시가 형성되고 있다. 내친 김에 진도읍에서 서망항에 이르는 좁고 구불구불한 도로가 조속한 시일 내에 확장 포장되어야 할 것이며, 어항도 관광·문화·상업 기능을 갖춘 다기능 어항으로 변신하길 기대해본다.

예나 지금이나 섬사람은 외롭다, 남도석성

남도석성으로 가는 길에 다시 팽목항에 들렀다. 그냥 갈 수 없었다. 팽목항은 진도를 대표하는 어항으로 이름도 진도항으로 바뀌었지만 사고 이후 '팽목항'으로 더 알려졌다. 그때 그 길은 노란 유채 길이었고, 후박나무에는 노란 리본이 매달렸다. 후박나무는 진도의 군목이다. 관매도에서 수령 800여 년이 된 후박나무는 마을을 지키는 신으로 천연기념물로 지정되기도 했다. 남해의 어느 마을에서 고기잡이 부부가 큰 물고기를 잡아 배를 가르자 그 안에서 씨가 나왔다. 그 씨가 싹을 틔워 자란 것이 왕후박나무라고 한다. 후박나무는 한국 외에 중국 산둥반도 이남, 일본 혼슈 이남, 타이완에 분포한다. 한국에는 울릉도, 제주도, 서남해안의 섬에 많이 분포한다. 자생하는 녹나무과 식물 중 가장 이른 시기인 7~8월에 흑벽색으로 열매가 익으며 흑비둘기가 즐겨 먹는다. 잎과 나무껍질이 두꺼워 붙여진 이름이다. 노란 리본이 달린 후박나무가 흔들렸다.

경쟁하듯 취재하던 기자들이 있던 자리는 무슨 개발을 하는지 파헤쳐졌고, 자원봉사자로 가득했던 자리는 바다에서 퍼낸 흙이 쌓였다. 기억에서 세월호와 '4.16'이 잊히고 있다. 변한 것은 하나 없고, 책임자도

남도석성. 삼별초 이후 몽골군에 의해, 그리고 왜구들의 노략질로 진도의 섬살이가 녹록치 않았다. 결국 진도의 관부가 내륙으로 옮겨졌고, 다시 섬에 사람들이 들어온 것은 남도포에 만호부가 생긴 세종 이후의 일이다.

가려내지 못하고 있다. 그러고도 한쪽에서는 이제 지겹다고 더는 이용하지 말라고 목소리를 높인다. 매년 4월이면 유가족들 가슴에 대못을 하나씩 박는 것이 현실이다. 서망항을 지나 고개를 넘자 좌르르 좌르르 몽돌이 구르는 소리가 들렸다. 언젠가 지인들과 몽돌을 베개 삼고 하늘을 이불 삼아 그 소리를 들은 적이 있다. 그렇게 경쾌하고 아름답던 소리에 눈물이 나왔다. 남도석성이 있는 남동리로 접어들었다. 남도석성은 한복산 자락이 두 손을 내밀 듯 바다로 쭉 내려온 후미진 곳에 있었다. 바다에서는 전혀 보이지 않는 요지였다. 하양으로 가려는 배는 울돌목을 지나지 않으려면 반드시 남도석성 앞 장죽수도를 반드시 거쳐야 한다. 두 길을 피하려면 맹골수도를 지나야 한다. 시간도 많이 걸릴 뿐만 아니라 물길도 거칠어 위험하다. 가까운 울돌목은 우수영이 버티고 있어 왜구나 적들은 남도석성 앞 뱃길을 선택했다. 그들은 해남과 완도에서 노략질을 하고도 조도군도로 숨어들었다. 그들은 장죽수도를 지나 신안의 섬들을 거쳐 서남해를 오르내렸다. 물론 이 길도 녹록치 않은 길이다. 뱃길에 능한 어민의 경험과 지혜를 놓치지 않고 조선의 운명을 좌우할 수 있는 길로 선택한 이순신이 대단했다.

조선시대는 고려시대에 비해 바다를 주목하지 않았다. 오죽했으면 다산이 '바다경영'을 《경세유표》에 기록했을까. 오늘날 바다에 대한 생각은 그때와 비교해 무엇이 얼마나 달라졌는가. 항해기술은 발전했는지는 모르지만 바다경영이나 정치의 기술은 큰 차이가 없어 보인다. 모두 어민들이 스스로 판단하고 알아서 살 방법을 찾아야 한다. 그때는 어민의 지혜와 경험을 인정하고 이를 활용할 장수라도 있지 않았던가.

고려 말에는 서남해 바닷가 마을에 왜구들이 자주 출몰해 백성들이 안심하고 생활할 수 없었다. 그만큼 국가의 행정과 군사력이 섬에까지 미치지 못했다. 급기야 충정왕 2년(1350년) 진도의 관부와 백성들은 삶터를 영암으로 옮겨야 했다. 그리고 다시 이곳에 사람들이 들어와 생활한 것은 세종 19년(1437년)이다. 남도진성의 축성 연대는 밝혀지지 않았다. 다만 왜구의 침입이 많았던 경상도와 전라도의 수군진이 성종, 연산군, 중종 연간에 축성된 것으로 보아 남도진성도 그 무렵 쌓았을 것으로 추정한다. 남도석성은 영조 때 기록된 석축 둘레와 높이가 그대로 남아 있고 동문과 서문 터가 보전되어 있다. 조선시대 수군 진영의 진지로서 그 가치가 매우 크다. 성밖으로 드나들던 홍교와 쌍교도 복원되어 있다. 남도석성은 고려 원종 때 삼별초군이 남하하여 대몽항쟁의 근거지로 삼은 성이다. 이곳에서 멀지 않은 굴포에서 삼별초군을 이끌었던 배중손 장군의 동상과 사당이 있다.

성안에 살던 사람들은 대부분 밖으로 이주했다. 빈집은 진돗개가 지

남도석성 객사. 서해로 북상하는 뱃길의 최단거리는 명량해협을 통과하는 길인데, 물길도 사납지만 쉽게 노출되고 길목을 지키는 수군을 치고 통과하는 것이 쉽지 않았다. 그래서 진도 남쪽으로 우회하는 왜적들을 막기 위해 남도포와 금갑포에 수군만호가 자리를 잡았다.

키고 있었고, 짓던 농사까지 그만두기 어려웠던지 주인이 떠난 텃밭은 마늘이 자리를 잡았다. 빗줄기가 굵어지자 밭에서 일을 하던 어머니가 급하게 성문을 빠져나와 마을로 종종걸음을 쳤다. 그 사이 비는 폭풍우로 변했다. 성에서 나와 쌍교를 둘러보고 바다 쪽으로 향했다.

바다가 운다, 울돌목

"바다를 버리는 것은 조선을 버리는 것입니다."

세월호만 침몰한 것이 아니었다. 한동안 대한민국이 가라앉았다. 섬으로 이루어진 진도는 말이 아니었다. 당장 먹고사는 것을 걱정해야 했다. 사람들이 찾지 않고, 심지어 가지 말라는 말도 나돌았다. 자꾸만 감추려 하고 사실이 드러나는 것을 막으려 했다. 그때 대박을 터뜨린 영화가 우연인지 필연인지 〈명량〉이었다. 그리고 교황 '프란치스코'가 방한했다. 프란치스코는 광화문 광장에 '시복식'으로 수십만을 모았다. 이순신은 '명량'으로 천만을 넘어 1,600만의 관객을 불렀다. 이들의 공통점은 무엇일까. 낮은 곳, 가난한 사람, 소외된 자, 아픔을 겪고 있는 사람에 대한 소통과 배려를 아낌없이 보여준 프란치스코, '천행'이란 하늘이 주는 것이 아니라 백성으로부터 나온다는 것을 증명한 이순신. 지금 우리가 갈망하는 메시아다.

명량으로 향했다. 진도와 해남 사이의 바다. 폭이 가장 좁은 곳은 294미터, 넓은 곳도 1,500미터에 불과하다. 이곳에 흐르는 물은 가장 빠를 때는 초속 6.5미터에 이른다. 바다가 운다. 그래서 울돌목이다. 관광객으로 북적대던 명량은 몇 달째 한산했다. 그런데 다시 도로가 제법 북적댔다. 세월호 이후 진도로 가는 발길을 붙잡은 것은 정부였다. 왜 여행자마저 꽁꽁 묶으려 했을까. 진도 군민들이 분노했다. 막힌 길을 연 것은 정부가 야심차게 내놓은 '문화가 있는 날'이 아니었다. '명량'이었다. 엄마와 아빠의 손을 잡은 아이들이 명량대첩기념공원으로 들어섰다. 노부모를 모시고 온 가족들도 있다. 말투로 보아 외지에서 온 사람들도 꽤 보였다. 얼마나 다행인가. 다시 진도로 향하는 발걸음이 이어지고 있으니. 그렇지만 뱃길은 여전히 한산하다.

명량의 해남 쪽은 강강술래길이 만들어졌다. 우수영, 충무사, 법정스님의 생가터, 망해루를 둘러볼 수 있다. 진도 쪽은 최근 진도타워가 세워졌다. 또 해남과 진도를 오가던 뱃길을 잇던 벽파진, 유배객들이 숱하게 거쳐 갔을 그곳에도 충무공의 흔적이 남아 있다. 녹진에는 우리나라에서 가장 큰 충무공의 동상이 회오리바다를 내려다보고 있다. 우수영에서 거북배를 타고 녹진과 벽파진으로 돌아보며 회오리바다를 건

위 진도 서망항. 서망항은 1986년 국가어항으로 지정되었으며, 항로표지 종합관리소가 있어 서남 해안의 항로표지와 선박의 항해정보를 제공한다. 세월호 사건으로 주목을 받기도 했다. 최근 꽃게, 오징어 파시가 형성되어 서남 해역을 대표하는 어항으로 자리매김하고 있다.

아래 진도 팽목항. 팽목항은 진도항으로 이름이 바뀌었다. 그런데 진도항보다는 팽목항이 더욱 유명해졌다. 세월호 사고 때문이다. 생중계하듯이 팽목항의 24시가 중계되면서 국민들에게 알려졌다. 진도군 조도면의 수십 개의 섬을 오가는 여객터미널이다.

너는 것도 매력 있다.

제주에서 출발한 쾌속선이 울돌목을 거슬러 목포로 사라졌다. 잠시 후 거친 너울성 파도가 수변공원으로 몰려왔다. 깜짝 놀란 아이들이 혼비백산해 올라왔다. 갯바위에 올라 사진을 찍어주던 부모들도 가슴을 쓸어내렸다. 큰 배나 쾌속선이 지나가면 잠시 후 큰 너울이 밀려온다. 바닷가에서 낚시를 하다 이를 피하지 못하고 큰일을 당할 수도 있다. 어디를 둘러봐도 안전요원은 고사하고 배들이 지나면 파도가 휩쓸고 지나갈 수 있다는 안내판도 없다. 세월호와 같은 일은 먼바다에서만 생기는 불행한 사고가 아닌데 말이다.

최근 주목받고 있는 명량해전 뒤에는 민초들이 있었다. 장흥의 마하수 일가 5부자, 진도의 조응량, 양응지, 해암의 오극신·오계적 부자 등이 있다. 해남, 진도, 장흥 등에서 낫과 곡괭이로 무장하고 나섰던 바닷가 어민들의 결사항전을 잊을 수 없다. 어디 이들뿐이겠는가. 무명의 선장과 목수들은 밤낮으로 배를 수리했다. 판옥선 안에서 노를 저었던 격군들은 또 어떤가. 심지어 부녀자들도 밤이면 언덕에 올라 강강술래를 하며 힘을 보탰다고 한다.

바다가 운다. 명량이다. 물때에 따라 회오리물결의 정도가 다르다. 오직 뱃사람만 아는 바다의 시간이다. 고니시가 몰랐던 것을 이순신은 알고 있었다. 그가 조선인이었기 때문일까. 아니다. 주민과 뱃사람의 이야기에 귀를 기울였기 때문이다. 바다를 버리는 것은 백성을 버리는 것이다. 영화의 한 장면이다. 자꾸 세월호가 떠오르는 것은 나뿐이었을까. 판옥선은 빠르지 않지만 변화무쌍한 물길과 파도에 잘 버틴다. 그리고 순간 360도의 회전이 가능하다. 안택선은 빠르지만 순간 방향 전환이 어렵다. 판옥선은 3층으로 되어 있어 노를 젓는 동안 포를 쏘는 사수들이 갑판 위에서 임무를 수행할 수 있었다. 그리고 순간 회전이 가능하니 발포 후 180도를 회전하여 준비된 포를 쏜다. 게다가 배를 만드는 나무가 소나무다. 일본의 삼나무보다 강하다. 그래서 3층 높이에서 활과 포를 쏘고, 접근전에 능한 왜군의 배에 부딪혀 격파하는 전술을 세웠다. 주민과 뱃사람의 지식을 지혜롭게 받아들인 충무공의 됨됨이가 돋보이는 부분이다. 그리고 앞을 내다보고 적을 꿰뚫어보는 지도자의 지략을 엿볼 수 있는 대목이다.

진도의 바다는 아프다. 백성들이 힘들 때 함께 울었기 때문이다. 삼별초, 정유재란, 한국전쟁 그리고 세월호까지. 진도의 바다는 많은 목숨을 앗아갔다. 씻김굿이 진도에 남아 있는 이유는 또 무슨 말로 설명하랴. 우리가 교황과 충무공에 열광하는 것은 '기다리는 사람'이 있기 때문이다. 이순신이 백의종군을 하고 다시 통제사로 명량에 왔을 때 백성들은 눈물을 흘렸다. 지금 그를 '명량'에서 기다려본다.

9

'돈섬'의 영화는
어디로 갔나
의신면 금호도

배의 속력을 늦췄다. 들물이라지만 회동과 모도 사이 치등을 가로질러 가기에는 물때가 이르다. 섬사람에게 물때를 가늠하는 것은 육지 사람이 시간을 확인하는 것 이상의 의미를 갖는다. 키를 잡고 있던 선장은 '들물이라 시간이 걸리지만 조금만 기다리면 건너갈 수 있다'며 조심스럽게 운전했다. 드르륵, 드르륵. 배가 멈추었다. 예상대로 아직 물이 충분히 들지 않아 배가 바닥에 닿았다. 더구나 영등살이라 물이 많이 빠져 차오르려면 한참 기다려야 할 것 같았다.

금호도는 삼별초 때 정사품급인 김시랑이 숨어 살았기 때문에 '김씨섬' 또는 '김시랑섬'이라 하다가 금호도가 되었다고 한다. 또 섬들 사이의 바다가 호수처럼 잔잔해서 금호도라 했다는 이야기도 전한다. 배를 타고 치등을 넘어갈 만큼 물이 들려면 한 시간은 족히 기다려야 할 판이다. 늦을수록 돌아가라 했던가. 수없이 바닷길을 오가며 산전수전을 다 겪은 그도 결국 배를 돌렸다. 모도를 돌아 두룩도를 지나 고깔 같은 작은 섬인 상변도, 중변도, 하변도를 관통해 금호도에 도착했다. 지역 사정에 밝았다면 모도와 회동 사이 뱃길을 택하지 않았을 것이다. 한 시간여 바다 위에 떠 있으면서 다시금 바다의 시간을 생각했다.

금호도를 두고 진도 사람들은 '부자섬'이라 한다. 그렇게 부르게 된 사연을 따라가보면 40여 년 전 조기잡이로 이어진다. 당시 작은 섬 금호도에 닻배가 20여 척이 있었다. 닻배는 진도, 조도 등지에서 조기잡이를 하는 독특한 어법이다. 새우도 같은 방법으로 잡는다. 다만 그물 코가 다를 뿐이다. 20~30여 톤 되는 목선에 그물 폭과 길이가 수백 미터에 이르러 조기를 잡기 위해서는 아무리 적어도 대여섯 명, 보통은 십여 명의 선원이 필요하다. 마을 주민들만으로 배를 운영할 수 없었기에 외지에서 많은 사람이 섬으로 들어왔다. 부자섬은 그렇게 입소문이 났던 것이다.

조기잡이가 성할 때는 정월에 정성껏 제물을 마련해 당산제와 거리제를 지냈다. 이러한 전통은 많이 간소화되었지만 지금도 지속되고 있다. 매년 정월 초엿새 저녁 6시 무렵이면 제관 두 명이 마을 뒤 당에 오른다. 제물은 메밥, 술, 산나물이 전부다. 밥은 당산에 올라가 직접 불을 때서 짓고, 술은 누룩을 가지고 올라가 밥을 으깨 직접 만든다. 작은 섬

금호도 선착장. 조기를 잡는 닻배가 20여 척이나 있어서 진도에서는 '부자섬'이라는 말을 들었던 적이 있다. 금호도 인근 바다에서 시작해 칠산 어장을 거쳐 연평도까지 오가며 조기를 잡았다. 지금은 어린 전복과 미역 양식을 한다.

최근에 폐교된 금호 분교. 태극기가 휘날리고 동백꽃이 흐드러지게 피어 아직 문을 닫지 않았음을 직감했다. 작은 섬이지만 학교와 운동장의 크기로 보아 옛날에는 학생이 제법 많았음을 알 수 있다. 2016년 3월에는 2개 학급에 5명의 학생이 다녔다.

에 조촐한 당산제였지만 지극정성은 부족함이 없었다. 오직 나물만 집에서 준비해 갈 뿐이다. 옛날에는 자정을 알리는 종소리를 신호로 제를 올렸다. 모두 경건한 마음을 가져달라는 신호다. 지금은 휴대전화가 종을 대신한다. 제를 모시고 새벽 1시 무렵에 내려온다. 다음 날에는 마을 앞 당산나무에서 거리제를 지낸다. 옛날에는 돼지도 잡고 농악놀이와 헌식을 한 후 음식을 나누어 먹었다. 지금도 마을 주민들이 모여 장만한 음식을 나누고 있다.

　금호도 조기잡이 닻배는 '제주밖'[추자도와 제주 사이 바다를 부르는 말] 바다에서 시작해 흑산도와 칠산 어장을 거쳐 연평도까지 올라갔다. 보리가 파릇파릇할 때 출어해서 보리수확을 할 때쯤 돌아왔다. 외지에서 선원들이 섬에 들어오면 방이 부족했다. 한때 80여 가구가 살았으

산등성이에 봄을 재촉하는 개나리 무리가 활짝 피었다. 바닷물고기가 잡히지 않으면 마을 당제나 갯제 등 마을의례가 시들해진다. 조기잡이가 한창이던 시절에는 당집을 소중하게 여기며 관리했다. 그래도 밥이라도 차려놓으니 그게 어딘가. 당집에서 내려오는 길에 바라본 바다가 영등철에 바닷길이 열리는 곳이다.

며 학생 수만 해도 100여 명이 넘었다고 한다. 작은 섬이지만 교장과 주임교사 그리고 학교 일을 보는 사람이 배치될 정도로 규모가 있었다. 몇 년 전에는 세 명의 학생이 있다가 최근에 폐교되고 말았다.

학교로 가는 길에 김치를 담그기 위해 동이에 바닷물을 가득 담아 이고 가는 아주머니를 만났다. 제주도에서는 바닷물로 김치를 절인다는 이야기를 들었다. 어느 가공공장에서는 바닷물로 절인 김치를 브랜드화 했다. 전통을 상품화한 것이다. 아주머니는 바닷물에 배추나 갓을 담그고 위에 소금을 뿌려두면 간이 잘 배고 소금도 적게 든다고 했다. 소금이 귀했던 제주나 염전이 없는 바닷가 마을에서 즐겨 이용하는 방법이다. 소금 값이 헐값이라지만 금값이었던 시절에 몸에 밴 습관이라쉬 버릴 수 없다.

금호도는 골목마다 보도블럭이 깔려 있어 깔끔하고 깨끗해 보이기는 했지만 어색했다. 학교 정문에 동백이 붉게 꽃을 피웠다. 운동장은 아담하고 학교는 조용하다. 아이들이 없으니 그럴 수밖에 없다. 화단에는 소라 껍데기가 예쁘게 장식되어 있었다. 아이들 소리는 자취를 감췄지만 이곳에도 어김없이 '책 읽는 소녀'와 '반공 소년'이 학교를 지키고 있었다.

초등학교 옆에는 관해정(觀海亭)이라는 정자가 있다. 정자는 묵재(默齋) 정민익(鄭民翼. 1786~1861년)이 지은 것이다. 해남에 살았던 묵재 10대조는 경치가 좋고 진도 몸섬과 가까워 걱정할 것이 없다며 임진왜란 후 이 섬에 들어와 은둔생활을 했던 것으로 전해진다. 1840년 추사가 제주도로 귀양 가면서 이곳에 들러 묵재를 만났다는 기록을 남겨 작은 섬 금호도는 알려지기 시작했다. 과거를 보지 않고 벼슬에 연연하지 않았던 묵재는 관해정에 섬마을 아이들을 모아놓고 가르치기 시작했다. 그의 명성이 알려지면서 진도, 해남 등지에서 22명의 제자들이 모여들었다고 한다. 그의 제자들은 그가 죽은 뒤 사우를 짓고 사우답까지 마련했다. 광복 후 사우답은 금호도 초등학교 개설에 사용되었다고 한다. 대나무 밭에 있던 정씨들의 사우는 초등학교 옆으로 옮겨졌다. 이곳에는 접도에 귀양 왔던 정만조의 시구가 남아 있다.

내친김에 당산에 올라보기로 했다. 80여 미터 정상에 있는 당집까지 곧장 오르기 때문에 길이 가파르다. 밭일 하던 할머니의 도움을 받아 겨우 길을 찾아 정상에 올랐다. 위에서 당제를 지낼 때 사용한 곳으로 생각되는 천막을 발견했다. 근처에 밥을 지었던 흔적들도 확인했다. 하지만 주변을 아무리 돌아봐도 당집은 발견할 수 없었다. 세 바퀴를 오르락내리락하다 결국 찾지 못하고 아쉽게 내려왔다. 주민들의 안내를 받지 않으면 숲속에서 당집을 찾지 못하고 헛걸음하는 일이 종종 있다. 하지만 올해도 당제를 지냈고 길도 말끔하게 정리해두었다고 해서 쉽게 찾을 것이라고 생각했다. 내려오는 길에 제관을 예닐곱 번 했다는 정 할아버지를 만났다. 정(丁)씨는 마을에서 가장 많은 성씨이다. 옛날에는 정씨가 마을을 좌지우지했다고 한다. 그는 당집을 찾지 못했다는 내 푸념에 당집은 없고 그곳에서 제만 올린다고 했다. 선입관이란 늘 이렇다. 왜 당제는 반드시 당집 안에서 지내야 한다고 생각했을까. 옛날에는 산속에서, 나무 아래에서, 큰 돌 아래서 지냈을 것이다.

개황 | 금호도

위치 | 전남 진도군 고군면 금계리
면적 | 0.538km² **해안선 |** 3.2km
가구수 | 40
어촌계 | 금호도어촌계

공공기관 및 시설

교육기관 | 오산초등학교 금호도분교(061-544-4503)
전력시설 | 송전
급수시설 | 지방상수도

여행정보

교통 | 배편 | [사선]1일4회 왕복운항 / 회동선착장-금호도선착장(약 7분 소요)
여행 | 이기풍목사 순교기념관, 금호도 모래사장
특산물 | 김, 멸치
특이사항 | 금호도는 금(金)섬이라고 불리다가 섬과 섬 사이의 바다가 호수처럼 잔잔하다고 하여 금호도로 바뀌었다는 전설이 전해진다. 다도해 해상국립공원의 관리대상 도서이다. 2010년 2월에 안도대교가 개통되어 안도와 연결되었다.

변화 자료

구분	1972	1985	1995
주소	진도군 고군면 금호도리	진도군 고군면 금계리	진도군 고군면 금호도리
면적(km²)	1.21	-	0.570
인구(명)	333	196	141
	(남:158 여:175)	(남:89 여:107)	(남:69 여:72)
가구수	55	48	41
급수시설	우물 10개	우물 35개	우물 35개
전력시설	-	자가발전기 1대	한전계통
어선(척)	8	35	49
어가(농업겸업)	(11)	1 (농업겸업 45)	38

10
신비의 바닷길,
뭉게구름이 걸렸다
의신면 모도

뽕 할머니도 가을을 반기는 모양이다. 모도와 회동 사이를 하얀 뭉게구름이 다리를 놓았다. 두 마을은 '신비의 바닷길'로 더욱 가까워진 마을이다. 프랑스 대사에 의해 '신비의 바닷길'로 알려지기 전에 이곳 주민들은 드러난 '칫등'에서 바지락을 캐 생활을 해왔다.

모도는 39호에 90여 명이 살고 있는 작은 섬이다. 서남해의 섬 이름 중 띠섬[茅島]도 흔한 이름 중 하나다. 으레 띠섬 앞에는 소가 누워 있는 형국이 있어 '띠섬'은 먹이가 풍부한 섬으로 통한다. 해조류도 풍부하고 고기도 많이 나는 섬이란 의미다. 하지만 그것도 옛날 말이다.

섬으로 들어가는 객선은 10여 명이 겨우 탈 수 있는 작은 배가 유일하다. 어구 하나 주문하거나 고기 한 근을 사려고 해도, 기쁜 소식을 전하는 우체부마저 모두 이 작은 배를 이용한다. 주민들 중에는 배를 가지고 오가는 사람도 있지만 외부로 출입할 때는 대부분 하루 네 차례 의신면 초사리와 모도를 오가는 배 시간에 맞춰 운행하는 '새마을호'를 이용한다.

신비의 바닷길은 모도에서 봐야 제대로 본다
'신비의 바닷길'은 회동에서 모도로 이어지거늘 대부분 사람들은 회동만 둘러보고 간다. 하지만 제대로 구경하려면 모도의 뽕 할머니 가족상이 있는 공원에서 회동을 건너다보아야 한다. '신비의 바닷길'의 모태가 된 뽕 할머니가 호랑이를 피해 가족에게 가려고 간절히 빌었던 섬이 아닌가. 게다가 모도에는 예부터 모셔온 당집이 남아 있다. 진도군의 대표 축제로 성장하면서 만들어진 뽕 할머니 사당과 달리 모도의 당집은 매년 정월 주민들이 풍어와 안녕을 기원하며 모셔온 마을축제의 공간이었다. 이 당집에는 마을 주민이 그린 것으로 알려진 할머니 영정이 모셔져 있다.

지금은 축제 기간이면 100만 명 이상이 바다 건너 회동마을과 바닷길을 보고 간다. 이들 중 많은 사람들이 신비의 바닷길에 들어와 바지락과 다시마를 채취해 가고 있다. 단순한 자연현상이었던 것이 프랑스 대사의 눈에 띄어 세계에 알려졌다. 이후 관광객들이 몰려들면서 중단되었던 회동마을의 뽕 할머니 제사가 재현되고 '영등제'라는 이름으로 민속공연도 펼쳐지고 있다. 인근 금호도, 모도, 회동 앞 바다는 물이 빠

모도 당집. 영등철이면 회동마을에 100만 명이 넘는 관광객이 오갔다는 말이 들리지만 뽕 할머니의 가족들이 피신했다는 모도에는 개미 한 마리도 찾는 이가 없다.

모도 능선을 따라 조성된 등산로. 나지막한 언덕이 섬에서 가장 높은 곳이다. 나무가 거의 없는 민둥산이다. 개간해서 밭을 일궈 고구마농사를 지어야 했고, 풀이라도 캐서 말려 땔감으로 사용해야 했으니 나무가 자랄 틈이 없었다.

저 갯벌이 드러나는 철에는 인근 부녀자들 수천 명이 바지락을 캤던 곳이다. 보통 일 년이면 서너 차례 물길이 열린다. 도로포장도 되지 않았고 민박도 갖춰지지 않았는데도 물이 갈라지는 철에는 10여 만 명이 몰려들었다. 진도대교가 만들어지기 전이라 해남에서 벽파나루로 배를 이용해 건너야 했다. 당시 회동마을 주민들은 물길이 열리는 기간 동안 민박과 식사로 많은 소득을 올리기도 했다.

하지만 진도대교가 놓이고 상황은 완전히 반전되었다. 더 많은 주차장을 만들었고 관광객도 100만 명을 훨씬 넘어섰지만 민박을 찾는 사람은 없다. 남는 것은 엄청난 쓰레기뿐이다. 주민들은 겨우 가사리, 톳, 미역 봉지를 내놓고 파는 정도다. 모도는 상황이 더 나쁘다. 회동마을은 사람 구경이라도 한다지만 모도는 찾아오는 사람도 없다. 누구를 위한 축제일까.

모도 능선 등산로를 따라 걷다 보면 빼어난 자태를 자랑하는 소나무 몇 그루가 자리를 잡고 있다. 나머지는 밭으로 개간한 탓에 멀리서 보면 민둥산처럼 보인다. 섬 주민들의 어려웠던 생활을 그대로 엿볼 수 있다. 이곳에 올라보면 멀리 해남 어란진이 한눈에 들어온다. 충무공이 열두 척의 배로 적을 유인했던 그 바닷길을 내려다볼 수 있다.

대한민국에서 제일 비싼(?) 전기요금을 내는 섬

객선으로 5분도 걸리지 않는 거리이지만 섬사람들이 어둠을 걱정하지 않고 생활하게 된 것은 1990년 초반이었다. 진도 본섬의 섬마을에서 밝힌 대낮처럼 밝은 불빛을 보면서 호롱불을 켜야 했다. 나중에 경운기 엔진 몇 대를 구입해서 5가구씩 어울려 저녁이면 잠깐 불을 켜고 TV를 시청하는 것으로 만족했다. 당시 모도 주민들의 소원은 '전기를 끌어오는 것'이었다. 비록 설치비를 부담하고 가구당 보통 전기세를 포함해 5만 원 이상 요금을 내고 있지만 그 소원은 이루어졌다. 육지에서는 너무나 당연한 것들이 섬에서는 특별한 것인 경우가 많다.

모도는 면적이라고 해야 24헥타르에 불과하다. 큰 학교 운동장만 할까. 이곳에 200여 명이 살기도 했다. 지금은 90여 명이 거주하고 있다. 작은 야산 모양의 모도는 집터를 제외하고 모조리 밭을 일궈 민둥섬이다. 지금은 20여 호가 김 양식을 생업으로 하고 있지만 1960년대 초반까지만 해도 중선배를 타거나 대나무를 쪼개서 만든 김발로 살아왔다. 사라호 태풍으로 배를 탔던 주민들이 희생을 당한 후 중선배도 중단되었다. 이후 시작한 것이 미역 양식이었다. 양식 미역의 시발점은 완도였다. 1970년대에 대 일본 수출이 호황을 누리면서 불법면허지가 면허지보다 많을 정도로 바다는 온통 미역 양식장이었다. 1975년 미역 양

차광막을 치고 김발을 만드는 마을 사람들. 모도의 가장 중요한 수입원은 김 양식이다. 모도의 선창은 여름이 되면 햇볕가림막으로 덮힌다. 그 아래서 김섬 주민들이 김발을 만드는 일을 여름 내내 해야 하기 때문이다. 철 따라 고기잡이도 하지만 모도에서 김은 유일한 생계수단이다.

식면허장 확대가 어려워지자 완도 사람들이 새로운 어장을 찾기 시작했다. 그 결과 가까운 진도와 해남으로 양식장이 확대되었다. 대표적인 곳이 진도 접도와 모도 일대 바다였다. 당시 대 일본 수출이 잘되면서 소득을 제법 올리기도 했지만 국내생산량 과잉과 일본의 자국 미역 양식 보호를 위한 수입 억제 정책으로 어려움이 시작되었다. 그 이후 시작된 것이 부류식 김 양식이었다. 모도 어민들은 보통 300~500책의 김 양식을 하고 있다. 하지만 김 한 톳[100장] 가격이 20년 전과 큰 차이가 없어 몇 년째 빚만 늘어가고 있다. 그렇다고 다른 대안이 있는 것도 아니다. 농사지을 땅 한 뙈기 없고 전복 양식을 해보려고 시도했지만 이것도 자본이 만만치 않게 필요하고 워낙 많은 어민들이 하고 있어 쉽게 전환을 못하는 실정이다.

여름 끝머리이지만 여전히 더운 날씨 탓에 주민들은 바람이 많이 불고 시원한 포구 주변 곳곳에 모여 검은 차광막을 드리우고 김발을 만드느라 옆에 사람이 다가가도 모른다. 어렵기는 하지만 모도의 가장 중요한 수입원은 여전히 김 양식이다. 아니 유일한 수입원이라고 해야 맞을 것 같다. 여름부터 준비했다가 추석이 지나고 찬바람이 날 때면 바다에 김발을 설치하고 이른 봄까지 매달린다. 간간히 어선 어업을 해서 간재미를 비롯해 고기를 잡는 사람이 있지만 큰 수입원이 되지는 못한다.

모도의 포구에서 만난 한 주민은 '영등축제' 이야기를 꺼내자 버럭 소리를 지른다. 회동에 오는 사람들 10명 중 1명이나 모도에 올까 말까 하다며. 재미는 회동이 다 보고 모도에 와서는 오줌이나 누고 쓰레기나 버리고 가지 도움이 안 된다는 것이다. 영등축제를 한다며 모든 것들이 회동에 집중되는 것에 대한 주민들의 서운함이 느껴진다. 특별한 배려를 원하는 것은 아니지만 육지에서 하는 만큼이라도 섬(사람)에 관심을 가져달라는 것이다.

일반현황

위치 | 전남 진도군 의신면 모도리
면적 | 0.234km² **해안선** | 2.8km
가구수 | 41 **인구(명)** | 81(남 : 42 여 : 39) **어선(척)** | 40
어촌계 | 모도 어촌계

공공기관 및 시설

교육기관 | 의신초등학교 모도분교(061-544-5092)
전력시설 | 송전
급수시설 | 지방상수도

여행정보

교통 | **배편** | 모세호 : 1일4회 왕복운항 / 의신 초평-모도(약 10분 소요)
여행 | 모도 가족공원(뽕 할머니 전설과 관련된 조각들), 모도 둘레길, 신비의 바닷길
특산물 | 김, 전복(가두리 양식)
특이사항 | 2000년 '신비의 바닷길' 일대를 명승지 제9호로 지정하였다.(모도 포함) 매년 고군면 회동리와 의신면 모도리 사이 약 2.8km 바닷길이 드러나는 현상을 구경하기 위해 국내외 관광객들이 찾아온다. 이 신비의 바닷길 축제에는 진도 고유의 민속예술인 강강술래, 씻김굿, 들노래, 다시래기 등 국가지정 중요무형문화재와 만가, 북놀이 등 전라남도 지정 무형문화재를 선보이고, 다양한 이벤트를 제공한다.

변화 자료

구분	1972	1985	1996
주소	진도군 신의면 모도리	진도군 신의면 모도리	진도군 신의면 모도리
면적(km²)	0.24	0.24	0.219
인구(명)	275	172	124
	(남 : 124 여 : 151)	(남 : 89 여 : 83)	(남 : 67 여 : 57)
가구수	49	43	38
급수시설	우물 2개	우물 43개	간이상수도시설 1개소
전력시설	-	자가발전기 2대	한전계통
어선(척)	2	40	40
어가(농업겸업)	(48)	43	34
		8(농어겸업 31)	

11

섬 주민은 없고
외국인만 남았네
의신면 상구자도와 하구자도

하늘나라에 큰 매 한 마리가 살고 있었다. 무슨 잘못을 했는지 옥황상제는 매를 땅으로 내려보냈다. 그것으로 부족했던지 돌섬으로 만들었다. 주민들은 그 섬을 '매섬'이라고 부른다. 매섬 앞에는 호랑이가 사는 황범도가 있다. 이 섬에 살던 호랑이는 호시탐탐 매섬 옆 구자도의 개를 먹잇감으로 노렸다. 옥황상제가 매에게 개를 지키는 일을 맡긴 것이다. 매는 개를 잡아먹으려고 섬으로 들어오는 호랑이의 눈을 쪼아 개를 잡아먹지 못하도록 막았다. 구자도에서는 그 뒤로 호환을 막기 위해 개를 키우지 않았다.

구자도리는 진도군 의신면 접도리에 딸린 마을로 상구자도와 하구자도 두 개의 유인도로 이루어져 있으며, 매섬, 갈명도(동갈명도, 서갈명도), 황범도 등 무인도가 있다. 섬이 개 모양을 닮아 '개섬' 혹은 구자도(狗子島)라 했다고 한다. 1914년 행정구역을 통폐합하면서 소구자도, 갈명도, 밀매도 등을 합해 구자도리라 하였고 1982년 지명을 구자(九子)도로 바꾸었다. 1600년경 경주 석씨가 섬에 들어와 정착하면서 마을을 이루었다고 한다. 1970년대 중반 두 섬에는 각각 60여 명이 살았다. 지금은 두 섬에 각각 다섯 가구가 거주하고 있다. 상구자도는 면적이 55헥타르이지만 하구자도는 23헥타르에 불과하다. 완도의 소안군도와 접해 있으며, 경계인 갈명도 인근 바다에는 오래전부터 멸치 어

구자도에 가려면 접도 수품항에서 김 채취선을 얻어 타고 가야 한다. 뱃길이 없다. 오가는 김 채취선을 타
거나 낚싯배를 이용해야 한다. 섬 주민도 적고 이용하는 사람도 없으니 달리 방법이 없다. 바로 앞에 빤히
보이는 섬이 하구자도이다. 두 섬의 주변은 온통 김 양식장이다.

장이 형성되어 수십 통의 낭장망이 설치되어 있다. 이곳은 한때 조기가
많이 잡힌 곳이며 낚시꾼들이 즐겨 찾는 포인트다. 작은 멸치가 큰 물
고기를 끌어들이고, 큰 물고기는 어민들과 낚시꾼을 불러들인다.

　구자도로 가는 객선은 없다. 의신면 접도리 수품항에서 사선을 타고
들어가야 한다. 수품항에는 수십 척의 김 채취선들이 물김을 가득 싣고
경매를 기다리고 있었다. 김 양식장에서 채취한 물김은 배에 실린 채
경매를 진행한다. 경매가 끝난 물김은 차에 실려 전남은 물론 광천, 서
천 등 전국의 김 공장으로 팔려간다. 바다에 있는 배들 중에 10여 척은
구자도 배일 것이다. 물양장에 설치된 여러 대의 대형 크레인이 쉴 새
없이 김이 가득 담긴 자루를 트럭에 실었다. 새벽에 나가 채취해 온 김
이다. 구자도는 멸치잡이에서 김 양식으로 완전히 전환되었다.

찾는 사람이 없어서일까. 선창에는 김 양식장에서 사용한 쓰레기가 뒹굴고 있다. 선창만이 아니다. 후미진 골, 마을 안, 빈집 등 곳곳에 김 양식 폐기물이 가득 차 있다. 사람 사는 섬이 아니라 양식 폐기물 처리장이라 해야 할 정도다.

저 많은 쓰레기를 어찌할꼬

접도 수품항에서 김 채취선을 얻어 타고 구자도로 가던 날은 서럽도록 하늘이 푸르고 차가운 겨울이었다. 차가운 겨울 갯바람을 막을 것이 전혀 없는 배는 둔탁한 소리를 내며 파도를 가르면서 김 양식장을 지나 하구자도에 내려주고 양식장으로 달아났다. 수품항에서 6킬로미터 정도 떨어져 있다. 선창에 올라서자 사람은 보이지 않고 염산을 담은 통과 스티로폼 등 김 양식장에서 사용하는 도구들이 어지럽게 널려 있었다. 주민들이 쉬기 위해 만들어놓은 파고라 위에도, 폐교 주변에도 김 양식 도구와 김 활성처리제가 쌓여 있었다. 그 너머 한 칸짜리 교실 외벽에 '새마음 새슬기로 새꿈을'이라고 적힌 글씨가 세월의 흔적을 가득 담은 채 지워지고 있었다. 새 꿈을 안고 뭍으로 나간 어린 학생들은 어떻게 자랐을까. 상구자도가 한눈에 들어오는 선창은 온갖 김 양식 폐기물과 생활쓰레기까지 뒤엉켜 쓰레기처리장과 다름없었다.

어떤 섬인들 쓰레기가 없겠는가마는 계속 쌓여가기만 한다는 점이 문제였다. 주인이 없는 섬 같았다. 시골에 방치된 폐가가 연상되었다. 아무리 좋은 집이라도 인기척이 없는 집은 쉽게 무너진다. 지붕에 풀이 나고 폐가로 변한다. 섬도 마찬가지다. 섬사람들이 돌보지 않는 섬은 폐허가 된다.

하구자도 섬사람들은 섬에 머물지 않는다. 섬을 지키는 사람들은 김 양식장에 일을 하러 온 외국인 노동자들뿐이었다. 그래도 김을 채취할 때라도 들어오는 주민은 양반이다. 아예 섬과 바다를 고용된 일꾼들에게 맡겨놓은 사람도 있다. 주인은 없고 직업소개소를 통해 고용한 일꾼들만 생활하는 섬이 제 모습을 유지할 리 없다. 하구자도를 본 첫 느낌이다.

마을에는 시꺼먼 남자 몇 명만이 선창을 오갈 뿐 조용했다. 이들은 말이 없고 눈빛도 흐리며 입성도 허술했고, 뭍으로 나간 주인의 집에서 생활하고 있었다. 집들도 헤어진 옷을 깁듯 곳곳에 시멘트와 포장을 덧댔다. 그래도 인기척이 있는 집은 모양을 갖추고 있지만 빈집들은 모두 창고로 변했거나 무너지고 있었다. 지붕에는 풀이 자라고 있었다. 섬에는 모두 다섯 가구가 거주하는 것으로 확인되지만 목포에 집이 따로 있다. 김 양식장을 운영하는 집은 보통 대여섯 명의 일꾼이 있다.

김 양식의 규모는 작게는 500줄(한 줄은 80미터 또는 40미터이지만 연결해 양식하고 있음), 많게는 1,000줄에 이른다. 일반적으로 200~300줄 규모로 양식을 하기 때문에 이곳의 규모는 큰 셈이다. 양식장에서 일하는 일꾼의 월급은 100만~120만 원 정도다. 이들은 외지인과 이야기할 기회도 없고 눈을 마주치기도 힘들다. 부산의 송정에서 왔다는 50대 중반의 사내와 어렵게 대화를 나누었다. 그는 가족들과 연락하지 않은 지 오래되었다고 했다. 그가 받는 월급은 200만 원으로 섬 내 20여 명의 일꾼 중 가장 많이 받는 셈이다. 주인 대신 김 양식을 책임지고 운영하는 역할을 맡고 있다. 그들 중 젊은 친구를 발견했다. 30대의 젊은 친구는 충청남도가 고향인데 120만 원을 받고 두 달째 일하고 있다. 그가 직업소개소에서 먹고 자고 업주로부터 빌려 쓴 돈까지 부채가 모두 500만 원에 이르기 때문에 당분간 인건비는 고스란히 소개소로 들어간다. 물론 소개소에서 제시한 금액이다. 꼬치꼬치 따질 수 없는 상황이었다. 대신 먹고 자는 것만 해결하고 있다. 얼마 전 신안의 염전에서 노예노동이 문제가 된 적이 있었다. 양식장도 다르지 않다. 딱히 해결책을 찾지 못하는 현실이 더 안타깝다. 김 양식장으로 나가는 배를 타고 상구자도로 이동했다. 손만 뻗으면 닿을 눈앞에 보이는 섬이지만 배

구자도 주민들은 멸치잡이에서 김 양식으로 전업했다. 잡고 삶고 말려서 파는 것까지 직접 주인이 관여해야 하는 멸치잡이에 비해 김은 고용된 일꾼에게 맡겨놓으면 된다. 그리고 육지와 다름없는 접도에서 위판하는 것만 확인하면 된다.

가 없으면 갈 방법이 없다.

멸치잡이 대신 김 양식을 선택했다

상구자도는 하구자도와 분위기가 달랐다. 주민들이 거주하는 섬이구나 하는 생각이 들었다. 이곳은 섬사람이 직접 살림을 하는 섬이었다. 그래서인지 하구자도처럼 쓰레기가 방치되지는 않았다. 상구자도와 5분 거리이지만 훨씬 따뜻했다.

상구자도와 하구자도 주변의 바다에는 멸치를 잡는 낭장망이 60여 틀이나 있다. 특히 상구자도에 많다. 일 년 전 이곳 어장에서 멸치를 잡는 배를 탄 적이 있다. 멸치잡이는 봄에 시작해 늦가을까지 이어진다. 청등도에서도 멸치 잡는 것을 직접 보았다. 그래서 얼마나 힘들고 손이 많이 필요한지 잘 알고 있다. 구자도리 주민들도 그 일이 너무 힘들어 김 양식으로 바꾸고 멸치를 잡는 낭장망 면허를 접도 수품마을 주민들에게 매각했다. 김 양식은 겨울철만 고생하면 되고, 주인이 섬에 머물지 않아도 된다. 하지만 멸치잡이는 물때마다 어장에 나가서 그물을 살펴야 하고 주인이 직접 잡은 멸치를 삶고 크기별로 추리고 포장해서 수협이나 상인에게 팔아야 한다. 양식장에서 기계로 채취해온 물김은 상인에게 넘기기만 하면 된다. 게다가 위판과 판매가 수품항에서 이루어지기 때문에 주인이 섬에 있을 필요가 없다.

구자도의 양식장에서 가장 먼저 생산되는 김은 곱창김이다. 곱창김은 1회 채취로 수확이 끝난다. 그 외에 속대기, 동태김 등을 양식하고 있다. 곱창김을 제외하고는 한 사리에 4회 정도 채취한다. 그 사이에 곱창김 양식을 했던 김발을 햇볕에 완전히 노출시켜 붙어 있는 김과 파래 등을 제거한 후 다시 바다에 넣어 다른 김의 포자를 붙이기도 한다. 동태김은 가장 늦게 채취하며 잘 관리하면 2회에 걸쳐 채취할 수 있다.

김 양식은 보통 9월에 김발을 설치해서 마지막 채취 시기인 이듬해 4월까지 이어진다. 이 시기에는 상하구자도 모두 30여 명의 일꾼들이 섬에 머문다. 김 양식이 끝나도 철거와 그물을 수선하는 보망작업이 5월부터 7월까지 이어진다. 그러니 실제로 쉬는 기간은 8월 한 달 정도다. 한때 10여 명의 학생이 다녔다는 학교는 폐교되어 김발 보관창고로 이용되고 있다.

구자도의 두 섬과 주변 무인도 인근 바다는 진도에서 가장 좋은 어장이다. 멸치 어장이 형성되고 있는 것이 이를 입증한다. 특히 상구자도는 작은 섬이지만 매섬, 갈명섬, 밀매섬 등 3개의 무인도를 거느리고 있어 갱번에서 해초를 뜯고 바다에서는 고기를 잡아 큰 섬 부럽지 않게 살았다. 진도 본섬의 부자들이 어장을 탐낸 것도 이런 이유 때문이다. 지금도 매섬에는 손맛을 즐기려는 낚시꾼들을 쉽게 찾을 수 있다. 선상낚시는 물론 갯바위낚시도 인기다. 감성돔, 도다리, 놀래미, 농어 등이 잘 잡히기 때문이다. 그래서 한때 해양레저타운을 조성하려는 계획이 수립되기도 했다.

개황 | 상구자도

일반현황

위치 | 전남 진도군 의신면 구자도리
면적 | 0.059km² **해안선** | 3.5km
가구수 | 8 **인구(명)** | 16(남: 10 여: 6) **어선(척)** | 8
어촌계 | 구자 어촌계

공공기관 및 시설

전력시설 | 송전
급수시설 | 해수담수

여행정보

특산물 | 멸치
특이사항 | 섬의 모양이 개처럼 생겼다고 개섬, 또는 구자도라 한다.

변화 자료

구분	1972	1985	1996
주소	진도군 신의면 구자리	진도군 의신면 상구자	진도군 신의면 구자도리
면적(km²)	0.23	0.23	0.231
인구(명)	41	41	11
	(남: 23 여: 18)	(남: 18 여: 23)	(남: 6 여: 5)
가구수	8	8	6
급수시설	우물 1개	–	우물 15개
전력시설	–	자가발전기 1대	자가발전기 1대
어선(척)	무동력선 5대	12	10
어가(농업겸업)	3(5)	8	6
		7	

* 일반현황에서 가구수와 인구는 2010년 12월 31일을 기준. 그 외는 2009년 12월 31일 기준.

개황 | 하구자도

일반현황

위치 | 전남 진도군 의신면 구자도리
면적 | 0.142km² **해안선** | 4.4km
가구수 | 7 **인구(명)** | 11(남 : 8 여 : 3) **어선(척)** | 7
어촌계 | 구자 어촌계

공공기관 및 시설

전력시설 | 자가발전(내연)
급수시설 | 해수담수

여행정보

특산물 | 멸치
특이사항 | 하구자도는 상구자도의 아래쪽에 있다 하여 하구자도라 한다.

변화 자료

구분	1972	1985	1996
주소	진도군 의신면 구자리	진도군 의신면 구자도리	진도군 신의면 구자도리
면적(km²)	0.55	0.23	0.137
인구(명)	58	54	인구5
	(남 : 32 여 : 36)	(남 : 25 여 : 29)	(남 : 10 여 : 5)
가구수	10	8	10
급수시설	우물 1개	-	우물 11개소
전력시설	-	자가발전기 1대	자가발전기 1대
어선(척)	무동력선 5대	10	14
어가(농업겸업)	2(8)	9	8
		8	

12

작은 섬,
진도를 살린다
의신면 접도

우리 아이들은 엄마가 만들어주는 멸치 반찬을 좋아한다. 큰딸은 이번 멸치볶음 맛이 특별하다며 젓가락질을 멈출 줄 몰랐다. 결국 밥이 상에 오르기 전에 멸치볶음 한 접시를 다 비웠다. 막 잡아 싱싱한 멸치를 곧바로 삶아서 건조를 시켰으니 맛있을 수밖에 없다. 게다가 거칠기로 소문난 장죽수도로 연결되는 물길을 거슬러 다니는 멸치이니 힘도 좋고 육질이 탱탱하다. 까다로운 아이들의 입맛을 사로잡은 이유가 있었다. 그 어장에서 멸치를 잡는 어민들은 진도에 딸린 섬 접도리 수품마을 주민들이다.

접도는 전라남도 진도군에 속한 작은 섬이다. 섬으로 들어오는 길목에는 금갑마을이 있다. 이곳은 수군만호가 있었던 요새지역이다. 이런 인연으로 접도는 금갑도라고 불리기도 했다. 그 덕에 접도는 조선시대에 진도로 귀양 온 양반들을 격리하고, 수군만호 죄인들을 벌주는 곳으로 이용되기도 했다. 접도 바다 건너 해남 어란에도 수군만호가 있었다. 물길은 좁고 거친 명량해협을 따라 북쪽으로 진도 벽파진과 해남 우수영으로 이어진다. 이곳이 명량대첩의 격전지 만호바다다. 조선시대 중요한 뱃길이며 전략적 요충지였다. 접도는 조도면 상조도, 하조도, 가사도, 관매도에 이어 진도에 딸린 섬 중 5번째로 큰 섬이다. 특히 몸섬인 진도와 가장 가까운 섬이라 '접도'라 했다. 진도읍까지 16킬로

멸치는 신선도가 생명이다. 어장에서 그물을 건져 삶는 멸치막까지 가려면 20여 분은 달려야 한다. 여러 개의 그물을 털어야 하는 부담도 있다. 필요하면 만들어낸다. 배 안에서 멸치를 직접 삶는 방법을 고안해 냈다. 낭장망 멸치는 국제슬로푸드협회가 '맛의 방주'로 등재했다.

미터, 자동차로는 20분이면 갈 수 있다. 섬의 가장 높은 낭망산(164미터)을 둘러싸고 구십구곡을 이룬 겹섬이라 '접도'라 불렀다고도 한다. 하지만 등산길을 따라 오르면 결코 작은 섬이 아니라는 것을 느낄 수 있다. 배를 타고 섬 한 바퀴 돌아보면 더욱 실감한다.

고기는 숲을 그리워한다

섬은 작지만 황모, 수품, 초미, 원다리 등 네 개 자연마을에 160여 가구 400여 명이 거주하는 섬이다. 해조류와 어종이 풍부해 일제강점기에 어업협동조합을 설치했다. 어업 전진기지로 삼았던 것이다. 지금도 진도에서 멸치, 갈치, 갑오징어, 돔 등 '갓고기'를 직접 맛볼 수 있는 유일한 곳이다. 가까운 포구에서 이렇게 다양한 종류의 물고기를 잡을 수 있는 곳도 거의 없다. 손맛을 보려는 태공들이 자주 찾는다.

마른 멸치를 얻기 위해서 얼마나 손이 많이 가던가. 잡고 삶고 말리고 추리고 선별해서 포장을 해야 끝이 난다. 국물부터 반찬에 이르기까지 멸치는 약방에 감초다. 이런 멸치를 멸어, 말자어라고 했다. 멸치가 들으면 속상할 일이다.

소설(小雪)을 하루 앞두고 수품리에서 멸치잡이 배를 탔다. 서울엔 가 강원도엔가에서는 눈이 왔다는 소식도 들렸다. 겨울로 질주하는 날씨를 한 장 남은 달력으로는 붙잡기 어려웠을까. 수은주도 영하로 떨어졌다. 그런데 멸치를 잡겠다고! 믿을 수 없었다. 바다는 아직 늦가을인가. 최씨가 멸치를 담을 바구니와 마실 물을 준비하는 동안 마을 멸치잡이 배들이 잔잔한 포구를 가르며 빠져나갔다. 평소에는 10여 틀[그물을 세는 단위]로 멸치를 잡지만 날씨가 추워져 어획량이 줄고 김 양식을 시작해 일손도 부족해서 4틀로 줄였다. 접도의 수품리 주민들은 봄부터 가을까지 멸치를 잡고 겨울에는 김 양식으로 생활하고 있다. 최근 미역 양식과 전복 양식도 많이 한다. 농사지을 땅이 부족해 바다만 보고 살아왔지만 진도에서 잘사는 마을로 꼽힌다. 멸치잡이는 여름철이 성어기이다.

구자도를 지나 한 시간을 달렸다. 그 사이 김발(김 양식)들이 줄을 지어 너울댔다. 배는 갈명도와 밀매도 인근 어장에 멈추었다. 멸치 그물을 가장 반기는 것은 최씨가 아니다. 김발 부표에 앉아 있던 갈매기였다. 멸치 떼를 쫓던 갈치, 갑오징어, 전어, 숭어, 복어, 꽃게, 붕장어, 병어, 농어 등도 함께 잡혔다. 이놈들은 운이 없다. 어부가 노리는 바닷물고기가 아니다. 멸치를 탐하다 그물에 갇혔을 뿐이다. 이제 어부의 밥상에 올라야 한다. 그물에 오롯이 멸치만 들면 어부에게는 기쁨이지만 갈매기에게는 슬픔이다. 갈치새끼, 어린 붕장어, 밴댕이 등 반찬으로 모자라는 녀석들이 올라와야 갈매기가 포식한다. 그물을 올리기 전인데도 갈매기들은 잡어가 있는지 없는지 아는 모양이다. 갈매기들이 배위로 선회를 시작했다. 최씨는 팔딱팔딱 뛰는 멸치무더기 속에 손을 쑤욱 집어넣어 잡어를 찾아내 바다에 던졌다. 이렇게 오후 5시까지 2틀씩 그물을 털고 삶기를 수차례 반복했다. 금방 털어낸 그물인데도 한 바퀴 돌고 다시 돌면 그물에 멸치가 그득했다. 도깨비 그물이었다.

멸치, 국민 생선이 되다

멸치가 생선으로 대접받기 시작한 것은 언제부터일까.《우해이어보(于海異魚譜)》는 멸치를 멸아(鱴兒), 즉 웅어의 새끼 정도로 생각했다. 그래도 이것은 대접이 괜찮다. 말자어(末子魚)가 무엇인가. 갑자기 시골 동네 딸부자집의 막내딸이 생각나는 이름이다.《자산어보(玆山魚譜)》는 추어(鯫魚)라 했다. 작은 생선이나 잡어 정도로 해석된다. 그런데 또 멸어(蔑魚)란 무엇인가. 하필이면 왜 업신여길 멸 자를 썼을까. 먹는 생선으로는 성이 차지 않아 그랬을까.

시골에서 학교에 다닐 때 가장 무난한 반찬이 멸치볶음이었다. 어쩌면 멸치가 국민생선으로 대접받은 것도 도시락과 무관치 않을 것이다.

접도의 일출 장면. 진도의 서남쪽 끝자락에 위치한 섬으로, 연륙교로 연결되어 쉽게 오갈 수 있다. 게다가 일출과 일몰을 한꺼번에 볼 수 있어 찾는 사람이 많다.

지금은 대한민국 국민의 건강을 책임지는 생선이 되었다. 멸치는 칼슘의 제왕, 최고의 자연식품이다. 제대로 효과를 보려면 내장과 뼈를 통째로 먹어야 한다. 그렇게 먹을 수 있는 멸치는 갯가에서 낭장망으로 잡는 멸치가 제격이다. 낭장멸치는 국제슬로푸드협회가 지정하는 '맛의 방주'로 지정되었다. '맛의 방주'는 사라질 위기에 있는 식재료 품종을 보전하고 지키기 위한 운동이다. 그런데 예전처럼 육지에서 가까운 곳에서 멸치 떼를 만나기가 쉽지 않다. 멸치가 드는 곳에 큰 고기가 들기 마련이다.

접도 주변 바다에는 새떼가 내려앉은 것처럼 섬들이 많다. 그 사이로 물살이 빠르게 흐른다. 고기가 많이 찾고 머무는 이유다. 사람들은 내게 묻는다. 어떤 고기가 제일 맛있냐고. 나는 이렇게 대답한다. "집에서 가장 가까운 곳에서 잡은 생선이 제일 좋습니다." 가장 신선하고 스트레스를 적게 받기 때문이다. 요즘 주목받고 있는 '로컬푸드'나 '푸드마일리지'가 그것이다. 우리나라 전 해역에서 멸치가 잡히지만 유독 진도 수품리 멸치를 꼽는 이유는 뭘까.

우선 진도 멸치는 육질이 단단하다. 진도를 지나는 물살은 거칠고 빠르다. 이러한 환경에 적응해야 하는 멸치는 운동량이 많아 육질이 단단하다. 두 번째로, 잡는 방법이 다르다. 맛있는 멸치를 잡는 어법으로는 남해의 죽방렴을 덮을 게 없다. 불빛으로 유혹해 그물로 모여든 멸치를 떠내는 가거도식 챗배도 있다. 이러한 전통어법은 맥이 끊겼거나 어획량이 작다. 죽방렴 멸치가 비싼 이유다. 남해 앵강만의 정치망이나 수품리에서 멸치를 잡는 낭장망어법은 죽방렴과 가장 유사해 값이 싸지만 품질이 좋다. 게다가 하루에 두 번 터는 죽방렴과는 달리 낭장망은 수차례 그물을 털기 때문에 신선하다. 세 번째로, 배 안에서 즉시 삶는다. 최씨가 그물에서 막 잡아 올린 멸치는 은빛 물방울과 비늘이 영롱하다. 이 멸치를 전남에서 생산한 갯벌천일염과 죽염을 섞은 물에 삶는다. 몇 년 전까지는 멸치를 선창으로 옮겨 삶았다. 남해의 죽방렴은 지금도 뭍으로 이동해 멸치를 삶는다. 가공 방식은 접도 방식이 한 수 위다. 마지막으로는 건조 과정이다.

햇볕에 건조하는 일반적인 방식 외에 특수 건조기를 갖추고 실내에서 말린다. 균일한 조건에서 건조하며 먼지가 묻지 않아 깨끗하다. 딸이 특별히 이날 멸치가 맛있다고 한 것도 이런 이유 때문이다.

물고기도 사람도 섬을 찾는다

접도는 물고기뿐만 아니라 주말이면 팔도의 등산객들이 모여든다. 낭망산의 웰빙등산로 때문이다. 최씨의 멸치 배를 기다리는 동안에도 경기, 부산, 충남의 번호판을 단 대형 버스가 연이어 들어왔다. 낭망산은 수종이 다양하고 봄이면 야생화 천지다. 산이 높지 않고 파도소리와 바람소리를 들으며 등산을 즐길 수 있어 가족 산행으로 안성맞춤이다. 봄이면 야생화가 가장 먼저 피고, 가을이면 단풍이 최고다. 겨울이면 동백꽃이 터널을 이루고, 일출과 일몰을 같이 볼 수 있어 새해맞이에 제격이다. 섬의 동남쪽으로 일출이 좋은 아기밴바위, 아홉봉우리, 갑판바위, 말뚱바위, 쥐바위, 솔섬바위, 병풍바위 등이 있고 파도에 자갈 구르는 소리를 들으며 맨발로 걸을 수 있는 곳도 있다.

'웰빙등산'이라 지칭한 것은 자연을 그대로 느낄 수 있다는 점 때문이었을 것이다. 이정표 외에는 시설물들이 없다. 이름도 없는 섬을 등산객들에게 회자되는 섬으로 바꾼 일등공신은 군의원을 지냈던 장재호씨다. 장씨는 직접 등산로를 만들고 등산 코스, 바위의 지명, 웰빙등산로의 이름도 붙였다. 직접 야생화와 숲은 물론 진도의 역사와 문화 해설도 겸한다. 웰빙등산로의 최대 강점은 파도소리와 바람소리를 들으며 오솔길처럼 걸을 수 있다는 점이다. 험하지도 높지도 않은 등산로는 숨이 차다 싶으면 기암절경이 앞을 막는다.

날씨가 좋으면 멀리 추자도와 제주도가 보이는 '애기밴바위'에서 떠오르는 해를 볼 수 있다. 장씨가 추천하는 접도 일출의 명소다. 마치 아이를 가진 엄마의 모양을 하고 있다. 수면으로부터 20미터 높이에서 뜨는 해를 가장 가까운 곳에서 맞을 수 있기 때문에 해변이나 높은 산에서 맞는 일출과는 다르다. 접도를 여수의 오동도처럼 개발하려고 계획을 세우기도 했다. 섬의 규모나 경관이 오동도에 견주어도 빠질 것이 없었기 때문이다. 섬을 둘러 일주도로를 놓고 바다에는 패류 양식장을 설치하고 섬에는 멧돼지, 노루, 사슴, 꿩 등 야생동물을 방목할 계획을 세웠다. 이 모든 계획은 1985년 완공된 진도대교 때문이었다. 다리가 연결되면 관광객이 몰려들고 접도에도 다리가 놓여 관광버스가 드나

접도를 웰빙의 섬이라 한다. 세 시간 정도 걸리는 등산 코스를 찾는 사람이 줄을 잇는다. 봄이면 가장 먼저 봄소식을
알리는 야생화들이 피어나고, 여름이면 우거진 숲이 원시림을 떠올리게 한다. 가을 낙엽과 겨울 산행으로도 손색이
없다. (사진 : 이돈삼)

접도 항공 사진. 새떼 섬으로 가기 전에 잠시 머물렀다 가는 곳인가. 작은 섬처럼 보이지만 하늘에서 보면 산과 산이 겹쳐 숲이 얼마나 좋은지 알 수 있다. 숲이 좋으면 사람이 머물고, 바다에는 바닷물고기가 머문다.

들 것으로 생각했다. 이 계획이 성공했다면 접도는 유원지가 되었을 것이다. 섬 주민들은 집도 밭도 모두 팔고 뭍으로 나가고 섬은 개발업자와 외지인들의 몫이 되었을 것이다. 얼마나 다행인가.

　머지않아 멸치잡이와 김 양식도 한계에 이를 것이다. 이를 지속시키기 위해서는 주민들의 노력이 필요하다. 바다와 갯벌은 우리 세대만 이용하는 자원이 아니다. 당장 눈앞 이익이 아니라 좀 더 멀리 내다보는 지혜가 필요하다. 그 방법은 숲에 있고, 길에 있고, 섬사람들의 삶인 문화에 있다. 진도의 세방낙조에서 시작된 아름다운 해안길이 팽목항과 서망항을 지나 접도에서 마무리된다. 우리나라에서 가장 아름다운 해안길로 이름이 높은 영광 백수해안도로를 능가하는 멋진 길이다. 갯것들이라 하대받던 섬 속의 작은 섬, 접도. 육지것들이 가고 싶고 머무르며 살고 싶은 섬으로 거듭나 멋진 곳으로 가꾸어지길 기대한다.

● ─ 갈매기섬의 비극

구자도리는 상구자도와 하구자도 두 개의 유인도와 갈명도, 매섬 등 여러 개의 무인도로 이루어져 있다. 특히 갈명도는 갈매기섬이라고도 부른다. 하구자도에서 5.6킬로미터 남동쪽에 위치해 있다. 섬 주변이 우리나라 최고의 멸치 어장으로 낭장망을 이용해 잡는다. 멸치를 먹기 위해 따라 들어온 갈치, 농어, 돔 등도 많아 낚시꾼이 즐겨 찾는다.

그런데 이런 평화로운 섬에서 2008년 9월 18일부터 11월 9일까지 25일간 한 대학이 주도한 발굴이 이루어졌다. 그 결과 M1 탄피 15개, 카빈탄피 22개, 45구경 탄피 등이 출토되었다. 도대체 작은 무인도에 무슨 일이 있었던 것일까.

1950년 한국전쟁으로 군인과 경찰의 '영광작전'이 붕괴되자 해남의 경찰과 주요 기관장들은 7월 24일 후퇴를 결정했다. 이에 앞서 7월 20일 해남지역 보도연맹 일제 소집령이 내려졌다. 당시 해남의 보도연맹 가입자 수는 600여 명에 달했다. 1차 소집 후 23일 풀려났지만 이튿날 재소집된 50명이 포승줄에 묶여 송지면 어란에서 배로 진도 갈매기섬으로 끌려갔다. 갈매기섬에 도착해 한 줄로 세워놓고 차례로 총살했다. 처음 학살에서는 많은 사람들이 목숨을 건졌지만 다시 돌아와 확인사살까지 하였고, 또 찾아와 시신을 불태웠다고 한다.

갈명도(일명 갈매기섬).

그중에는 민간인 학살자 전국유족회 상임대표를 맡았던 오원록의 선친 오홍탁도 포함되어 있다. 항일운동을 했던 선친은 광복 후 반공단체인 국민보도연맹에 가입해야 했다. 그리고 한국전쟁이 발발하자 경찰의 예비검속에 걸려 갈매기섬으로 끌려가 변을 당했다. 2008년 갈매기섬 유해 발굴 후 초분으로 가매장을 했다. 갈매기섬에서 사망한 숫자는 200~300명으로 알려졌지만 발굴 결과 50~60명으로 추정되었다. 이 외 고무신 등 신발류, 혁대, 혁대버클, 거울, 단추, 안경알 등이 확인되었다. 발굴된 뼈 중에는 불에 탄 뼈들이 집중적으로 출토되어 경찰이 이들을 사살한 후 섬에 불을 질렀다는 이야기가 사실로 확인되기도 했다.

보도연맹을 '관제빨갱이'라고도 불렀다. 가입을 하면 보호해주고 여러 가지 편익을 준다는 말을 듣고 가입한 경우가 많기 때문이다. 심지어 지역별로 할당해서 가입을 종용하기도 했다. 전쟁 전후에 가장 많이 희생된 사람들이 이들이며 전국적으로 이루어졌다. 그 진실을 밝히기 위해 '진실화해위원회'가 2005년부터 2009년까지 공식적으로 활동했다. 그 사이에 진도 갈매기섬을 비롯해, 순천시 매곡동, 함평군 해보면 광암리 일대, 구례군 봉산산 일대, 경산 코발트광산, 충북 청원 분터골, 대전시 동구 낭월동, 충남 공주시 상왕동 일대, 경남 진주시 문산읍 일대 등 10개 지역에서 모두 1,617구의 유해와 5,600점의 유품을 발굴했다. 전국의 민간인 학살 유해 매장 추정지는 기초조사 결과 169개소로, 이 중 발굴이 가능한 지역은 59개 지역이라고 보고했다.

개황 | 접도

일반현황

위치 | 전남 진도군 의신면 금갑리
면적 | 4.476km^2　**해안선** | 18.3km
가구수 | 174　**인구(명)** | 389(남: 211 여: 178)　**어선(척)** | 55
어촌계 | 접도 어촌계, 원다 어촌계, 수품 어촌계

공공기관 및 시설

공공기관 | 치안센터, 농·축협, 수협
교육기관 | 의신초등학교 접도분교(061-544-4421)
전력시설 | 한전
급수시설 | 지방상수도

여행정보

교통 | [군내버스]1일10회 운행 / 진도읍-금갑-접도
여행 | 박연술 기념비, 박창배 은덕비
특산물 | 멸치, 다시마
특이사항 | 접도는 진도와 가까이 접해 있어서 붙은 이름이며, 접섬·금갑도·갑도·접배도라고
도 불린다. 접도 연륙교는 1989년에 개설되어 진도군 임회면과 연결되었다. 접도 수품마을은
행정자치부의 정보화마을로 지정되었다. 개막이체험, 해상펜션낚시 등의 체험 프로그램을 운
영하고 있다. 2010년 전국 최우수 어촌체험마을로 선정되었다.

변화 자료

구분	1972	1985	2011
주소	진도군 신의면 접도리	진도군 의신면 접도리	진도군 의신면 접도리
면적(km^2)	4.32	4.32	4.353
인구(명)	636	693	415
	(남: 312 여: 324)	(남: 362 여: 331)	(남: 217 여: 198)
가구수	119	147	169
급수시설	우물 14개	147	광역상수도
전력시설	–	한전계통(147동)	한전계통
어선(척)	13	107	147
어가(농업겸업)	15(97)	147	96
		33(농어겸업 108)	

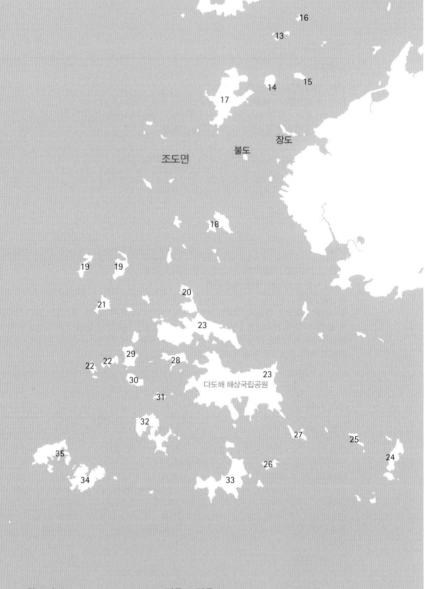

16

13

15

14

17

조도면   불도   장도

18

19   19

20

21

23

29   28

22   22

30

23

31   다도해 해상국립공원

32

27   25

35   24

34   26

33

37

36

38

13

톳으로
먹고사는 섬
조도면 혈도, 송도

"이번 주는 생각도 말쇼. 월요일에나 풀린다요."

수화기 너머로 들려오는 목소리는 70대 나이가 믿기지 않을 정도로 젊고 원기가 넘쳤다. 사고로 몸을 다쳐 한 달간 서울에서 입원하고 이번 주 섬에 들어왔다지만 목소리에서는 불편한 기색이 없었다. 주말에 섬으로 찾아가겠다고 했더니 내일부터 주의보가 시작되어 나흘간 발이 묶일 것 같다는 이야기였다. 겨우내 섬에 계실 거냐는 물음에, 섬에서 사는데 섬에 있지 어디로 가냐며 웃었다. 서이만씨는 가사5군도 중 사람이 가장 많이 사는 혈도에서 제일 젊은이다. 가사5군도는 혈도, 송도, 양덕도, 주지도, 광대도를 말한다. 혈도를 제외하고는 모두 한두 사람이 섬을 지키고 있다.

혈도는 활 모양으로 생겨서 활목섬이라고도 한다. 대포를 쏘아 뚫린 것처럼 뻥하고 구멍이 뚫린 섬이라 공도라고도 했다. 혈도에는 각시굴이 있다. 신안 어느 섬에서 부부가 살았던 모양이다. 남편은 매일 술만 먹고 각시가 한 푼 두 푼 모아두면 '재끼(놀음)'로 잡히고 술 먹고 아내를 폭행하곤 했다. 참다못한 각시가 바다에 뛰어들었다. 얼마나 시간이 지났을까 정신이 들어 깨어보니 바다 한가운데 바위에 올라와 있었다. 너무 슬퍼 바위를 내리치며 통곡하는데, 그만 바위가 쪼개지면서 굴이 생겼다. 그 굴이 각시굴이라고 한다. 혈도의 유래다. 그런데 기이하게 구멍섬 혈도와 상투섬이 주지도가 마주보고 있다. 파도와 바람이 만들어낸 기암괴석을 말깨나 하는 사람들이 가만둘 리 없다. 변강쇠와 옥녀 등 갖가지 스토리를 만들어내고 있다.

1972년 29명이 살았고, 3년 뒤인 1976년에는 16명이 살았다. 그리고 2013년부터는 서씨네가 세 가구, 김씨가 한 가구, 모두 네 가구가 살고 있다. 혈도에서 최고령인 김금순(92세) 할머니는 목포가 고향이다. 영감님이 파놓고 가신 우물 덕분에 물은 걱정하지 않고 살았다. 할머니는 "어르신이 한 일 중에 가장 잘한 일"이라고 칭찬했다. '술 먹고 땡깡을 잘 부린다'고 흉보던 할머니도 그 대목에서는 입술에 침이 마르도록 칭찬했다. 서씨에게 신랑 하나 얻어 달라며 농담을 즐기는 할머니는 섬마을의 감초다. 모든 일에 참견하고 궁금한 것이 많아 이곳저곳을 기웃거리며 소일한다. 하의도에서 시집온 박복희(73세) 할머니는 큰 섬 하의도에서 이곳 작은 섬 혈도로 와서 서씨와 결혼해서 곱디고운 청춘을

혈도는 마을 앞 작은 섬의 해식동이 풍화작용으로 구멍이 뚫려 붙여진 이름이다. 마을 앞 구멍섬이 있어 혈도가 북서풍을 막아주고 선창이 제 기능을 할 수 있게 된 것이다. 혈도에 사람이 살 수 있게 된 것도 모두 구멍섬 덕분이다.

물을 긷고 톳을 매며 보냈다. 바람만 일어도, 비만 내려도 발이 묶이는 섬 사정 때문이었을까. 그런데 두 할머니 집은 모두 비어 있었다. 필시 목포의 병원에서 신세를 지고 있으리라.

다시 서씨에게 연락한 것은 겨울이 지나고 봄기운이 완연한 5월이었다. 진도 쉬미항으로 향했다. 어느 여객선터미널처럼 뱃시간이 딱히 정해져 있지 않다. 그래서 미리 가서 기다려야 한다. 20여 곳의 섬을 거쳐오기 때문에 손님이 없을 때는 그냥 지나치지만 크고 작은 섬을 들르면 한 시간 정도 늦는 것은 애교다. 나주를 지나는데 전화가 왔다. 신해호 선장이다. 배가 이미 가득 차서 차를 가지고 갈 수 없으니 참고하라는 전화였다. 그뿐만 아니다. 너무 늦으면 전화도 해준다. 이렇게 양방향 소통을 하는 여객선을 또 어디서 타보겠는가.

쉬미항에 도착하자 벌써 차들이 줄지어 있다. 이번 배를 못 타면 하루를 더 기다려야 한다. 하루에 한 번밖에 없다. 반드시 차를 가지고 가야 할 사람은 미리 와서 기다리는 수밖에 없다. 배는 한 시간이 더 지나 12시 30분에 도착했다. 승객들 뒤로 꼬리를 붙잡고 있던 차량 두 대는 되돌아가야 했다. 배는 저도, 광대를 들렀다가 혈도에 도착했다. 서씨가 늦은 점심을 차리고 있었다.

"워따 워따, 오래 살다 보니 (남편이) 끓여준 미역국을 먹네. 간이 딱 맞네."

서씨 아내는 남편이 차려놓은 밥상을 보고 감탄했다. 서씨가 처음 어장 일을 시작한 것은 열다섯 살 때다. 그러니까 초등학생 때부터 주낙을 해서 민어, 상어, 부서 등을 잡았다. "이 양반은 낚시가 취미여. 밥숟가락만 놓으면 낚싯대 들고 바다로 강께." 미역국을 먹던 서씨 아내가 하는 소리다.

서씨는 열한 살 때 한국전쟁을 겪었다. 그때도 아버지와 형님을 따라

가사도 인근에서 주낙을 하고 있었다. 그런데 한국 함대가 간첩선으로 오인했는지 사격을 해댔다. 형님은 물에 빠지고 서씨와 아버지는 배에 엎드려 있었다. 30여 명이 집중사격을 했는데 어떻게 살았는지 기적이라고 했다. 물가로 나온 형님도 살고 서씨 부자도 천운으로 살았다. 배는 바닥에 구멍이 나서 가라앉았지만 말이다. 다행히 아버지가 등에 총알이 살짝 스친 정도에 그쳤다. 당시에도 혈도에는 5호, 모두 40여 명이 살았고, 가사도 분교도 있었다. 한 번 고기잡이를 나가면 배 안에 물칸을 가득 채울 정도로 물고기가 많이 잡혔다.

제대 후 낭장망으로 멸치잡이를 시작했지만 신통치 않고 우이도까지 나가서 깡달이(황석어) 잡이를 했다. 김 양식과 미역 양식을 잠깐 해보기도 했다. 당시 톳은 뜯지도 않았다. 일본으로 수출하면서 관심을 갖기 시작했을 뿐이다.

혈도는 휴대전화가 잘 터지지 않는다. 물도 귀하다. 젊은 사람이 섬에 살려면 반드시 필요한 것이 수도, 전기, 통신시설이다. 지금도 휴대전화를 하려면 잘 터지는 곳으로 달려가야 한다. 여행객과 낚시꾼들이 간혹 찾지만 이들에게 물을 아껴 쓰라고 말할 수 없다. 도시에서 물을 펑펑 쓰던 사람에게 샤워하지 말고, 변기의 물도 절약하라고 하면 난리가 날 것이다.

섬을 둘러싸고 있는 것이 물이지만, 물이 귀하다. 쌀보다 물이 더 귀한 섬이다. 제법 많은 사람이 사는 섬이 혈도다. 현재 네 가구가 살고 있지만 주소지를 둔 사람들까지 포함하면 여섯 가구가 등록되어 있다.

"겨울철에는 섬에 사람들이 없겠네요?"라는 물음에 서이만씨 목소리가 커졌다. "뭔 소리라요. 조금만 풀리면 못자리를 해야 하는데."라며 수화기로 들려오는 목소리가 칼칼하다. 무논은 고사하고 모양세를 갖춘 손바닥만 한 밭뙈기를 찾기도 어려운데 못자리라니. 톳 양식을 준비하는 것을 두고 하는 말이다. 톳뿌리를 갱번에서 캐서 준비해야 하는 탓에 늦가을부터 초겨울이 바쁘다는 것이다. 이들 섬에서 하는 양식은 톳 양식이 유일하다.

작은 섬, 송도

점심을 먹고 난 후 섬을 둘러보는 데 많은 시간이 걸리지 않았다. 서씨가 배를 타고 낚시를 나가는 길에 송도에 내려달라고 부탁했다. 송도는 혈도와 광대도 사이에 있는 작은 섬이다. 1600년경에 사람이 살기 시작했다고 한다. 소나무만 있어 송도 또는 솔섬이라고 했다고 하지만 작은 섬이라 솔섬이라 했을 가능성이 크다. 진도군 조도면에만 해도 동거차도 선착장 앞 작은 섬, 청등도 앞 작은 섬을 송도라 부른다. 솔은 작다는 의미의 순우리말이다. 실제로 섬의 면적은 0.06제곱킬로미터에 불과하다. 송도는 가사군도에 속하는 유인도 중 하나다. 송도는 유인도

톳은 '원초'라고 부르는 톳뿌리를 줄에 감아서 양식을 한다. 갯바위에 붙어 자라는 자연산 톳뿌리를 채취해야 한다. 혈도 주변 자연산 톳이 좋다.

라 하지만 실제로는 한 가구만 있고, 섬을 방문했을 때는 빈 섬에 개 짖는 소리만 요란했다. 한 가구가 거주하지만 선착장이 잘 정비되어 있었고, 자가발전 시설과 식수탱크 그리고 크레인까지 갖춰져 웬만한 큰 섬 못지않은 기반시설을 갖추었다. 목포에서 조도까지 여객선이 오가지만 타고 내리는 승객이 없을 때는 그냥 지나친다. 특히 섬에서 배를 기다릴 때는 선장에게 미리 전화를 해야 하며, 옛날에는 깃발을 올리거나 불을 피웠다고 한다. 이러한 신호는 송도만 아니라 광대도, 주지도, 양덕도 등 작은 섬에서는 일상적인 모습이었다.

섬을 찾던 날, 세 집에서 양식장에서 뜯어온 톳을 말리고 있었다. 혈도에서 가장 큰 소득원이자 유일한 생계수단이다. 거제도의 조선소에서 근무하던 김씨도 명예퇴직을 하고 고향인 혈도로 돌아와서 톳 양식을 시작했다. 김씨의 아내는 생전 처음 삶의 터전으로 마주한 섬이 낯설기만 했다고 한다. 아침 일찍 톳을 뜯어 오면 바람이 잘 드는 선창에서 말려 보관한 후 상인에게 넘긴다. 청정해역에서 자랐고 품질마저 좋아 이곳 톳은 일찍 동이 난다. 심지어 입도선매처럼 미리 주문하기도 한다.

혈도에 사람이 많이 살 때는 물이 부족해 딴 섬에서 물을 가져다 먹었다. 그것도 어려우면 바위틈에서 떨어지는 물을 기다려 바가지로 퍼서 연명했다. 당시 해안가에는 갈증을 해결하기 위해 떨어지는 물을 받았던 바위가 닳아서 움푹 파였다.

개황 | 혈도

일반현황

위치 | 전남 진도군 조도면 가사도리
면적 | 0.052km² **해안선** | 0.6km **육지와 거리** | 40.09km(목포연안여객선터미널)
가구수 | 9 **인구(명)** | 17(남: 11 여: 6) **어선(척)** | 2
어촌계 | 혈도 어촌계

공공기관 및 시설

전력시설 | 자가발전(풍력, 태양광)
급수시설 | 우물, 운반급수

여행정보

교통 | 배편 | 섬사랑10호·신해5호: 1일1회 운항 / 목포연안여객선터미널-율도-쉬미항-저도
-광대-송도-혈도-양덕-주지-가사-소성남-성남-옥도-내병-외병-눌옥-갈목-진목-하
조도 창유항-율목-나배-관사-소마-모도-대마-관매-동거차-서거차-상조도 율목항(약 3시
간 소요)
섬사랑10호·신해5호: 1일1회 운항 / 하조도 창유-혈도(약 2시간 42분 소요)
특산물 | 톳, 자연산 미역
특이사항 | 혈도는 섬의 지형이 활 모양처럼 생겨서 활목섬이라고도 부른다. 대포를 쏘아 뚫린
것처럼 구멍이 뚫린 섬이라 하여 공도(孔島)라고도 부른다. 섬의 중앙도서로 구멍이 나 있어 독
거혈도와 쌍을 이룬다. 가사군도에 속한다.

변화 자료

구분	1985	1996	2011
주소	진도군 조도면 가사도리	진도군 조도면 가사도리	진도군 조도면 가사도리
면적(km²)	0.11	0.110	0.122
인구(명)	22	16	7
	(남: 8 여: 14)	(남: 7 여: 9)	(남: 2 여: 5)
가구수	7	5	4
급수시설	우물 9개	우물 3개	우물 2개소
전력시설	미전화지구	자가발전기 5대	자가발전기 1대
어선(척)	2	2	2
어가(농업겸업)	- (6)	5	4

개황 | 송도

일반현황

위치 | 전남 진도군 조도면 가사도리
면적 | 0.008km² **해안선** | 1.5km **육지와 거리** | 39.37km(목포연안여객선터미널)
가구수 | 1 **인구(명)** | 2(남: 1 여: 1)

공공기관 및 시설

전력시설 | 송전
급수시설 | 우물, 운반급수

여행정보

교통 | **배편** | 섬사랑10호·신해5호: 1일1회 운항 / 목포연안여객선터미널-율도-쉬미항-저도
-광대-송도-혈도-양덕-주지-가사-소성남-성남-옥도-내병-외병-눌옥-갈목-진목-하
조도 창유항-율목-나배-관사-소마-모도-대마-관매-동거차-서거차-상조도 율목항(약 3시
간 소요)
섬사랑10호·신해5호: 1일1회 운항 / 하조도 팽유-송도(약 2시간 43분 소요)
특산물 | 톳
특이사항 | 가사군도의 5개 부속도서 중 하나이다. 섬 전체에 소나무만 자생하여 '송도(松島)'
'솔섬'으로 불렸다.

변화 자료

구분	1985	1996	2011
주소	진도군 조도면 가사도리	진도군 조도면 가사도리	진도군 조도면 가사도리
면적(km²)	0.06	0.060	0.051
인구(명)	2	7	7
	(남: 1 여: 1)	(남: 4 여: 3)	(남: 2 여: 5)
가구수	1	2	2
급수시설	식수난지구	우물 2개	우물 1개소
전력시설	미전화지구	자가발전기 1대	자가발전기 1대
어선(척)	-	1	2
어가(농업겸업)	- (1)	2	2

●—가사군도

가사군도는 가사도, 주지도, 양덕도, 혈도, 송도, 광대도 등의 유인도와 외공도, 가덕도, 접우도, 마도, 대소동도, 소소동도, 돈도, 방구도 등으로 이루어진 조도면에 속하는 군도다. 다도해 해상국립공원으로 지정된 조도면 중에서 유일하게 공원구역에서 제외되어 많은 개발압력을 받고 있는 섬이기도 하다. 가사군도에는 숭어, 우럭, 붕장어가 많이 서식하며, 해산물로 전복, 톳, 미역, 모자반이 있다. 방구도를 중심으로 무인도에는 손맛을 보려는 낚시꾼이 많이 찾고 있다. 해안은 암석으로 이루어져 있어 해식애, 타포닌 등이 발달해 해안경관이 빼어나다.

가사군도를 지나는 배는 목포에서 출발한 여객선으로 자그마치 섬만 29개, 기항지는 33곳에 이른다. 목포에서 아침 8시 30분에 출발해 목적지에는 오후 4시에 도착하며, 반대로 조도 율목에서 아침 7시 출발해 목포에는 오후 3시 이후에 도착한다. 가사5군도는 그 중간에 있는 섬이다. 두 대의 객선이 오르고 내리기 때문에 하루에 섬을 오갈 수 없다. 아마도 우리나라 뱃길 중에 가장 긴 항로이며 가장 긴 운행 시간일 것이다.

목포 출발(08:30)→시하→마진→율도→고평→쉬미(10:50)→**저도**→**광대**→**송도**→**혈도**→**양덕**→**주지**→**가사**(12:20)→**소성남**→**성남**→**옥도**→**내병**→**외병**→**눌옥**→**갈목**→**진목**→**창유**(14:30~15:00)→**율목**→**라배**→**관사**→**소마**→**모도**→**대마**→**관매**→**동거차**→**서거차**→**율목**(16:00~) 도착 (굵은 글씨가 진도의 섬)

쉬미항에서 출발해 한 시간 반 동안 작도(꽃과 나비섬), 광대도(사자섬), 솔섬, 형도(구멍섬), 주지도(손가락섬), 양덕도(발가락섬), 불도(부처섬), 방구도, 장도 등 10여 개의 섬을 도는 유람선이 운항한 적이 있었다. 부정기적으로 운항하는 유람선은 지속되지 못하고 중단되었다. 이곳을 둘러본 사람들은 베트남의 하롱베이보다 경관이 빼어나다며 아쉬워한다.

그는 왜
섬지기가 되었을까
조도면 주지도

과연 주인이 있을까. 섬이 가까워지는데 인기척이 없었다. 하루에 한 번 목포에서 조도로 가는 배가 지나가다 타거나 내리려는 사람이 있으면 들른다. 가사5군도가 다 그렇다. 지금은 전화로 객선을 탈 사람이 있다고 선장에게 전화를 하지만 옛날에는 연기를 피워 알렸다.

전라남도 진도군 조도면 가사도리에 속해 있는 섬이다. 주지도에는 100여 미터의 갯벌과 20여 미터의 백사장이 있다. 섬의 한가운데 있는 바위가 마치 상투나 손가락 혹은 남근같이 생겼다 하여 상투섬 또는 손가락섬으로 불린다. 주지도는 구멍 뚫린 혈도와 마주보고 있으며 주지도 옆에는 발가락 섬으로 불리는 양덕도가 있다.

주지도는 섬의 중앙에 있는 바위가 마치 손가락이나 상투처럼 생겨 상투섬, 손가락섬이라고 한다. 인근 양덕도는 발가락 모양을 하고 있다. 주지도는 1600년 무렵 파평 윤씨가 들어와 마을을 이루었다. 《한국지명유래집》전라·제주편에 소개된 주지도다.

《진도군읍지》에 "주지서(主之嶼)는 읍의 서쪽 40리에 있다."는 기록이 있고, 《신증동국여지승람》에는 '주질도'(注叱島)로 표기되어 있으며, "둘레가 10리이다."라는 기록이 있다. 《대동지지》(진도)에 주도(注島)로 기재되어 있다. 《조선지형도》(인지리)에 양덕도 옆에 주지도(主之島)로 표기되어 있다.

실제로 주지도의 해안선 길이는 2.5킬로미터이며 면적은 0.54제곱킬로미터이다. 가사도 동쪽으로 1킬로미터 해상에 위치하며 양덕도, 외공도, 접우도, 가덕도와 함께 가사군도를 이루고 있다. 섬 전체를 소나무가 덮고 있으며 멀리서 보면 정상에 손가락처럼 화강암 바위가 솟아 있어 양덕도, 광대도와 함께 진도를 대표하는 랜드마크로 꼽힌다. 1973년 스물세 가구가 살았으나 지금은 세 가구가 살고 있다.

선창에 배를 묶고 섬에 올라섰다. 바람에 부서진 안내판이 길을 안내했다. 주지도는 딱 세 집이 살고 있다. 운이 좋았다. 섬 주인인 송씨를 직접 만났다. 섬 주인인 송동묵씨는 나이에 비해 훨씬 건강해 보였다. 인천에서 살았던 그는 20년 전에 주지도를 보고 사기로 결정했다. 주지도를 선택한 이유는 나무 때문이었다. 송씨는 나무가 좋은 섬을 찾았다. 그는 나무가 없는 섬은 생명이 없는 섬이라 여겼다. 그렇다고 나무를 일부러 가꾸거나 좋은 나무를 사다 키우지는 않는다. 자연스럽게 자라고 죽는 자연천이가 섬에 가장 잘 어울리는 생태계라고 믿었다. 보통

양덕도로 가는 길에 본 섬들의 모습. 양덕도, 주지도, 가사도가 나란히 보인다.

섬을 보면 지적도 상에 나와 있는 것과 모양이 다른 경우가 많다. 파도와 폭풍우로 유실되는 경우가 많기 때문이다. 하지만 주지도는 옛 모습에서 조금도 변하지 않고 그대로라고 했다. 해안이 바위로 이루어진 섬이기 때문이다. 그렇지만 섬 안으로 들어가면 흙이 좋고 식생이 뛰어나다. 그래서 송씨는 인천에서 주지도까지 십여 차례를 오가며 살펴본 끝에 섬을 구입하기로 결정했다. 그리고 2년 전에는 옛날 집터에 아담하게 집을 짓고 아예 눌러앉았다. 얼마 전 태양광 발전기가 설치되어 전기 사정이 해결되었지만 용량이 너무 작아서 날씨가 흐린 날은 문명과 멀어진다. 날씨가 좋은 날도 세 가구가 사용하기에는 버겁다.

송씨보다 먼저 섬에 들어와 자리를 잡았던 사람들이 있다. 길창영·이영자 부부가 그들이다. 길씨는 흑염소를 대량 사육했던 이곳에 염소지기로 들어왔다가 눌러살고 있다. 길씨는 섬살이가 지겨울 때면 홀쩍

손가락섬이라는 이름이 주지도보다 더 잘 어울린다. 이 섬의 주인인 송동묵씨는 섬에 있는 나무가 너무 좋아 인천에서 수십 차례 오가다 섬을 구입했다. 해안은 바위로 되어 있으니 파도를 이기고, 섬은 흙이 좋으니 나무를 품고 있다.

광주 아들 집에 다녀오지만 아내 이씨는 섬을 꿋꿋하게 지키고 있다. 몇 차례 섬을 뜨자는 남편의 말에도 섬을 붙잡고 있다. 그리고 무서움과 외로움을 이기려고 더 악착스럽게 일을 한다. 지게질도 남편보다 잘한다. 또 다른 섬지기는 한전교·박종덕 부부다. 당시 한씨의 부모님은 일제 강점기 광산을 개발하는 일본인을 따라 들어왔다. 그리고 한씨는 뭍으로 시집을 갔지만 부모님이 돌아가시고 갱번 일을 할 사람이 없어서 남편과 함께 들어와 눌러앉았다. 순전히 갱번에 자라는 미역과 톳이 아까웠기 때문이란다. 하지만 실제로는 송씨와 이씨 부부만 거주하고 있다.

두 번째로 섬을 찾았을 때 이씨 부부는 선창에서 파래를 말리고 있었다. 이번에는 송씨와 함께 섬 속의 숲길을 따라 걸어보기로 했다. 숲길은 더 이상 사람이 걷기 어려울 정도로 숲이 우거져 서쪽 해안으로 내려가는 길만 겨우 이용할 수 있을 뿐이다. 분교가 있었던 자리는 생명

갱번에서 채취한 파래를 선창에서 말리는 모습. 바닷물이 따뜻해지면 파래는 눈 녹듯 사라진다. 물때를 맞추지 못하고, 시기를 놓치면 갯것들은 인간의 것이 아니다. 바다로 돌아간다. 바다가 준 선물도 받아야 할 시기가 있다. 욕심대로 할 수 있는 것이 아니다.

수인 식수탱크가 자리를 잡았고 아이들이 타고 놀던 회전기구가 후박나무 아래 녹이 슬고 있었다. 숲길은 고즈넉했고, 나무들이 건강했다. 언덕을 넘어 해안으로 내려가는 길에 폐허가 된 민가 세 채가 칡넝쿨과 잡목에 싸여 있었다. 그래도 해안으로 내려가는 길은 정리가 잘 되어 있었다. 일 년에 몇 번은 풀을 베고 관리해야 이 정도라도 유지할 수 있다고 했다. 해안에 내려서자 시야가 확 트여 멀리 가사도가 한눈에 들어왔다. 10여 년 전만 해도 해안에 모래해변이 있어 해수욕도 할 수 있었다. 그런데 지금은 모래가 모두 빠져나가고 갯바위 해변으로 바뀌었다. 송씨는 섬에 인위적인 시설을 설치할 생각은 전혀 없다고 했다. 섬을 섬으로 오롯이 지키고 싶다는 것이 송씨의 바람이다.

개황 | 주지도

일반현황

위치 | 전남 진도군 조도면 가사도리
면적 | 0.553km² **해안선** | 2.82km **육지와 거리** | 42.71km(목포연안여객선터미널)
가구수 | 3 **인구(명)** | 5(남 : 3 여 : 2)

공공기관 및 시설

전력시설 | 자가발전(태양광)
급수시설 | 우물, 운반급수

여행정보

교통 | 배편 | 섬사랑10호 · 신해5호 : 1일1회 운항 / 목포연안여객선터미널−율도−쉬미항−저도−광대−송도−혈도−양덕−주지−가사−소성남−성남−옥도−내병−외병−눌옥−갈목−진목−하조도 창유항−율목−나배−관사−소마−모도−대마−관매−동거차−서거차−상조도 율목항(약 3시간 소요)
섬사랑10호 · 신해5호 : 1일1회 운항 / 하조도 팽유−주지도(약 2시간 30분 소요)
특산물 | 톳
특이사항 | 섬 중앙에 손가락 모양의 바위가 있어서 손가락섬으로 불린다. 가사군도에 속한다.

변화 자료

구분	1972	1985	1996
주소	진도군 조도면 궁항리	진도군 조도면 가사도리	진도군 조도면 가사도리
면적(km²)	0.54	0.54	0.54
인구(명)	26	11	8
	(남 : 13 여 : 13)	(남 : 4 여 : 7)	(남 : 3 여 : 5)
가구수	4	4	4
급수시설	우물 1개소	우물 2개	우물 3개
전력시설	−	미전화지구	자가발전기 1대
어선(척)	무동력선 1척	1	3
어가(농업겸업)	1(3)	− (3)	4

15

감옥살이가 싫어서
섬에 산다
조도면 양덕도

양덕도는 바위 위에 풀과 나무가 자라는 형국이다. 저런 곳에 어떻게 사람이 살까 하는 생각을 할 무렵 배가 선창에 도착했다. 여객선이 아니라 사선을 타고 나타난 낯선 이방인을 개들이 먼저 알아보고 사납게 짖어댔다. 이어 노모와 아들로 보이는 두 사람이 잔뜩 경계하는 눈빛으로 훑어보며 무슨 일이냐고 물었다.

양덕도는 주지도와 함께 가사군도의 랜드마크로 인식되는 섬이다. 섬의 정상에 오똑 솟은 엄지와 발가락의 독특한 모양새 때문이다. 그래서 붙여진 이름이 지명보다 더 널리 알려져 있다. 그래서 해경안전센터는 주민들이 부르는 대로 주지도는 손가락섬, 양덕도는 발가락섬이라고 지도에 병기하겠다고 한다. 사고가 발생했을 때 위치를 신속하게 파악하기 위한 조치이다. 전라남북도에만 이런 섬이 260여 개에 이른다는 것이 해경의 조사 결과다.

양덕도의 섬 지킴이는 문만단 할머니이다. 한때 세 가구에 20여 명이 살았다. 내가 섬을 찾던 날, 할머니의 아들과 딸이 들어와 밭을 일구고 겨우내 무너진 곳을 수리하고 있었다. 할머니는 자식들을 위해 갯가에서 전복을 따고 톳을 뜯어 자루에 담고 계셨다.

할머니는 고기잡이를 하지는 않지만 갯가에서 톳, 돌미역, 홍합, 전복 등을 채취하고, 산에서 나물을 뜯으며 생활하신다. 지금은 할머니 혼자

양덕도. 할머니 혼자서 섬을 지키고 있다. 무섭지 않느냐는 말에 도시에서 감옥살이하는 것이 싫어서 섬에 산다고 한다. 큰 죄를 지은 사람을 섬에 유배시키는데 할머니에게는 도시생활이 감옥생활이란다.

상주하고, 가끔 자식들이 드나들고 있다. 다행히 전기는 태양광 발전으로 해결하고, 식수는 물탱크로 해결하고 있다. 주지도와 마찬가지로 하루에 한 번 배가 들를 뿐 인적이 드문 섬이다.

도시의 감옥살이가 싫어서, 섬에 산다

"큰 배는 그래도 지나갈 때 괜찮은데, 제주 가는 배가 가면 뜯던 톳도 팽개치고 달아나야 해라."

문 할머니는 원망스럽게 지나는 쾌속선을 바라봤다. 주말이라 찾아온 자식들 주려고 갱번에서 뜯은 톳과 갯가에서 잡은 전복을 봉지 세 개에 나눠 담고 있었다. 가사5군도 앞으로 쾌속선이 지나면 큰 파도가 일어 큰 돌도 뒤흔들어 놓는다. 갯바위에 자라는 미역, 톳 등 해조류는 제철에 뜯기 어렵고, 어장에 뿌려놓은 전복도 성칠 못한다는 것이 할머니의 푸념이다. 게다가 섬지기가 할머니라는 것을 아는 못된 사람들이 가끔 전복이나 해조류를 훔쳐 가는 것도 참기 어렵다. 그래서 자식들에게라도 먹여야겠다는 생각에 좀 이르지만 채취했다고 한다.

작은 배 한 척이 파도를 피해 후미진 곳에 매달려 있었다. 섬에 사람이 있다는 증거다. 예상대로 문 할머니의 아들딸이 주말을 맞아 섬을 찾았다. 낯선 이의 등장에 경계의 눈빛을 보내던 아들은 이내 따뜻하게 맞아주었다. 가파른 길을 따라 오르자 신우대가 군락을 이루며 바람을 막고 있었다. 좁은 사잇길을 들어서자 안쪽에는 제법 너른 밭(2헥타르)과 집 두 채가 있었다. 세월을 간직한 안쪽 집은 할머니가 거처하는 곳이고, 바깥쪽 집은 딸과 아들이 머무르는 것으로 보였다. 그 집은 과거에 경찰이 초소로 이용했던 건물이다. 할머니는 이 섬에 4대째 살고 계신다. 이제 팔순을 바라보지만 가파른 길을 오르내리고 갯바위에서 해초를 뜯고 밭을 일굴 만큼 건강하시다.

아들 둘과 딸이 찾은 섬은 모처럼 활기를 띠었다. 덩달아 개들도 이리저리 뛰며 야단이다. 사람이 그리운 것이다. 아들은 장작도 패놓고, 선창에 부서진 곳은 시멘트로 보수도 하고, 딸은 안살림을 챙겼다. 자식들을 따라나서면 좋지 않겠느냐는 말에 '감옥살이 하기 싫다'며 손사래를 쳤다. 오가는 사람 없으면 그나마 배도 닿지 않고 일렁이는 파도와 바람만 간간이 쉬어가는 외딴 섬이 '감옥살이'가 아닐까 하는 생각도 들었지만 문 할머니의 생각은 다르다. 섬에서는 이곳저곳으로 맘대로 다니면서 일을 할 수 있지만 도시는 문밖을 나설 수가 없다는 것이다. 할머니 눈에는 도시가 감옥이다.

잠깐 들러 이야기만 나누었을 뿐인데 할머니는 떠나려는 이방인에게 작은 봉지를 내밀었다. 전복 네 개와 톳으로 가득하다. 자식들에게 나누어주고 자신의 몫으로 남겨놓은 것을 담아 주신 것이다. 손사래를 치며 그냥 배에 타려는데 할머니의 호통에 염치없이 받아 들고 섬을 나섰다.

개황 | 양덕도

일반현황

위치 | 전남 진도군 조도면 가사도리
면적 | 0.204km² **해안선 |** 2.04km **육지와 거리 |** 40.87km(목포연안여객선터미널)
가구수 | 1 **인구(명) |** 1(남: 0 여: 1)

공공기관 및 시설

전력시설 | 자가발전(태양광)
급수시설 | 우물, 운반급수

여행정보

교통 | 배편 | 섬사랑10호 · 신해5호 : 1일1회 운항 / 목포연안여객선터미널−율도−쉬미항−저도
−광대−송도−혈도−양덕−주지−가사−소성남−성남−옥도−내병−외병−눌옥−갈목−진목−하
조도 창유항−율목−나배−관사−소마−모도−대마−관매−동거차−서거차−상조도 율목항(약 3시
간 16분 소요)
특산물 | 톳, 모자반(뜸부기)
특이사항 | 섬의 형상이 발가락을 닮아 '발가락섬'이라고도 부른다. 거북이의 형상을 닮았다고
도 하며, 석양이 질 무렵에는 달마섬이라고도 부른다. 가사군도에 속한다.

변화 자료

구분	1972	1985	1996
주소	진도군 조도면 궁항리	진도군 조도면 가사도리	진도군 조도면 가사도리
면적(km²)	0.20	0.20	0.200
인구(명)	23	18	6
	(남: 13 여: 10)	(남: 11 여: 7)	(남: 3 여: 3)
가구수	3	5	1
급수시설	우물 23개소	우물 3개	우물 1개
전력시설	−	미전화지구	자가발전기 1대
어선(척)	−	1	1
어가(농업겸업)	− (3)	− (4)	1

16

작은 섬살이
조도면 광대도

혈도로 가는 길에 여객선은 사자섬의 갈기를 보여주며 옆으로 돌아 선착장에 접안했다. 배낭을 짊어진 남성과 여성이 고추 모종을 들고 내렸다. 어색하지 않은 모습으로 보아 섬에 사는 것처럼 보이지만 옷차림과 생김새가 시골 사람과 다르다.

광대도는 보는 방향에 따라 바다사자로 보였다가 군함처럼 보이기도 한다. 진도의 쉬미항에서 출발해 광대도 동쪽에서 북쪽으로 돌아설 때는 영락없이 사자다. 목과 얼굴에 난 털과 앉아 있을 때의 꼬리까지 그림을 그려놓은 듯 비슷하다. 하늘에서 내려다보면 북서쪽으로 터진 U자 형을 닮았다. 선착장은 수심이 확보되고 접안하기 수월한 U자의 서쪽 안쪽에 있다.

아침 일찍 낚시를 하러 나가는 혈도 지킴이 서씨의 배를 얻어 타고 사자섬으로 향했다. 솔섬을 지나 사자섬 선착장에 내려주고 서씨는 떠났다. 짐까지 챙겨 들고 나왔기에 사자섬에 홀로 남겨졌다. 어제 내렸던 부부가 섬에 남아 있다면 셋이겠지만. 조심조심 안으로 들어갔다.

광대도는 섬이 모두 사유지이기에 입도하는 것이 조심스럽다. 허락 없이 남의 집 마당으로 들어선 꼴이기 때문이다. 면적이라고 해야 0.05제곱킬로미터, 해안선이 1킬로미터도 되지 않는다. 지금은 강호용·김정숙 부부 두 명이 거주하지만, 1970년대 초반에만 해도 세 가구에 17

광대도. 사자섬이라는 이름이 광대도보다 더 잘 어울린다. 젊은 부부는 사자섬을 섬 생태계가 잘 보전되고, 섬을 체험할 수 있는 곳으로 만들기 위해 가꾸고 있다. (사진 : 도영주)

명이 살았고, 분교도 있었다. 강씨 부부는 20여 년 전에 섬을 구입했다. 그리고 몇 년 전까지 원주민이었던 이정남·김성자 부부가 살았다. 이씨는 6대째 섬을 지키고 있었다. 1995년 광대분교가 문을 닫았다. 분교가 지어지기 전에는 마을 주민의 큰 방에서 정년퇴직을 한 교사가 아이들 예닐곱 명을 두고 가르쳤다.

시멘트로 포장된 길을 따라 오르다 발걸음을 멈췄다. 망치질을 하는 소리가 들렸기 때문이다. 아직 아침도 먹기 전 이른 시간이라 불쑥 이방인이 나타나는 것도 예의가 아닐 듯 싶어 발길을 솔섬이 보이는 벼랑으로 돌렸다. 잠시 시간도 벌고 바다를 보며 생각도 해보자 싶었다.

솔섬 너머가 주지도, 가사도, 혈도까지 겹쳐 큰 섬으로 보였다. 여기에 광대도와 양덕도까지 더해 가사5군도라고 한다. 서씨가 솔섬 앞에서 낚시하는 모습이 보였다. 하얗게 핀 갯까치수염꽃 너머로 신안군 신의도가 어렴풋이 모습을 보였다. 한때 가사면으로 행세하던 때도 있었다. 자세히 보면 보인다던가, 파도와 바람에 깎인 바위 해안이 예술이다.

　그렇게 파도소리와 바람소리를 듣고 꽃과 바위와 나무를 보며 한 시간을 보내다 일어섰다. 지금쯤이면 이방인이 나타나도 놀라지는 않겠지 싶었다. 일부러 기침도 하며 인기척을 하고서 강씨 곁으로 다가갔다. 묵힌 밭과 산비탈을 일궈 무화과와 감나무를 심어놓고 지주를 세우느라 망치질을 하고 있었다. 갑작스런 방문에 놀랐지만 이내 작은 섬 가꾸는 이야기로 시간 가는 줄 몰랐다.

　몇 년 전부터 아예 퇴직을 하고 내려와 가까운 진도에 집을 마련하고 섬을 오가며 가꾸는 중이었다. 머지않아 섬에서 생활하기 위해 집도 새로 짓고, 분교는 김씨가 작업실로 이용할 계획이라고 했다. 관광을 전공한 김씨는 작은 섬을 체험과 힐링을 겸한 섬 여행지로 만들고 싶어했다. 포구 안쪽에는 작은 모래해변이 있고 바다도 잔잔해 간단한 해양

몇 년 전까지 섬을 지키던 이정남 김성자 부부의 모습. 그들의 환한 웃음이 바다를 닮았다.

혈도에서 본 사자섬.

레저 활동을 하기에는 어려움이 없어 보였다.

커피를 한 잔 마시고 혼자서 섬을 둘러보았다. 옛날 당제를 지냈던 바위까지 길을 따라 걸을 수 있었다. 그런데 숲속에서 계속해서 딱, 딱, 딱, 딱 하는 소리가 들렸다. 비슷한 소리를 연홍도에서도 들었던 적이 있다. 틀림없이 딱따구리 소리다. 하지만 새의 모습은 좀처럼 찾기 어려웠다. 숲이 우거져 들어갈 수도 없었다. 옛날에는 산 정상까지 이르는 숲길이 있었다지만 지금은 찾기 어렵다고 한다. 강씨도 그 길을 아직 가지 못했다며 조금씩 길을 만들어갈 생각이라고 했다. 쉬운 방법을 제시하면서 유혹하는 손길도 없지 않았지만 강씨 부부가 생각하는 섬이 아니다 싶어서 선택한 길이다.

개황 | 광대섬(광도)

일반현황

위치 | 전남 진도군 조도면 가사도리
면적 | 0.081km² **해안선 |** 1.61km **육지와 거리 |** 38.08km(목포연안여객선터미널)
가구수 | 6 **인구(명) |** 8(남 : 5 여 : 3) **어선(척) |** 1

공공기관 및 시설

전력시설 | 자가발전(태양광)
급수시설 | 우물, 운반급수

여행정보

교통 | 배편 | 섬사랑10호·신해5호 : 1일1회 운항 / 목포연안여객선터미널−율도−쉬미항−저도
−광대−송도−혈도−양덕−주지−가사−소성남−성남−옥도−내병−외병−눌옥−갈목−진목−하
조도 창유항−율목−나배−관사−소마−모도−대마−관매−동거차−서거차−상조도 율목항(약 3시
간 소요)
섬사랑10호·신해5호 : 1일1회 운항 / 하조도 팽유−광대섬(약 3시간 5분 소요)
특산물 | 톳
특이사항 | 섬의 모양이 마치 큰 사자가 앉아 하품을 하는 형상이라고 사자섬이라고도 부른다.

변화 자료

구분	1972	1985	1996
주소	진도군 조도면 궁항리	진도군 조도면 가사도리	진도군 조도면 가사도리
면적(km²)	0.05	0.05	0.05
인구(명)	17	7	7
	(남 : 8 여 : 9)	(남 : 2 여 : 5)	(남 : 4 여 : 3)
가구수	3	1	2
급수시설	우물 1개소	우물 2개	우물 1개
전력시설	−	미전화지구	자가발전기 1대
어선(척)	무동력선 2척	1	1
어가(농업겸입)	− (3)	− (1)	2

17

섬이 품은 큰 뜻,
인간이 알까
조도면 가사도

부서진 돌담과 구들장, 색이 바랜 흙벽 너머에 텃밭이 있다. 밀짚모자를 쓴 할머니는 날이 좁은 호미를 들고 이랑을 만들었다. 그 사이 고구마가 줄지어 누웠다. 할머니의 모습은 평화롭고 행복해 보였다. 새벽바람을 가르며 세 시간을 달려 막 떠나려는 배를 간신히 잡아탄 것이 헛되지 않았다. 배를 놓치면 꼼짝없이 오후 늦게까지 기다려야 한다. 점심시간이 되려면 한 시간 남짓 기다려야 하지만 배꼽시계는 배가 고프다고 야단이다. 식당이 없는 섬 마을을 배회하다 텃밭에서 할머니를 만났다. 활짝 웃으며 반기는 모습이 오늘 점심은 해결할 것 같다.

"할머니, 이 섬에는 식당 없어요?"

인기척을 했다. 사실 '할머니 밥 좀 주세요'라고 외치고 싶었다.

"어쩌까, 여그는 식당이 없어. 삼거리 슈퍼에 가서 물어봐. 거기서는 밥해주기도 해."

더 반가운 말이 이어졌다. "밥 안 해준다고 하면, 우리 집으로 와. 식은 밥이라도 먹게."

가사도(加沙島)라는 기록은 《대동지지》에서 확인된다. 그 전에는 '加西, 加士, 家沙, 袈裟' 등으로 등장했다. 조선시대 우수영에 딸린 수영이 있었으며, 봉산으로 기록되기도 했다. 조선시대 초 섬은 해안 방어를 위한 군사기지나 궁궐이나 배를 짓는 등 나라에서 필요한 목재를

^위 가사도의 노을. 진도군 서쪽 셋방리에서 보는 낙조가 가장 아름다워 '세방낙조'라고 부른다. 그 배경이 되는 섬이 가사도다. 가사도, 혈도, 송도, 주지도, 양덕도를 아울러 가사군도라고 한다.

^{아래} 가사도 마을 전경. 가사도는 큰마을, 활목, 돌목, 세 개의 자연 마을로 이루어져 있다. 이 중 '큰마을'이라 부르는 자연 마을이 가사리이다. 한때 신안군에 속한 고사도, 평사도, 마진도, 율도를 아우르는 가사면의 중심지였다.

얻기 위해 벌채를 금지하는 산으로 생각했다. 가사도도 마찬가지였다. 세종 때는 조도, 평도와 함께 병선용 소나무 보호지구로 지정되기도 했다. 가사도나 조도는 큰 섬이지만 평도는 크지 않은 섬인데 배를 짓기에 족한 큰 소나무가 있었던 것일까.

섬은 가사리, 활목(궁항리), 돌목 등 세 개의 자연마을로 이루어져 있다. '큰 마을'로 부르는 가사리는 100여 호에 이르며, 활목은 40여 호, 돌목은 30여 호가 거주하고 있다. 지금은 조도면에 속한 작은 섬이지만 1895년 가사도는 닥섬(楮島), 밤섬(栗島), 고사도, 평사도, 마진도를 거느린 가사면의 중심이었다. 이후 가사면이 조도면에 합해지고 1983년에는 가사도리에 속했던 고사도, 평사도, 마진도, 율도가 신안군으로 편입되었다. 지금의 가사도는 주지도, 혈도, 송도, 양덕도 등 6개의 유인도와 10개의 무인도(대소동도, 소소동도, 소동도산 1, 소동도산 2, 마도, 가덕도, 외공도, 접우도, 방구도 1, 방구도 2)를 거느리고 있다. 조도에서 유인도뿐만 아니라 무인도가 중요한 것은 미역, 톳 등 자연산 해조류의 채취권 때문이다. 지역에 따라 무인도를 둘러싼 미역 채취권 갈등도 발생하게 된다.

진도군 지산면 가학리에서 뱃길로 20여 분 거리지만 행정구역은 조도면에 속한다. 거리로 따지면 가학항까지는 6.1킬로미터에 불과하지만, 조도면 면 소재지까지는 18킬로미터에 이른다. 행정은 조도면이지만 생활은 지산면에서 하고 있다. 마을이장도 한 달에 한 번 면 소재지에 가기가 빠듯하다. 또 목포-가사도-진도 조도-서거차도를 잇는 90킬로미터 뱃길이 일찍부터 열렸기 때문에 자식들은 대부분 목포에서 생활한다. 지금도 목포항에서 출발하는 새마을호가 하루에 한 번 운항한다. 가학항에 뱃길이 생기기 전부터 운항했다. 옛날에는 우편물은 물론 제주에서 보낸 귤이 한 달 만에 도착해서 전부 썩었다는 웃지 못할 사여도 있다.

진도와 해남을 잇는 다리가 놓이기 전에는 조도는 물론 진도 몸섬 전체가 목포생활권이었다. 목포, 해남, 진도를 아우르는 '시아바다' 길목에 가사도가 위치해 있다. 뱃길로는 목포에서 조도로 가는 길목이요, 물길로는 서해와 남해의 갈림길에 있다. 1960년대 가사도에 300여 호가 거주했다. 초등학생만 해도 370여 명에 선생님이 여덟 분 있었다. 섬 전체가 규석광으로 일제강점기 일본군이 진도, 해남 일대에서 젊은 사람들을 동원해 광물을 수탈하기도 했다. 당시 규석을 캐던 광산이 생채기처럼 마을 뒷산에 남아 있다.

스토리가 현실이 되다

가사도는 모양이 가새를 닮아서 '가새섬'이라 했는데, '가사도'로 불렸다고 한다. 가새는 가위의 전라도 말이다. 지산면 가학리(加鶴里) 서쪽에 위치해 가서(加西)라고 부르기도 했다. 옛날 지력산(진도 지산면) 기슭에 동백사라는 절이 있었다. 그 절에는 지력(문수보살의 지혜)을 얻지 못한 스님이 정진하고 있었다. 가난한 섬에서 허기진 스님은 서쪽 바다에 떠 있는 물새를 보고 배고픔을 이기지 못하고 잡아먹었다. 물새는 스님의 정진을 시험하기 위해 보내진 부처였다. 스님은 부처의 노여움을 사 번개를 맞고 말았다. 그리고 이를 후세에 알리기 위해 지력산에서 보이는 바다에 섬무리를 만들어놓았다. 탑을 닮은 불도, 큰 스님인 주지도, 배낭을 짊어진 작은 스님인 양덕도, 소동도와 대동도는 목탁과 목탁을 두드리는 채를 닮았다. 주변에 광대도, 송도, 혈도, 방구도는 큰 스님을 맞이하기 위한 중생들이다. 그리고 멀리 탁발승 고깔을 닮은 고사도 등이 생겨났다. 큰 스님이 가사와 장삼을 걸치고 나서자 여기저기서 중생들이 법문을 듣기 위해 '야단법석'을 피우는 모습이다. 설명보다 해석이 가관이다.

덧붙여진 이야기겠지만, 한 도인이 "가사도는 불도의 섬이기 때문에 고기잡이를 해서는 안 된다."고 했다고 한다. 실제로 최근까지 가사도나 인근 군도에서는 미역이나 톳 등 해조류에 의지해 살았다. 고기잡이가 발달하지 않은 섬이었다. 조류가 거칠고 계절풍을 피할 수 없어 어장을 하기는 어려웠겠지만 미역과 톳 등 해조류가 빈자리를 충분하게 메꾸었다. 진도곽이 명성을 얻을 수 있는 이유였다. 최근에는 기술이 발달해 전복 양식 등을 하고 있다. 이러한 전설이 인연이 되어 한 스님은 궁항리에 통일기원시비를 세우기도 했다.

가사도에 처음 들어온 입도조(入島祖. 처음으로 섬에 들어온 사람)는 인동 장씨였다. 그 전에 추씨와 고씨가 살았다는 이야기도 있다.《조도면지》에 따르면, 김대중 대통령을 낳은 어머니 장수금(張守今. 1893~1971년)은 가사도 인동 장씨 6세손 장지숙(張之淑, 족보에는 張有碩)이

초분의 흔적. 뭍에 나가서 살았지만 주검만은 고향에 묻히고 싶었던 모양이다. 남편보다 먼저 가면서 고향에 묻어달라고 유언을 남겼다. 남편은 차마 묻지 못하고 초분을 했다. 오래전에 가사도에서 사라진 초분이 보물처럼 남아 있는 이유다.

하의도에 소금 일을 하러 갔다 미물며 낳은 둘째 딸이다. 갯벌이 발달한 하의도에서 살았던 탓일까, 대통령 어머니의 택호는 '뻘섬네'였다고 한다. 가사도에는 아홉 개의 산봉우리가 있는데 이를 연결하면 왕(王)자가 된다고 한다. 또 남자를 낳으면 왕이 나오지 않고 여자를 낳으면 왕이 나온다는 이야기도 전한다. 실제 가사도에서 건너간 인동 장씨가 딸을 낳고 그 딸이 낳은 아들이 대통령이 되었으니 딱 들어맞는다.

여자 속곳을 내걸고 도깨비를 내쫓다

아직은 햇볕이 그리운 춘삼월, 가학 선착장에 예닐곱 명의 어머니들이 불을 피워 추위를 쫓고 있었다. 몇 년 사이 가사도로 가는 길목에 전복 양식장이 많이 설치되었다. 그곳에서 다 자란 전복을 따기 위해 작업선을 기다리고 있었다. 오후 5시까지 일을 하고 받는 돈은 7만 원이라고 했다.

큰 동네 뒤쪽 학교를 지나 언덕으로 넘어가는 길이었다. 동행하던 마을 주민이 초분 이야기를 꺼냈다. "가사도에 초분이 남아 있어요?"라며 소리를 쳤다. 내 목소리가 너무 컸던지 모두들 쳐다봤다. 그러거나 말거나 나는 그 주민 곁으로 다가갔다. 그곳 '불근안잔등'의 '안골골창'에 4년 전에 초분이 만들어졌다고 알려줬다. 고향을 떠나 인천에 살던 사람(문형태)이 지병을 갖고 있던 부인이 선산에 묻히기를 원하자 우선 초분을 했다고 한다. 임도를 따라 안골골창으로 가보니 큰 마을이 한눈에 들어오는 양지바른 곳이었다. 고향을 떠나 몸도 마음도 아픈 사람들. 죽어서라도 따뜻한 고향에 묻히고 싶었던 것일까. 초분을 보면 늘 같은 생각이 들지만 참 이쁘고 정겹다.

그 인근에 1980년대 중단되었다는 당집도 있다. 10월에 지냈던 당제는 나중에 정월로 옮겨졌다. 부정하지 않은 깨끗한 사람을 선정하고 길일을 택해 당제를 지냈다. 길일은 상고 안 든 날, 도축을 하지 않는 날, 초상이 없는 날 등을 말한다. 제주는 목포 시장에서 제물을 준비해 음식을 장만했다. 그리고 당집에 올라 "앉아서 천 리 보고 만 리도 보시니 동네 일 모두 사고 없이 잘살게 해주쇼."라고 하며 당제를 지냈다. 가사도의 당집은 석실로 만들어져 있다. 당집이 남자들을 중심으로 지내는 마을의례라고 한다면 여자들을 중심으로 지내는 '도깨비굿'이 있다. 2월 초하루 가사도의 여성들이 모여서 달거리를 한 속곳을 장대에 꽂고 놋양판, 쟁반, 냄비뚜껑, 나무 막대기, 양철동이, 놋그릇, 바가지, 솥뚜껑, 식기, 주전자, 양재기 등을 들고 두드리며 마을을 돌았다. 나중에는 북, 장구, 징 등이 등장했다. 사흘간 지내는데 마지막 날은 마을을 보면서 절을 한다. 이것은 도깨비가 절을 하고 나가는 것을 의미한다. 그리고 어류포로 나가서 나무로 깎아 만든 배에 액을 실어 보내면 끝난다. 귀신을 몰아내는 축귀제의의 하나다. 지금은 아쉽게도 당제나 도깨비굿 모두 중단되었다. 중단되기 전에는 당제 경비를 '큰새댕이섬'의 갯번(갯밭)을 팔아서 마련했다. 이 섬은 가사도 세 마을이 공동으로 해조류를 채취한 섬이다.

갯밭을 나누다

조도는 어업이 일찍부터 발달한 섬이지만 가사도는 고기잡이와 인연이 없다. 어업에 손을 대서 재미 본 사람도 없다. 그렇다고 어장이 나쁜 것은 아니다. 크고 작은 섬들이 군도를 이루는 곳치고 어장이 나쁜 곳이 없다. 외지 배들은 곧잘 고기를 잡아 가지만 가사도 사람들은 고기잡이보다는 농사에 의존했다. 어업이라면 갯번에 의존해 미역, 톳을 채취하는 것이 전부였다. 가사도 자연산 돌미역을 팔아 생활은 물론 마을공동경비와 학교 육성회비를 충당하기도 했다. 마을의 안녕과 풍어를 기원하는 당제에 쓸 제수의 비용을 마련하기 위해 무인도(대소동도 등)를 정해놓기도 했다.

갱번에서 채취한 미역과 톳을 지게에 지고 옮기던 주민들은 이제 70대, 80대의 노인이 되었다. 초분을 보고 돌아오는 길에 어촌계장은 '주민들은 더 이상 갱번 일을 하기 어려운 나이가 되었다'고 했다. 갱번이 어떤 곳인가. 척박한 섬살이를 가능케 해준 곳이 아니던가. 비료를 뿌리지 않아도 철이 되면 어김없이 미역이 자라고 톳이 자랐다. 미역은 팔아서 돈을 만들고, 가사리는 뜯어서 우무를 만들어 허기진 배를 채웠다. 뭍으로 나간 아이들 학비를 마련하고 혼사를 앞둔 딸의 결혼 비용을 책임져준 것도 갱번이었다. 목포 객주들과 직접 연결되는 뱃길이 있었기 때문에 판매가 어렵지 않았다. 필요한 생필품도 구할 수 있었다.

이런 갱번이 1958년 이전에는 큰 마을인 가사리를 중심으로 관리되고 있었다. 하지만 인구가 늘어나면서 큰 마을 아래 궁항리와 등대 인근의 돌목리까지 묶어서 관리하기가 수월치 않았다. 또 작은 두 마을

가사도는 고기잡이와 인연이 없는 섬이다. 고기잡이보다는 농사에 의존했고, 갯밭은 나누며 살았다.

도 갱번의 분리를 요구했다. 갱번은 초기에는 바닷물이 들고 날 때 생기는 조간대로 인식했지만 양식어업이 발달하면서 바다까지 확대되었다. 오늘날 수산업법의 '마을어업'을 말하며 통상 '마을지선' 혹은 '지선어장'이라 한다. 이 중 조간대에서 미역, 톳, 가사리, 바지락 등 해조류와 패류를 채취한다. 수심이 있는 곳에서는 김 양식, 톳 양식, 전복 양식, 어류 양식 등 양식어업을, 멸치잡이(낭장망), 건강망, 각망을 이용해 고기를 잡기도 한다. 자연산 해조류 채취에서 양식 기술이 발달하면서 갱번의 범위가 점점 넓어졌다. 농사지을 땅이 충분하지 않았던 작은 마을에서 몫을 분리해줄 것을 요구하는 것은 당연하였다. 결국 면사무소에서 주관하여 큰 마을과 작은 마을 대표 각각 두 명과 섬에서 신망이 두터웠던 교사가 참여해 지선어장을 분리했다. 이후 1961년 돌목마을의 이의제기로 다시 한 번 지선어장을 재조정하게 되는데 그때 쟁점이 되었던 것이 무인도의 미역 채취권을 둘러싼 문제였다. 이때도 세 마을이 각각 두 명씩 참여하고 1차 때 조정을 해주었던 전직 교사의 조정에

가사도는 섬도 크고 미역 바위가 좋아 10월 중순이면 공개입찰이 시작된다.

10여 년 전에 만났던 가사도 어린이들. 이젠 훌쩍 커서 알아보지도 못할 것 같다.

수월하게 합의했다. 그 원칙은 '주지도를 제외하고 유인도는 상주하는 섬 주민이 채취하는 것을 원칙으로 한다'는 것이었다. 따라서 양덕도, 혈도, 송도, 광대도는 각 섬의 주민이 채취권을 갖게 되었다. 다만 주지도와 인근은 큰 마을(가사리)과 주지도 주민이 나누어 채취하는 것으로 결정지었다. 큰 마을은 외공도, 접우도, 주지도 일부로, 돌목마을은 가덕도로, 궁항마을은 마섬, 소소동도 등으로 한하여 채취권이 확정되었다. 남은 대소동도와 기타 무인도는 당제를 위한 제물을 준비하고 행사 비용을 대기로 결정하였다. 이러한 어장 분쟁은 이후 김 양식과 미역 양식이 시작되면서 한 번 더 홍역을 치르고 지선으로 결정되었다.

가사도는 섬도 크고 미역 바위가 좋아 10월 중순이면 공개입찰을 시작했다. 우선 해안을 20여 곳으로 나눈다. 이를 '돔'이라고 부른다. 돔은 자연산 미역을 채취할 수 있는 조간대를 말한다. 나눈 돔을 주민들에게 공개입찰해 일 년 동안 채취권을 주었다. 1980년대 초반 보통 1돔은 10만~20만 원에 낙찰되었다. 경우에 따라 30만 원에 낙찰되기도 할 정도로 가치를 인정받았다. 그럴 수밖에 없는 것이 미역 채취량이 낙찰 가격의 3~4배에 이르렀기 때문이다. 가끔 외지에서 들어온 초등학교 교사들이 참여하기도 했다.

한 해는 입찰해서 얻은 수입금 300만 원 중 100만 원은 학교육성회, 100만 원은 마을공동사업, 100만 원은 이장 판공비와 마을잡부금에 사용하기도 했다. 심지어 이장활동이 공무원보다 나아서 연말결산 회의를 할 때 이장이 돼지를 잡고 술을 내놓아 주민들을 대접하기도 했다. 조간대 바위에서 채취한 자연산 미역은 한 뭇(20가닥)에 20여 만 원이 넘었다. 하지만 미역과 톳 등 양식어업이 시작되면서 이러한 전통도 약화되어 마을 양식어장 확보를 위한 마을 간에 갈등이 발생하기도 했다. 최근에는 톳 양식, 전복 양식, 모자반(참몰) 양식 등을 하고 있다. 하지만 마을 주민이 공동으로 운영했던 갱번과 달리 자본과 노동력을 갖춘 주민이 어촌계로부터 행사권을 얻어서 하기 때문에 개인사업이라 할 수 있다. 이제 그마저도 채취할 사람이 없다.

숭어 그물을 털다

찬바람이 불기 시작하는 늦가을이었다. 다행히 주의보가 내리지 않았다. 큰 마을 앞 너른 들판의 곡식들도 모두 추수가 끝난 뒤였다. 간척으로 가사도 주민들은 먹고 남을 만한 논이 만들어졌다. 또 지금은 폐전되었지만 천일염을 생산했던 염전도 있다. 제방을 넘어서자 갯벌이다. 아직 갯바람이 찬데 낙지를 잡는 어민이 삽을 들고 갯벌을 배회하고 있었다. 멀리 손가락섬(주지도)이 엄지손가락을 높이 쳐든다. 바람이 제법 분다. 이런 날엔 자망에 영락없이 숭어가 걸려든다. 운 좋게 선창을

가사도의 등대. 옛날의 때 묻은 흔적이 그리울 때가 있다. 옛날 등대를 깨끗하게 밀어버리고 산뜻하게 최신식 등대를 세웠다. 투박하고 볼품없는 등대라 생각할지 모르지만 옛것이 그립다. 사진은 그래서 좋다. 옛날 모습을 볼 수 있으니.

어슬렁거리다 숭어배를 얻어 탔다. 손가락섬 앞에 놓아둔 자망그물을 털러 가는 것이다. 평소 같으면 아내와 함께 그물을 보러 가는데 나이가 들면서 '골병'이 들어 찬바람이 불면 의식 치르듯 목포에 있는 병원으로 간다고 했다. 어부가 이물에 올라 그물을 잡고 힘을 썼다. 방금 걸렸는지 팔뚝만 한 숭어가 몸부림을 치며 올라왔다. 꼬리를 흔들고 몸을 뒤척일수록 숭어는 그물에 칭칭 감겼다. 우리 삶도 저럴 텐데. 갑자기 숭어가 불쌍해졌다. 씨알이 굵은 숭어가 잇달아 올라오자 금세 생각이 싹 바뀌었다. 큰 광어도 세 마리 올라왔다. 바람이 불고 바닥이 뒤집어져야 한다. 겨울철 숭어는 눈이 밝아 천 리를 본다. 날쌔고 점프력이 좋아 그물 정도는 가볍게 넘어 다닌다. 날씨가 도와줘야 숭어가 그물에 걸리는 것이다. 날씨도 좋고 바닷물이 맑을 때는 숭어를 기대할 수 없다. 어부는 목포에 있는 사위에게 보내야겠다면서 내게도 큰 숭어 두 마리를 내놓았다.

가사도는 안개가 많다. 지력산에 올라보면 마치 동양화 한 폭을 가져다 놓은 듯 바다 위에 구름 띠를 두른 섬들이 펼쳐진다. 그 섬 위에 손가락, 발가락, 사자 등 기묘한 모습을 한 바위들이 있다. 가사도는 연안의 중요한 뱃길이다. 항구도시 목포로 가는 길은 가사도와 울돌목 두 길뿐이다. 조도를 거쳐 거차군도로 가는 여객선의 길목이며, 동지나로 갈치잡이와 조기잡이에 나서는 인천과 군산의 원양어선들도 한때 이 길을 이용했다. 1915년 일제강점기 무인등대를 설치했던 것도 이유가 있다. 그리고 1983년 유인등대로 전환되었다. 돌목마을과 작고 아름다운 해수욕장이 내려다보이는 곳에 위치한 가사도 등대에는 세 명의 직원이 근무하고 있다. 지난해 봄, 등대에 들렀다가 깜짝 놀랐다. 옛 등대는 어디로 갔는지 사라지고 말끔하게 단장된 등대와 항로표지원의 숙소가 자리를 잡았다. 옆에 옛 등대라도 놓아두지 그렇게 무정하게 철거하다니. 몇 년 전 등대에서 밤새 술잔을 기울이며 들었던 항로표지원(등대지기)의 넋두리가 새록새록 떠올랐다. 정부는 유인등대를 무인등대로 전환하는 정책을 추진 중이다. 전국 연근해에 3,326곳의 항로표지인 등대가 있다. 이 중 3,288곳이 무인등대이고, 38곳이 유인등대이다. 유인등대도 2027년까지 11곳을 무인등대로 전환할 계획이다. 1994년부터 유인등대를 첨단 정보통신기술(ICT, Imformtation and Communication Technology)과 접목하여 원격제어 시스템으로 무인화를 추진 중이다. 가사도 등대는 2027년에 무인등대로 바뀐다.

개황 | 가사도

일반현황

위치 | 전남 진도군 조도면 가사도리
면적 | 5.559km² **해안선** | 21.77km **육지와 거리** | 46.12km(목포연안여객선터미널)
가구수 | 144 **인구(명)** | 251(남: 131 여: 120) **어선(척)** | 동력 83
어촌계 | 돌목 어촌계, 궁항 어촌계, 가사 어촌계

공공기관 및 시설

공공기관 | 출장소, 치안센터, 목포지방항만청 가사도항로표지관리소
의료시설 | 가사도 보건진료소(061-542-5693)
교육기관 | 진도서초등학교 가사도분교(061-542-5665)
전력시설 | 자가발전
급수시설 | 지방상수도

여행정보

교통 | 배편 | 섬사랑10호·신해5호: 1일1회 운항 / 목포연안여객선터미널-율도-쉬미항-저도-광대-송도-혈도-양덕-주지-가사-소성남-성남-옥도-내병-외병-눌옥-갈목-진목-하조도 창유항-율목-나배-관사-소마-모도-대마-관매-동거차-서거차-상조도 율목항(약 3시간 35분 소요)
섬사랑10호·신해5호: 1일1회 운항 / 하조도 창유-가사도(약 2시간 20분 소요)
여행 | 가사도등대
특산물 | 톳, 자연산 돌미역, 전복
특이사항 | 가사도는 해상교통체계상 목포생활권의 벽지 어촌이다. 조도면 해역 중 유일하게 다도해 해상국립공원 지구에서 제외된, 농어업이 발달된 섬이다. 해류 영향으로 1년의 반 이상 안개가 낀다. 가사군도는 이름처럼 불교적 색채가 가득하다. 섬에 살생을 금하는 불교적 전설이 있다.

변화 자료

구분	1972	1985	1996
주소	진도군 진도면 가사도리	진도군 진도면 가사도리	진도군 진도면 가사도리
면적(km²)	6.42	5.64	6.687
인구(명)	1,280	677	396
	(남: 616 여: 664)	(남: 324 여: 353)	(남: 196 여: 200)
가구수	234	191	143
급수시설	우물 21개소	간이상수도시설 1개소, 우물 102개	간이상수도시설 3개소, 우물 25개
전력시설	–	자가발전기 2대	자가발전기 3대
어선(척)	46	47	39
어가(농업겸업)	6(220)	4(40)	108

18

'섬놈'으로
태어난 게 죄지
조도면 성남도, 소성남도

선창에는 주낙배 몇 척이 나뭇잎처럼 출렁거렸다. 그렇잖아도 몇 가구 살지 않는 섬마을이라 사람 만나기가 복권당첨처럼 힘든데 비까지 내려 낭패다. 까딱하다간 비 오는 섬마을만 돌아보다 나가야 할 판이다. 바람에 우산은 무용지물이었다.

"뭔 배로 왔다요?"

고개를 돌려보니 아주머니 한 분이 창문을 열고 내려다보고 있었다. 객선도 끊긴다는데, 낚싯배가 올 리는 만무하고 파도를 뚫고 나타난 이방인이 몹시 궁금했던 모양이다. 잘됐다 싶어 안으로 들어섰다. 방 안에서 담배를 피우던 남편은 달갑지 않은 표정이었다. 그런데 어찌하랴, 점심시간은 다가오고 사람을 만나기는 어려운데. 넉살좋게 '실례 좀 하겠습니다'라며 신발을 벗고 들어섰다. 웃음 짓는 사람에게 나가라고 할 수도 없지 않겠는가. 작은 방 둘에 부엌을 겸한 방 하나로 이루어진 집이었다. 나는 폭풍우에 가까운 비를 몰고 그렇게 성남도에 들어섰다.

《호구총수(戶口總數)》(1789년)에는 석남도(石南島)라 했고, 1914년 성남도라 불리기 시작했다. 1970년대에는 논도 900여 평이 있었으며, 넓지는 않지만 밭에 보리와 고구마를 경작하였다. 무동력선과 동력선으로 주낙 연승과 멸치 낭장 등 어장도 했다. 2011년 성남도에 15가구 거주하며 이 중 내연발전소와 교회를 제외한 13가구가 갯밭(갱번)

성남도는 성남군도의 몸섬이 된다. 비가 청승맞게 오는 겨울, 불쑥 찾아든 이방인을 받아준 섬사람들에게 고맙다. 돌미역과 자연산 톳이 있어 생계를 유지할 수 있었던 섬이다. 지금은 양식산에 밀리고, 내병도나 외병도처럼 쑥농사로 버티기도 버거운 섬이다.

을 일구고 있었다. 주민등록 상에는 31가구 43명(2010년)이라지만 실제 거주하는 인구와 다르다. 실제 살고 있는 가구 수를 파악할 수 있는 가장 좋은 방법은 갱번 짓을 하는 가구와 하지 않는 가구를 파악하는 것이다. 갱번에서 채취하는 해산물은 미역과 톳이다. 성남도에 속한 갱번은 몸섬(성남도)을 포함해 새섬, 상갈도, 하갈도 등이 있다. 몸섬 갱번의 해초들은 권리를 가지고 있는 주민들이 공동으로 직접 채취하지만 딸린 섬들은 개인(주민)에게 판매하고 있다. 접근하기도 어렵고, 채취하기도 어렵기 때문이다. 갱번에서 해초를 뜯는 것은 쉬운 일이 아니다. 미끄러운 갯바위에서 낫으로 미역을 베고 톳을 뜯어 물이 들기 전에 망태에 담는 것은 쉬운 일이 아니다. 게다가 물먹은 해초를 망태에 가득 담아 배 위에 올려주는 일이란 남자들도 하기 어렵다. 조류가 급하니 양식은 생각도 못하고 장어와 딱돔을 잡는 주낙(연승어업)과 미역을 뜯어 생활하고 있다.

성남군도는 성남도 외에 소성남도, 상갈도, 하갈도, 모사도, 북송도, 새섬, 과도, 백야도, 옥도, 유금도, 내명도, 외병도, 눌옥도 등이 포함된다. 이 중 소성남도는 성남도 서쪽 200미터 거리에 있으며 면적 15헥타르로, 1978년 51명이 살았으나 현재 3명이 거주하고 있다. 주민들이 거의 없어 톳은 성남도 사람들에게 채취하도록 허락하였지만 미역은 여전히 소성남도 사람들이 직접 채취하고 있다. 상품성이 좋아서 섬을 떠났지만 미역철에 들어와 갱번 작업을 하는 주민도 있기 때문이다. 인근 상갈도는 1980년대까지 3호가 살았지만 지금은 무인도가 되었다. 새섬은 1980년까지 2호가 살았으며 초등학교 분교실도 있었다. 성남도나 소성남도도 작지만 그보다 더 작은 새섬, 상갈도에도 사람이 살았다는 것이 믿기지 않았다. 톳과 미역이 있어 가능했을 것이다.

이야기를 나누는 사이에 김씨 아내는 다시 창문을 열더니 배가 들어왔다고 우산을 들고 나섰다. 곧이어 10여 명의 마을 주민들이 종종걸음으로 마을로 들어왔다. 섬사랑호는 벌써 고개를 돌려 내병도로 향하고 있었다. 목사님이 비를 털고 안으로 들어왔다. 그리고 '배가 뜰 수 없다는데도 주민들이 난리를 쳤다'며 배를 타고 온 내력을 일러줬다. 주의보가 내리지 않아도 바람이 조금이라도 불면 위험하다고 배를 띄우지 않았다. 안개가 있어도 마찬가지였다. 하지만 주민들은 작은 섬에 살고 있기 때문에 무시해서 그런다고 생각했다. 자신들이 직접 배를 가지고 고기를 잡으니 누구보다 뱃길을 잘 알고 있기 때문이다. 이 뱃길은 명령항로다. 경제성은 없지만 주민들이 살고 있기에 국가가 지원해 운항하도록 명령하는 항로이다. 하지만 조금이라도 바람이 불거나 파도가 높고 안개가 있으면 곧잘 운항을 멈춰 섬 주민들의 원성이 자자하다. 주민들이 판단할 내는 충분히 배가 다닐 수 있는데 다니지 않는다고 생각하는 것이다. 배가 운항을 하든 하지 않든 국가에서 지원하는 것은 똑같기 때문이란다. 그래서 뱃길도 공영제가 필요하다. 더 나아가 섬내 버스도 공영제로 운영해야 한다.

성남도에도 1970년대에는 40여 호 300여 명의 주민이 살았다. 당시에는 김과 미역 말고도 작지만 논도 있었다. 뱃고사와 어장고사, 영등제와 용왕제 등도 지냈다. 특히 어장고사는 음력 27일과 12일 서무샛날(세물) 저녁 10시에 돼지머리, 떡, 과일, 생선을 놓고 지냈다.

비가 오는 날 청승맞게 섬을 찾은 불청객을 받아준 김씨 부인은 갱번일을 하다 허리를 다쳐 지난겨울 목포병원에서 겨울을 나야 했다. 목포에 집이 있는 사람들은 덕분에 쉬어 갈 수 있겠지만 김씨처럼 뭍에 집이 없는 사람은 병원비에 숙식을 해결해야 하기 때문에 적잖은 비용을 지출해야 했다. 결국 갱번을 팔아 나눈 몫과 주낙 손질(한 바퀴 낚싯줄

조도교 성남분교장. 폐교가 되었지만 '조도교성남분교장'이라는 교명이 선명하게 남아 있다. 바다농사를 지을 수 없으니 젊은 사람이 없고, 학교에 다닐 아이가 없는 것은 당연하다. 바다에 있어야 할 커다란 스티로폼이 아이들 대신 운동장에 뒹구는 것이 섬의 현실이다.

앨범 속 사진으로 보는 예전의 성남도. 마을회관 앨범에 고이 간직한 사진 중에 장례식과 마을축제인 당제가 인상적이다. 진도의 상장례가 그렇듯 망자를 앞에 두고 북을 치며 한바탕 벌이는 놀이가 생경하다. 300여 명이 살았던 시기에 뱃고사, 어장고사, 영등제, 용왕제 등 마을제의도 다양했다.

을 정리해주면 2,500원을 받는다)을 해서 번 돈 그리고 갱번 미역 채취에 참여해 모은 돈 등 200여 만 원을 한꺼번에 까먹었다. 김씨 부부가 일 년 생활할 돈이었다. 섬에서 태어나지 않았다면 날품팔이라도 하겠지만 작은 섬에서는 할 일이 없다. 김씨는 인천에서 일을 하다 어머니가 아파서 육지 생활을 접고 들어와 13년째 살고 있다. 지난해 가지고 있던 배도 팔았다. 이제 50대 중반이지만 나가 살 엄두가 나지 않는다. 당장 나간들 세간을 마련할 비용도 없고 일자리도 없기 때문이다. 그렇다고 섬에 눌러살 수도 없는 형편이다.

"어떡하겠어요. 섬놈으로 태어난 게 죄지."

넋두리처럼 내뱉는 말에 대꾸할 말이 생각나지 않았다.

개황 | 성남도

일반현황

위치 | 전남 진도군 조도면 성남도리
면적 | 0.959km² **해안선 |** 5.87km **육지와 거리 |** 52.92km(목포연안여객터미널)
가구수 | 18 **인구(명) |** 27(남: 17 여: 10) **어선(척) |** 12
어촌계 | 성남도 어촌계

공공기관 및 시설

공공기관 | 치안센터
교육기관 | 조도초등학교 성남분교(2007년 폐교)
전력시설 | 자가발전(내연)
급수시설 | 간이상수도

여행정보

교통 | 배편 | 섬사랑10호·신해5호: 1일1회 운항 / 목포연안여객선터미널−율도−쉬미항−저도
−광대−송도−혈도−양덕−주지−가사−소성남−성남−옥도−내병−외병−눌옥−갈목−진목−하
조도 창유항−율목−나배−관사−소마−모도−대마−관매−동거차−서거차−상조도 율목항(약 4시
간 5분 소요)
특산물 | 자연산 미역, 자연산 톳
특이사항 | 성남도는 일제시대 일본군이 대포로 섬의 지형 중 새머리 같이 생긴 부분을 갈라놓
았다고 한다. 그리하여 성남도에는 앞으로 인물이 나올 수 없다는 이야기가 전해온다. 다도해
해상국립공원의 관리대상 도서이다.

변화 자료

구분	1972	1985	1996
주소	진도군 조도면 성남도리	진도군 조도면 성남도리	진도군 조도면 성남도리
면적(km²)	1.42	1.33	1.518
인구(명)	269	113	66
	(남: 129 여: 140)	(남: 49 여: 64)	(남: 27 여: 39)
가구수	47	41	25
급수시설	우물 7개	우물 42	간이상수도시설 1개소, 우물 6개
전력시설	−	한전계통	자가발전기 2대
어선(척)	5	22	18
어가(농업겸업)	3(44)	(34)	23

개황 | 소성남도

일반현황

위치 | 전남 진도군 조도면 성남도리
면적 | 0.264km² **해안선** | 3.06km **육지와 거리** | 53.05km(목포연안여객선터미널)
가구수 | 5 **인구(명)** | 6(남: 5 여: 1) **어선(척)** | 1

공공기관 및 시설

전력시설 | 송전
급수시설 | 우물, 운반급수

여행정보

교통 | 배편 | 섬사랑10호 · 신해5호: 1일1회 운항 / 목포연안여객선터미널−율도−쉬미항−저도
−광대−송도−혈도−양덕−주지−가사−소성남−성남−옥도−내병−외병−눌옥−갈목−진목−하
조도 창유항−율목−나배−관사−소마−모도−대마−관매−동거차−서거차−상조도 율목항(약 3시
간 55분 소요)
특산물 | 자연산 미역, 자연산 톳
특이사항 | 소성남도는 성남도에 속한 작은 섬이라는 의미로 소성남도라고 한다. 다도해 해상국
립공원의 관리대상 도서이다.

변화 자료

구분	1972	1985	1996
주소	진도군 조도면 성남도리	진도군 조도면 성남도리	진도군 조도면 성남도리
면적(km²)	0.15	0.14	0.15
인구(명)	48	27	12
	(남: 27 여: 21)	(남: 12 여: 15)	(남: 5 여: 7)
가구수	8	11	6
급수시설	우물 2개소	우물 12개소	우물 1개소
전력시설	−	미전화지구 11동	자가발전기 6대
어선(척)	0	2	1
어가(농업겸업)	(8)	(8)	6

19

누가 진짜
섬사람일까
조도면 내병도, 외병도

돌담 너머 집 안을 기웃거리다 조심스럽게 안으로 들어섰다. 손바닥
만 한 작은 마당에는 빗물을 받는 큰 대야 세 개에 물이 가득 담겨 있었
다. 부엌문 앞에는 지붕에서 내려오는 빗물을 모으는 빗물저금통이 설
치되어 있었다. 그 물은 다시 호수로 연결되고 마루의 세탁기로 연결된
다. 비가 오지 않았다면 확인하기도 어려웠을 것이다. 아기자기하게 손
질한 살림살이가 집 안 곳곳에 잘 정돈되어 있었다. 궁금했다. 도대체
부엌 한 칸에 방 두 개, 모두 세 칸의 자그마한 집에 사는 주인공은 누구
일까.

느낌이 이상해 뒤를 돌아보니 말쑥한 노인이 지켜보며 미소를 짓고
있었다. 비가 오니 마루로 들어가자고 손짓을 했다. 마을의 집들은 포
구가 내려다보이는 경사진 남쪽에 앉아 있다. 계절풍이 불면 곧바로 마
루와 방 안으로 바람이 들이치기 때문에 마루 앞에 창문을 달았다.

섬 모양이 갈매기를 닮아서 갈미섬, 갈명도라고 했다. 갈매기를 닮은
안에 있는 안갈미, 밖에 있는 섬이라 밖갈미라고 했다. 전주국립박물
관에 소장된 〈호남도서도(湖南島嶼島)〉에는 병명도(並明島)라고 했
다. 1861년 영국 함선 세 척이 조도 인근에 머물다 갔다. 그때 기록한
여행기《조선의 서해안과 대류규섬 발견 항해기》에는 국왕의 이름을 따
'Thistle-Island'라고 붙였다. 외병도는 아이슬랜드 국화인 토끼풀을

상징하는 삼록아일랜드(Sam-rock Island)라고 영국해도에 이름을 올렸다. 내병도와 외병도는 각각 진도항에서 직선으로 15킬로미터, 18킬로미터 거리에 있다. 하지만 뱃길은 멀리 목포여객선터미널에서 시작된다. 두 섬은 모양도 비슷하다. 구전에 의하면 내병도에 서씨가 살았다고 하지만 지금은 김해 김씨와 함안 조씨가 살고 있다.

젊은 부부의 소득은 얼마나 될까

외병도 주민들의 수입은 밭에서 뜯는 쑥과 갯번(갯밭, 조간대에서 자연산 해조류를 채취하는 어업)에서 미역과 톳을 채취해 얻은 소득이다. 쑥 농사는 네 가구가 하고, 갯번 짓은 열네 가구가 갖고 있다. 이들이 이 섬에 집을 갖고 있는 사람들이다. 갯번의 권리를 '짓'이라고 한다. 섬에 집이 없으면 권리도 없다. 보통 내연발전소와 교회처럼 외지에서 들어와 정착한 사람에게는 쉽게 '짓'을 주지 않는다. 외병도에서 갯번의 권리를 가지고 있는 주민들 중 8호는 겨울철에는 목포 등 뭍에서 생활하다 수확을 하는 여름철에 들어온다. 이렇게 오랫동안 섬을 비우면 권리를 박탈하는 섬도 있다. 갯밭에서 주로 채취하는 것은 '돌미역'이다. 돌미역이 잘 자랐을 때는 한 가구에 30뭇(한 뭇은 20가닥) 정도 하지만 평소에는 15뭇을 생산한다. 한 뭇에 20여 만 원에 판매되고 있다. 갯번은 공동작업이다. 한 집에서 한 사람이나 두 사람이 참여한다. 가사리는 5월, 톳은 6~7월, 미역은 7~8월에 채취하지만 늦으면 9월에도 작업한다. 보통 갯번작업으로 300만~400만 원의 소득을 올리고 있다. 지난해에는 마을어장의 전복 채취권을 1,500만 원에 팔아 가구별로 나누어 소득을 올리기도 했다. 마을에서 멸치 어장을 많이 할 때는 20여 호가 조업을 했지만 지금은 한 집만 멸치잡이를 하고 있다. 진도군에 속한 작은 섬들은 주 소득을 이처럼 바다에서 얻고 있다.

^위 내병도 마을 전경. 골목길을 따라 있는 굵은 호수는 물을 가두어 집집마다 공급하는 수도관이다. 말이 좋아 수도관
이지 골짜기에서 내려오는 물을 모아서 이용하는 것이다. 전기는 태양광으로 해결한다지만 식수만은 아직 다른 선택
을 할 여지가 없다.
^{아래} 섬과 돌담은 너무나 잘 어울리는 조합이다. 한때는 천덕꾸러기가 되어 블록담으로 교체되고, 한때는 땅에 묻히기
도 했다. 이제야 그 가치를 알아보고 문화재라고 한다.

쑥은 음력 섣달부터 시작해 3월까지 수확하며 2010년에는 호당 100만 원 정도 소득을 올렸다. 비쌀 때는 1킬로그램에 5,000원 정도 하지만 3월에는 1,500원에 판매되고 있다. 겨울에 눈이 많이 오면 쑥이 잘 자라지 않고 자란 쑥도 상품성이 떨어진다. 2010년 겨울에는 눈이 많아 50만 원 소득을 올리기도 어려웠다. 작황이 좋아 150만 원 소득을 올리던 것에 비하면 차이가 많이 난다.

멸치 어장을 하는 부부는 마을에서 제일 젊은 김정록·박일임(1961년생) 부부다. 김씨 부부는 2010년 멸치를 잡아 직거래로 2,200만 원 소득을 올렸다. 입소문이 나서 모두 택배로 거래했다. 배를 가지고 있어 주낙으로 장어 등을 잡아 올린 소득이 1,000만 원, 갯번에서 미역을 채취한 소득이 300만 원 정도 되었다. 모두 합하니 2010년 소득은 3,500만 원이다. 여기에 기름 값 800만 원과 식고미 1,000만 원을 제외하고 순소득은 2,500만 원이다. 김씨 부부에게는 네 딸이 있다. 시집간 큰딸을 제외하고 나머지 세 딸이 대학생이다. 빠듯하게 등록금을 줄 수 있는 소득이다. 부부가 쓰는 것을 최소화해야 가능하다. 이 부부의 꿈은 양식장이다. 그런데 선창 방조제 길이가 짧아 양식장을 설치할 수 없다. 젊은 나이인 남편은 어촌계장을, 부인은 이장을 맡고 있다.

누가 진짜 주민일까

외병도에서 나와 내병도로 향했다. 섬사랑호가 도착하자 대합실에서 이야기를 나누던 노인들과 전 이장 김씨가 지게에 쑥자루를 지고 '배태기'로 향했다. 배태기는 선창이 있는 곳의 지명이다. 김씨가 채취한 마지막 쑥이다. 한겨울에 비해 반 토막에 또 반 토막 난 값이지만 객선에 보내기만 하면 몇 푼이라도 통장으로 들어오기 때문에 밭에 쑥이 있는 한 그만둘 수 없었다. 밭에 심은 쑥만 아니라 골목과 언덕에 난 쑥까지 캐서 담았다. 뭍에는 쑥이 이제야 올라오기 시작하는데 이곳은 쑥 작업이 이미 끝났다.

김씨는 2010년까지, 20년에서 3년이 모자라는 세월 동안 이장을 맡았다. 동시에 도급집배원도 맡았다. 도급집배원은 내병도를 비롯해 진도 여섯 개의 섬에 있는 마을집배원이다. 우편물을 배에 실어주면 마을에서 받아 나누어주는 일을 한다. 도급집배원의 월급은 30만 원이며 계약직이기 때문에 보험을 가입해준다. 그동안 마을이장을 맡아서 고생하는 데 비해 활동비가 적어 마을 주민들이 배려해준 것이다. 이장에게는 군청에서 20만 원의 활동비가 지급된다. 지금은 마을이장을 박일임씨가 맡았지만 도급집배원은 여전히 김씨가 맡고 있다.

이장이 바뀌고 나서 마을어장(전복 채취권) 판매대금을 분배하는 과정에서 갈등이 생겼다. 뭍에 머물다 미역철에 잠깐 갱번 일을 하러 나오는 사람에게 권리를 줄 것인가, 일 년 내내 마을을 지키는 주민들에게만 줄 것인가 하는 문제에서 발생했다. 겨울철에 딱히 벌어먹을 것이 없기 때문에 목포 등 도시로 나가 한 푼이라도 벌어야 한다는 논리와 마을을 지키고 있는 사람이 진짜 주민이라는 논리가 맞섰다. 전자는 젊은 주민들의 목소리이고 후자는 나이가 있는 사람들의 주장이다. 결국 젊은 사람들의 논리가 받아들여졌다. 마을어장이라는 마을공동 소득원이 존재하는 상황에서는 언제든지 발생할 수 있는 문제다. 귀어하려는 사람이 있을 때는 권리 문제까지 같이 발생할 수 있기 때문이다.

외로움은 빗물이 되어 흐른다

외병도에서 마지막 어장배를 했던 칠순의 박씨는 몇 년 전까지 내연발전소에 근무했다. 조도의 작은 섬에서 젊은 사람이 일하는 곳은 내연발전소, 교회, 학교, 경찰서이다. 나머지는 노인들만 살고 있다. 이 중 내연발전소는 지역 주민들이 근무하는 경우가 많다. 이것도 태양광발전소로 바뀌면서 인원이 줄거나 없어졌다. 외병도에는 2001년부터 두 명이 근무하고 있다. 진도에서는 가장 먼저 바뀌었다. 학교는 1950년 개교해서 1997년에 폐교되었다. 내병도는 1963년 개교해 1999년 폐교했다. 외병도처럼 외해와 접한 섬들은 1970년대 초반 대공초소들이 설치되었다. 눌옥도, 내병도, 외병도는 1976년을 전후해 설치되었다가 1993년 철수했다.

박씨도 몇 년 전까지 7톤 규모의 어장배로 꽃게잡이를 했다. 제법 규모가 커서 직업소개소에서 선원을 구해 어장 일을 했다. 최근 고기도 잡히지 않고 어장 일도 힘들어 6,000만 원의 보상을 받고 감척을 했다. 평생 해온 어장 일을 포기할 수 있었던 것은 내연발전소에 근무할 수 있었기 때문이다. 마을 일도 오랫동안 맡아왔다.

섬의 고령화는 외병도만의 문제가 아니다. 작은 섬일수록, 어장을 하

외병도. 먼바다와 직접 마주하고 있는 섬이지만 고기잡이에 의존하기 어렵다. 고기를 잡을 큰 배도 없지만 있어도 정박해놓을 선창이 없다. 잡는다고 해도 가지고 나가서 팔 수 있는 상황도 아니다. 그나마 쑥농사라도 할 수 있으니 다행일까.

외병도의 오래된 창고. 화석처럼 굳어진 '10월유신'과 '총화약진' '새마을'이라는 글씨가 가장 최근에 씌어진 글씨다. 먼 섬의 골목길을 걷는 것은 시간여행을 하는 것 같다. 어떤 사람에게는 가슴에 피멍이 들었을 구호들이지만 호기심에 자꾸 눈길이 간다.

기 어려운 섬일수록 고령화가 심각하다. 이 섬에서 갱번 짓을 하는 사람은 모두 15가구이다. 대부분 노인들이다. 이들이 미역 채취로 버는 소득은 400만~500만 원이다. 이들에게는 큰 소득이며 일 년 생활비이다.

봄을 재촉하는 보슬비가 내리고 있었다. 비에 젖은 돌담이 오히려 정겹고 마음에 착 감겼다. 골목을 따라 식수를 끌어오는 송수관이 줄줄이 엮여 있었다. 암반으로 되어 있어 땅에 묻기 쉽지 않았던 모양이다. 골목을 따라 마을을 둘러보다 처마 밑으로 떨어지는 낙숫물을 받고 있는 집 안으로 들어섰다. 뭍에서 아직 들어오지 않은 집이나 아예 섬을 떠난 빈집이 대부분이라 사람의 흔적이 반가웠다. 이 집에 사는 노인은 김유성(1933년생)·장길자(1937년생) 부부이다. 김씨가 마당에 서서 비를 맞으며 떠나는 객선을 쳐다보고 있었다. 이것저것을 물어보았는데 대답이 없었다. 처음에는 왜 말을 하지 않고 자꾸 손짓을 하는 것인지 이해하지 못했다. 나중에야 말을 하지 못한다는 것을 알았다. 마루에 앉아 필담을 나눴다. 할아버지는 할머니에게 뭘 마시는 시늉을 했다. 목이 마른가 보다. 그런데 할머니가 캔 커피 두 개를 가지고 나와 손에 쥐어주었다. 할아버지가 떨리는 손으로 쓴 이름에서 그가 살아온 세월을 읽을 수 있었다. 사람이 그리웠던 모양이다. 찾는 이가 없어서 불쑥 들어온 방랑객을 방 안까지 불러들였다. 나중에야 장애인 수첩을 보여주셨다. 거기에는 장애등급과 이름이 적혀 있었다.

개황 | 내병도

위치 | 전남 진도군 조도면 내병도리
면적 | 0.874km^2 **해안선 |** 7.02km
가구수 | 15 **인구(명) |** 33(남: 18 여: 15) **어선(척) |** 6
어촌계 | 내병도 어촌계

공공기관 및 시설

공공기관 | 치안센터
교육기관 | 조도초등학교 내병분교(1999년 폐교)
전력시설 | 자가발전(태양광)
급수시설 | 우물, 운반급수

여행정보

교통 | 배편 | 섬사랑10호·신해5호: 1일1회 운항 / 목포연안여객선터미널−율도−쉬미항−저도−광대−송도−혈도−양덕−주지−가사−소성남−성남−옥도−내병−외병−눌옥−갈목−진목−하조도 창유항−율목−나배−관사−소마−모도−대마−관매−동거차−서거차−상조도 율목항(약 4시간 45분 소요)
특산물 | 멸치, 돌미역, 톳
특이사항 | 내병도는 지형이 갈매기처럼 생겼다고 갈미섬, 갈매기섬(안에 있어서 안갈미섬)이라 부른다. 또 두 섬이 나란히 있다고 해서 병도(並島)라 고쳐불렀다. 1816년에 영국 함대가 진도 해역을 지나면서 내병도를 지스틀 아일랜드라 이름지었다. 다도해 해상국립공원의 관리대상 도서이다. 섬의 규모에 비해 고도가 높은 산지로 급애가 발달하고 있으며, 해안은 외해로 노출되어 파랑의 침식작용에 의한 해식애가 잘 발달하고 있다.

변화 자료

구분	1972	1985	1996
주소	진도군 진도면 내병도리	진도군 조도면 내병도리	진도군 조도면 내병도리
면적(km²)	0.97	0.91	1.035
인구(명)	278	147	62
	(남: 134 여: 144)	(남: 75 여: 72)	(남: 30 여: 32)
가구수	50	37	23
급수시설	우물 2개소	우물 47개소	우물 5개
전력시설	−	자가발전기 1대	자가발전기 1대
어선(척)	12	18	6
어가(농업겸업)	9(39)	7(19)	23

개황 | 외병도

일반현황

위치 | 전남 진도군 조도면 외병도리
면적 | 0.588km² **해안선 |** 5.59km
가구수 | 16 **인구(명) |** 20(남 : 11 여 : 9) **어선(척) |** 4
어촌계 | 외병도 어촌계

공공기관 및 시설

교육기관 | 상도초등학교 외병분교(1997년 폐교)
전력시설 | 자가발전(태양광)
급수시설 | 우물, 운반급수

여행정보

교통 | 배편 | 섬사랑10호·신해5호 : 1일1회 운항 / 목포연안여객선터미널-율도-쉬미항-저도
-광대-송도-혈도-양덕-주지-가사-소성남-성남-옥도-내병-외병-눌옥-갈목-진목-하
조도 창유항-율목-나배-관사-소마-모도-대마-관매-동거차-서거차-상조도 율목항(약 4시
간 55분 소요)
특산물 | 돌미역, 톳
특이사항 | 지형이 파도 속에 떠 있는 갈매기처럼 생겼다고 해서 '갈미섬'이라 부르다가 내병도
와 나란히 있어서 병도라 불렸다. 다도해 해상국립공원의 관리대상 도서이다.

변화 자료

구분	1972	1985	1996
주소	진도군 조도면 외병도리	진도군 조도면 외병도리	진도군 조도면 외병도리
면적(km²)	0.66	0.61	0.729
인구(명)	158	86	47
	(남 : 92 여 : 66)	(남 : 43 여 : 43)	(남 : 23 여 : 24)
가구수	28	24	17
급수시설	우물 1개소	우물 11개	우물 9개
전력시설	-	자가발전기 1대	자가발전기 1대
어선(척)	3	8	9
어가(농업겸업)	- (28)	6(16)	16

20

숭어, 빨랫줄에
걸리다
조도면 옥도

할아버지는 포구에 앉아 바다를 응시하고 있었다. 무얼 보고 계실까? 누굴 기다리시는 걸까? 배는 이미 왔다 갔으니 다시 올 리는 없다. 뱃길은 하루에 한 번만 열리기 때문이다. 노인이 바다에서 꽃게잡이를 한 것은 30년 전이다. 조기잡이로 바다를 주름잡던 때는 50년이 훌쩍 넘었다. 노인은 그렇게 바다에서 젊음을 보냈다. 이제 지팡이가 아니면 몸을 의지하기도 힘들고, 바다도 나이가 들어 더 이상 고기를 주지 않는다. 작은 작업선이 출발하자 노인은 고개를 들었다. 눈을 마주쳤다. 구경할 것이 뭐가 있다고 작은 섬에 왔느냐는 눈빛이다. 당신과 이야기를 나누고 싶어서 왔다고 말했다. 눈으로 말이다.

노인과 바다

옥도에 사람이 가장 많이 살았던 때는 1973년으로, 316명이었다. 이제 30여 호에 60여 명으로 줄었다. 호수는 크게 줄지 않았지만 한 집에 10명씩 거주하던 것이 노부부나 독거노인으로 바뀌었다. 부자는 망해도 3년 간다고 했던가. 과거만큼은 아니지만 꽃게가 많이 잡혀 작은 어선이 28척이나 된다. 작은 섬치고 어장배가 많다. 하지만 포구 사정은 그렇게 좋지 않았다. 북풍받이에 위치해 겨울철에는 작은 배를 뭍으로 올려놓고 큰 선박은 서망항에 대피시킨다. 옥도는 외병도와 내병도 그리

바람만 불지 않으면 아버지는 배를 끌고 어장으로 나간다. 딱히 할 일도 없는데 말이다. 동이 트면 삽자루를 어깨에 메고 논틀 밭틀 길을 한 바퀴 돌아보고 아침을 먹던 아버지가 생각났다. 그렇지, 어민들에게 바다는 논밭이니까.

고 눌옥도까지 포함해 하나의 어촌계를 구성했다. 그리고 딸린 섬은 백야도, 시야섬, 오미도, 과도가 있다. 특정 도서로 지정된 백야도는 옥도와 무인도인 새섬 사이에 위치한 섬으로 경관이 아름답다. 섬 전체가 남북으로 길쭉하며 후박나무와 구실잣밤나무가 많고 기암괴석이 발달했다. 이곳은 30여 년 전까지 사람이 살았던 섬으로 '히야섬'이라고도 부른다.

저 앞에 있는 것이 다 톳이여

노인은 바다로 나가는 아들이 사라질 때까지 쳐다보고 있었다. 자신의 젊은 시절을 기억하려는 듯. 아들은 톳 작업을 하러 가는 길이라며 고개를 돌려 말을 붙였다. 상조도의 '각진나루'에서 옥도의 '좁은문'까지

거리는 80미터 정도이다. 옥도는 한때 70여 호가 거주해 분교가 아닌 초등학교를 유치하려다 인구가 줄어들어 소원을 이루지 못했다고 한다. 꽃게잡이로 꽤나 알려진 섬이지만 주인공들은 돈을 벌어 목포로 나가고 없다. 하지만 주변 섬의 중심이라는 자부심이 대단하다. 섬사람들은 돈을 벌면 제일 먼저 뭍에서 집을 산다. 아이들 교육을 위해서다. 조도의 작은 섬 사람들은 돈을 벌면 목포에 집을 샀다. 진도대교가 만들어지기 전에는 목포와 직접 뱃길이 이어졌다. 지금도 옥도, 눌옥도, 가사도, 성남도, 서거차도, 동거차도, 맹골도, 죽도 등은 하루에 한 차례 목포에서 출항한 배가 닿는다. 옥도에서 11시쯤 배를 타면 빠르면 3시, 늦으면 4시 무렵 목포에 닿는다. 한 시간의 차이는 중간에 거치는 많은 섬에서 손님을 얼마나 태우느냐에 따라 생기는 것이다.

시장에서 사면 이 맛이 안 난다요

한 여성은 방금 잡아 온 숭어를 잘 갈무리하여 빨래처럼 줄에 널고 있다. 숭어는 금방이라도 바다로 튀어갈 모양새다. 그런데 보기와 달리 값은 헐했다. 삼마이로 숭어를 잡았다는 김순제씨(1945년생)는 조도에서 다섯 마리를 만 원에 넘겼다고 했다. 열 마리를 만 원에 넘겼다는 사람도 있었다. 옥도에서 그물로 고기를 잡는 사람은 대여섯 분이 있다. 봄에는 도다리와 숭어를 잡고, 여름철과 가을철에는 '깔딱'(농어새끼)을 잡는다.

빨랫줄에 가득 걸린 숭어를 팔려고 하느냐는 물음에 고개를 저었다. 남편이 아침에 나가 팔뚝만 한 숭어를 삼십여 마리나 잡아 왔단다. 지금이 숭어가 제철이라며 일주일만 지나도 맛이 떨어진다고 덧붙였다. 알이 밸락 말락 하는 지금이 회로도 좋고 무쳐 먹어도 좋을 때다.

"시장에서 사면 이 맛이 안 난다고. 먹어보고는 진짜 숭어 나냐고 전

간밤에 파도가 높고 바람이 많더니 숭어가 그물에 가득 걸렸다. 조용한 바다는 그물도 가볍다. 한 바탕 소동이 나면 그만큼 자라고 다시 자리를 잡는 것이 자연의 이치. 어머니는 그 덕에 자식들에게 줄 선물을 마련했다.

화 왔습디다.”

도시로 간 아들 이야기다. 어렸을 때 먹어본 입맛은 세월이 흘러도 변치 않는다. 아니 오히려 더 새록새록하다. 시장에서 숭어를 사다가 먹어본들 어머니가 만들어준 숭어 건정이나 숭어회 맛을 따르겠는가. 하여 열 일 제쳐두고 잡아 온 숭어를 손질해 빨랫줄에 널고 있는 것이다. 숭어도 철이 있어 이번 물때가 지나면 사라지고, 눈먼 숭어가 잡힌다고 해도 맛이 나질 않기 때문이다.

옥도는 생선이 흔했다. 앞바다에서 명주그물을 이용해서 조기를 수없이 잡았다. 다른 어부들처럼 멀리 가지도 않고 섬 앞에서 잡았다. 나배도는 닻배가 많지만 옥도는 유자망이 많았다. 명주그물은 쉽게 헤지기 때문에 칡을 삶아 만든 물에 담가 물을 들였다. 이를 ‘갈물 들인다’라고 한다. 하지만 갈물을 들인 그물보다 물을 들이지 않는 하얀 명주그물에 조기가 많이 걸렸다. 안강망처럼 조류를 이용해 어류를 잡는 어법은 갈물을 들여 사용해도 큰 차이가 없지만 유자망은 달랐다. 조기란 놈은 그렇게 영악했다. 숭어도 마찬가지다. 옥도는 조도와 가까워 생선을 팔아 돈을 만들 수 있었다. 인근에서 잡은 물고기를 사줄 시장이 있었기 때문에 어장이 지금까지 이어지고 있다. 옛날에는 어류보다는 미역과 톳과 가사리 등 해조류를 말려 목포에 가서 팔았다. 직접 가지고 다니면서 파는 것을 '도부 나간다'고 한다. 하루 이틀이 아니라 한 달도 좋고 두 달도 좋았다. 가지고 나간 것을 다 팔아야 식량과 생필품을 구할 수 있었다. 옥도 동쪽에는 도부장사를 나간 남편을 기다리다 지쳐 애기를 업은 채 바다에 빠져 죽었다는 이야기를 품고 있는 '애기어깨바위'가 있다.

옥도는 논이 없어 조도의 여느 섬과 마찬가지로 보리와 고구마가 양식이었다. 봄이 되면서 늘 식량이 걱정이었다. 봄에 뜯는 톳, 김, 미역은 식량이었다. 이를 잘 일러주는 민담이 있다.

옛날 아주 영리한 칠남매의 어머니가 있었다. 흉년이 이어져 먹을 것도 없고, 날품팔이도 할 수 없는 곳이라 여덟 식구가 굶어 죽을 지경이었다. 어머니는 생각 끝에 곡식만 식량이냐 싶어 바다에 나가서 먹을 것을 구해보기로 했다. 그러다 갯바위의 바윗옷(가사리)을 뜯어서 솥에 삶아 보니 메밀묵처럼 탱글탱글하고 맛이 좋아 배불리 먹고 그해 흉년을 극복할 수 있었다고 한다. 그 후부터 옥도에서는 관혼상제에 바윗옷을 꼭 올린다고 한다.

개황 | 옥도

일반현황

위치 | 전남 진도군 조도면 옥도리
면적 | 1,161km² **해안선** | 7.9km
가구수 | 35 **인구(명)** | 71(남: 35 여: 36) **어선(척)** | 15
어촌계 | 옥도 어촌계

공공기관 및 시설

공공기관 | 치안센터
전력시설 | 송전
급수시설 | 지방상수도

여행정보

교통 | **배편** | 섬사랑10호 · 신해5호: 1일1회 운항 / 목포연안여객선터미널-율도-쉬미항-저도-광대-송도-혈도-양덕-주지-가사-소성남-성남-옥도-내병-외병-눌옥-갈목-진목-하조도 창유항-율목-나배-관사-소마-모도-대마-관매-동거차-서거차-상조도 율목항(약 4시간 25분 소요)
특산물 | 톳
특이사항 | 옥도는 섬 모양이 구슬 '옥' 자 같이 생겼다 하여 옥도라고 한다. 다도해 해상국립공원의 관리대상 도서이다.

변화 자료

구분	1972	1985	1996
주소	진도군 조도면 옥도리	진도군 조도면 옥도리	진도군 조도면 옥도리
면적(km²)	1.48	1.2	1.596
인구(명)	398	185	94
	(남: 191 여: 207)	(남: 85 여: 100)	(남: 47 여: 47)
가구수	63	52	37
급수시설	우물 2개소	우물 23개	우물 9개
전력시설	-	한전계통	한전계통
어선(척)	14	25	21
어가(농업겸업)	8(55)	15(30)	24

21

섬을 떠난 사람들,
고향에 들다
조도면 눌옥도

지는 해는 왜 저리 이쁠까. 인생의 종착역도 저리 이쁘다면 얼마나 좋을까. 며칠 전 요양원에 다녀왔다. 한 달째 아버지가 입원해 계신다. 어렸을 때 그렇게 엄하고 하늘 같았던 아버지도 세월 앞에 장사 없다고 자리에 눕고 말았다. 여느 부모처럼 평생 자식들 위해 뒷바라지만 하던 분이다. 이제 겨우 자리를 잡고 부모님을 모실 만한데, 병원에 누워 있는 아버지의 얼굴 보기가 계면쩍다. 추운 단독주택에만 사시다 아파트로 이사해서 이제는 겨울철에도 연탄불 걱정 안 해도 되는데, 바다로 떨어지는 노을과 함께 눈물이 이물에 떨어졌다. 다행히 모두 선실로 들어가고 보는 이가 없었다.

눌옥도는 목포에서 60킬로미터, 진도항에서 16킬로미터에 위치한 섬이다. 뱃길은 멀리 목포에서 시작된다. 진도항에서 출항하는 배는 눌옥도와 3킬로미터도 떨어져 있지 않은 관사도까지만 왔다가 서거차도로 가기 때문이다. 섬사람들의 욕심 같으면 눌옥도에도 들렀다 가면 좋으련만 뱃길은 그렇지 않다. 조도의 작은 섬만 순항하는 배라도 있으면 좋겠다는 생각을 했다. 섬의 생김새로 보면 눌옥도는 옥도와 한 몸이었던 것 같다. 옥도의 서쪽 선창에 눌옥도를 끼워넣으면 꼭 맞다. 수만 년 전 한 몸으로 태어난 섬은 지각 변동으로 둘로 나누어졌다고 한다. 하나는 조금 큰 섬, 다른 하나는 작은 섬으로 나누어졌을 것이다. 어디 이

해가 진다. 더 이상 섬이 없다. 망망대해다. 이제 돌아가는 일만 남았다. 다시 또 날이 밝겠지만 어제는 오늘과 다르고 오늘은 내일과 다르리라. 바다가 그렇고, 섬이 그렇다. 바다가 있어 섬이 있다.

것이 옥도와 눌옥도뿐일까. 지구가 한 덩어리 혹은 몇 개의 판으로 구성되었다는 이론들과 다르지 않을 것이다. 눌옥도는 상조도에서 300미터 거리에 있는 옥도가 서쪽으로 떠내려오지 못하도록 누르고 있다고 해서 붙여진 이름이라고 전한다. 또 어떤 이는 술을 담그는 누룩 모양으로 생겼다는 설도 있다. 하지만 이리저리 둘러봐도 그 말은 이해하기 어렵다.

섬의 가장 높은 곳은 고도가 약 112미터이다. 해안은 자갈(몽돌)해안이며, 다도해 해상국립공원에 속한다.《호구총수》에도 눌옥도로 기록되어 있었다.《진도군읍지》에 "눌옥도는 읍에서 서쪽 50리에 있다."라고 기록되어 있다. 1789년에는 제도면에, 1912년에는 조도면에 속했다. 1914년 진도군 조도면 눌옥도리가 되었다.

정말 드문드문 있는 집이 섬마을이다. 이가 빠지듯 비어 있는 곳도 한때 사람이 살았던 것이 분명하다. 그곳은 이제 사람 대신 쑥이 자리를 잡았다. 쑥쑥 자라서 섬에 남아 있는 사람들의 삶에 보탬이 되고 있다.

《조도면지》에 따르면 서씨와 이씨가 차례로 들어왔다 나갔고, 대마도에서 들어온 김해 김씨 김선막이라는 사람이 들어와 정착해 살기 시작했다고 한다. 이어 외병도에서 광산 이씨가 김씨의 사위로, 또 맹골도에서 밀양 박씨가 들어와 마을을 이루었다. 이들 섬은 모두 조도 외곽에 위치해 먼 바다와 경계를 이루는 섬들이다. 눌옥도는 대흥사에 속한 섬이었는데 김해 김씨 김영철(1781~1810년)이 사들였다고 한다.

눌옥도는 가장 높은 곳이 해발 100미터를 겨우 넘길 정도로 작은 섬이다. 섬 모양이 만입된 곳이 없고 주변에 파고를 막아줄 크고 작은 섬도 없어 배가 정박하기 어렵다. 마을 앞 벼랑에 겨우 몇 척을 의지할 만한 작은 선창이 있지만 바닷물이 들어야 포구 역할을 할 수 있다. 갯바위가 급경사를 이루고 있어 옛날에는 접근하기 힘들었을 것 같다. 요즘

더 이상 학교 종을 울릴 일이 없지만 작은 섬에서 종은 여전히 요긴하다. 마을 주민에게 알리고 소식을 전하는 것으로 이보다 요긴한 것이 없다. 방송도 좋고 전화도 있지만 그것이 무용지물인 곳도 있다.

에도 너울이 심하면 정박하기 어렵다. 그럼에도 《호구총수》에 사람이 사는 섬으로 기록되어 있다니 놀라울 뿐이다. 1974년 말에는 31호 182명이 거주했다. 지금은 10가구가 산다고 하지만 실제 사람이 거주하는 가구는 다섯 손가락에 꼽을 정도다. 고기잡이는 하지 않지만 반찬거리는 풍족하다. 또 갯바위(갱번)에 붙은 미역과 톳은 지금도 마을에서 공동으로 채취하는 해조류이다. 자연산 전복이 많아 공동어업권을 팔고 있다. 톳 양식을 하지 않는 몇 사람은 버려진 비탈밭에 쑥을 심어 소득을 올리고 있다.

이 섬을 지키는 사람은 몇 명이나 될까. 작은 섬에서 갖는 한결같은 궁금증이다. 얼른 봐도 남아 있는 집이 10가구를 넘지 않는다. 사람이 살지 않을 것 같은 멀고 외딴 섬에도 작은 고둥을 집 삼아 사는 집게처럼 사람들이 똬리를 틀고 있다.

선창에서 박홍렬씨(1947년생)를 만났다. 부부가 섬에 거주하고 있다. 섬을 떠나 객지에서 건축 일을 하다 나이가 들어 형님이 지키고 있는 고향으로 들어와 10여 년째 톳 양식을 하고 있다. 얼른 계산해보니 IMF 때 섬으로 들어온 것 같다. 섬에 거주하는 사람이 적고 양식 규모도 적어서 행정기관에 크레인 설치를 요구했지만 묵묵부답이라고 했다. 할 수 없이 직접 기계를 만들어볼 요량으로 수리하고 있었다.

박씨 외에도 톳 양식을 하는 40대의 젊은 형제가 있다. 이들도 아파트에서 일을 하다 경기가 좋지 않아 고향으로 내려와 톳 양식을 시작했다. 가족들은 인천에서 생활하고 형제들만 내려와 섬에서 머물고 있다. 농촌도 마찬가지지만 베이비부머 세대들은 섬에서 태어나 모두 도시로 떠났다. 자식들을 따라 부모들이 섬을 떠난 경우도 많다. 도시에서 생활하다 어려움에 처해 섬으로 돌아온 사람들을 종종 볼 수 있다. 부모가 남아서 섬을 지키고 양식장을 운영하는 경우에는 귀향을 결정하기가 쉽다. 바다에서 경제활동을 하려면 마을어장을 이용할 권리가 있어야 하기 때문에 부모나 가족이 권리를 가지고 있는 경우가 아니면 어렵다.

양식 기술이 발달하고 선박 기술도 좋아져 섬과 바다는 미래 식량자원은 물론 무궁무진한 가능성을 품고 있는 보고이다. 단지 섬 인구가 고령화되고 무인도로 변한다고 섬의 가치가 사라지는 것은 아니다. 최근 섬으로 귀향하는 사람들이 많이 늘어나고 있다. 그만큼 육지생활이 어렵다는 반증이다. 돌아서 나오려는데 박씨의 아내가 던진 말이 발걸음을 붙들었다.

"매일 뜨는 핸데 점점 짧아져요. (집에서 보면) 정면으로 뜰 때 진짜 아름다워요. 너무 이뻐요."

박씨의 아내가 뭍에서는 보지 못한 모습이라며 자랑했다. 그래, 그 맛에 섬에 사는 것이겠지. 먹고사는 것만 생각한다면 어떻게 섬살이를 하겠어. 바다에서 얻는 것은 경제적인 것만은 아니다. 옥도로 가는 내내 그녀가 행복해하는 모습이 아른거렸다. 섬살이가 왜 힘들지 않겠는 가. 노을이 아름다운 이유를 알 듯 모를 듯했다.

개황 | 눌옥도

일반현황

위치 | 전남 진도군 조도면 눌옥도리
면적 | 0.604km² **해안선** | 4.62km
가구수 | 13 **인구(명)** | 20(남: 11 여: 9) **어선(척)** | 4
어촌계 | 눌옥도 어촌계

공공기관 및 시설

전력시설 | 자가발전(태양광, 내연)
급수시설 | 지하수, 운반급수

여행정보

교통 | **배편** | 섬사랑10호·신해5호: 1일1회 운항 / 목포연안여객선터미널-율도-쉬미항-저도-광대-송도-혈도-양덕-주지-가사-소성남-성남-옥도-내병-외병-눌옥-갈목-진목-하조도 창유항-율목-나배-관사-소마-모도-대마-관매-동거차-서거차-상조도 율목항(약 5시간 소요)
여행 | 눌옥도 등대
특산물 | 톳
특이사항 | 섬의 지형이 누룩처럼 생겼다 하여 '누룩섬' 혹은 '눌옥도'라 칭했다고 한다. 다도해해상국립공원의 관리대상 도서이다.

변화 자료

구분	1972	1985	1996
주소	진도군 조도면 눌옥도리	진도군 조도면 눌옥도리	진도군 조도면 눌옥도리
면적(km²)	0.71	0.62	0.774
인구(명)	176	82	30
	(남: 82 여: 94)	(남: 43 여: 39)	(남: 13 여: 17)
가구수	35	21	11
급수시설	-	우물 26개소	우물 11개
전력시설	-	자가발전기 1대	자가발전기 1대
어선(척)	2	4	4
어가(농업겸업)	4(27)	7(10)	11

22

저 섬에도
사람이 살아요
조도면 진목도, 갈목도

"노인만 사는 섬에 누구 허락을 받고 들어왔소? 메르스로 세상이 험한
디."

미처 답을 하기도 전에 속사포처럼 쏟아내는 바람에 할 말을 잊었다.
게다가 그놈의 '메르스'[중동 지역에서 집중적으로 발생한 바이러스로 고
열, 기침, 호흡곤란 등 심한 호흡기 증상을 일으키는 질병]라는 말에 무조
건 고개를 숙였다. 그리고 그가 운전하는 경운기를 얻어 타고 바깥동네
로 향했다. 할머니 몇 분이 사는 곳이라 가끔 돌아보고 별일이 없는지
살펴야 한다는 것이다.

그들은 문명을 등지고, 세상은 그들을 등졌다. 뱃길마저 비켜 가는
섬이다. 그래서 섬에 드는 길이 쉽지 않았다. 위치로 보면 관사도와 지
척인 섬이지만 두 섬은 각기 다른 뱃길을 가지고 있다. 관사도는 진도
항에서 출발하지만 진목과 갈목은 목포에서 출발한다. 아침 일찍 배를
타면 점심을 지나 오후 늦게 도착하는 섬이다.

두 섬 중에 긴 섬은 진목섬, 다른 한 섬은 갈목섬이라 이름이 붙었다.
전라도 말로 '길다'를 '질다'라고 한다. 신목섬은 동서로 누워 있으며,
남쪽에 바람을 피할 수 있는 구미[바닷가나 강가의 곳이 길게 뻗어 휘어
진 곳]가 긴 모양새다. 그곳을 진구미, 긴구미, 진기미, 진맥이라고 부른
다. 마을이 자리를 잡은 곳이다. 《대동여지도》에 '대항'이라 표기되어

있다. 긴 복이라는 밀이다. 진구미를 말한다. 이를 한자로 바꾸다 보니
'진목도'가 된 것이다.

진목도는 1700년대 한양 조씨 조병창이 입도하면서 사람이 살기 시
작했다고 한다. 조씨는 서자 출신으로 벼슬길이 막히고 사회 진출이 어
렵고 양반으로부터 업신여김을 당하자 전국 산간벽지를 떠돌다 진목
도에 이르렀다. 숲과 물이 좋고 경관이 뛰어나 붓을 한 짐 지고 와서 자
리를 잡고 젊은 사람들에게 글을 가르쳤다고 한다. 그 후 1850년 무렵
동거차도 막금리에 살던 인동 장씨가 진목도에 살던 조씨로부터 섬을
사들여 들어왔다고 한다. 그리고 장씨는 1892년 해남 황산면 우항리에
살던 이참판에게 섬을 팔았다. 이참판은 소작료를 징수하기 위해 마름
을 파견했다. 소작료는 전답에 대한 것이 아니라 미역이나 톳 등 해산
물을 채취할 수 있는 갱변(강변)에 대한 소작료를 말한 것으로 추정된
다. 이참판은 진목도만이 아니라 동거차도, 서거차도, 병풍도 등 조도

목포에서 출발하여 20여 개의 섬을 돌아 거차도에 이르는 배도 둘러가지 않는 섬이 진목도이다. 마을 정
경이 무심하게 느껴진다.

인근의 섬을 절수지로 가지고 있었다. 1942년 다시 장씨가 이참판에게서 땅을 사들였다.(〈조도면지〉 참조)

진목도에 딸린 섬으로 칡섬이라는 갈목도, 북섬, 식나여, 양간도 등이 있다. 이 중 유인도인 갈목도는 '덜목섬' '덜기미'라고도 한다. 진목도에서 400미터 거리에 있으며, 옛날에는 섬에 소를 방목했다. 1970년대에는 다섯 집이 살아서 초등학교 분실을 두고 교사가 한 명 있었다. 지금은 한 집이 어장철에만 들어와 해초를 뜯고 있다. 섬은 개인에게 팔렸다. 북섬은 장씨 소유의 섬이며 식나여는 '밥산등이'라고 하는데 자연산 해조류가 잘 자라는 섬이다. 특이하게 양간도는 진목도에 속하지만 해조류 채취는 관사도어촌계에서 채취하고 있다. 이처럼 행정구역상 소속과 자원의 이용권이 다른 경우가 가끔 섬에서 확인된다.

진목도에서 해조류가 잘 자라는 갯밭은 '바치끝' '도적골' '아랫댓섭' '돈여' 등이 있다. 마을 일을 도와주고 갯밭 운영을 책임지는 '개강구'에게 수고비로 미역과 톳 등을 채취할 수 있는 갯밭을 주는 것이 돈여이다. 물이 빠질 때 배를 댈 수 있는 '파장끝', 배를 대기 좋은 '높은 나리', 소를 방목하고 기우제를 지내기도 했던 '우마장', 소에게 하루종일 풀을 뜯길 수 있는 '안넙'이라는 지명이 있다.

그 섬에는 대통령이 산다

낯선 이방인을 호통 치듯 나무란 사람은 초등학교를 마치고 외지로 나갔다가 IMF 때 섬에 들어와 섬지기로 살고 있는 이장 김창환씨다. 40대 중반에 들어와 20년이 다 되어간다. 그때는 일할 사람이 있어 멸치잡이를 하며 그럭저럭 생활했다.

오는 세월 막지 못한다고, 이제 김씨가 노인이 되고 일을 도와준 마을 사람들은 80대를 오가는 상노인이 되었다. 남자는 김씨 외에 두 명이 더 있지만 병원을 제집 드나들듯 한다. 마을은 선창과 회관이 있는 안동네와 바깥동네로 나뉘어져 있으며 교회를 포함해 11가구 14명이 살고 있다. 이웃한 갈목도까지 포함해 '진목도리'라고 한다.

고개를 넘어서자 나지막한 집들이 돌담을 사이에 두고 자리를 잡았다. 경운기는 진목도의 유일한 이동수단이다. 가스통을 운반할 때는 화물차이지만 노인들이 목포에 나갈 때는 진목여객으로 바뀐다. 집집마다 부엌까지 운반해서 설치하는 일도 김씨의 몫이다. 경운기를 멈추고 제집처럼 안으로 들어가더니 마루에 자리를 잡고 앉았다.

"막걸리 내려놓은 것 있소? 한 잔 주쇼."

진목도에는 이장의 아내 임숙자씨와 김복단 할머니 두 사람이 막걸리를 거르고 있다. 옛날에는 집집마다 막걸리를 만들어 요기했지만 지금은 귀찮아 그만두었다. 밴댕이 무침에 막걸리를 내놓고 작은 섬 이야기가 이어졌다.

80세 이상의 노인들만 사는 섬에서 청년 김창환씨는 언제나 바쁘다. 전기 수리, 우편배달, 화물운반 모두 김씨의 일이다.

진도에서 오가는 뱃길마저 비켜 가는 섬이라 목포에서 하루에 한 번 오가는 뱃길에 소식을 주고받는다. 김씨는 정작 불편한 건 뱃길이 아니란다. 급수선에 의지하는 식수도 불편하지 않은데, 제일 큰 문제는 택배라고 했다. 사람이 내리지 않으면 화물을 내리지 않고 그냥 지나치기 때문이다. 진목도만이 아니다. 여수의 황제도에서도 같은 이야기를 들었다. 자식들이 반찬이나 먹을 거라도 사서 보내면 안절부절이다. 상하기 전에 받아야 하기 때문이다.

진목도를 오가는 뱃길은 '낙도 보조항로'다. 사업성이 부족해 여객선이 운항을 기피하는 항로를 '보조항로'로 지정하고 국가가 결손액을 지원해 도서민의 교통수단을 확보하는 항로를 말한다.

이 항로는 목포에서 출발해 신안 마진도, 평사도, 고사도, 율도 등을 거쳐 진도의 가사군도를 지나 성남도, 내외병도, 옥도를 지나 진목에 이른다. 조도에서 하룻밤 자고 다음 날 맹골군도를 거쳐 다시 목포로 되돌아간다.

몇 차례 화물을 제대로 받지 못해 항만청에 항의했지만 고쳐지지 않는다고 불만이다. 또 다른 문제는 약초꾼이다. 진목도는 다도해 해상국립공원이다. 주민들이 생업으로 나물을 채취하는 것 외에는 섬에서 풀한 포기 돌 하나 마음대로 가져갈 수 없다. 외지에서 왔다고 회관도 빌려주고 식사까지 대접했는데 섬에서 약초를 싹쓸이해 가기도 했다. 심지어 낚시를 하러 왔다며 몰래 산에 올라가 약초를 캐 가는 사례도 있단다. '갱번(해안)'에서 미역과 톳을 채취하고, 밭에서 쑥을 재배하고, 간혹 산에서 산나물이나 약초를 뜯어 생활을 하고 있으니 전문 약초꾼은 제일 반갑지 않은 손님이다.

"저 사람이 우리 섬의 대통령이요."

팔순의 김복단 할머니가 잔에 막걸리를 따르다 불쑥 묻지도 않은 말을 했다. 김씨는 외지에 갔다기도 전화만 오면 득달같이 섬으로 내려와야 한다. 전기, 물, 가스 등 불편한 곳만 있으면 섬노인들이 이장을 찾는다. 그 덕에 김씨는 '진목도 맥가이버'로 통한다.

이젠 김씨가 없는 진목도는 생각할 수 없다. 국립공원 지킴이로도 활동하고 있다. 막걸리를 들이켜다 뱃소리가 나자 곧바로 밖으로 나간다. 객선은 이미 지나갔는데 외부에서 들어오는 배라 신경이 쓰이나 보다. 매일 섬을 돌아다니며 쓰레기를 줍고 할머니들에게 함부로 버리지 말 것을 당부한다. 그래서 진목도는 깨끗하고 조용하다.

일반현황

위치 | 전남 진도군 조도면 진목도리
면적 | 0.414km² **해안선** | 4.07km
가구수 | 13 **인구(명)** | 17(남:8 여:9) **어선(척)** | 2
어촌계 | 진목도 어촌계

공공기관 및 시설

전력시설 | 송전
급수시설 | 우물, 운반급수

여행정보

교통 | **배편** | 섬사랑10호 · 신해5호(해광운수 061-283-9915): 1일1회 운항 / 목포연안여객
선터미널-율도-쉬미항-저도-광대-송도-혈도-양덕-주지-가사-소성남-성남-옥도-내
병-외병-눌옥-갈목-진목-하조도 창유항-율목-나배-관사-소마-모도-대마-관매-동거
차-서거차-상조도 율목항(약 5시간20분 소요)
섬사랑10호 · 신해5호(해광운수 061-283-9915): 1일1회 운항 / 하조도 창유항-진목도(약 32분
소요)
특산물 | 자연산 톳, 자연산 미역
특이사항 | 진목도는 섬의 형태가 진(긴) 눈처럼 생겼다 해서 1789년 進目으로 표기했다. 하지
만 길목을 지키는 길목섬(진맥이섬)이 진목도로 되었다는 설이 유력하다. 다도해 해상국립공원
의 관리대상 도서이다. 헬기장 1개소가 있지만 현재 사용하지 않는다.

변화 자료

구분	1972	1985	1996
주소	진도군 조도면 진목도리	진도군 조도면 진목도리	진도군 조도면 진목도리
면적(km²)	0.59	0.4	0.591
인구(명)	274	98	47
	(남:144 여:130)	(남:47 여:51)	(남:18 여:29)
가구수	44	34	24
급수시설	우물 3개소	우물 6개	우물 9개
전력시설	-	자가발전기 1대	한전계통
어선(척)	11	11	8
어가(농업겸업)	1(43)	10(17)	12

개황 | 갈목도

위치 | 전남 진도군 조도면 진목도리
면적 | 0.174km² **해안선 |** 2.23km **육지와 거리 |** 66.34km(목포연안여객선터미널)
가구수 | 3 **인구(명) |** 4(남: 1 여: 3) **어선(척) |** 1

공공기관 및 시설

전력시설 | 송전
급수시설 | 우물, 운반급수

여행정보

교통 | 배편 | 섬사랑10호·신해5호: 1일1회 운항 / 목포연안여객선터미널-율도-쉬미항-저도
-광대-송도-혈도-양덕-주지-가사-소성남-성남-옥도-내병-외병-눌옥-갈목-진목-하
조도 창유항-율목-나배-관사-소마-모도-대마-관매-동거차-서거차-상조도 율목항(약 5시
간 15분 소요)
특산물 | 자연산 미역, 자연산 톳
특이사항 | 갈목도는 '덜목도' '갈마도' '갈도' 등으로 불린다. '갈목도'는 가는 길목에 있다 하여
붙여진 이름이며, '갈마도'는 섬에 칡넝쿨이 많아 붙여진 이름이다.

변화 자료

구분	1972	1985	1996
주소	진도군 조도면 진목도리	진도군 조도면 진목도리	진도군 조도면 진목도리
면적(km²)	0.17	0.17	0.17
인구(명)	33	14	5
	(남: 18 여: 15)	(남: 8 여: 6)	(남: 1 여: 4)
가구수	5	6	5
급수시설	우물 1개소	우물 5개	우물 2개
전력시설	-	미진화지구	자가발전기 1대
어선(척)	2	1	1
어가(농업겸업)	- (5)	2	5

23

거친 파도와 바람에
기대어 산다
조도면 상조도, 하조도

막배는 어류포항을 떠났다. 진도 남쪽에 있는 하조도 창류리에 있는 항
구이다. 이곳에 세곡을 받던 조도창(鳥島倉)이 있어서 창리(倉里)로 불
리다 버드나무[유목柳木]가 많아 창류(倉柳)가 되었다고 한다. '어유
진'(魚遊津) 또는 '어유구미'라고도 했다. 끌리듯 도리산에 올랐다. 19
세기 조도에 도착한 영국인들이 오르려고 했던 높은 산은 이곳을 말할
것이다. 산이 험해 오르지 못하고 중턱에서 올망졸망 내려앉은 섬을 보
고 감탄했다.

　남쪽을 찾던 새들이 잠시 쉬는 모양이라던가. '새섬'이다. 조도라는
이름보다 훨씬 정겹다. 관매도, 나배도, 관사도, 소마도, 대마도, 동거차
도, 서거차도, 죽도, 맹골도, 곽도, 끝없이 이어진다. 어느 자료에는 154
개의 크고 작은 섬이 주변에 모여 있다고 했다. 바람을 헤치며 남쪽으
로 날아오는 길이 피곤했을까. 모두들 숨을 죽이고 고요하다. 그 무리
의 중심에 하조도와 상조도가 있다. 두 섬은 다리로 연결되었다.

새떼섬의 진면목을 아는가

'조도'라는 지명이 언급된 최초의 기록은 숙종 32년(1706년) 전라감사
의 건의 내용 중에 나온다. 그 전인 세종 30년(1450년) 가사도, 평도, 초
도 등 세 개의 섬을 봉산으로 정했다는 기록이 나온다. 이 중 초도가 오

새떼섬의 진면목을 보고 싶거든 상조도의 도리산 전망대에 올라야 한다. 차를 가지고 오를 수 있게 길이 만들어져 있다. 19세기 영국인들도 감탄한 경치다. 조도 주변에 150여 개의 섬들이 내려앉아 새처럼 쉬고 있다.

늘날 조도를 말한다. 《여지도서(輿地圖書)》(1759년)에는 조도면 인구가 541가구 1,609명이었고, 조선시대 내내 2천여 명 수준을 유지했다. 1971년에는 3,223가구 19,367명으로 늘어나 면을 분할하자는 이야기도 나왔다. 조도면은 진도군의 유·무인도 230개 섬으로 이루어진 면으로, 면 단위에서는 섬이 가장 많다. 진도군의 섬 230개 중에 154개가 조도면에 있다. 섬이 얼마나 많았으면 조선시대에는 '제도면'(諸島面)이라 했을까. 육지 면적은 작지만 바다 면적까지 따지면 가장 넓은 면이다. 1895년 진도군 제도면은 가사면과 조도면으로 나뉘었다. 가사면에 속한 섬은 6개 리로 가사도, 저도(이상 진도군에 속함), 율도, 마진도, 고사도, 평사도(이상 신안군에 속함) 등이었지만 주지도, 양덕도, 광대도, 혈도, 송도 등은 포함되지 않았다. 조도면은 오늘날 조도면에 속한 섬 외에 만재도가 포함되었지만 슬도, 독거혈도, 탄항도, 맹골죽도, 곽도 등은 포함되지 않았다. 포함되지 않은 섬은 무인도이거나 마을 구실을 하지 못할 정도였을 것으로 추정된다. 이후 1963년 마진도리를 신안군 장산면에, 1983년에는 만재도리를 신안군 흑산면에, 고사도와 평사도를 신안군 신의면에 넘겨주었다. 그리고 진도읍에 가깝던 마진도에 속했던 저도는 진도읍으로 소속이 바뀌었다.

섬의 육지 면적 80퍼센트 이상이 다도해 해상국립공원에 속한다

조도의 35개 유인도 중에서 20개가 넘는 섬에는 논이 없었다. 그래서 '쌀 서 말 먹어보지 못하고 시집간다'는 말이 나왔다. 제대로 수리시설을 갖추고 농사를 짓던 곳은 하조도의 창리와 가사도 등 큰 동네뿐이었다. 대신 '바다밭'은 풍성했다. 1910년 진도 관내 어가 35집 중 26집이 조도에 속했으며, 1930년 전후해서는 조기잡이 닻배가 개발되어 조기잡이가 활발했다. 전남 지역의 조기 어획량 171만 관 중 30만 관을 조도 사람이 잡았다. 그중 11만 9,000관은 말린 조기로 가공해 직접 도부장사를 하거나 도부상인에게 팔았다. 도부는 물건을 이리저리 가지고 돌아다니면서 파는 것을 말한다. 조도의 도부장수는 돈을 벌기보다는 쌀, 보리, 조, 잡곡을 얻어 식량을 할 목적이었다. 심지어 지붕을 엮을 볏짚과도 바꾸었다. 도부꾼들은 닻배에서 말린 생선과 낭장망으로 잡은 디포리, 말린 전복, 말린 민어, 말린 숭어와 갱번에서 채취해서 말린 미역, 톳, 가사리, 모자반, 파래 등을 해남, 영암, 강진, 영산포, 군산, 멀리 충남 보령과 경남 하동까지 팔러 다녔다. 도부장사만 아니라 젓갈장사도 많이 했다. 봄철 닻배어장이 끝나면 영광에서 젓갈 항아리를 배에 가득 싣고 다니며 해안에 정박해서 팔기도 했다.

조도 사람들, 목포 수산업을 일으키다

팽목항과 하조도 어류포를 잇는 여객선이 하루에 수차례 오간다. 조도에 여객선이 등장한 것은 1926년이다. 당시 진도군순항선조합을 설립하여 27톤급 발동선을 여객선으로 활용하여 조도 – 팽목 – 가사 – 해창 사이를 운항했다. 그 후 1930년대 목포에서 출발해 벽파, 금갑, 서망을 거쳐 하조도, 상조도, 나배도, 관매도, 소마도, 대마도, 서거차도까지 10시간 운항하는 문화호와 영진호가 있었다. 이 외에도 도중에 진도환이 있었다. 목포에 기점을 두고 있어 조도 사람들은 자연스럽게 목포가 생활권이 되었다. 목포 부두에서 조도로 가는 승객을 부르는 '조도갈이', 즉 '조도로 갈 이(사람)'라고 외치는 소리가 '좃오갈이'로 들려 승객들이 웃기도 했다. 이후 낙도 운항을 지원하는 명령항로가 개설되었고, 농협에서 카페리호를 띄워 운항했다. 특히 2008년 섬 주민 할인제도가 도입되었고, 2010년에는 생필품 운송비를 지원해주기 시작했다.

모처럼 주민들이 한자리에 모였다. 대파 모종도 해야 하고 미역 양식도 갈무리해야 하지만 만사 제쳐두고 막걸리도 한잔하고 윷놀이도 즐겼다. 말을 서는 사람과 옆에서 훈수를 두는 사람과 윷을 놓는 사람이 제각각이지만 웃음소리만은 똑같다.

등대는 뱃길을 안내하기도 하지만 요즘에는 여행자들이 즐겨 찾는 목적지가 되었다. 팽목항과 조도 사이의 장죽수도를 오가는 1만톤 급 이하 선박의 주요 뱃길을 위해 1909년 하조도에 불을 밝혔다.

조도는 진도대교가 없을 때는 낙도 중에 낙도였다. 벽파진에서 진도읍을 거쳐 구불구불한 길을 한참 달려야 팽목항(진도항으로 이름을 바꿈)에 이르렀다. 일부러 큰마음을 먹고 나서야 갈 수 있는 길이었다. 진도항이 지금처럼 연안항으로서 큰 역할을 하기 전에는 목포가 조도 사람들의 생활권이었다. 진도가 가깝지만 목숨을 걸고 거친 물길을 두 번 건너는 것보다 물길과 바람에 맡겨 목포로 오가는 편이 나았다. 또 조기잡이로 일찍 어장에 눈을 떴기에 소비와 식구미의 공급처인 목포에 자리를 잡았다. 그 넉에 목포 수산업은 조도 사람들이 장악했다. 지금도 목포수협 조합장이 되려면 조도 출신의 인맥이 아니면 어렵다고 한다. 뱃길과 시장도 중요하지만 섬사람들에게는 자식을 교육시킬 수 있는 도시라는 점도 중요했다. 게다가 바다에서 나는 미역과 조기를 담보로 객주들에게 손을 내밀 수 있다는 점도 매력이었다. 이래 저래 본섬인 진도보다 목포가 더 가까웠다.

조도 인근 20여 개 작은 섬을 잇는 뱃길이 목포와 연결되어 있다. 아침 일찍 목포를 출발해 20여 곳의 섬과 포구를 돌아 상조도 섬등포에 도착하는 여객선이 운항중이다. 뭍으로 말하면 완행열차쯤 될까. 사람만 아니라 우편물도 마찬가지였다. 하조도에서 진도읍에 있는 자식들에게 소포를 보내면 여객선 편으로 목포우체국을 거쳐 영산포우체국으로 전달된다. 다시 진도읍 우체국을 거쳐 자식들이 받았다. 바람이 불지 않고 날씨가 좋아야 나흘 걸렸다. 진도군에서 조도면에 공문을 보내도 마찬가지였다. 조도 관내 섬까지 도착하려면 일주일이 족히 걸렸다. 팽목항을 남해안권의 거점항으로 개발하기 위한 계획이 진행되면서 이름을 '진도항'으로 바꾸었다.

울돌목이 사돈 맺자고? 어림없지!

아버지 탈상을 위해 섬으로 돌아가야 하는 상제가 바람과 파도로 팽목항에 주저앉았다. 뱃길이 끊겼기 때문이다. 배 오기를 기다리다 지쳐서 하는 수 없이 이 바위에 올라 조도를 향했다. 두루마기를 벗어 바위 위에 깔고 소주를 한 잔 올리고 망곡요배(望哭遙拜)로써 탈상을 했다. 진도항에 전하는 탈상바위 이야기다. 그 상제가 건너려 했던 진도항과 어류포의 삼십 리 길을 '장죽수도'라 부른다. 거칠고 빠른 물길 사이로 장죽도가 있다. 노를 젓거나 돛을 이용해 운항하던 시절에는 뱃길로 활용할 생각을 못했다. 장죽수도를 건너면 다시 울돌목이 가로막았다. 조도 사람들이 목포로 생활권을 정한 또 다른 이유다. 지금은 오가는 배가 빈번하고 여름철이면 관매도 해수욕장과 하조도 신전해수욕장을 찾는 피서객들을 실어 나르는 배가 무시로 오간다. 하지만 날씨가 좋지 않으면 사람도 배도 꼼짝 못한다. 오죽하면 거칠기로 소문난 '울돌목'이 장죽수도에게 사돈 맺자고 하자 '당신네 물목도 물목이냐'며 거절했을까. 물길이 빠르다 보니 좋은 점은 다른 지역에서 발생한 적조들이 조도에는 얼씬도 못한다는 것이다. 사실 조도 미역과 멸치가 유명한 것도, 조도 인근에서 잡힌 고기 육질이 좋은 것도 조류 덕분이다.

무가 배보다 달콤하다고

점심을 먹기 위해 식당을 찾다 무를 손질하는 가게 주인을 보고 걸음을 멈췄다. "정말 배보다 달콤해요?"라고 묻자 아주머니는 다듬던 무를 싹둑 잘라 껍질을 잘라내고 먹기 좋게 다듬어주었다. 한입 베어 물었다. 밭에서 그대로 겨울을 나는 조도 무는 겨울철 섬사람들의 소득원이다. 잘 갈무리하여 말린 조도 무말랭이를 찾는 사람이 늘고 있다. 멋스러운 포장과 브랜드를 갖추지 못했지만 입소문으로 제법 알려져 있다.

배보다 달콤하다는 조도의 특산물 무. 진도는 겨울에도 날씨가 따뜻하다. 대파, 배추가 밭에서 그대로 겨울을 난다. 특히 무와 무말랭이는 조도의 특산품으로 섬사람들의 소득원이다. 사각하고 달콤하기가 나주 배에 비할 만하다.

엄지손가락을 추켜올렸다. 모두들 한 조각씩 집어 들었다. 식당으로 가는 길이라는 것을 잊은 것일까. 나주 배보다 달고 사각사각하다는 말이 허투루 하는 소리는 아닌 듯싶다. 조도 특산품은 무만이 아니다. 멸치, 미역, 톳, 대파 그리고 최근에는 쑥이 더해졌다. 새떼처럼 내려앉은 섬들은 저마다 큰 몫을 하고 있다. 멸치는 죽항도, 청등도 인근 바다에서 낭장망으로 잡는다. 미역은 자연산 돌미역으로 독거도, 관매도, 맹골도 미역 바위가 최고다. 친정어머니가 혼수품으로 준비한다는 진도곽이 이곳 미역이다. 미역국을 끓이면 사골이 물러져도 조도 미역은 뻣뻣하다. 부드러운 양식 미역에 길들여진 사람들은 이 맛을 모른다. 몇 번 우려도 뽀얀 국물에 고소한 맛을 잃지 않는다.

대파와 쑥은 또 어떤가. 겨울철에 산자락은 물론 구릉진 밭과 심지어 논에도 쑥이 심겨 있다. 그 위로 덮개를 씌웠다. 겨울철 쑥으로 얻는 소득이 논밭농사는 물론 바다농사보다 나았다. 더구나 나이 먹어서도 지을 수 있으니 이보다 더한 효자가 어디 있는가. 굽은 나무가 선산을 지킨다는데 쑥밭이 효자가 되리라고 누가 생각했겠는가. 조도는 묵힌 밭도 다시 일구고 있다. 해풍을 맞고 자란 쑥이 약효가 좋아 한약방과 가정 식용은 물론 찜질방에 이르기까지 수요가 많다. 노부부는 상조도 동구마을에서 율목마을로 넘어가는 고개에 있는 1,000평의 밭에 쑥을 심어 500만 원 소득을 올렸다. 조도에서 쌀농사를 지을 만한 곳은 하조도 창리와 육동리, 상조도 동구마을과 율목마을 간척농지 정도다. 수지가 맞지 않는 벼농사는 언제라도 중단될 처지이지만 현금을 만질 수 있는 대파, 쑥, 무를 심는 밭은 주민들의 사랑을 받고 있다. 바다가 빤히 보이는 조금나루 위 밭고랑에서 열댓 명 아낙들이 앉아 대파를 심고 있었다. 조도대교 밑에 부부를 태운 톳을 채취하는 작은 배가 물결을 따라 이리 저리 출렁였다.

섬마을의 문화센터 '등대'

하조도 등대.

1816년 9월 영국 군함 두 척이 섬으로 다가오고 있었다. 네덜란드 사람인 하멜이 제주도에 표착한 지 160년이 지났지만 당시도 조선은 '은둔의 나라'였다. 두 척의 배에는 함장 바실 홀(Basil Hall)과 맥스웰(Murry Maxwell)이 타고 있었다. 이들 일행은 상조도에 배를 접안하고 도리산에 올랐다. 올망졸망 바다에 내려앉은 섬들을 보기 위해서였다. 어떤 사람은 120개라 했고, 어떤 사람은 170개라고 했다. 이 장대한 광경에 감탄을 연발했다. 이들 영국인이 상조도에서 조도군도를 보았던 것이다.

다음 날 아침 눈을 뜨자 등대로 향했다. 바다는 등대의 마지막 불빛을 삼키고 새색시 볼처럼 발그레했다. 해가 올라오자 등대는 신혼방처럼 분홍색으로 물들었다. 등대지기(항로표지관리원)는 아직 기척이 없다. 정년을 앞둔 말년 고참의 행복을 맘껏 누리는 것일까. 철모르는 나그네만 섬 그늘에 몸을 의지하고 떠오르는 해를 지켜보았다. 가슴이 두근거렸다. 매일 뜨는 해이지만 어느 장소에서 어떻게 보느냐에 따라 의미가 달라진다. 그 장소가 섬이라면 더욱 특별하다.

첫배를 타고 온 관광객들이 새벽을 가르며 등대전망대에 올랐다. 날씨가 좋으면 추자도는 물론 제주 한라산까지 보이는 명소다. 등대는 불만 밝히는 것이 아니다. 전기가 들어오지 않던 시절이라 TV를 구경하

조도면은 유무인도 230여 개에 유인도만 해도 150여 개나 모여 있다. 마치 바다에 새떼가 내려앉은 모습이라 붙여진 이름이 조도이다. 돌미역과 멸치가 유명한 섬들이 많다.

지 못하는 사람들은 등대를 곧잘 방문했다. TV를 시청할 수 있기 때문이었다. 등대는 불을 밝혀야 하기 때문에 가장 먼저 가전제품 혜택을 볼 수 있었다. 조도에서 한참을 가야 하는 맹골죽도 등대에도 1970년대 초반에 TV가 들어왔다. 당시 인기 드라마 〈여로〉, 〈파도〉는 섬사람들이 기억하는, 등대에서 상영한 영화였다. 저녁을 마친 주민들은 초등학교에서 의자를 가지고 등대 마당으로 모였다.

이제 하조도 등대도는 도리산 전망대와 함께 조도 여행의 중심이다. 일 년이면 수만 명이 찾아온다. 좁은 오솔길을 따라 동백숲이 우거진 곳을 지나 불쑥 나타난 등대를 발견하고 기뻐하던 그때를 생각하면 지금도 가슴이 설렌다. 이제 등대공원도 만들어지고 버스가 문 앞까지 들어간다. 전봇대를 따라 걷던 '등대로 가는 길'이 그립다.

개황 | 상조도

일반현황

위치 | 전남 진도군 조도면
면적 | 6.803km² **해안선 |** 26.92km **육지와 거리 |** 61.43km(목포연안여객선터미널)
가구수 | 202 **인구(명) |** 359(남: 167 여: 192) **어선(척) |** 55
어촌계 | 여미 어촌계, 동구 어촌계, 율목 어촌계, 맹성 어촌계, 당도 어촌계

공공기관 및 시설

공공기관 | 수협
의료시설 | 상조도보건진료소(061-542-1608)
교육기관 | 조도초등학교 상도분교(폐교)
전력시설 | 송전
급수시설 | 지방상수도

여행정보

교통 | 배편 | 섬사랑10호·신해5호: 1일1회 운항 / 목포연안여객선터미널-율도-쉬미항-저도
-광대-송도-혈도-양덕-주지-가사-소성남-성남-옥도-내병-외병-눌옥-갈목-진목-하
조도 창유항-율목-나배-관사-소마-모도-대마-관매-동거차-서거차-상조도 율목항(약 6시
간 5분 소요)
조도고속훼리호: 1일1회 운항 / 팽목 진도항-상조도 율목(약 40분 소요)
한림페리11호: 주말 1일3회 운항 / 팽목 진도항-하조도 창유-상조도 율목(약 40분 소요)
금오페리7호: 주말 1일3회 운항 / 팽목 진도항-하조도 창유-상조도 율목(약 40분 소요)
여행 | 거력해안, 맹성갯벌
특산물 | 멸치, 톳, 미역, 양식 전복
특이사항 | 작은 섬들이 새떼처럼 많이 흩어져 있다 하여 윗섬을 '상조도', 아랫섬을 '하조도'라
고 부른다. 다도해 해상국립공원의 관리대상 도서이다.

변화 자료

구분	1972	1985	1996
주소	진도군 조도면	진도군 상조면 맹성리	진도군 조도면
면적(km²)	9.28	8.09	10.369
인구(명)	2,640	1,878	860
	(남: 1,309 여: 1,331)	(남: 955 여: 923)	(남: 448 여: 412)
가구수	411	366	277
급수시설	우물 20개	간이상수도시설 4개소 우물 94개소	간이상수도시설 4개소
전력시설	-	한전계통	한전계통
어선(척)	148	217	107
어가(농업겸업)	14(388)	32(28)	228

개황 | 하조도

일반현황

위치 | 전남 진도군 조도면
면적 | 17.008km² **해안선 |** 41.38km **육지와 거리 |** 60.92km(목포연안여객선터미널)
가구수 | 694 **인구(명) |** 1,260(남: 640 여: 620) **어선(척) |** 90
어촌계 | 곤우어촌계, 신전어촌계, 육동어촌계, 읍구어촌계, 창리어촌계, 어류포어촌계, 산행어촌계, 유토어촌계

공공기관 및 시설

공공기관 | 주민자치센터 1개소, 파출소 1개소, 119지역대 1개소, 우체국 1개소, 해상관리사무소, 진도교육지원청 조도출장소
의료시설 | 의원 1개소, 약국 1개소, 보건지소 1개소
교육기관 | 보육원 1개소, 유치원 1개소, 초등학교 1개소, 중학교 1개소, 고등학교 1개소
전력시설 | 자가발전(내연)
급수시설 | 지방상수도

여행정보

교통 | [농어촌버스]1일7회 왕복운행 / 어류포−창리−신전
1일7회 운행 / 어류포−창리−맹성−동구−dual
1일2회 운행 / 어류포−창리−곤우−모라개−나래
1일2회 운행 / 어류포−창리−읍구선창
배편 | 한림페리11호·금오페리7호: 1일3회 왕복운항 / 조도 창유항~팽목 진도항 / 주말에는 증설 운항(약 27분 소요)
여행 | 하조도 등대, 신금산 탐방로, 신전 행복한섬 정보화마을
특산물 | 다시마, 미역, (낭장망으로 잡은)멸치, 낙지, 전복, 모자반(뜸부기, 듬부기), 돌미역, 돌김 등
특이사항 | 다도해 해상국립공원의 관리대상 도서이다.

변화 자료

구분	1972	1985	1996
주소	진도군 조도면	진도군 조도면 창류리	진도군 조도면
면적(km²)	21.18	16.66	10.890
인구(명)	5,360	4,426	2,237
	(남: 2,770 여: 2,590)	(남: 2,356 여: 2,070)	(남: 1,142 여: 1,095)
가구수	895	845	688
급수시설	우물 5개소	상수도시설, 간이상수도시설 9개소, 우물240개	상수도시설 1개소, 간이상수도시설 6개소, 우물 86개
전력시설	–	한전계통	한전계통
어선(척)	140	199	115
어가(농업겸업)	14(767)	31(614)	272

24

갱번은
논입니다
조도면 독거도, 탄항도, 혈도

"여기는 바람만 불면 꼼짝 못해라. 석이 안 좋아. 배를 가지고 올 수도 없어라."

'석'은 배를 정박할 수 있는 장소를 말한다. 남편은 진도 굴포에, 아내는 독거도에 주소지를 둔 조맹엽·안행식 부부가 미역밭에 물을 주기 위해 채비를 하고 나섰다. 두려운 존재다. 특히 독거도나 맹골도처럼 조도군도 끝단에 위치한 섬은 바람과 파도에 오롯이 맡겨야 한다. 아이러니하게 독거도 미역이 대한민국 명품미역으로 등극할 수 있는 것도 따지고 보면 바람과 파도 덕이 아니겠는가.

태풍 볼라벤이 닥쳤을 때 갯바위에 부딪힌 바닷물이 포말을 일으키며 섬을 덮쳤다. 소나무들은 상처를 회복하지 못하고 앙상하게 가지만 남아 시름시름 앓다 죽었다. 짠물에 강한 소나무가 이럴진대 밭농사는 오죽할까. 또 독거도 섬사람들의 상처는 오죽했을까. 태풍은 말할 것도 없고, 바람이 불면 그나마 몇 척 되지 않는 배를 뭍에 올리거나 진도로 피항을 가야 했다. 그해 여름은 무서웠다. 무엇보다 겨울부터 시작해 겨우 말려놓은 돌미역을 창고에 쌓아두었는데 태풍이 삼킬까 봐 걱정이었다.

독거도는 1750년 무렵 해남 화산에서 함안 조씨가 들어오고 이어서 죽산 안씨가 들어와 마을을 이루었다. 섬이 독거미 모양이라는 설,

저 멀리 독거도가 보인다. 진도의 서쪽 끝자락, 거친 조류에 휩쓸리지 않으려 돌섬이 불쑥 솟아났다. 그 돌에 붙어 자라는 것이 자연산 돌미역이다. 그렇지 않았다면 진즉 섬은 바닷물에 휩쓸렸을 것이고 사람도 머물지 않았을 것이다.

활을 매는 독거리 같다는 설, 도깨비불처럼 망대가 있었다는 설 등 지명 유래와 관련된 이야기가 여럿 전해진다. 독거도는 갱번이 공동어장이 아니라 개별 소유라는 점이 독특하다. 마을어업(1종 공동어장)이 사유화된 섬은 조도와 독거도 외에 탄황도, 슬도, 혈도, 청등도, 죽항도 등이다.

독거도는 섬 무리를 이루는 조도군도 중 가장 동쪽에 있다. 독거도를 원도로 탄항도, 슬도, 혈도를 모아 독거도리라 한다. 모든 섬의 이장도 한 사람이 맡고 있다. 남쪽으로는 추자도만 있는 망망대해다. 그래서 섬 이름도 독고도였다. 섬 이름만 불러도 외로움이 몰려온다.

독거도는 섬보다 '독거도 미역'으로 더 유명하다. 대한민국에서 제일 비싼 미역이 나오는 곳이다. 고성, 기장, 완도 등 미역산지들이 있지만

독거도의 미역 수확 작업. 돌미역의 가닥을 어떻게 만드느냐에 따라 가격이 달라진다. 그냥 갯바위에서 미역을 뜯어다 미역틀 위에 올려서 말리는 것이 아니다. 큰 줄기와 작은 줄기, 그리고 미역귀 등의 배열에 따라 상품이 다르다.

독거도 미역을 넘어서진 못한다. 명량해전을 승리로 이끈 거친 물살이 만들어낸 미역이다. 게다가 겨울부터 시작해 태풍이 오기 전까지 주민들의 정성이 담겨 있다. 눈으로 확인하기 전에는 미역 값이 너무 비싸다고 생각했다. 왜 그렇지 않겠는가. 한 뭇에 70만~80만 원이니. 20가닥이라지만 비싸도 너무 비싸다. 독거도 미역은 한 가닥을 만들려면 수십 줄기의 미역이 있어야 한다지만 그래도 비싸다.

독거도를 찾던 날, 부부와 마을이장은 미역밭 물주기에 나섰다. 미역에 무슨 물을 주느냐고 반문할 것이다. 그것도 양식 미역이 아니라 갯바위 돌미역이 아닌가. 조차가 심한 날이면 조간대 상부에서 자라는 미역은 햇볕을 견디지 못하고 익어버린다. 뜨거운 물에 살짝 데친 꼴이 되어 물이 들고 파도가 치면 떨어져 나간다. 그래서 5월부터 장마가 올 때까지는 물이 많이 빠지는 사리에 어김없이 물바가지를 들고 갱변으로 나선다. 생산량이 열 배가량 차이가 나니 물 주는 것이 무슨 힘이 들겠는가.

그뿐이 아니다. 겨울철에는 또 어떤가. 설 명절을 앞두고 미역밭이 많은 사람들은 두서너 달은 미역 바위를 닦아내야 한다. 미역포자가 붙어야 할 자리를 차지한 잡조(雜藻)의 싹을 제거하는 것이다. 그렇지 않으면 잡조 위에 미역포자가 자리를 잡게 되어 거친 파도와 조류를 견디지 못하고 다 자라기 전에 떨어져 나가기 때문이다. 북서풍에 맞서본 적이 있는가. 그것도 거칠 것 없는 갯바람에 말이다. 망망대해에서 부는 겨울 갯바람이 속살을 파고들면 뼛속까지 시리다. 설 명절 바람이 또 얼마나 매섭던가. 사정을 알고 난 후, 독거도를 지키며 미역밭을 부여잡고 사는 섬사람들이 대단하다.

독거도 미역은 잎이 넓지 않고 좁다. 거친 조류를 이겨내기 위한 몸

독거도의 미역 채취 작업. 여름철이면 미역밭 주인들은 마음이 바쁘다. 물이 많이 빠지는 사리 물때에 모습을 드러낸 미역이 뜨거운 햇볕에 익지 않도록 물을 줘야 한다. 다시 물이 들 때까지 물을 끼얹어야 하니 보통 일이 아니다. 고추밭에 물을 주듯.

부림의 결과다. 주민들 표현을 빌리자면 '너풀미역'이 아니라 '쫄쫄이 미역'이다. 다음 날 아침 조씨는 갱번으로 나왔다 편안하게 갯바위에 앉았다.

"오늘처럼 구름이 끼고 햇빛이 강하지 않은 날이 휴가예요."

그러고는 미역을 한 줄기 뜯어 먹어보라며 건넸다. 적당히 짭짤하면서 아삭아삭 씹힌다. 그 소리가 내 귀에 들렸다. 독거도의 8월 밤은 어둡지 않다. 작업한 미역가닥을 말리기 위해 손질을 해야 하기 때문이다. 태풍이 불면 갯바위 미역은 바다의 것이다. 더 이상 욕심을 부려서는 안 된다. 그 전에 작업을 해야 한다. 그래서 밤에는 불을 켜고 잠깐 쪽잠을 자고 미역을 베기 위해 갱번으로 나서야 한다.

서너 번을 끓여도 사골국물처럼 뽀얀 미역국은 산모들에게 좋다. 조도 미역 중에서 으뜸이라고 자랑이 대단하다. 상인들은 다른 지역의 미역도 독거도 미역으로 팔고 싶어 한다. 왜 그렇지 않겠는가. 그래서 독거도 사람들은 섬 브랜드를 갖고 싶어 한다. 또 하나 갖고 싶은 것이 있다. 배를 정박할 수 있는 방파제가 있는 선착장이다. 외로운 섬사람의 바람을 돌미역이 가져다줄까 기대해본다.

왜, 완도의 해녀들이 진도항에 모였을까

독거도를 다녀온 지 달포나 지났을까. 안씨로부터 미역 베는 작업을 하려고 마을 사람들이 많이 들어와 있다는 연락을 받았다. 진도의 미역 수확 철은 휴가철과 겹친다. 진도항에는 관매도를 비롯해 조도 지역으로 여름 휴가를 가려는 사람들과 자늘로 북적댔다. 그런데 피서객들의 들뜬 마음을 아는지 모르는지 뱃길은 안개로 막혀 있었다. 어제 독거도로 들어가려던 사람들은 10시까지 기다리다 끝내 발길을 돌렸다고 했다. 배가 출항하는 시간은 오전 9시다. 안개나 기상특보로 뱃길이 열리

지 않을 때는 한 시간을 더 기다린다. 진노항에서 출항하는 섬사랑 9호
는 독거도를 거쳐 죽항, 청등, 맹골, 죽도 등을 돌아오기 때문에 많은 시
간이 소요된다. 따라서 10시가 넘어서 출항하면 오는 길이 위험하다.

진도항과 조도 어류포를 오가는 승객과 차량을 가득 싣고 안개가 걷
히기를 기다렸다. 안개가 걷히는 대로 출항하겠다는 방송만 안개 속에
서 흘러나왔다.

"장죽도에서 사고가 있었대. 해양경찰이 출동했어. 그래서 더 조심
을 하는 거야."

표를 받던 승무원이 조용히 알려줬다. 휴가철을 맞아 승객수송대책
으로 투입된 배가 지나던 요트와 충돌하였다. 인명사고는 없었지만 경
찰이 출동하면서 선박들이 재개 여부 연락을 기다리고 있는 것 같았다.

그런데 승객이나 여행객보다 더 몸이 단 사람이 있었다. 완도에서 서
거차도로 들어가기 위해 새벽같이 달려온 세 명의 어머니들이다. 이들

탄항도. 탄항도와 독거도는 물이 많이 빠지면 걸어서 갈 수 있다. 한 가구만 섬을 지키며 미역을 채취할
때는 지분을 가진 주민과 미역밭을 가지고 있는 독거도 주민들이 와서 작업한다.

은 모두 물질을 하는 해녀들이었다. 두 분은 제주 세화와 대평에서 완도로 시집온 분들이고 한 분은 소안도 진산리 출신이었다. 제주는 말할 것도 없고 소안도도 물질하는 해녀들이 많은 섬이다. 완도로 출가했다 남자를 만나 결혼하고 정착한 어머니들이다.

완도읍에는 제주에서 들어온 해녀들이 40여 명 정도 있었다. 대부분 나이가 들어 물질을 그만두었지만 지금은 8명이 명맥을 이어가고 있다. 그중 두 명은 소안도 출신이고 나머지 여섯 명은 제주 출신이다. 이들은 완도읍 선창에 있는 작은 가건물에 아지트를 두고 물질을 부탁하면 작업을 시작한다. 서거차도의 미역 작업을 하는 것이다.

여름 내내 미역밭을 쫓아다녔지만 물질을 해서 미역을 채취한다는 말을 들은 적이 없다. 공동작업을 마치고 남은 미역을 이삭줍기하기 위해 물질하는 경우는 있었다. 이 경우도 어떤 섬이든 물질을 해서 뜯은 미역의 일부를 동네에 내놓기도 했다.

"참바지라 미역을 베기 어려운데 물질을 해서라도 베려고 부른 거라요."

그제야 이해가 갔다. 이번 물때를 놓치면 다음 사리를 기다려야 하는 것이다. 그 사이 태풍이라도 오거나 파도가 거칠면 시기를 놓치게 된다. 일할 사람은 없고 파도가 거칠어 물이 빠진 뒤 미역을 베려고 기다리다 보니 시기는 자꾸 지나가고 답답했던 것이다. 그래서 물이 들었을 때라도 미역을 베려니 물질을 하는 해녀를 부를 수밖에 없었던 것이다. 하루 일당을 묻자 어머니들은 우물쭈물했다. 현장에 가서 이야기를 해봐야 알 수 있다는 대답이 돌아왔다. 보통 해녀들이 물질을 하면 수확량을 절반씩 나누는 것이 일반적이다. 그러니 일당이 얼마라고 말해줄 수 있었겠는가.

그나저나 배가 뜨지 않으면 완도에서 온 어머니들은 어찌해야 할지.

결국 서거차도로 전화를 했다. 안개 때문에 들어갈 수 없을지도 모른다는 이야기였다. 절실한 것은 사실 미역밭을 가지고 있는 섬사람들이었다. 타협책으로 조도까지 나오면 배를 가지고 마중을 나오겠다고 한다. 이런저런 이야기를 나누는 사이에 서거차도로 가는 배가 도착했다. 어머니들은 모두 자리를 박차고 일어나 테왁을 들고 배에 올랐다.

그 뒤로 20여 분이 지나서 독거도로 가는 배도 출항했다. 진도항을 지나자 밖은 짙은 안개 속에 묻혀버렸다. 바닷물도 섬도 보이질 않았다. 이러다가 무슨 일이 생기면 어쩌나 덜컥 겁이 났다. 지난번 맹골도에서 미역을 뜯다 파도에 휩쓸리는 사고를 보고 안전사고에 더욱 신경이 쓰였다. 눈앞 10미터쯤 이르러서야 선창이 보이기 시작했다.

안개가 걷히자 햇볕은 머리가 벗겨질 정도로 뜨거웠다. 미역을 말리기에는 좋은 날씨였지만 미역가닥을 만들며 땀을 뻘뻘 흘려야 했다. 주말을 맞아 일을 도와주기 위해 섬에 들어온 아들이 냉장고에서 아이스크림을 꺼내주었다. 일하는 사람은 더운 줄 모르는데 구경하러 온 사람은 더위에 맥을 추지 못했다. 제때 미역을 뜯지 못해 파도가 미역 꼬리를 뜯어가고 있는 중이라며 미역가닥을 만들다 말고 보여주었다.

"파도에 다 닳아져 부러, 빨리 한 것이(채취하는 것이) 좋제."

"물때는 좋은데 파도가 쳐서 여러 날 했는데도 작업량이 작아."

"할 수 없제. 운에 맡기고 다음 살을 기다려야제."

'쇠때' 없는 감옥살이가 싫다

미역을 채취하기에 좋은 사리인데 파도가 높아서 미역을 베는 것이 쉽지 않다는 이야기다. 파도가 높으면 다 자란 미역이 떨어져 나가는 경우가 많다. 그렇게 되면 미역 채취량만 줄어드는 것이 아니라 품질도 떨어져 상품성이 낮아진다. 갯닦기부터 물주기까지 일 년 내내 오매불

234

독거도. 미역은 자연 채광에서 말리는 것이 제일 좋다. 미역밭을 가지고 있는 것도 중요하지만 작은 섬에서는 채취한 미역을 말릴 수 있는 땅을 가지고 있는 것도 그에 못지않게 중요하다. 건조기를 갖추지 못해 햇볕에 의존할 수밖에 없기 때문이다.

망 미역 바위만 보고 살아온 사람들에게는 요즘 바다 사정이 편치 않다. 인력으로 어찌할 수 없으니 다음 물때가 좋아지기를 기다려야 한다. 그 사이 태풍이라도 오면 미역은 바다가 가져가고 말 것이다. 안씨는 미역 끝 꼬리를 따버리고 미역가닥을 만들었다. 안씨 앞집에도 젊은 아들이 들어와 미역 작업을 돕고 있었다. 그가 경운기를 끌고 선창에 내려갔다. 따라가 보니 바다 속에 담가두었던 미역 자루를 건져 올리고 있었다. 저녁에 미역가닥을 만들 때는 괜찮은데, 아침에 작업한 미역들은 햇볕이 너무 뜨거워 바로 가닥 작업을 해서 말리지 못하고 물속에 보관해두었다가 오후에 작업을 해서 말린다. 품질이 좋은 미역을 만들기 위한 작은 노력이 끝없이 이어졌다.

마을에서 나이가 가장 많은 안인배 어르신을 만났다. 군대생활을 제외하고 섬을 떠난 적이 없었다는 그가 나를 보자마자 내뱉은 일성이 기가 막혔다.

"갱번은 육지의 논입니다."

안노인은 아들 삼형제에 딸 여섯을 두었다. 독거도에 형님이 둘 있었는데 돌아가시고 미역밭은 형님의 자식들이 짓고 있단다. 다른 사람도 그렇지만 직접 미역농사를 짓기보다는 수(소작)를 주는 것이 일반적이다. 아주 섬을 떠날 때는 권리를 팔기도 하지만 소작을 주는 경우가 많다. 몇 년 전 안노인의 미역밭인 애기업개의 미역을 누가 베어가버렸다. 아무래도 갯바위낚시를 하는 사람의 소행으로 여겨져 수사를 의뢰했다. 간혹 마음먹고 미역을 훔치러 오는 사람도 있다. 독거도 미역이 너무 비싸게 팔리기 때문인데, 미역농사를 지어보았거나 아는 사람의 소행인 경우다.

안노인은 '애기업개(형제섬)' 외에 '금낭골'과 '물애' 등에 갱번을 가지고 있다. 옛날에는 자식이 분가해서 섬에 살게 되면 부모가 가지고 있는 갱번을 나누어서 주었다. 마치 시골에서 결혼한 아들에게 논 몇 마지기를 주는 것과 같다. 이때 큰아들에게는 갱번을 더 주었다. 물론 부모의 갱번을 물려받는 것도 큰아들이다. 마을에 살지 않아도 갱번을 동네로 반납하라고 하는 사람도 없고, 또 마을에 주려는 사람도 없다. 모두 형님, 동생, 삼촌 관계로 되어 있기 때문이다. 진도군에서 다른 마을처럼 마을어업을 공동으로 운영하라고 했지만 주민들은 '우리를 모두 이주시켜라' 하면서 맞서기도 했다. 최근 밖으로 나간 사람들이 미역밭을 '붙이'(아는 사람)에게 팔아 갯닦기, 물주기 등이 이루어지지 않는 경우가 많다. 안노인은 독거도의 미역밭을 유지하기 위해서는 이제 결단이 필요하다고 했다. 아들이 들어오는 소리를 들었는지 안노인의 목소리가 높아졌다. 아들도 옆에서 듣고 배시시 웃었다.

"아들이 서울로 올라가자는데 섬이 좋아. 서울은 쇠때(열쇠) 없는 감옥이여."

미역이 적게 나온 것은 15~16년 만에 처음이다. 수온이 너무 차갑기 때문이라고 했다. 차가워서 미역을 베러 바다에 들어가는 것도 어려울 정도라고 했다. 보통 6월 보름사리를 하면 미역을 말려서 두 번은 광주로 팔러 갔는데 올해는 전부 모아도 한 번 물량도 채우기 어려울 것이라고 했다. 인사를 하고 나오는데 조씨가 불렀다. '갯딱기하고 물주기 할 때는 아무에게도 미역을 주고 싶지 않는데, 막상 닥치면 그렇게 안된다'라며 검은 봉지에 미역을 담아주었다.

탄항도는 물이 빠지면 독거도와 연결되며, 행정구역도 독거도에 속하는 자연 마을이다. 두 섬 사이에는 자갈층이 형성되어 있으며 여울목이라고 한다. 탄항도는 산림으로 우거져 있으며 해안은 독거도와 마찬가지로 암반층이다. 주민등록상에는 대여섯 집이 거주하는 것으로 확인되지만 실제로 상주하는 집은 두 집뿐이다. 접안시설이 마련되지 않아 한동안 갯바위에 배를 접안해서 사람이 내리고 올라탔다. 승객이 없을 때는 독거도에서 곧바로 죽항도로 항로를 바꾼다. 탄항도 역시 돌미역이 생산품이다. 대부분 독거도 큰 섬의 주민들이 채취하고 있다. 독거도리 남쪽 끝자락에 혈도, 개의도, 초도, 제주도 등이 있다. 개의도는 한때 사람이 거주했으며, 미역철이면 사람들이 들어와 돌미역을 채취하기도 한다.

일반현황

위치 | 전남 진도군 조도면 독거도리
면적 | 0.976km² **해안선** | 6.07km
가구수 | 24 **인구(명)** | 44(남: 24 여: 20) **어선(척)** | 5
어촌계 | 독거도 어촌계

공공기관 및 시설

전력시설 | 자가발전(내연)
급수시설 | 우물, 운반급수

여행정보

교통 | **배편** | 섬사랑3호: 1일1회 왕복운항 / 팽목 진도항-슬도-독거-탄항-혈도-죽항-청등
-각흘도-하조도 창유항-서거차-상하죽도-곽도-맹골도-죽도(약 40분 소요)
특산물 | 돌미역
특이사항 | 독거도는 섬의 지형이 독거시(도깨비)처럼 생겼다 하여 독거섬 혹은 독거도, 독거리
라 불렀다고 한다. 한편 1897년(정조 13년) 진상품으로 독거도의 미역과 김을 가져가려다가 거
센 파도 때문에 오도 가도 못하였다고 하여 '독거(獨巨)'라 했다는 설도 있다. 다도해 해상국립공
원의 관리대상 도서이다.

변화 자료

구분	1972	1985	1996
주소	진도군 조도면 독거도리	진도군 조도면 독거도리	진도군 조도면 독거도리
면적(km²)	1.12	1.52	1.689
인구(명)	170	101	61
	(남: 77 여: 93)	(남: 49 여: 52)	(남: 31 여: 30)
가구수	30	27	23
급수시설	우물 2개소	우물 5개소	우물 8개
전력시설	-	자가발전기 1대	자가발전기 8대
어선(척)	9	13	8
어가(농업겸업)	3(27)	12(8)	22

개황 | 탄항도

일반현황

위치 | 전남 진도군 조도면 독거도리
면적 | 0.196km² **해안선** | 1.82km
가구수 | 3 **인구(명)** | 3(남: 1 여: 2)

공공기관 및 시설

전력시설 | 송전
급수시설 | 우물, 운반급수

여행정보

교통 | 배편 | 섬사랑3호 · 섬사랑9호(해광운수 061-283-9915) : 1일1회 왕복운항 / 팽목 진도항
-슬도-독거-탄항-혈도-죽항-청등-각흘도-하조도 창유항-서거차-상하죽도-곽도-맹골
도-죽도(약 45분 소요)
특산물 | 돌미역
특이사항 | 간조 때 독거도와 왕래할 수 있는 자갈층이 드러나 일명 '열목섬'이라고도 한다. 섬
이름은 파도가 거세어 갈 수 없다 하여 붙여졌다고 전해진다. 독거군도에 속한 섬이다.

변화 자료

구분	1972	1985	1996
주소	진도군 조도면 독거도리	진도군 조도면 독거도리	진도군 조도면 독거도리
면적(km²)	0.09	0.09	0.09
인구(명)	52	31	11
	(남: 26 여: 26)	(남: 16 여: 15)	(남: 4 여: 7)
가구수	8	8	6
급수시설	우물 1개소	우물 8개	우물 1개
전력시설	-	자가발전기 1대	자가발전기 1대
어선(척)	무동력선 2대	1	7
어가(농업겸업)	(8)	- (6)	6

개황 | 혈도

일반현황

위치 | 전남 진도군 조도면 독거도리
면적 | 0.099km² **해안선 |** 1.51km
가구수 | 5 **인구(명) |** 6(남:3 여:3) **어선(척) |** 1

공공기관 및 시설

전력시설 | 자가발전(태양광)
급수시설 | 우물, 운반급수

여행정보

교통 | 배편 | 섬사랑3호 · 섬사랑9호: 1일1회 왕복운항 / 팽목 진도항−슬도−독거−탄항−혈도
−죽항−청등−각흘도−하조도 창유항−서거차−상하죽도−곽도−맹골도−죽도(약 50분 소요)
특산물 | 돌미역
특이사항 | 혈도는 '구무섬', 즉 구멍이 뚫린 섬이라 하여 '공도'라고도 불린다. 다도해 해상국립
공원의 관리대상 도서이다. 독거군도에 속한 섬이다.

변화 자료

구분	1972	1985	1996
주소	진도군 조도면 독거도리	진도군 조도면 독거도리	진도군 조도면 독거도리
면적(km²)	0.11	0.07	0.07
인구(명)	32	12	8
	(남:17 여:15)	(남:9 여:3)	(남:4 여:4)
가구수	5	4	4
급수시설	우물 1개	우물9개	우물 1개
전력시설	−	미전화지구	자가발전기 4대
어선(척)	무동력선 2척	2	4
어가(농업겸업)	1(5)	− (2)	4

25

상괭이,
멸치 어장을 배회하다
조도면 슬도

자연산 돌미역을 베야 하는 시기가 임박하면서 뭍에서 일을 보던 노인들도 생필품을 사 가지고 하나둘 들어왔다. 슬도는 갈까마귀가 나는 모습을 하고 있다. 그래서 비아(飛鴉)섬이라 했다. 일제강점기에 '비아'를 '비파'라 잘못 듣고 슬도(瑟島)라 적었다고 한다. 또 파도소리가 크고 잦아 슬도라 했다고도 한다.

작은 섬에는 모두 열다섯 가구가 살고 있다. 그중 멸치 어장을 운영하는 가구는 모두 일곱 가구다. 나머지는 마른 멸치를 크기별로 선별하거나 꼴뚜기 등을 추려내는 일을 도와준다. 멸치를 잡는 사람들은 젊은 사람들이며, 나이가 많은 사람은 일을 도와주거나 돌미역 채취로 생계를 잇고 있다. 섬을 떠난 빈집은 외지인이 구입해서 별장으로 바꾸어 사용하기도 한다.

"멸치 없으면 노인들뿐이제라."

익숙한 솜씨로 삶은 멸치를 채반에 떠서 내놓던 안주인은 가마에 남은 마지막 멸치들을 건져내고 일어났다. 점심을 먹고 세 번째 삶는 멸치다. 앞으로도 두세 번은 더 삶아야 한다. 여름 장마라지만 남도의 칠월 햇살은 머리가 뜨겁다 못해 따가웠다. 펄펄 끓는 가마솥 옆에 앉아서 멸치를 삶고 있었으니 오죽하겠는가. 안주인은 얼굴만 붉어졌을 뿐 땀도 흘리지 않는데 옆에서 구경하는 내가 숨이 꽉꽉 막혔다. 밖으로

슬도는 모두 열다섯 가구가 살고 있는 작은 섬이다. 조도의 작은 섬에서 쉽게 볼 수 있는 것이 돌담이다. 어쩔 수 없이 남았지만 이제는 돈을 들여서 돌담으로 바꾸려고 하는 마을이 있다. 아무리 멋지게 쌓은들 세월의 흔적까지 새겨넣을 수는 없는 일이다.

나오니 햇살은 강하지만 오히려 숨통이 트이는 것 같았다.

슬도는 일곱 가구가 멸치 어장을 하고 있다. 슬도에서 멸치 어장이 시작된 것은 40여 년 전으로 알려졌다. 조도면 맹성리 사람이 들어와 낭장망으로 멸치를 잡는 것을 보고 주민들이 시작했다. 멸치잡이가 시작되면서 섬이 바뀌기 시작했다. 농사는 중단되었지만 갯바위의 미역 농사는 계속되고 있다. 멸치를 잡는 젊은 사람들은 목포나 진도에 생활 근거지를 두고 어장철에 들어와 멸치를 잡는 경우가 많다. 인근 청등도나 죽항도도 사정은 마찬가지다. 겨울철에는 뭍에서 생활하다 봄부터 가을까지 섬에서 생활한다.

멸치잡이가 시작되면서 산 중턱에 있는 집들이 해안가로 내려왔다. 해안을 따라 모두 일곱 개의 멸치 삶는 막이 있다. 그리고 주민들이 직접 만든 크레인이 해안도로를 따라 늘어선 집 앞에 한 대씩 세워져 있었다. 크레인은 낭장망에서 건져온 멸치를 배에서 가마솥으로 옮기는 일을 한다. 크레인 하나가 성인 몇 사람 몫을 하는 것이다. 안씨는 모두 다섯 틀의 낭장망을 운영하고 있다. 멸치잡이가 시작되면 상용 일꾼 한 명과 세 명의 친척이 도와준다. 부부가 참여하는 것은 물론이다. 안씨는 배를 운전하고 상용 일꾼 한 사람과 바다에서 낭장망을 털어 크레인 밑에까지 가져오는 역할을 한다. 털어온 멸치를 아내가 삶아 건져내면 두 명의 친척이 건조하는 일을 맡는다. 그리고 마을 주민 한 명은 멸치를 선별하거나 허드렛일을 도와준다. 멸치는 썰물에 잡지 않고 들물에 잡는다. 썰물에는 지난밤 그물에 든 멸치를 털어내는 일을 한다. 그물을 청소하다 상괭이를 발견했다.

"상괭이요."

포항에서 왔다는 사내가 장망 그물을 청소하다 조용히 소리쳤다. 그가 가리키는 곳을 보니 검은 물체가 작은 물보라를 남기고 바다 속으로

멸치 가공 작업. 막 삶은 멸치 채반을 기웃거리는 것은 꼴뚜기를 찾아 먹기 위함이다. 따뜻하고 짭짤하면서 쫄깃한 꼴뚜기는 멸치와 함께 삶았을 때 가장 맛이 좋다. 멸치에서 빠져나온 육수가 배어서일 게다.

사라지고 있었다. 멸치 그물만 보느라 주변을 보지 못했다. 멸치잡이 배를 빙 둘러 열댓 마리의 상괭이가 에워싸고 있었다.

사내는 고향 장생포에서는 상괭이를 고래고기라고 하면서 팔기도 한다고 일러줬다. 고래를 잡는 것이 금지되어 수요에 맞게 공급하기 위한 상술이다. 국내에 유통되는 고래의 80퍼센트가 상괭이라는 말도 들린다. 쇠돌고래과에 속하는 상괭이는 기름이 많고 맛이 없다.

《향약집성방(鄕藥集成方)》에서는 '물가치'(勿乙加致)라 했다. 헤엄을 칠 때 '새-액' 소리를 낸다고 해서 황해도 사람들은 '쌕쌕이'라 불렀다. 새액기, 쇠에기라는 별칭도 여기에서 비롯된 것이다. 서유구의《난호어목지(蘭湖漁牧志)》에는 '수욱'(水郁)이라 했다. 녀석들은 멸치배 가까이까지 접근했다가 그물을 끌어올리려고 기계를 돌리면 두어 마장 뒤로 물러났다. 기계가 돌아가면서 나는 마찰음 때문이다. 다시 기계를 멈추면 손을 뻗으면 잡힐 듯 다가왔다. 녀석들이 좋아하는 것은 멸치다. 멸치와 함께 잡히는 흰베도라치도 잘 먹는다. 새우, 낙지, 꼴뚜기, 주꾸미 등도 좋아하는 먹이다. 모두 멸치 낭장그물에 잘 드는 물고기들이다. 그래서 종종 멸치를 잡는 낭장그물에 잡히기도 한다. 그런데 녀석들도 죽은 것은 거들떠보지도 않는다. 썰물에서 들물로 조류가 바뀌면 멸치 그물을 털기 시작한다. 안씨가 마지막 그물을 털러 가는 사이 며칠 전 삶아 건조한 작은 멸치 두 상자를 사 들고 배에 올랐다.

●─상괭이

상괭이는 쇠돌고래과에 속한다. 우리나라 서해안과 남해안, 동해안의 남부 연안에서 발견된다. 국제적으로 멸종위기에 처한 보호종으로 등지느러미가 없어 finless porpoise라고 한다. 《향약집성방》에는 '물가치'(勿乙加致)라 했다. 헤엄을 칠 때 '새-액' 소리를 낸다고 해서 황해도 사람들은 '쌕쌕이'라 했다. '새액기' '쇠에기'라는 별칭도 여기에서 비롯된 것이다. 서유구의 《난호어목지》에는 '수욱'(水郁)이라 했다.

포항에서는 고래고기가 귀해지자 상괭이를 고래고기로 판다는 소문이 파다했다. 국내에 발급된 고래 유통증명서의 80퍼센트가 상괭이이며, 밍크고래로 둔갑해 불법 유통되기도 한다. 기름이 많고 맛이 없다. 검은 돼지 모양과 흡사해 '해돈'이라고도 한다.

녀석들은 멸치배 가까이까지 접근했다가 그물을 끌어올리려고 기계를 돌리면 두어 마장 뒤로 물러났다. 기계가 돌아가면서 나는 마찰음 때문으로 생각된다. 다시 기계를 멈추면 손을 뻗으면 닿을 듯 다가왔다. 종종 그물에 걸려 잡히기도 한다. 최근 통영에서는 그물에 걸린 한 쌍의 상괭이를 보호하다 바다로 돌려보내기도 했다. 놀래미, 전갱이, 자리돔, 전어, 숭어치어, 망둑류, 새우류 등을 먹는다.

상괭이.

246

고래연구소가 2010년 서해에서 그물에 걸려 죽은 상괭이 109마리의 위 내용물을 수집하여 분석한 결과, 어류는 참조기, 멸치, 청멸, 흰베도라치 등을, 갑각류는 자주새우, 민새우, 갯가재 등을, 그리고 낙지, 주꾸미 등 두족류도 먹는 것으로 확인되었다.(어류 11종, 갑각류 8종, 두족류 4종) 모두 인간이 좋아하는 수산물로 인간과는 상호 경쟁자인 셈이다. 연구소의 자료에 따르면, 상괭이 한 마리가 매일 약 3.3킬로그램의 먹이(일일 에너지 요구량은 4,318킬로칼로리)를 먹는다. 이를 서해 전체 상괭이 수(약 37,000마리)로 계산하면 연간 25,454톤에 이르는 것으로 추정되었다. 진도, 해남 해안에서부터 백령도 사곶 해안까지 곳곳에서 상괭이를 볼 수 있다.

　　네덜란드 텍셀에 있는 '에코마레'에는 물범과 상괭이를 관찰할 수 있는 야외 수족관이 있다. 북해 와덴해에서 구조된 해양동물을 보호하고 치료하는 곳이다. 그 자체가 교육 프로그램이며 해양관광이다. 우리나라에는 백령도에 수백 개체의 점박이물범이 찾고 있고, 서해안에 상괭이가 상존하고 있다. 포항이나 제주에서 고래를 관찰하는 생태여행프로그램이 시작되고 있다. 상괭이도 보전하고 개체 관리해야 하는 생태여행의 매력 있는 자원이다.

　　국제적으로 상괭이는 멸종 위기에 처한 동식물군의 국제거래에 관한 협약(CITES) 부속서 I에 등재되어 보호종으로 인식되고 있으나 우리나라에서는 자원이 풍부하여 서해에서만 약 37,000마리가 분포하는 것으로 추정되고 있으며, 남해안에도 상당수가 분포하는 것으로 파악되고 있다. 상괭이는 연안 및 내만에 서식하며 다양한 먹이를 먹는 습성이 있어 어구에 의한 혼획이 국제적으로 문제가 되고 있다. 우리나라에서도 연간 혼획으로 보고되는 상괭이의 수는 2008년 365마리, 2009년 219마리로 집계되었다. 그러나 보고되지 않은 수까지 합한다면 실제 혼획되는 상괭이는 몇 배에 달할 것으로 추측된다. 우리 연안의 어업자원과 밀접한 관계가 있는 상괭이 자원의 관리를 위해서는 정확한 혼획량 파악이 필요하다.

일반현황

위치 | 전남 진도군 조도면 독거도리
면적 | 0.020km^2 **해안선** | 3.08km
가구수 | 12 **인구(명)** | 19(남 : 14 여 : 5) **어선(척)** | 6
어촌계 | 슬도 어촌계

공공기관 및 시설

전력시설 | 자가발전(내연)
급수시설 | 우물, 운반급수

여행정보

교통 | **배편** | 섬사랑3호·섬사랑9호 : 1일1회 왕복운항 / 팽목 진도항-슬도-독거-탄항-혈도
-죽항-청등-각흘도-하조도 창유항-서거차-상하죽도-곽도-맹골도-죽도(약 35분 소요)
특산물 | 돌미역
특이사항 | 슬도는 섬의 모양이 까마귀가 나는 형국을 하고 있어 비아(飛雅)섬이라고 불렸다. 그
러다가 일제강점기 일본 측량사가 비아를 비파로 잘못 들어 슬(瑟, 거문고)도라고 적어버려 현
재의 이름으로 굳었다고 한다. 다도해 해상국립공원의 관리대상 도서이다. 독거군도에 속한 섬
이다.

변화 자료

구분	1972	1985	1996
주소	진도군 조도면 독거도리	진도군 조도면 독거도리	진도군 조도면 독거도리
면적(km^2)	0.27	0.26	0.27
인구(명)	124	75	41
	(남 : 68 여 : 56)	(남 : 44 여 : 31)	(남 : 25 여 : 16)
가구수	18	20	19
급수시설	우물 1개소	우물 14개소	우물 2개
전력시설	-	자가발전기 2대	자가발전기 3대
어선(척)	무동력선 7척	3	7
어가(농업겸업)	(18)	4(10)	19

26

작은 멸치,
섬을 살리다
조도면 죽항도

"박사님, 뱃소리 나요. 배 왔어요."

깜짝 놀라 술잔을 놓고 일어났다. 카메라와 가방을 둘러메고 방문을 열고 보니, 벌써 선창 끝에 배가 도착하고 있었다. 이장네 집이 선창에서 가까워서 다행이지 눈앞에서 배를 놓칠 뻔했다. 멸치 그물을 털면서 잡은 병어, 밴댕이, 서대 등을 막 손질해 맛을 보고 있었다. 매동여를 지나 청등도로 향하는 내내 입안에서 달짝지근한 밴댕이 맛이 가시질 않았다.

죽항도는 멸치 섬이다. 대목이라 불렀던 섬이다. 진도 금갑 수군만호 진에 속했던 섬이다. 300여 년 전 밀양 박씨가 처음 입도했다. 그 후 인동 장씨, 은율 송씨, 김해 김씨 등이 이주하여 마을을 이루었다.《호구총수》(1789년)에는 '대목섬'(大目島)이라 했다. 20여 가구가 살았지만 지금은 9가구가 거주하고 있다. 이 중 독거노인 한 가구를 제외하고 8가구가 모두 멸치잡이를 하고 있다. 바다에서 바라보면 해안을 따라 8개의 멸치 삶는 막과 살림집이 나란히 자리하는데, 그 앞에는 어김없이 크레인이 설치되어 있다. 멸치를 담은 대형 함지박을 배에서 멸치 삶는 막으로 운반하는 기계이다.

섬 중턱에는 빈집들이 늘어서 있다. 사람은 살지 않는데 잘 단장한 것으로 보아 빈집은 아닌 것 같았다. 한 주민이 기웃거리는 필자를 보고 외지인이 빈집을 사서 별장처럼 사용하는 중이라고 알려주었다. 사람들의 발길이 닿지 않는 골목이나 집 주변은 신우대(시누대)로 꽉 찼다. 옛날에는 광양에서 김발을 만들려고 신우대를 사러 왔다고 한다. 섬진강 하구에 위치한 광양과 태인도와 금호도 일대는 김 양식을 많이 했다.

죽항도 주민들이 뭍을 오갈 때 이용하는 교통수단은 섬사랑호가 아니었다. 오전에 한 번 오후에 한 번 오는 정기 객선이 불편하기 때문이다. 그래서 배를 가지고 하조도 신전항으로 이동해 그곳에 주차해둔 차를 가지고 어류포항에서 객선을 타고 진도항으로 나갔다. 대부분 목포를 생활권으로 삼지만 일부는 진도읍에서 생활하기도 했다.

죽항도는 젊은 사람이 많다. 학교에 다니는 아이들 때문에 교육 여건이 좋은 목포에서 생활한다. 멸치 어장철인 7월부터 10월까지 섬에 머물고 나머지는 섬과 뭍을 오가며 생활한다. 지금처럼 통신수단이 발달하기 전에는 목포에서 객선을 타고 조도에 도착해 10리 이상을 걸어 목끝과 행단에 도착했다. 그곳에는 이씨, 송씨, 장씨 등 각 집안의 '불자리'가 따로 있었다. 불이 오르면 각 집안에서는 확인하고 배를 가지고 데리러 나갔다. 지금이야 전화 한 통화면 되지만 옛날에는 봉화처럼 불을 피워 신호했다. 섬에 근무하는 교사나 경찰 등 공무원들이 오갈 때는 주민들이 순번을 정해 차례로 '귀빈'들을 모셨다.

"물이 잘 나오네. 이 섬은 물만 나오면 산다고 했어라."

이장 누나가 가져온 고추와 상추를 씻으려 수도꼭지를 틀면서 하는 말이다. 오죽 물이 귀했으면 그랬을까. 공동우물로 버티다 스물세 가구가 모두 우물을 하나씩 팠다. 그것도 부족해 집집마다 급수탱크를 설치했다. 지금은 지하에서 급수탱크로 끌어 올려 물을 공급하고 있다. 해수담화시설이 갖춰져 있다.

죽항도 연안. 해안으로 내려오는 비탈에 마을이 자리를 잡았다. 언뜻 보아도 섬살이가 녹록치 않았을 것이 불 보듯 훤하다. 농사지을 땅은 산비탈을 일군 손바닥만 한 텃밭이 고작이고, 지금은 가시덩쿨이 자리를 잡아 흔적도 없다.

점심까지 해결하고 마을 이야기도 충분히 들었다. 송천식씨 부부 덕분이다. 잠시 송씨 이야기를 해보자. 조도에서 고등학교를 졸업하고 군복무를 마친 후 서울에서 직장생활을 했다. 그때 아내를 만나 결혼했다. IMF를 만나 삶이 곤궁해질 무렵 고향에서 멸치 어장을 하던 아버지가 사고로 일을 계속할 수 없었다. 아내를 설득해 3년만 눈 감고 살자며 섬으로 내려왔다. 송씨는 처음 섬에 들어와 살 때는 죽는 줄 알았다고 했다. 지금은 도시에서는 사흘도 살기 어렵다고 한다. 목포에 집을 마련해서 아이들은 목포에서 학교를 다니고 있다. 멸치 어장철에 들어와 일을 하고 겨울에 잠시 나가지만 그때도 수시로 섬을 오간다. 송씨는 밖으로 나가자고 해도 아내가 싫다고 한다며 웃었다.

멸치 그물을 털기 위해 채비를 하고 나섰다. 멸치는 들물에 든다. 한

주낙. 멸치잡이가 주업이지만 틈틈이 주낙으로 장어, 간재미, 우럭 등을 잡는다. 멸치어기가 시작되면 고양이 손이라도 빌려야 할 정도로 바쁘다. 언제 갈무리를 해놓았는지 주낙들이 녹슬고 있다. 멸치 어장이 잘되기 때문이다.

번 털고 나서 잠시 쉬었다가 또 털러 간다. 많이 들 때면 여섯 틀의 낭장망을 돌아가면서 물길이 바뀔 때까지 털기도 한다. 쉴 틈이 없다. 멸치를 삶는 것은 오롯이 아내 몫이다. 서울 여자답지 않다. 손에 익은 연장을 다루듯 멸치막에 자리를 잡고 멸치를 삶아 채반(따까리)에 담아낸다. 멸치를 삶을 때 질 좋은 토판염을 사용하는 것도 잊지 않는다. 이를 알리기 위해 '토판죽항도멸치'라고 인쇄한 박스를 만들었다. 하지만 예년 같으면 멸치잡이가 한창일 시기이지만 수온 때문인지 이제야 시작되었다.

송씨의 멸치 어장은 광대도 주변과 마을 앞에 있다. 작은 섬 주변으로 휘돌아 흐르는 조류를 따라 멸치들이 많이 든다. 네 틀은 아버지로부터 물려받은 어장이고, 두 틀은 마을 주민으로부터 구입했다. 멸치

252

멸치를 삶는 멸치막. 삶은 멸치는 곧바로 채반으로 옮겨지고 물이 빠지면 건조실로 들어가 마른 멸치로 변신한다. 유난히 젊은 사람이 많은 섬이다. 그런데 아이들이 보이지 않는다. 대부분 목포에 집을 두고 아이들은 할머니가 맡아서 학교에 보내고 젊은 부부는 어장철에 섬에서 그물을 털고 멸치를 삶는다. 섬의 새로운 풍속도다.

낭장망은 더 이상 허가를 해주지 않는다. 그래서 기존의 면허를 구입해야 했다.

멸치잡이에 나섰다. 송씨의 매형과 누나까지 나섰다. 물론 속셈은 멸치보다는 멸치 그물에 드는 병어와 밴댕이와 갑오징어를 얻는 데 있었다. 녀석들은 모두 멸치를 좋아한다. 특히 '세랭이'라 부르는 작은 멸치와 자하가 든 그물에 제법 씨알이 굵은 병어와 갑오징어가 들었다. 또 밴댕이가 많이 들었다. 그리고 조기 한 마리와 서대 한 마리도 멸치와 함께 그물에 들었다. 멸치, 병어, 밴댕이는 은빛으로 반짝이지만 조기는 황금빛이다. 바다에서 막 건져 올린 조기를 보는 것은 처음이다. 성질이 급한 밴댕이도 팔딱팔딱 뛰었다.

마지막 멸치를 털어서 솥에 삶을 때까지 걸린 시간은 10분이었다.

첫 그물에서 잡은 멸치는 30분 정도 걸렸다. 도착하자마자 큰 함지박에 담긴 멸치는 크레인에 의해 하늘로 솟구치더니 멸치 삶는 솥 옆으로 운반되었다. 그 사이 송씨는 멸치를 삶기 위해 가마솥에 물을 끓여 놓았다. 곧바로 삶은 멸치는 채반으로 옮겨 물이 빠지면 건조실에 넣어 마른 멸치로 만든다. 소비자들은 하얗고 은빛 나는 멸치를 좋아한다. 햇볕에 말리면 약간 노란색이 나지만 자동건조기를 이용하면 소비자들이 원하는 색깔이 나온다. 햇볕에 자연 건조하기를 원하면서 깨끗한 은빛 멸치를 탐하는 것은 이율배반이다.

개황 | 죽항도

일반현황

위치 | 전남 진도군 조도면 죽항도리
면적 | 0.487km² **해안선 |** 4.77km
가구수 | 16 **인구(명) |** 50(남:27 여:23) **어선(척) |** 13
어촌계 | 죽항도 어촌계

공공기관 및 시설

전력시설 | 송전
급수시설 | 해수담수

여행정보

교통 | 배편 | 섬사랑3호·섬사랑9호: 1일1회 왕복운항 / 팽목 진도항-슬도-독거-탄항-혈도
-죽항-청등-각흘도-하조도 창유항-서거차-상하죽도-곽도-맹골도-죽도(약 1시간 10분 소
요)
특산물 | 미역, 멸치
특이사항 | 죽항도는 섬에 대나무가 무성하고 인근 하조도의 산맥이 둘러싼 목에 위치하고 있다
하여 죽항도라는 이름이 붙었다.다도해 해상국립공원의 관리대상 도서이다.

변화 자료

구분	1972	1985	1996
주소	진도군 조도면 죽항도리	진도군 조도면 죽항도리	진도군 조도면 죽항도리
면적(km²)	0.55	0.34	0.388
인구(명)	205	140	65
	(남: 103 여: 102)	(남: 78 여: 62)	(남: 42 여: 23)
가구수	30	27	19
급수시설	우물 4개	우물 7개	우물 4개
전력시설	–	자가발전기 1대	한전계통
어선(척)	9	8	14
어가(농업겸업)	1(29)	8(14)	19

27

아이들 교육을 위해
미역밭을 샀다
조도면 청등도

폐교를 지나자 음습한 기운이 몸을 덮쳤다. 오솔길을 따라 걷다 둘레가 120센티미터, 높이는 15미터에 이르는 닥나무가 버티고 있었다. 내가 본 닥나무 중 가장 오래된 나무다. 부러뜨리면 '탁' 소리가 나는 나무다. 가지를 꺾을 때 소리가 나지 않는 나무가 어디 있으랴. 그런데 그 소리가 너무 커서 닥나무라 했다고 한다. 나무에 섬유질이 풍부해 한지를 만들고, 옷을 짓기도 했다. 크고 모양이 예사롭지 않아 1985년 문화재 지정을 건의하기도 했다고 한다. 다가가 두 팔로 안아보니 양손이 닿지 않았다.

청등도는 서남쪽 샛바에 산봉우리가 두 개 있는데, 왼쪽을 남자 봉우리, 오른쪽을 여자 봉우리라고 한다. 옛날에는 추석이면 처녀 총각들이 남녀로 나뉘어 봉우리에 올라 제상을 차린 뒤 "까마귀와 까치야 동네 편안히 해주라 고기도 많이 잡게 해주라"라고 빌었다. 항상 여자 봉우리 쪽에 까마귀가 많이 왔다고 한다.

청등도는 관매도의 방아섬과 1킬로미터 남짓 되는 거리에 있는 작은 섬이다. 1770년 관매도 관호마을에서 김씨가 들어와 살기 시작했다고 한다. 마을이 섬 중턱에 자리를 잡았고 해안에 이르는 길은 경사가 급해 생활이 불편했다. 초기에는 학교 아래에 선착장이 있었지만 관매도를 향한 서쪽에 새 선착장과 물양장을 만들었다. 그리고 동네로 이어지는 길을 포장해 사용하고 있다. 그래도 경사가 급해 10여 대의 화물차를 이용하고 있었다.

　모두 16가구 중 5가구가 12~13통의 낭장망으로 멸치를 잡고 있었다. 멸치잡이 외에 갱번에서 돌미역과 톳과 가사리를 채취해 생활하고 있었다. 청등도 본섬은 미역밭을 나누어 개인들이 가지고 있으며, 꼭두도와 신의도 등 딸린 섬은 공동으로 채취해서 분배한다. 그리고 솔섬은 개인이 해초를 채취하고 있다. 공동으로 관리하던 갱번을 개인이 소유하게 된 것은 300년 전 일이다. 청등도에서는 미역 바위를 닦는 일을 수압기로 하고 있다. 작년에 시범적으로 해보았는데 직접 가래로 닦는 것보다 일도 수월하고 미역도 잘 붙어 올해도 해보려 한다고 했다. 청등도에서 14가구가 2012년에 올린 미역 소득이 3억 5천만 원 정도였다.

청등도에 오르면 마을로 통하는 길목에 놓인 표지석이 반갑게 인사한다. 청등도는 관매도와 마주보고 있는 작은 섬이다. 갱번이 좋아 돌미역을 많이 채취했었다. 집보다 미역밭이 더 비싸게 거래되기도 했던 섬이다. 지금은 미역보다는 멸치 어장을 해서 생활하고 있다.

갱번이 집보다 비쌌다

마을이장인 김황범씨네는 원래 관매도가 고향이었다. 하지만 갱번도 없고, 농사지을 땅도 없어 살기가 너무 힘들었다. 그래서 김씨가 열 살 무렵 외갓집이 있는 청등도로 이사했다.

김씨의 아버지 세대에는 제주 앞바다까지 가서 조기주낙을 했다. 돛을 두 개 다는 '두대바시', 세 개 다는 '삼대바시'가 있었다. '바시'는 일본 말로 생각된다. 돛대를 한 개 세우느냐, 두 개 세우느냐로 구분하는 배다. 네댓 명이 타는 배가 1척 있었고, 관매도나 조도의 어선배를 탔다. 인근 죽항도와 달리 청등도에는 젊은 사람이 적다.

청등도 미역밭은 마을 공동의 미역밭과 개인 미역밭이 있다. 원도(청등도 본섬)의 갱번은 모두 개인 밭이다. 하지만 신우도, 솔섬, 꼭두도 등 딸린 섬(무인도)의 미역밭은 마을 미역밭이다. 공동으로 갯닦기를 한

갱번에서 뜯는 해초는 반찬이 되고 돈이 되고 자식들에게 보낼 '어머니의 선물'이 되기도 한다. 어부의 텃밭과 같다.

다. 본섬의 미역밭은 모두 열여섯 사람 몫으로 나뉘어 있으며 현재 14가구가 행사하고 있다. 개인 미역밭으로 나누어진 것은 300여 년 전이라고 한다. 입도할 당시부터 개인 미역밭으로 운영했다는 것이다. 현재 이를 입증할 자료는 없다. 하지만 미역밭이 없었다면 작은 섬에 정착해서 살기 어려웠을 것은 분명하다. 입도 성씨대로 미역밭을 나누어 관리했을 것이다.

골목길을 따라 걷다 김씨를 만났다. 딸 다섯에 아들 둘을 두었다. 아들은 대학에 보냈다. 모두 미역밭에서 번 돈이 있었기 때문에 가능했다. 할아버지는 몸이 불편해 미역밭을 건사하지 못하고 있다. 부산에 사는 사위가 와서 작업을 돕는다. 돌김도 만들어놓으면 가져가는 사람이 있다. 김씨는 삼십대에 9만 원을 주고 지금 사는 집을 구입했다. 옛날에는 대여섯 척의 닻배를 가지고 조기를 잡았다. 당시 갱번 값이 8만 원이었다. 집보다 갱번을 먼저 샀다. 배로 돈을 벌어서 갱번을 구입한 것은 아이들을 가르치기 위해서였다. 오늘날로 이야기하면 미역밭은 교육보험이었다. 섬살이가 너무 힘들었던 김씨는 스무 살 때 미역 판 돈 3만 원을 가지고 상경했다. 그리고 얼마 있지 않아서 군대에 입대했다. 제대해서는 미역을 팔기 위해 광주 양동시장의 진도상회로 많이 다녔다. 한 뭇에 60만~70만 원에 팔았다. 그 돈으로 아이들을 가르쳤다. 미역은 조차가 큰 조간대에 노출이 되고, 비를 맞으며 자란다. 항상 물속에서 자라는 기장미역과 품질이 다르다고 했다.

청등도의 갯닦기는 설을 전후해 2월 초까지 한다. 갯바위에 붙은 해초를 제거하기 위해 긴 나무자루에 삽처럼 날을 붙인 '따가래'로 갱번을 닦았지만 일부는 수압을 이용해 하기도 한다. 요즘은 수온이 낮아져 포자가 부착하는 시기가 늦어지고 있다. 미역이 일 년 농사다. 마을 주민의 3분의 1은 50뭇 정도를 하고, 보통은 30~40뭇을 한다. 지난해에는 미역으로 3억 5천만 원의 소득을 올렸다. 모두 14가구가 생활하기 때문에 한 가구당 2천만 원 이상의 소득을 올린 셈이다.

죽방렴으로 멸치를 잡았다

마을 주민 김완호씨는 옛날 5~6척의 닻배를 가지고 조기를 잡았으며, 이후 투망배로 바뀌었다고 알려주었다. 조기잡이가 활발할 때는 42호가 거주했으며, 작은 방살이를 하는 가구도 세 가구나 되었다. 초등학교가 없을 때는 관매도나 조도로 유학 가야 했다.

당시 청등도 사람들은 멸치를 잡을 줄 몰랐다. 놀라운 것은 청등도와 관매도 사이에 죽방렴을 했다는 사실이다. 그동안 죽방렴은 남해, 사천 지역에서만 했던 독특한 멸치잡이로 알려졌다. 여수와 진도, 조도에서도 죽방렴을 이용해 멸치를 잡은 것으로 확인되었다. 김황범씨가 제대하고 와보니 죽방렴이 없어졌다.

청등도에서 처음 멸치 낭장망을 시작한 사람은 이미 작고한 김경민(1919년생)으로 이장 부친이다. 그는 1930년대 원동기를 구입해 방아를 찧기도 했다. 당시 청등도 외에 조도와 관매도에 보리와 밀 농사를 많이 지었기 때문에 탈곡과 방아를 찧기 위해서였다. 지금도 그 기계는 집 안 구석에 남아 있다. 고물상들이 팔라고 하지만 아버지 유품으로 생각해 보관하고 있다. 선친이 낭장망을 하는 것을 보고 주변에서 따라 하기 시작했다.

멸치잡이 이전에는 풍선배나 닻배를 이용해 조기잡이를 했다. 당시 마을에는 42호가 거주했다. 작은 방 살이를 하는 집도 있었다. 이장 김씨는 초등학교 4학년 때 청등분교를 다녔다. 그 전에는 관매국민학교로 유학을 갔다. 그곳 친척집에 머물며 학교를 다녔다. 관매도는 청등도에서 1킬로미터 정도 떨어진 섬이다. 그 무렵 청등도에는 풍선배가

20여 척이 있었다. 그때는 봄이면 해안가로 멸치가 밀려왔다. '멜'이라고 불렀는데 지금 멸치보다 컸다. 멸치가 몰려올 때면 행그물로 잡아서 구워 먹거나 시레기국을 끓여 먹기도 했다.

멸치는 통영을 거쳐 남해, 여수, 진도, 신안으로 이동해 연평도로 나간다. 꽃게, 오징어, 멸치 등도 마찬가지다. 벚꽃이 부산과 한 달 차이가 난다. 멸치도 마찬가지다. 멸치는 알을 배서 낳기 직전에 진도 앞을 지난다. 그때가 제일 맛이 좋다.

진도항으로 나오는 배를 기다리다 선창에서 갑오징어회에 소주를 몇 잔 얻어 마셨다. 선창 공사를 위해 들어온 회사에서 며칠 일을 하고 돌아가는 길이라는 몇 사람이 주민들과 술잔을 기울이고 있었다. 옆에서 손질하는 물 좋은 갑오징어를 넉넉하게 샀다. 손질하는 법과 회로 써는 방법을 알려달라고 해서 실습까지 해보고 배에 올랐다.

일반현황

위치 | 전남 진도군 조도면 청등도리
면적 | 0.410km² **해안선** | 3.99km
가구수 | 17 **인구(명)** | 28(남: 17 여: 11) **어선(척)** | 15
어촌계 | 어촌계

공공기관 및 시설

전력시설 | 송전
급수시설 | 지하수, 해수담수

여행정보

교통 | **배편** | 섬사랑3호·섬사랑9호(해광운수 061-283-9915): 1일1회 왕복운항 / 팽목 진도항
-슬도-독거-탄항-혈도-죽항-청등-각흘도-하조도 창유항-서거차-상하죽도-곽도-맹골
도-죽도(약 1시간 25분 소요)
특산물 | 돌미역, 멸치
특이사항 | 청등도는 섬 모양이 등처럼 생겼다 하여 '청등섬' '청등도' '청등리'라고 하였다가
1914년 행정구역 개편 때 청등도로 통일하였다. 본디 청등(靑燈)이라 부르다가 꺼랭이(삼태기)
를 만드는 푸른 등나무 줄기가 많다고 하여 청등(靑藤)으로 고쳐 썼다고 한다. 다도해 해상국립
공원의 관리대상 도서이다.

변화 자료

구분	1972	1985	1996
주소	진도군 조도면 청등도리	진도군 조도면 청등도리	진도군 조도면 청등도리
면적(km²)	0.46	0.4	0.449
인구(명)	175	80	44
	(남: 88 여: 87)	(남: 42 여: 38)	(남: 23 여: 21)
가구수	29	24	18
급수시설	우물 2개소	우물 13개소	우물 6개
전력시설	-	자가발전기 1대	한전계통
어선(척)	7	14	18
어가(농업겸업)	13(14)	8(12)	18

28

닻배소리는
파도소리에 묻히고
조도면 나배도

관매도로 가는 여행객들이 선상으로 나와 나배도로 향하는 작은 쪽배를 걱정스런 눈으로 내려다보고 있었다. 쪽배에는 작은 보따리 두 개와 칠순을 넘었을 부부가 타고 있었다. 하조도에서 시장을 보고 돌아오는 길일 것이다. 큰 배가 지나가자 쪽배는 한참을 위태롭게 흔들거리더니 다행히 나배도 선창에 도착했다.

　나배도는 하조도 세목에서 200미터, 상조도 율목에서 500미터 거리에 있는 작은 섬이다. 조도군도에서 가장 큰 두 섬 사이에 가로놓여 있어 선거철이면 항상 다리 건설이 화두였다. 꿈꾸면 이루어진다던가. 나배도와 하조도 명지마을을 잇는 다리가 2020년 완공된다. 섬의 생김새가 나비처럼 생겼다 하여 나비섬, 나부섬, 라배섬, 접도라고 불렸다. 임진왜란 직후 하조도 육동 마을에서 한씨가 들어와 마을을 이루기 시작했다. 지금도 마을에는 한씨가 많다. 교통이 편리하고 생필품도 쉽게 구할 수 있는 하조도와 왕래가 잦지만 관매도를 오가는 철부선이 하루 두 차례 멈추는 것 외에는 객선이 없기 때문에 자가용처럼 가지고 있는 작은 어선을 이용하고 있다.

마당에서 바다를 본다
나배도는 농사를 지을 수 있는 땅도 없고, 밭도 '쑥밭'이 되어 있었다. 다

나배도 항공사진. 상조도와 하조도 사이에 있는 작은 섬 나배도는 2020년 말 하조도와 다리가 연결된다. 직선거리로 300미터도 되지 않아서 선거철마다 다리가 놓였다. 유권자가 많았다면 진즉 다리가 놓였을지도 모른다. 옛날처럼 조기잡이가 성했다면 가능했을지도 모른다. (사진 : 도영주)

른 농사를 짓는 것보다 쑥이 손도 적게 가고 소득이 좋기 때문이다. 골목길을 따라 빈집을 기웃거리다 막 잡은 생선을 우물가에서 손질하던 어부와 눈이 마주쳐 반갑게 눈인사를 하며 마당으로 들어섰다. 마당 구석에 솟대처럼 대나무를 세우고 붕장어를 말리고 있었다. 이곳 바다에서 잡은 붕장어는 힘이 좋기로 소문났다. 장죽수도의 빠른 물살을 거슬러 생활하려면 근력이 좋아야 함은 두말할 필요가 없다. 나배도 사람들이 거친 바다를 헤치며 쪽배를 타고도 거뜬히 건너는 것을 보면 말이다.

다른 구석에는 유류 통이 놓여 있다. 기름보일러를 사용하려면 큰 통에 석유를 가득 받아 놓아야 한다. 배를 부리기 위혜서라도 필요하다. 나배도는 49호 중 30호가 작은 배를 가지고 있다. 이들에게 배는 생활 수단이다. 작은 섬에서 생필품을 구입할 수 없기 때문에 이웃 조도나 진도로 나가야 한다. 노인들 중에는 팽목항에 내려 버스를 타고 진도읍내까지 나갔다 다시 돌아와야 하는 번거로움 때문에 목포로 가는 사람도 있다.

마당 가운데 떡하니 자리를 잡은 녀석은 장어주낙이다. 한 집에 기껏해야 두서너 틀(바구니)이 있는 것을 보니 장사보다는 반찬거리요, 자식들에게 보내는 고향의 맛이다. 봄·여름에 잡아 볕에 잘 말려두었다 찬바람이 나면 뭍에 나간 자식들에게 보낸다. 장어뿐만 아니다. 온갖 잡어는 모두 말려 추석 때 싸 보낸다. 요즘엔 아예 부모들이 도시에 자리를 잡은 자식들을 찾아간다. 일종의 역귀성이다. 작은 섬일수록 역귀성이 많다. 자식들이 고향에 오느라 차를 몇 시간이나 운전하고 선창에서도 얼마를 기다렸다가 주의보 걱정에 마음을 조리면서 고생하는데, 거우 하루 이틀 왔다 가니 안쓰러울 수밖에 없다. 차라리 노인이 서울로 올라가는 것이 낫겠다 싶은 게다.

빼놓을 수 없는 것이 마당에서 말리는 쑥이다. 겨울에도 날씨가 따뜻한 조도는 다른 지역에서 쑥이 나기 시작할 무렵이면 뜯어 팔기 시작한다. 가격이 좋을 수밖에 없다. 남도 섬사람들의 중요한 소득원이다. 특히 양식업을 하지 않는 노인들에게 이보다 효자가 없다. 한때 지주식 김 양식을 많이 했지만 지금은 일부 주민들이 전복 양식을 할 뿐이다.

연도교가 꿈을 잇다

섬사람은 자신의 삶이 아무리 구차해도 자식 교육만큼은 강남 엄마들 못지않다. 갯벌과 바다에서 거친 바람과 맞서며 힘든 줄도 모르고 억척스럽게 일을 할 수 있었던 것도 따지고 보면 자식 교육 때문이다. 초등학교만 마치면 목포로 유학을 보냈다. 지금처럼 기숙사가 있을 리 없다. 없는 살림을 쪼개어 두 집 살림을 했다. 할머니가 계시면 그래도 다행이지만 그렇지 않으면 일찍 자취생활을 시작했다. 이런 탓에 섬사람들은 도시에 직은 거처라도 마련해야 했다. 속 모르는 사람들은 섬사람들은 모두 집을 두 채 가진 부자라고 한다.

특히 작은 섬 나배도 사람들은 교육에 대한 열정이 남달랐다. 한 마을만 있는 이곳에 초등학생이 120명에 달한 적도 있었다. 이들 모두 나룻배로 하조도까지 초등학교를 다녔다. 하조도에는 고등학교까지 있어 섬치고 교육 여건이 나은 편이다. 학생이 늘어나면서 교육청에서는 분교를 세우려 했지만 나배도 사람들은 반대했다. 이들이 내세우는 논리는 간단했다. 선생님이 두세 명 놓고 복식수업으로 대신하는 학교에 자식들을 보낼 수 없다는 것이다. 내 자식만은 절대 섬에 살게 하지 않겠다는 부모들의 생각 때문이었다. 얼마 지나지 않아 분교가 세워졌지만 인구가 감소하면서 분교는 폐교되었다.

나배도와 하조도 사이의 거리는 물이 빠지면 50미터 거리에 불과하

나배도 선착장. 조기를 잡는 닻배들이 가득했을 선창은 작은 배마저 몇 척 없어 한적하기 그지없다. 전복 양식을 하는 몇 집과 먹이용으로 미역 양식을 하는 것을 제외하면 어촌이라 하기 부끄럽다. 오히려 빈 밭에 쑥농사로 소일을 한다.

다. 상조도와 옥도는 100미터 떨어져 있다. 이미 상조도와 하조도는 두 섬 사이에 다리가 놓여 '조도'라는 큰 섬이 되었다. 이제는 교육논리보다는 섬 개발을 위해 연륙교와 연도교가 계획되고 있다. 나배도와 옥도도 마찬가지다. 다리를 놓아야 하는 이유가 '교육'에서 '관광'으로 바뀌었다. 작은 섬을 큰 섬(모섬)과 연결해 교육, 의료, 문화 등 사회복지 혜택을 받도록 하는 것은 꼭 필요한 일이다. 다만 개발을 목적으로 다리를 놓을 때는 신중해야 한다. 섬들을 모두 육지와 연결시키는 대형 프로젝트는 더욱 그렇다. 섬은 한 세대만 사용하고 말 소비재가 아니라 미래 세대를 위한 자원이기 때문이다. 쪽배를 타고 건너온 노부부가 선창에 배를 정박시키고 화장지꾸러미를 유모차에 실었다. 두 노인네가 유모차를 밀고 걸어가는 선창으로 따사로운 햇살이 비추었다.

주낙을 손질하고 있는 부부. 자식들은 모두 떠나고 장어를 잡기 위해 아내는 미끼를 썰고 남편은 주낙에 끼운다. 마당의 걸대에 걸린 장어 몇 마리가 꾸덕꾸덕 마르고 있다. 자식들에게 보낼 것을 모으는 중이다. 이번에 잡으면 다가오는 명절에 줄 양은 될 것 같다.

● —조도 닻배노래

서해 바다로 '조기'가 북상을 시작하면 조도로 닻배들이 모여들었다. 이를 신호로 흑산 어장, 위도 어장, 녹도 어장, 연평 어장에 장사꾼과 아가씨들이 집결했다. 조도 인근에는 흑산도 어장보다 한 달여 빠른 2월에 조기 어장이 형성된다. 이 무렵 나배도는 출어 준비로 마을이 술렁이기 시작한다. 조도에서 조기잡이가 활발했던 섬은 나배도 외에 관매도, 소마도(소마도는 이후 투망배로 바뀌었다) 등이다. 금갑을 비롯해 진도 본도의 남서해 쪽 주민들도 많이 참여했다. 닻배는 자망을 바닷속에 펼치고 큰 닻으로 고정시키는데, 그 닻을 싣고 다닌다고 해서 붙여진 이름이다. 허가 어업으로 '정선망'이라 하며, 주민들은 '닻그물'이라고도 부른다. 자망의 일종으로 그물을 여러 폭 연결하며 그 사이에 닻을 놓았다. 특히 진도 닻그물은 손수 주민들이 기워서 만들었기 때문에 코가 커서 큰 조기만 잡혔다. 조도 닻배로 잡은 조기는 크고 좋아서 어디서든지 환영을 받았다. 한번 조업을 나가면 3개월이 기본이었기 때문에 물때가 맞지 않을 때는 인근 어장에서 머물며 선주는 식고미를 보충하고 선원들은 술로 피로를 풀었다. 특히 진도 사람의 풍류는 어디서나 대환영이었다. 조기가 흑산도, 칠산바다, 충남 녹도 어장, 연평도를 거쳐 6월이면 평안도 대화도 어장까지 올라갔다. 조도 사람들은 가깝게는 칠산도나 위도 옆 왕등도 일대의 칠산 어장까지, 멀게는 연평도까지 오르내렸다.

조도 사람들이 환영을 받았던 진짜 이유는 배를 짓는 기술이 뛰어나고 그물도 잘 만들었기 때문이다. 뱃사람 중에서도 최고 대접을 받았다. 그래서 목포는 물론 서해안 포구를 따라 조기 배들이 모이는 곳에는 조도 사람들이 꼭 있었다. 이러한 조기잡이 과정에서 그물을 당기고, 고기를 푸고, 만선의 풍장까지 뱃사람의 기쁨과 고달픔을 달래던 놀이가 닻배놀이다. 농사지을 땅이 적은 조도 사람들에게 조기잡이는 일 년 농사였다. 조기잡이를 앞두고 소를 잡아 출어고사를 지내며 풍장을 쳤다. 풍어는 물론 가족들의 안전을 빌었다. 바람과 노에 의지해 거친 바다를 헤치며 먼 뱃길을 오가야 했기 때문이다. 조기를 잡은 뒤 상고선을 부르거나 휴식을 취할 때는 닻배 안에서 풍장과 닻배노래를 하곤 했다. 주변에 있던 배들이 그 소리를 듣기 위해 몰려들기도 했다고 한다. 닻배소리는 조도닻배노래(나배도)와 금갑닻배노래가 전한다.

나배도 닻배놀이.

조도 닻배 노래

"우리배 그물은 / 삼천발이요 / 남의배 그물은 / 오백발이로다 / 그물코가 / 삼천이
면 / 걸릴날이 / 있더란다."

"이그물 실어 / 돈하고 사면 / 우리배 배임자 / 어깻춤 추고 / 배임자 마누라 / 궁치
춤 춘다."

"앵필이도 / 걸려를 주고 / 개필이도 / 걸려를 주라 / 쌀조구도 / 걸려를 주고 / 장
대 빡대 / 걸려를 주쇼 / 민어 상어 / 걸려주면 / 그 누가 / 마다 할까 / 어이야 술비
야 / 밀어라 땡겨라."

일 년이면 불귀의 혼이 되어 돌아오는 경우도 종종 있었다. 닻배소리에도 "이제
가면은 / 언제 올거나 / 망중살 되면 돌아와" 등의 노래가 전승되고 있다.

금갑 닻배 노래

이물대 꼬작에 봉기를 질러 / 허리대 꼬작에 장화를 풍거라 / 갈바람 졌네 / 연평바
닥 갈바람졌네 / 들물에도 천량 썰물에도 천량 / 안암퐈 내왕에 사천량을 싣고 / 지

화자 좋네 / 쥔네 집앞에 늘어를 상께 / 쥔네 나누라 술동우를 이고 / 말판 머리서
궁치춤 춘다 / 지화자 좋네.

기계배의 등장과 안강망 그물이 보급되면서 조기잡이 닻배는 사라졌지만 닻배
소리가 전하고 있다.《조도면지》에 따르면 진도군 지산면 인지리에 거주하던 박병
천(1932~2007년)이 인근 마을로 이사를 온 나배도 출신 박재섭에게 닻배소리를 듣
고 나배도로 찾아가 주민들을 연습시켜 1976년 남도문화재에서 우수상을 받았다
고 한다. 그 후 기능 보유자들이 죽거나 다른 지역으로 이주하자 1993년 조오환(진
도 의신면 출신)이 나배도 주민 6명, 관매도 주민 1명, 진도 본섬 주민 30여 명과 함
께 남도문화제에 참가하여 최우수상을 받았다. 그리고 2007년 '조도 닻배 노래'가
무형문화재 제40호로 지정되었지만, 아쉽게 주인공들은 포함되지 못했다. 나배도
주민들은 포함되지 못하고 창유리 김연호, 진도 의신 조오환씨가 예능 보유자로 지
명되었다. 김연호는 닻배를 탔던 마지막 어부였다. 15세에 닻배를 타서 1958년 동
구리 임대실 닻배가 사라지자 투망배를 타서 조기를 잡았다. 김씨는 목구성이 좋아
앞소리를 맡았다. 닻배 선원들 중 젊은 사람은 앞소리를, 나이 든 사람은 뒷소리를
맡았다. 조오환은 어업에 종사하지 않았지만 진도의 소리꾼이자 예인이다. 닻배노
래 보유자들을 찾아다니며 소리를 조사하고 배웠다. 또 닻배 노래 보존회를 조직해
소리 전수에 앞장섰다. 그리고《진도 닻배 노래》라는 기록을 남기기도 했다.

개황 | 나배도(라배도)

일반현황

위치 | 전남 진도군 조도면 나배도리
면적 | 0.973km^2 **해안선 |** 7.49km **육지와 거리 |** 62.34km(목포연안여객선터미널)
가구수 | 41 **인구(명) |** 60(남 : 27 여 : 33) **어선(척) |** 8
어촌계 | 어촌계

공공기관 및 시설

공공기관 | 치안센터
전력시설 | 송전
급수시설 | 지방상수도

여행정보

교통 | 배편 | 섬사랑10호·신해5호 : 1일1회 운항 / 목포연안여객선터미널−율도−쉬미항−저도
−광대−송도−혈도−양덕−주지−가사−소성남−성남−옥도−내병−외병−눌옥−갈목−진목−하
조도 창유항−율목−나배−관사−소마−모도−대마−관매−동거차−서거차−상조도 율목항(약
6시간 30분 소요)
여행 | 자갈해안
특산물 | 양식 전복, 톳
특이사항 | 나배도의 '나배'는 섬의 모양이 나비를 닮았다 하여 붙여진 이름으로 '나비섬' 또는
'나부섬' '접도' 등으로 불리기도 하였다. 조도면 하조도와 나배도 간에 연도교가 가설되었다.

변화 자료

구분	1972	1985	1996
주소	진도군 조도면 나배도리	진도군 조도면 나배도리	진도군 조도면 나배도리
면적(km^2)	1.48	0.96	1.441
인구(명)	540	314	167
	(남 : 263 여 : 277)	(남 : 155 여 : 159)	(남 : 74 여 : 93)
가구수	89	79	64
급수시설	우물 6개	우물 17개	우물 7개
전력시설	−	한전계통	한전계통
어선(척)	54	64	29
어가(농업겸업)	(89)	28(14)	55

29

전화 받으세요
조도면 관사도

진도항으로 가는 길에 관광버스가 줄지어 서 있었다. 헤아려보니 모두 여덟 대에 이른다. 경기도나 서울에서 온 차들이다. 관매도로 들어가는 배들이다. 그런데 여행객은 대부분 여성이다. 부부가 같이 온 경우는 가뭄에 콩 나듯 했다. 배를 기다리며 이들이 찾는 곳은 특산물 판매장이다. 그곳에서 미역, 멸치를 사서 차에 싣고 있었다. 진도 멸치와 진도 미역이 좋은 것은 익히 들어 알고 있는 듯했다. 배에 오르자 선실 밖에도 바닥에도 앉을 만한 곳은 모두 한 자리씩 차지하고 있었다. 관매도에 앞서 내려야 하니 앉아서 가는 것은 포기하고 선 채로 섬과 바다 보는 것을 즐겼다.

배에서 내려 관작마을로 향했다. 관사마을이 가깝지만 걷는 동선을 생각해 먼 곳에 위치한 관작마을부터 둘러보기로 했다. 관작까지는 해안을 따라 1킬로미터 남짓 되는 도로가 시멘트로 포장되어 있었다. 바다 건너 동쪽으로 상조도의 도리산전망대와 나배도가 한눈에 들어오는 해안길이다. 배에서 내린 사람들은 모두 관사리로 향했고, 관작리로 가는 사람은 나와 안테나를 설치하는 통신사 기사, 둘뿐이었다. 그도 중간에 멈춰 고장난 안테나를 수리하고는 돌아갔다. 혼자서 걷는 작은 섬길은 외로움보다는 행복이 먼저 다가온다. 외로움을 행복하게 즐길 수 없었다면 섬 여행을 지속하지 못했을 것이다.

관사도에는 관작리와 관사리, 두 마을이 있다. 소마도, 눌옥도, 진목도, 갈목도 등 조도의 서쪽에 있는 군도의 중심에 있는 섬이다. 1970년대 중반에만 해도 600여 명의 주민이 살았지만 지금은 두 동네를 합해도 실제 거주하는 사람은 50여 명을 넘지 않는다. 섬이 황새처럼 생겨서 황새섬이라 했다가 관사로 바뀌었다고 하지만 섬을 아무리 뜯어봐도 새를 닮지는 않았다. 《호구총수》에는 제도면 관청도(官廳島)로 소개되어 있다. 1914년 조도면이 설치되면서 관사리로 되었다가 관작리가 분리되었다.

해안가에 접한 바다에는 다시마 양식장이 있고, 조금 먼바다에는 톳 양식장이 있다. 다시마는 전복 양식을 하는 사람들이 먹잇감을 마련하기 위해 시작한 것이며, 톳은 판매용이었다. 관작마을에는 한 가구가 전복 양식을 하고 있으며, 몇 집은 전복 양식장에서 일을 하고 있다. 관작마을에는 차도 없고 보건소도 학교도 없다. 옛날에는 아이들이 고개를 넘어 관사리에 있는 학교를 다녔고, 어른들도 객선을 타거나 일을 보기 위해 같은 고개를 넘었다.

선창을 굽어 돌자 마을이 고개를 내밀었다. 얼른 둘러봐도 20여 가구가 넘지는 않을 성싶었다. 마을은 산자락에 묻혀 선창과 좀 떨어진 아늑한 곳에 위치해 있었다. 마을 뒤로 산자락과 이어진 낮은 구릉을 일궈 만든 밭이 제법 많았다. 이곳 밭에도 콩이나 고구마 등 밭곡식 대신에 쑥을 심은 곳이 많았다. 그런데 아무리 둘러봐도 사람을 찾기 어려웠다. 햇볕이 잘 드는 돌담 아래서 겨우 할머니 한 분을 만났다. 바퀴가 달린 노인보행기를 세워두고 벤치에 앉아 해바라기를 하고 있었다.

할머니는 상조도 당도마을에서 열여덟 나이로 관작마을로 시집왔다. 할머니가 시집올 때만 해도 마을에 90여 가구가 살았다. 당시 한 가구에 예닐곱 명이 살았던 것을 생각하면 700~800명은 족히 거주했을

관사도 선창. 선창을 보면 마을이 보인다. 배마다 이름이 있고, 어떤 일을 하는지 적혀 있다. 허가를 낸 어업을 해야 하기 때문이다. 나머지 주민들은 밭농사를 짓는다. 쌀농사는 포기한 지 오래고, 밭농사도 반찬거리 정도다. 대신 쑥농사는 용돈벌이로 괜찮다.

것이다. 그 많은 사람들이 무엇을 먹고살았을까. 당시 관작마을과 관사마을을 잇는 고갯길은 지금처럼 숲이 우거져 있지 않았다. 대부분 개간해서 고구마를 심어 식량으로 삼았기 때문이다.

"바우뚝에서 톳, 김, 미역 해서 폴고 그랬제."

산자락만 아니라 바닷가 갱번이라는 '갯밭'이 있었다. 갱번을 몇 개의 구역을 나누는데 이를 '재건'이라 했다. 마을을 웃반과 아랫반으로 나누었다. 그리고 갱번도 두 개의 재건으로 나누었다. 지금은 인구도 줄고 주민들의 나이도 많아 재건을 하나로 통합했다. 그리고 접근하기 어려운 갱번은 채취를 포기했다. 갱번 일은 재건별로 참여한 사람들이 똑같이 나눈다. 관작리는 15~16집이 갱번을 하고 있다. 관사리는 9명이 갱번에 참여하는 것에 비하면 많은 사람이 재건을 유지하고 있다.

마을이 산자락에 묻혔다. 오뚝 솟았다가 바람 맞기 딱 좋다. 겨우 지붕만 빼꼼 얼굴을 내밀고 그곳도 돌담에 둘러싸였다. 섬에서 부는 바람은 산감보다 더 무섭다. 옛날 소나무를 베면 산감에게 잡혀 갔다.

관작리에는 섬을 관리하는 개강구가 두 명이나 있다. 섬 관리라 함은 미역과 톳 등 해초를 관리하는 것을 말한다. 이를 두고 주민들은 '섬을 관리한다'고 말한다. 섬 생활을 좌우할 만큼 중요한 재원이었기 때문에 섬을 관리한다고 해도 틀린 말이 아니었다. 개강구에게는 채취한 해초를 나눌 때 한 몫을 더 준다. 관사리도 미역 바위의 관리가 잘되지 않자 개강구를 뽑으려는 움직임이 있다. 요즘에는 개강구라는 용어 대신에 '이사'라는 이름을 사용하고 있다.

재건에서 채취하는 것 중 지금도 상품성이 있는 해조류는 미역이다. 올해는 미역을 하나도 채취하지 못했다. 작년에 네댓 뭇은 채취했던 것에 비하면 흉년 중에 흉년이다. 할머니는 회갑 전에 갱번 일을 그만두었다. 무릎이 문제였다. 갱번은 갯바위를 돌아다니며 미역, 톳, 가사리능을 뜯어야 한다. 몸이 불편해도 나가기만 하면 몫을 챙길 수 있다. 누가 그만 나오라고 말하지 않았지만 스스로 결정했다. 다른 사람에게 부담을 주기 싫었다. 할머니가 속한 재건에서는 가끔 갱번 작업을 하는 날이면 미역이나 톳을 조금씩 가져다주기도 했다. 이것이 갱번공동체의 윤리다. 공동채취에 참여하지 않는 가구에는 몫을 나누어 주지 않는 것은 물론 벌금을 부과하기도 하지만 나이가 들거나 신체가 불편해 참여할 수 없는 집에는 반찬용으로 나누어 준다.

할머니를 닮은 것들 … 돌담, 호박, 시골집

해바라기 할머니를 뒤로하고 골목길로 접어들었다. 돌담 너머로 할머니 한 분이 고추를 햇볕에 말리고 계셨다. 가을은 곡식을 수확하는 계절이다. 그리고 자식들에게 줄 것을 햇볕에 말리는 시간이다. 밭에서 딴 고추, 호박, 가지와 산에서 채취한 고사리, 취뿐이겠는가. 갯밭에서 뜯은 가사리, 톳, 미역과 눈먼 숭어와 운저리(망둑어), 장어 등도 소금을 뿌려 햇볕에 말린다.

"할머니, 뭐하세요?"

대답이 없다. 다시 더 가까이 다가가서 말을 걸었다. 하지만 오직 가위질만 열심히 하고 계셨다. 귀가 어두웠던 것이다. 가만히 옆에 앉아 지켜보다 돌아 나왔다.

"귀머거리 할머니야. 안 들려."

골목에서 만난 할머니가 일러줬다. 쑥밭에 갔다 오는 중이라고 한다. 커피나 한잔하자며 손을 잡고 집 안으로 들어섰다. 사실은 커피를 핑계 삼아 지난 추석에 새로 올린 검정색 기와지붕을 보여주고 싶었던 것이다. 아들이 이걸로 해야 한다고 우겨서. 얼마나 산다고. 말끝에 다른 기와에 비해서 비싸고 오래간다고 일러줬다. 이 기와로 올린 집은 할머니

276

집뿐이라고 자랑했다. 커피 한잔에 할머니의 자식 자랑을 귀가 닳도록 들었다. 나도 옆에서 맞장구를 끝없이 쳤다. 추임새에 무슨 비용이 들겠는가.

그 덕에 할머니 집이 잘 보이는 예쁜 돌담길과 눈을 맞췄다. 담쟁이가 멋스럽게 말아 올라간 돌담길은 할머니를 따라나서지 않았다면 놓칠 뻔했다. 할머니네 쑥밭으로 향하다 만난 거친 돌밭에서는 호박이 탐스럽게 익어가고 있었다. 어쩜 저렇게 잘 자랐을까. 틀림없이 씨를 받기 위해 애호박으로 따지 않고 남겨놓았을 것이다. 아니면 자식이 오는 날 호박죽을 쑤어 줄는지도 모른다. 쌀이 귀했던 어린 시절에는 호박죽으로 몇 끼를 때웠다. 지금은 건강식이라고 먹지만 호박을 가르고 껍질을 벗기는 날이 싫었다. 고구마 냄새가 나는 날도 마찬가지였다.

지난봄 할머니에게 용돈을 만들어주었던 쑥은 베어져 한 줌의 재로 변했다. 그리고 다시 어린 쑥이 올라오고 있었다. 정말 검게 그을린 밭에서 쑥쑥 자라고 있었다. 쑥은 강한 식물이다. 일본에 원자폭탄이 투하된 후 가장 먼저 자란 식물이 쑥이었다. 그래서 '독풀'이란 오명도 들었다. 어떤 어려운 환경에서도, 수레가 무시로 다니는 길 한복판에서도, 무성하게 키가 큰 풀들 사이에서도, 뽑고 또 뽑아내는 밭두렁에서도 겨울을 견디고 봄이면 어김없이 솟아나 꿋꿋하게 자라는 것이 쑥이다.

관작마을 회관 앞에는 당집과 당산나무가 있다. 고개를 숙이고 거미줄을 헤치며 시멘트로 지은 초라한 작은 당집을 들여다보았다. 언제 마을제의를 지냈는지 가늠할 수 없을 정도였다. 팽나무와 해송 아래 당집에는 '南無地藏菩薩之堂'(나무지장보살지당)이라고 적혀 있었다. 당집에서 이런 신위를 본 적이 있던가? 기억에 없다. 마을 어귀에서 만난 할아버지는 옛날에는 소도 잡고 스님을 모셔다가 제를 지내기도 했다고

골목길에서 할머니를 만났다. 한사코 자신의 집으로 가잔다. 커피를 한잔 하자면서. 동네에서 유일한 기와집이다. 아들이 해줬다며 자랑을 하기 위해서다. 예쁜 돌담을 따라 내려가니 널찍한 마당이 반긴다.

일러주었다. 주민들은 마을 당을 '스님을 모신 당'이라 불렀다. 1970년대 초까지 정월 초하루에 소를 잡아 제를 지내고 걸궁을 쳤다고 한다. 스님을 모시고 당제를 지내고, 스님을 모셔다가 제물로 소를 잡았다니 어찌 생각해야 할까.

관작마을과 관사마을은 고개를 사이에 두고 북동쪽과 남쪽에 자리해 있다. 북서풍과 남동풍을 상하조도, 대마도, 소마도가 막아주는 자리다. 관사마을보다 관작마을이 아늑해 보였다. 두 마을은 1.8킬로미터 떨어져 있다. 옛길을 따라 고개를 넘으면 불과 600미터 남짓 되는 가까운 거리이지만 해안을 따라 도로가 만들어지면서 옛길은 나무와 풀이 우거져 왕래할 수 없다. 옛길을 따라 고개를 넘어 관사마을로 가보려고 했지만 묵은 길은 찾기도 어려웠다.

할머니와 한참 이야기를 나누는데 털털거리며 승합차가 마을로 들어왔다. 아침에 예배를 보러 갔던 주민들을 싣고 오는 차였다. 주민이라고 해야 상노인 두 양반과 젊은 아낙 한 명뿐이었다. 젊은 아낙도 환갑은 이미 지났고 칠순을 앞둔 나이다. 그래도 이들이 마을에서는 젊은 축에 드는 할머니들이다.

전화요금, 서울 450원 목포 900원

왔던 길을 되돌아 관사마을로 향했다. 관사마을은 진도항에서 출발해 서거차도까지 오가는 객선이 닿는 선창에서 가깝다. 벌써 점심시간이 가까웠다. 작은 섬에 식당이 있을 리가 없었다. 구멍가게가 하나 있을 뿐이다. 아침에 아내가 싸준 도시락을 들고 온 게 얼마나 잘한 일인가. 적당히 앉아 쉴 곳만 찾으면 된다. 마을 초입에서 학교를 발견했다. 벚나무와 느티나무가 잘 자라 그늘에서 쉴 만했다. 그 아래 나무의자까지 놓여 있으니 이보다 좋은 자리가 있겠는가. 오늘처럼 도시락을 싸온 날은 마음이 편안하다.

팽나무와 해송 아래 당집에는 '南無地藏菩薩之堂'(나무지장보살지당)이라고 적혀 있었다. 당집에 신체로 '지장보살'을 모신 것은 처음 본다. 스님이 와서 제사를 지내주면서 적어놓은 것인지, 마을 주민들이 정말 지장보상을 신격으로 모신 것인지, 그 유래를 모르겠다. 주민들은 이 당을 '스님을 모신 당'이라 한다. 팽나무와 소나무 아래에 있다.

이곳저곳을 기웃거리다 기가 막힌 사리를 발견했다. 학교였다. 조도 초등학교 관사 분교장이다. 느티나무 밑에 의자까지 있었다. 운동장과 한 칸짜리 교실이 한눈에 들어왔다. 뒤를 돌아보니 바다 건너 소마도가 보인다. 나무 밑에는 예쁘게 색칠한 그네가 있었다. 학교에서 시작된 작은 숲은 마을 앞까지 이어지는 방풍림으로 이어져 있었다.

백두산 뻗어내려 남쪽은 바다
우뚝한 돈대산 정기 받아서
비바람 거센 파도 두렵지 않은
대한의 새싹들이 자라나는 곳

아이들은 월요일 아침조회 때마다 이렇게 교가를 불렀을 것이다. 돈대산은 조도에서 가장 높은 봉우리로 학교에서 마주 보이는 상조도에 있다. 자리에 앉아 도시락을 펼쳤다. 어제 저녁에 담근 김치와 보리가 적당히 섞인 밥 한 덩이가 이렇게 고마울 수가 없었다. 앞에는 자그마한 운동장과 나지막한 교실 두 칸, 한쪽 구석에는 그네가 있었다. 뒤로는 파도소리가 들리는 선창이다. 이렇게 사치스런 오찬을 누가 즐길 수 있겠는가. 이렇게 멋진 점심을 먹어본 기억이 있던가. 점심을 먹고 보온병에 담아 온 원두커피도 한잔했다. 그래, 이 맛이야.

호사스럽게 점심을 먹고 쉬고 있는데 한 젊은 사내가 아이를 등에 업고 교실로 향했다. 그러고 보니 학교로 들어올 때 젊은 여자가 담장 너머에서 빨래를 널고 있었다. 부부 교사라는 것을 나중에 알았다.

학교를 한 바퀴 돌아 옆문을 통해 밖으로 나왔다. 그곳에는 섬에서 가장 최근에 지어진 예쁜 보건소가 있다. 학교와 보건소는 관사도의 유일한 공공기관이다. 그 건물 너머에 은진 송씨 모은공파 제각이 있다.

어느 집 마당, 바람이 잘 드는 곳에 줄을 매고 돌돔 두 마리와 참돔 네 마리가 매달렸다. 작지 않은 녀석들이라 굽거나 쪄 놓으면 먹을 만할 것 같다. 유난히 생선구이를 좋아하는 손자를 기다리는 할아버지의 정성이 엿보인다.

관사와 관호, 두 마을은 송씨 집성촌이다. 지금도 두 마을에 10여 가구씩 살고 있다. 섬에 처음 들어온 입도조는 연안 차씨로 알려져 있다. 《여지도서》에 관청도라는 이름으로 소개되어 있다.

마을 앞 언덕에는 아름드리 소나무가 군락을 이루고 있었다. 입도조가 심었을 것으로 보이는 300여 년이 된 해송 한 그루와 그보다 젊은 수십 그루의 소나무들이 방풍림을 이루고 있었다. 풀숲을 헤치고 올라가자 모래가 쌓여 만들어진 언덕이 있었다. 그 위에 나무를 심어 숲을 만들었다. 주변에 크고 작은 섬이 바람을 막아주기는 하지만 부족했던 모양이다. 파도와 모래 바람을 막기 위해 소나무를 심었던 것이다. 소나무가 자라자 언제부터인지 모르지만 마을 신을 모시며 제사를 지냈다. 1950년대에는 허벅지까지 푹푹 빠지는 모래산이었다고 한다. 작은 해송들은 그 무렵 심은 것으로 추정된다. 당산 밖으로 해안도로를 내면서 사구가 잘려나갔다. 본래 관작이나 관사 모두 산 위에 당산이 있었는데 신위로 모신 지방이 날아와 그곳에 자리를 잡아 마을 앞 바닷가에 모셨다고 한다.

관사리 서쪽으로 진목도와 갈목도가 있다. 이들 섬은 목포에서 오가는 섬사랑호가 연결한다. 관사도에서 손을 뻗으면 닿을 만큼 지척이지만 다른 항로를 가지고 있어 심리적으로는 거리감이 있다. 섬의 생활권은 이렇게 뱃길에 따라 형성되기도 한다. 갈목도에는 1가구, 진목도에는 10여 가구가 거주하고 있다. 이들 섬 밖에 양간도라는 무인도가 있다. 갈목도 서쪽으로 관사도에서 6킬로미터 떨어진 곳이다. 서거차도에서는 5킬로미터 남짓 거리에 있고 진목이나 갈목에 가까운 섬이다. 그 섬에서도 관사리 주민들이 미역과 톳을 채취하고 있다. 그런가 하면 '두름미'라는 무인도는 관사와 관작 두 마을이 나누어서 채취하고, '상낭여'는 관사리의 송씨 개인 소유로 관리되고 있다. 무인도는 가까운 유인도의 마을에서 해초 채취권을 갖는 것이 관행이지만 이렇게 멀리 있는 마을에서 권리를 갖는 것은 당시 마을세가 강했거나 마을 간 거래가 이루어진 경우다.

관사리는 선창을 따라 마을이 자리를 잡았다. 마을 앞에는 당등이라 부르는 모래언덕이 있었다. 파도와 바람이 가져와 쌓은 모래 위에 소나무를 심고 팽나무를 심어 바람을 막았다. 그곳에서 송청호씨(1943년생)를 만났다. 그도 은진 송씨였다. 모처럼 동서가 와서 하루를 보내고 나서는 길에 아내가 이것저것 챙겨 보내는 길이었다. 그는 학교에서 교육공무원으로 퇴직했다.

전기도 없던 시절 송씨가 기억하는 섬 생활에서 인상적인 것은 전화라고 한다. 1970년대로 기억했다. 학교에 전화가 가설되었다. 업무용

살아서 천 년 죽어서 천 년이 주목이라 했지만, 이 소나무도 그 주목에 못지않다. 게다가 여전히 마을에서 신목으로 대접을 받고 있지 않던가. 후계목을 두지 못한 것이 아쉽지만 그 후계목을 키울 젊은이도 섬에 없지 않던가.

관사도를 기준으로 뱃길이 나뉜다. 목포에서 출발하는 배가 신안군과 진도군 서쪽의 크고 작은 20여 개의 섬을 돌아 조도에 이르고, 팽목에서 출발하는 배는 조도 주변의 섬을 운항한다.

전화가 아니라 섬사람들이 이용하는 통신시설이었다. 당시 송씨는 아침 8시, 점심 12시, 오후 3시에 각각 한 시간씩 전화 앞에서 기다리는 것이 일이었다. 인편이나 편지 외에 섬과 소통할 수 있는 유일한 방법이었다. 전화가 오면 방송을 해서 전화 받을 사람을 불렀다. 밭에서 일을 하다가 전화를 받기 위해 달려오는 데 수십 분이 걸려도 들고 있어야 했다. 당시 목포로 전화를 거는 것은 900원이었고 서울은 450원으로 기억했다.

또 한 가지는 봉급이었다. 당시 송씨는 배를 타고 나와 진도읍 농협에서 교장, 교감과 교사들의 봉급을 나서서 나누어 주었다. 직접 학생들을 가르치지는 않았지만 당시의 학교 속사정에 누구보다 밝았다. 그 무렵 관사도에도 기계배가 들어왔다. 가장 먼저 송씨가 배를 구입해 위도, 식도 등에서 조기를 잡기도 했다.

진도항으로 돌아오는 배도 만원이었다. 관매도로 들어간 사람들이 나올 수 있는 유일한 마지막 배였기 때문이다. 예상했던 터라 일찌감치 바닥에 자리를 잡고 앉았다. 나뿐만 아니라 족히 이십여 명의 여행객들이 바닥에 앉았는데, 나무의자나 평상에 앉은 사람들도 햇볕에 노출되기는 마찬가지였다. 조도와 관매도 여행을 하면서 받은 안내서나 신문지를 깔고 앉는 데 쓰거나 햇빛 가리개로 사용했다.

옆에 앉은 여행객이 검은 봉지를 그늘로 끌어당겼다. 안을 보니 마삭줄인지 송학인지 덩굴식물이 뿌리째 담겨 있었다. 탐방로를 걷다 혹은 돌담을 걷다 뽑아 온 것이 분명했다. 평상에 앉아 있던 남자는 배낭을 열더니 목침처럼 생긴 돌을 꺼내 들고 이리저리 살피고 있었다. 샌드위치처럼 겉은 검은 묵석이고 가운데는 붉은 색이 감도는 돌이었다. 바닷가에서 주워 온 것이 분명했다. 관매도는 국립공원지역이다. 돌 한 개도, 식물 한 뿌리도 가져갈 수 없다. 조도는 주말이면 많은 여행객들이 찾는 관광명소로 거듭나고 있다. 그들이 관매도나 조도의 작은 섬을 찾는 것은 훌륭한 생태계와 건강한 자연이 잘 보전되어 있기 때문이다. 그 자연을 후손들에게 물려줄 의무도 함께 갖고 있다.

개황 | 관사도

일반현황

위치 | 전남 진도군 조도면 관사도리
면적 | 0.992km² **해안선** | 5.39km **육지와 거리** | 64.37km(목포연안여객선터미널)
가구수 | 53 **인구(명)** | 77(남: 40 여: 37) **어선(척)** | 20
어촌계 | 관사어촌계, 관작어촌계

공공기관 및 시설

공공기관 | 치안센터
의료시설 | 관사도보건진료소(061-544-5867)
교육기관 | 조도초등학교 관사분교(061-5444-5818)
전력시설 | 송전
급수시설 | 간이상수도

여행정보

교통 | **배편** | 섬사랑10호 · 신해5호: 1일1회 운항 / 목포연안여객선터미널-율도-쉬미항-저도 -광대-송도-혈도-양덕-주지-가사-소성남-성남-옥도-내병-외병-눌옥-갈목-진목-하 조도 창유항-율목-나배-관사-소마-모도-대마-관매-동거차-서거차-상조도 율목항(약 6시 간 22분 소요)
금오페리7호: 1일1회 운항 / 하조도 팽유-관사도(약 30분 소요)
여행 | 관사유물산포지, 관작유물산포지
특산물 | 톳, 미역
특이사항 | 관사도의 지명유래로는 섬의 모양이 황새처럼 생겨 관새섬 혹은 관사도라 부르게 되 었다는 설이 있고, 동쪽 해안에 가는 모래가 많아 관사도라 이름 지었다는 설이 있다. 다도해 해 상국립공원의 관리대상 도서이다.

변화 자료

구분	1972	1985	1996
주소	진도군 조도면 관사도리	진도군 조도면 관사도리	진도군 조도면 관사도리
면적(km²)	1.4	1.3	1.626
인구(명)	557	262	154
	(남: 282 여: 275)	(남: 125 여: 137)	(남: 77 여: 77)
가구수	102	86	60
급수시설	우물 8개소	간이상수도시설 2개소 우물 27개	간이상수도시설 2개소 우물 11개
전력시설	-	자가발전기 2대	한전계통
어선(척)	31	43	16
어가(농업겸업)	7(90)	15(36)	57

30

이장 봉급으로 준
갯바위
조도면 소마도

"누구요? 섬에 왔으면 신고를 해야제. 대놓고 사진을 찍으면 쓰것오."

배에서 내려 마을로 가는 길목에 낡은 섬집과 그 안을 기웃거리며 사진을 몇 장 찍는 것을 본 모양이다. 여행객이 거의 찾지 않는 섬이라 낯선 사람이 어슬렁거리니 행동거지를 주목했던 것이다. 옛날 같으면 틀림없이 '간첩'이라 신고했을 것이다. 섬에 들면 늘 이장이나 동네 어른에게 인사를 드리고 궁금한 것을 여쭙지만 간혹 이런 일도 생긴다. 넉살 좋게 "마을로 가는 길에 몇 장 찍었어라."라고 하면서 인사를 하자 어디서 왔느냐며 반갑게 맞아주었다.

광주에서 왔다니 동네를 묻고 그 옆에 아들이 사네 딸이 사네 하면서 이리저리 사돈네 팔촌까지 따지며 관련지으려는 것이 섬 인심이다. 그러고 나서야 궁금한 것을 물어볼 수 있다. 소마도는 대마도와 견주어 작은 섬이라 붙여진 이름이다. 하지만 작은 고추가 맵다. 소마도 사람들이 살아온 삶이 그렇다.

섬의 동쪽 낮은 구릉과 물이 모이는 습지가 있어 작은 섬이지만 꽤 너른 논에 벼를 심을 수 있었다. 또 그 주변을 작은 산과 숲이 둘러싸고 북쪽을 향해 터져 있으며 작은 선창도 자리하고 있어 어촌 마을이 형성될 수 있었다. 마을 너머 남쪽과 서북쪽 비탈은 개간하고 경작해서 봄에는 보리를 수확하고, 가을에는 고구마를 캤다. 쌀독이 바닥을 보이면 보리를 수확할 때까지는 고구마를 식량으로 삼았다. 이후 고구마는 쌀 대신 술을 만드는 주재료로 상품화되었다. 식량자급을 위해 1960년대에는 쌀을 술 재료로 쓰는 것을 금했다.

유자망배로 조기를 잡다

소마도는 이웃한 나배도와 함께 조기잡이를 많이 한 섬이다. 나배도가 닻배를 이용해 조기잡이를 했다면 소마도는 유자망, 즉 흘림그물을 이용했다. 작은 섬이지만 조도에서는 부촌이라는 말을 들었던 섬이다. 소마도에 기계배가 등장한 1970년대 초반 이전에는 모두 풍선배로 조기를 잡았다. 당시 마을에 20여 척의 배가 있었다. 배 한 척에 9명이 탔다. 한식에 조기잡이를 나가서 망종 무렵에 돌아왔다. 한식은 동지에서 105일째 되는 날로 설날, 단오, 추석과 함께 4대 명절의 하나였다. 음력 2월이나 간혹 3월에 들기도 하는데, 양력으로는 4월 5일이나 6일에 해

소마도 선창. 마을로 들어서다 주민들에게 혼쭐이 났다. 낯선 마을에 들어오면 먼저 이장에게 인사하고 노인들에게 무슨 일로 섬에 들어왔다고 알려야지 '대놓고 사진을 찍느냐'며 말이다. 곧바로 잘못을 시인하자 너털웃음으로 반겨주었다.

이억영 화백의 〈곡우철 조기잡이〉 사진.

당한다. 이때 잡은 조기를 일컬어 '한식사리'라 했다.

추자도 남쪽에서 겨울을 보내던 조기들이 곡우(음력 3월 중순, 양력 4월 20일 무렵) 무렵에 알을 낳기 위해 물길을 따라 서해로 올라오기 때문에 많이 잡힌다. 영광과 부안 위도와 왕등도에 이르는 칠산바다에서는 곡우 때 조기가 많이 잡혔다. 이 조기는 알 밴 조기로 '곡우사리'라 해서 으뜸으로 쳐 '천신'(첫 수확을 조상에게 올리는 제의)을 하기도 했다. 속담에도 "곡우가 넘어야 조기가 운다."라고 했다. 조기가 짝짓는 시기를 가늠할 수 있는 말이다. 이 외에도 양력 5월 5일 무렵을 입하라 하는데 황해도 연평 어장에서는 이때 조기가 많이 잡혀 '입하사리'라고도 한다. 곡우사리와 입하사리 조기는 값을 후하게 쳐주었고, 이후 잡히는 '소만사리'(입하와 망종 사이인 소만에 잡히는 조기)도 있지만 굴비로 만들기 어려웠다.

당시 부산이나 강원도에서는 기계배로 고기를 잡았지만 소마도는 좀 늦있다. 소마도 사람들 중에는 그곳에서 직접 기계배를 가져와 조기를 잡기도 했다. 이를 '차대'라고 부른다. 차대한 배로 위도, 칠산바다, 왕등도 일대의 어장까지 가서 조기를 잡았다. 최일동씨(1940년생)는 법성포 앞바다에서 조기를 잡다가 바람이 불면 목냉기로 들어가 바람을 피했다. 목냉기는 법성포에서 칠산바다로 나가는 길목에 있는 포구다. 이곳은 파시가 형성되어 작부집이 많이 있었던 곳이다. 최씨는 구룡포에서 배를 차대해 조기를 잡았다. 조기잡이를 해서 돈을 만진 사람들은 하나둘 목포로 나갔다. 그래서 목포에 안강망 등 대형 철선을 하는 사람들 중에는 조도 사람이 많다. 또 목포에서 수산업계를 주름잡는 사람들 중에도 진도 조도 사람이 많다.

물 좋고, 갱번 좋아 시집왔다

소마도. 이름만으로도 작은 섬이려니 생각되는 섬이다. 작은 섬이 맞

유자망배가 많아서 나배도는 닻배, 소마도는 유자망배라고 할 정도로 고기잡이가 성했던 마을이다. 이제 찾는 조기도 없고 큰 배를 가진 사람은 모두 목포로 나갔다. 김 할머니는 논 네 마지기에 미나리를 심고 밭 일곱 마지기에 쑥을 심었다.

지만 그 역할을 보면 결코 작지 않다. 섬 주민이 먹고살 만한 논이 있다. 그리고 이웃 섬에까지 나눠줄 물이 있다. 마지막으로 섬사람들에게 논밭보다 소중한 갱번이 좋다. 작은 섬의 갱번은 섬사람의 목숨 줄이었다. 소마도의 갱번은 동편과 서편, 두 개의 재건으로 나뉘어 있다. 김이복 할머니(1940년생)가 시집을 왔던 1960년대 초에만 해도 한 재건이 40여 가구로 구성되어 있었다. 그때는 섬에 100여 가구가 살 때였다. 그 후 20여 가구로 줄어들자 10년 전에 동편과 서편을 합해서 한 재건으로 통합했다. 지금은 전체 29가구 중에서 다리가 아프지 않고 일을 할 수 있는 7가구가 갱번을 하고 있다. 미역은 공동작업을 한 후 생미역을 똑같이 나눈다.

2012년에는 한 집에 미역을 40뭇 정도 했지만 2013년에는 네댓 뭇 정도 했을 뿐이다. 톳도 작년에는 220개를 뜯어 40킬로그램을 수확했지만 금년에는 165개가 전부다. 미역과 달리 톳은 상인에게 넘기고 받은 돈을 나눈다. 게름목과 뺄작섬은 톳이 잘 자라고, 딴섬과 이장여는 미역이 잘 자란다. 옛날에는 동쪽이 잘 자랐는데 지금은 서쪽이 잘 자란다. 조류와 수온에 따라 바뀐다.

갱번마다 이름이 있다. 특히 '이장여'는 고생하는 이장 몫으로 정해놓은 미역 바위다. 따로 쌀과 보리를 갹출하기 어려웠던 시절에 미역 바위를 이장 몫으로 정해두고 마을 일을 부탁했던 것이다.

곤우마을에서 왔다는 김이복 할머니(1940년생)는 스무 살에 가마를 타고 소마도로 시집왔다. 할아버지 얼굴 한 번 보지 못한 채 말이다. 아버지는 '갱번' 일하기 좋고 '물'이 좋아 사는 데는 어려움이 없다며 소마도로 시집을 보냈다. 실제로 소마도는 삽 한 자루만 파면 민물이 나올 정도로 물길이 좋았다. 이웃 마을에서 나룻배를 타고 와서 물을 실어 갔다. 멀리 만재도에서도 곧잘 물을 얻으러 왔다.

아흔 살 시아버지의 대소변을 받아내며 눈물짓던 할머니가 이제 백 살이 되었다. 할머니는 산 밑 '꾸석지'(후미진 곳에 작은 밭)만 있으면 호 미로 파서 고구마를 심었다. 그땐 땅이 없으면 살 수 없는 시절이었다. 호강한 사람들은 다 먼저 갔는데 목숨을 어디에 매달아 놓았기에 이렇 게 오래 사는지 모르겠다며 손수레를 끌고 쑥밭으로 올라갔다.

"여기가 물 좋고 갱번 편하다고 시집왔제. 빈딱길이 없고 쬐깐하다 고. 거치리(거차도) 대마도는 갱번이 험요. 신랑 보도 안하고. 가매로 여기다 퍼서 여그 밥도 무지하게 묵었어. 여태껏 살았제. 어두운 시상 산 밑에까지 밭이 있어. 꾸석지 있으면 호미로 깔작때고. 땅 없으면 못 산다고. 그 고생 그렇게 해도 산 것 보면. 밍을 어따 달아맸을까. 호강으 로 산 사람 다 죽은디."

김 할머니는 논 네 마지기에 미나리를 심고, 밭 1,500평에 쑥을 심어 농사를 짓고 있다. 재작년에는 쑥값이 좋아 모두 1천만 원 정도 소득을 올렸지만 올해는 그 반절밖에 하지 못했다. 그래도 하고 싶으면 하고 다른 사람 손 빌리지 않고 할 수 있어 좋단다.

인적이 드문 섬길은 메주콩이 차지했다. 햇살이 좋은 가을볕에 콩깍 지가 비틀어지면서 콩이 저절로 튀어나오기도 했다. 한쪽에서는 부부 가 휘추리를 들고 콩대를 두드렸다.

옛날 내 아버지는 도리깨질을 잘하셨다. 마당에서 도리깨가 춤을 출 때마다 휘추리가 윙-윙 소리를 냈다. 그때마다 콩알이 튀어 마루 밑은 물론 부엌까지 튀었다. 누나와 나는 콩타작이 끝나면 작은 바가지를 들 고 집 안 곳곳으로 튄 콩을 주우러 다녀야 했다. 한번은 아버지가 잠깐 쉬는 참에 도리깨질을 하다 휘추리를 부러뜨렸다. 닥나무나 물푸레나 무로 만들기 때문에 단단하지만 어설픈 흉내가 일을 내고 말았다.

'당너머'로 가는 비탈길을 할머니가 손수레를 끌고 힘겹게 오르고 있

가을볕에 꾸마, 고추, 호박씨가 말라간다. 문지방에 애지중지 말리는 이유가 있다. 모두 내년에 밭에 심을 씨앗을 얻기 위한 것이다. 가을에 잘 말려 씨오쟁이에 보관했다가 봄이 오면 싹을 틔워 밭에 옮길 것이다.

었다. 좁은 길 양쪽으로 강아지풀과 수크령이 우거져 수레를 끌기가 더욱 힘들어 보였다. 왼쪽에는 돌담이 무너진 빈집이 있고, 오른쪽에는 당집이 있었다. 그 너머로는 바다다. 옛날에는 길 건너 몇 집이 '당너머'라는 마을을 이루며 살았다. 수레를 밀며 할머니 뒤를 따라 비탈길을 올라서자 제법 넓은 밭이 펼쳐져 있었다. 모두 쑥밭이다. 일부 콩을 심기도 했지만 건사하기 힘들고 겨울철 용돈벌이도 좋아서 쑥을 심었다고 했다.

당산제를 그만둔 것이 언제인지 칡넝쿨과 잡목들이 당숲을 빼곡히 채웠다. 수십 년 전 일이다. 지금은 주변을 일궈 밭으로 이용하고 있었다. 깨와 콩을 심어 가을걷이를 끝낸 곳도 있고, 지난겨울과 봄에 호주머니를 채워준 쑥대를 베어낸 자리에서 어린 쑥이 머리를 내밀었다. 하늬바람이 불기 시작하면 쑥은 다시 효자 노릇을 할 것이다. 할머니는 언덕에 올라 바다 건너 관사도가 보이는 곳에 손수레를 멈추고 걸터앉았다. 쑥밭에 비료를 뿌리려고 가는 길이었다.

"올해 미역은 얼마나 하셨어요?"

"너 뭇 했어. 작년에는 그래도 제법 했는데."

네 뭇이면 80가닥을 했다는 말이다. 한 뭇에 20여 만 원을 받았다면 갱번벌이로 100여 만 원쯤 벌었다는 말이다. 그래서 예년에 비해 쑥에 더욱 정성을 들이는지 모르겠다. 조도 사람들은 논밭만 아니라 갯바위에서도 농사를 짓는다. 이를 '갱번농사'라고 부른다. 옛날에는 갱번농사로 자식을 키웠다. 뭍에 문전옥답이 있다면 이곳에는 문전옥빈(門前玉濱)이 있다. 갱번농사가 없다면 입에 풀칠하기 어려웠다. 그래서 조도에서는 딸자식을 둔 부모들이 시집을 보낼 때 갱번농사를 수월하게 지을 수 있는 섬인지 꼭 따져서 택했다. 경사가 심하고 접근하기 어려운 갱번을 가지고 있는 섬에는 딸을 주기 싫었던 것이다. 고생길이 훤하기 때문이었다. 갱번농사로 수확한 미역, 톳, 가사리를 목포에 있는 상회에 내다 팔았다.

다음으로 따지는 것이 '물 사정'이었다. 지금은 수도꼭지만 틀면 물이 나오지만 옛날에는 동이를 가지고 가서 물을 길러야 했다. 물 사정이 좋지 않으면 새벽에 일어나 줄을 서서 먹을 물을 길어 오는 것이 하루 일과였다. 모두 여자들 몫이었다.

소마도는 작은 섬이다. 그런데 이 두 가지를 모두 갖추고 있었다. 그리고 위아래 마을 사이에 마을 주민들이 먹고살 만한 논이 있었다. 마을 뒤쪽으로 낮은 구릉은 전부 밭이었다. 논과 밭이 좋은데다가 갱번도 험하지 않아 사람이 머물기에 안성맞춤이었다. 게다가 물 사정이 좋아 인근 섬에서 물을 길어다 먹었다. 가뭄이 심하면 행정기관에서 물 배를 가지고 와 소마도에서 물을 담아 공급해주기도 했다.

   당너머 쑥밭에 비료를 주기 위해 오르던 할머니의 고향은 하조도 당
도였다. 결혼 전에 신랑을 한 번도 보지 못했다. 부모님은 '갱번이 좋고,
물이 좋다'며 배필을 정했다. 고구마와 콩을 심던 밭은 쑥밭으로, 나락
농사를 짓던 땅은 미나리를 심어 팔고 있다. 그 사이에 머리가 하얗게
변했고, 허리도 구부러졌다. 지금도 그 물을 먹고 있다. 올해 갱번농사
는 흉년이지만 역시 갱번에 의지해 살고 있다. 콩 타작을 마친 노인은
선창에서 배를 기다린다. 막 수확한 메주콩과 갱번에서 따온 고둥을 삶
아 만든 반찬을 옆에 두고.

개황 | 소마도

일반현황

위치 | 전남 진도군 조도면 소마도리
면적 | 0.706km² **해안선** | 4.17km **육지와 거리** | 64.91km(목포연안여객선터미널)
가구수 | 30 **인구(명)** | 44(남: 24 여: 20) **어선(척)** | 8
어촌계 | 소마도 어촌계

공공기관 및 시설

공공기관 | 치안센터
전력시설 | 송전
급수시설 | 해수담수

여행정보

교통 | 배편 | 섬사랑10호·신해5호: 1일1회 운항 / 목포연안여객선터미널-율도-쉬미항-저도-광대-송도-혈도-양덕-주지-가사-소성남-성남-옥도-내병-외병-눌옥-갈목-진목-하조도 창유항-율목-나배-관사-소마-모도-대마-관매-동거차-서거차-상조도 율목항(약 6시간 30분 소요)
금오페리7호: 1일1회 운항 / 하조도 팽유-소마도(약 35분 소요)
특산물 | 돌톳, 돌미역, 모자반(듬부기, 뜸부기)
특이사항 | 소마도는 조선 말 이웃 대마도와 함께 군마를 기르던 곳이었다고 전해진다. '소마도'라는 이름은 대마도와 같이 섬의 생김새가 말처럼 생겼다고 하여 붙여진 지명이다. 대마도는 큰 말, 소마도는 작은 말을 의미한다. 다도해 해상국립공원의 관리대상 도서이다.

변화 자료

구분	1972	1985	1996
주소	진도군 조도면 소마도리	진도군 조도면 소마도리	진도군 조도면 소마도리
면적(km²)	1.06	0.7	1.072
인구(명)	482	208	85
	(남: 237 여: 245)	(남: 99 여: 109)	(남: 46 여: 39)
가구수	81	62	39
급수시설	우물 3개소	간이상수도시설 1개소	간이상수도시설 1개소 우물 4개
전력시설	–	자가발전기 1대	한전계통
어선(척)	18	52	16
어가(농업겸업)	20(55)	18(17)	10

31

집도 사람 냄새를 맡아야 한다

조도면 모도

겨울로 접어든다는 12월 첫 주말, 모도로 향했다. 첫눈은 벌써 내렸다. 이런 날은 섬으로 들어가는 사람들이 거의 없다. 주민들도 겨울나기를 위해 뭍으로 나올 준비를 하는 시기다. 선실에서 한가하게 음악도 듣고 갖은 생각을 하기에 딱 좋다. 그런데 진도항에 도착하자 내 꿈은 산산이 부서졌다. 관광버스 두 대가 먼저 와 있었다. 보나마나 관매도로 가는 관광객들이다. 가족끼리 승용차를 가지고 온 사람들도 있었다. 부산에서 왔다는 초등학교 동창생들은 모두 '1950년생'이었다. 그러니까 환갑이 훨씬 지난 사람들이다. 어제 진도에 도착해서 저녁에 회포를 풀었는지 화색이 돌았다. 일찍 배에 오른 사람들은 어제 마신 술이 부족했는지 선실에서 술판을 벌이고 해장술을 시작했다. 그런데 기분이 상하기보다는 자꾸 초등학교 친구들의 얼굴이 떠올랐다.

나무를 하는 사람

모도는 섬의 규모에 비해 선창이 잘 정비되어 있었다. 최근에 공사를 했는지 시멘트 색깔이 선명하고 반짝거렸다. 얼른 보아서 빈집까지 20여 가구는 될 성싶었다. 하지만 주민의 모습은 보이지 않는다. 내가 타고 왔던 객선의 항해사는 사람 사는 집이 열 집도 안 될 거라며 사람이나 만날지 모르겠다는 말을 남기고 관매도로 향했다. 겉으로 사람이 살겠다 싶은 집은 다섯 집에도 미치지 않았다. 골목을 헤집고 집 안을 들여다보고 쑥과 완두콩을 심어놓은 밭까지 둘러봤지만 사람을 만날 수 없었다. 오늘은 빈 섬만 돌아보고 가나 싶었다. 가장 높은 곳에 있는 빈집에 올라 마을 전경을 바라보다 마을 뒤 억새밭에서 인기척이 있어 올라가보았다.

억새를 한 다발 베어서 묶어두고 두 다발째 베고 있었다. 어머니는 미역 삶을 때 사용하려고 준비해두는 것이라 했다. 갯밭에서 미역을 뜯는 사람은 모두 네 가구뿐이라고 했다. 섬에 아홉 가구가 사는데 최근에 세 집이 갯밭에서 미역을 뜯는 권리를 포기했다. 나이가 들어 갯번 짓을 포기한 것이다. 두 가구는 그 전에 권리를 포기했다. 작년에는 그래도 용돈 벌이는 했는데 올해는 '국건이(국거리)도 챙기지 못했다'고 했다. 조도 관내에 돌미역이 생산되는 섬은 모두 같은 상황이었다. 독거도와 맹골군도에서 미역을 좀 했을 뿐이다. 쑥은 괜찮느냐는 질문에 '쑥도 볼 것 없다'고 했다. 모도에서 쑥농사를 짓는 사람은 두 집이다. 쑥 생산량이 적다 보니 객선으로 보내는 것도 부담스럽다. 사람은 타지 않으면서 객선을 불러야 하기 때문에 뱃사람들의 눈총을 엄청나게 받아야 한다. 작은 섬은 이래저래 삶이 팍팍하다. 억새를 베는 어머니 이씨(1948년생)는 관매도 막금이(관호리)에서 시집왔다. 친정에서도 하늘다리까지 가서 나무를 했는데 늙어서도 그 신세를 벗어나지 못하고 있다며 자조 섞인 말을 쏟아냈다.

마을 뒤 쑥밭을 지나자 파도소리가 들려왔다. 고개를 내밀어보니 대나무에 가려 바다는 보이시 않았시만 급경사 아래에서 나는 소리였다. 조심스럽게 내려가 보니 작은 몽돌해변이 숨어 있었다. 나중에 선창에서 해바라기를 하던 할머니가 그곳을 '모래개'라고 부른다고 일러주었다. 모래개에는 중국에서 표류해온 플라스틱 병이 즐비했다. 서남해 도

모도는 관매도로 가는 뱃길에서 옆으로 벗어나 있다. 그래서 여객선을 타면 모도에 내린다고 미리 알려야 안심이다. 섬에서 배를 부르지 않으면 그냥 지나칠 수 있기 때문이다. 그래도 배가 오가는 것만으로도 감사할 일이다.

서지역에서는 중국에서 표류해온 해양 쓰레기가 자주 발견된다. 반대로 우리나라에서 버린 해양 쓰레기는 일본의 오키나와에 표착하며 일본 쓰레기들은 태평양을 건너 미국으로 건너가기도 한다. 조류를 따라 이동하는 것이다. 모래개 너머로 대마도가 보였다.

오직 파도소리와 몽돌 구르는 소리만 들리는 곳에서 배낭을 열어 김밥과 과일을 펼쳤다. 점심시간이다. 휴대전화를 꺼내 음악을 틀었다. 겨울 날씨답지 않게 더웠다. 겉옷을 벗고 남방도 벗었다. 긴팔 티셔츠만 걸치고 몽돌 위에 누웠다. 부러울 것이 없었다. 걱정도 없었다. 잠깐 졸았던 모양이다. 바닷물이 발밑까지 들어왔다. 주섬주섬 옷을 입고 배낭과 카메라를 들고 마을로 돌아왔다. 내려가는 길에 빈집을 몇 곳 돌아보았다. 이불도 그대로 두고 잠깐 다니러 간 것 같은 방 안이지만 집

작은 마을이지만 선창이 잘 정비되었다. 마을이장이든 어촌계장이든 발품을 팔아 군청이나 행정기관에 뻔질나게 드나들며 노력한 흔적이다. 지금 당장은 사람이 적지만 바다가 좋고 섬이 아름다우면 젊은 사람이 들기 마련이다. 그 사이 섬을 잘 가꾸어야 한다.

은 무너지고 있었다. 금방 밥을 차릴 것처럼 부엌 벽에 상이 걸려 있는 집도 있었다.

설 넘기기 전에 가야 하는디

점심 먹고 운동 삼아 나왔다는 팔순을 훌쩍 넘긴 할머니를 해가 잘 드는 담장 아래서 만났다. 설을 안 넘기고 가는 것이 소원이라는 최복단 (1930년생) 할머니는 왜 안 데려가는지 모르겠다며 웃으셨다. 소마도에서 스무 살에 시집와서 60년이 넘게 모도를 지켰다. 친정 마을은 물도 좋고 논도 좋아 농사도 많았고, 최근에는 쑥과 미나리로 여자들도일 년에 천여 만 원을 번다며 부러워했다. 할머니도 젊었을 때는 갱번을 뛰어다닐 정도로 동네에서 알아주는 사람이었다. 미역도 잘 자랐

300

빈집이 아니다. 처마에 매달린 메주가 익어간다. 도시에서는 냄새가 난다고 메주를 띄울 수 없고, 사먹는 된장은 맛이 없다. 비록 이러저러한 이유로 뭍에 나갔지만 아직도 손맛은 빈집을 지키고 있다.

을 때는 일 년에 80뭇씩 했고, 보통 때도 60뭇은 채취했다. 미끄러운 갯바위를 징검징검 뛰어다니던 억척스런 아낙이 지금은 걷는 것도 불편하다.

　마을을 돌아보는 것을 멈추고 할머니가 살아온 이야기에 흠뻑 빠졌다. 50대에 남편을 잃고 갯밭을 일구면서 다섯 남매를 혼자 힘으로 키웠다. 남들처럼 많이 가르치지는 못했지만 시집 장가 가서 잘살고 있다고 했다. 고구마를 심어 식량으로 삼기도 하지만 팔기도 하고, 미역, 톳, 가사리를 팔아서 그 돈으로 쌀도 샀다. 갱번이 있었기 때문에 섬을 지키며 자식들을 키울 수 있었다. 할머니가 가장 많은 시간을 할애해 신나게 이야기했던 것은 손자 자랑이었다.

　섬이 가장 번창했을 때는 26가구가 살았다. 1970년대 중반 섬에 사는 인구가 자그마치 140명이나 되었다. 당시에는 중선배가 많았다. 또 연승어선이 5척, 멸치잡이 낭장망이 7통이나 되고 톳 양식도 5헥타르나 하는 등 인근에서 부자 섬이라는 소리를 들었다. 섬의 전체 면적이 25헥타르에 불과했지만 26가구 중 9가구가 당시 TV가 있었고, 자가발전으로 전기를 사용했다. 할머니는 기억력이 좋아 마을 사람들이 살아온 내력을 옛날 이야기하듯 술술 풀어냈다.

그 무렵 선창 옆에 오래된 숲과 그늘이 아주 좋은 아름드리 소나무와 팽나무가 있었다. 할머니가 갱번을 펄펄 날아 다닐 때는 소나무도 팽나무도 넓은 그늘을 만들어 사람들이 모여들었다. 세월이 흐르고 바닷바람을 맞더니 나무들도 예전 같지 않고 품위를 잃었다. 할머니가 지팡이를 짚고 경사진 길을 내려와 선창 옆 대합실 의자에 앉았다.

"그란디 우리 집은 언제 지슨 줄도 모른다요. 오래됐지라. 어르신(남편) 돌아가신 뒤로 담이 무너지기 시작합디다. 젊었을 때는 내가 집도 관리하고 그랬지만 지난 태풍에 많이 무너져 손도 대지 못하고 있어. 집도 사람 냄새를 맡아야 성해라."

빈집이 많이 무너졌다는 말끝에 할머니는 당신 집도 담이 무너졌다며 말을 덧붙였다. 사람이 살 때는 이상이 없던 집도 한 해만 비게 되면 비가 새고 무너지는 일이 많다고 했다. 집도 사람 냄새를 맡아야 성하다는 말이 내내 맴돌았다.

일반현황

위치 | 전남 진도군 조도면 모도리
면적 | 0.231km^2 **해안선 |** 3.21km
가구수 | 9 **인구(명) |** 14(남: 7 여: 7) **어선(척) |** 3
어촌계 | 모도 어촌계

공공기관 및 시설

전력시설 | 송전
급수시설 | 운반급수

여행정보

교통 | 배편 | 섬사랑10호·신해5호: 1일1회 운항 / 목포연안여객선터미널−율도−쉬미항−저도
−광대−송도−혈도−양덕−주지−가사−소성남−성남−옥도−내병−외병−눌옥−갈목−진목−하
조도 창유항−율목−나배−관사−소마−모도−대마−관매−동거차−서거차−상조도 율목항(약 6시
간 35분 소요)
섬사랑10호·신해5호: 1일1회 운항 / 진도 쉬미−모도(약 4시간 2분 소요)
금오페리7호: 1일1회 운항 / 하조도 창유−모도(약 45분 소요)
특산물 | 톳, 돌미역
특이사항 | 다도해 해상국립공원의 관리대상 도서이다. 모도는 섬에 띠풀이 많다고 해서 띠섬,
혹은 대마도와 소마도 사이에 위치하고 있어 소가 건너뛰는 섬이라 해서 뛰섬이라 불리기도 한
다. 1914년 행정구역 개편 때 '띠'를 한자로 써서 모도로 바뀌었다. 신비의 바닷길의 의신면 모
도와 이름이 같다.

변화 자료

구분	1972	1985	1996
주소	진도군 조도면 모도리	진도군 조도면 모도리	진도군 조도면 모도리
면적(km²)	0.29	0.22	0.286
인구(명)	170	72	49
	(남: 87 여: 83)	(남: 33 여: 39)	(남: 29 여: 20)
가구수	25	23	18
급수시설	우물 4개소	우물 10개소	우물 5개
전력시설	−	자가발전기 1대	한전계통
어선(척)	7	12	7
어가	(25)	8(10)	17

32

섬은 쑥밭,
바다는 톳밭
조도면 대마도

추석 뒷날 대마도로 가는 배를 탔다. 섬마을의 추석 정취를 엿보기 위해서였다. 가는 길부터 만만치 않았다. 배에 실으려는 자동차가 길게 줄을 섰다. 애초에 자동차는 가지고 갈 생각도 하지 않았으니 섬에 들어가는 길이 편하다. 진도항에는 조도 어류포까지 가는 배가 많다. 다음으로 사람들이 많이 찾는 섬은 관매도다. 관사도와 대마도와 서거차도를 잇는 배도 있다. 그리고 독거군도와 맹골군도를 오가는 섬사랑호가 있다. 모두 팽목항에서 출발한다. 길게 줄을 선 차들은 황금연휴를 맞아 고향을 방문했다가 관매도나 조도로 섬 여행을 떠나는 사람들이다.

배 안에는 70대 이상 노인이 네 명, 젊은 부부 서너 쌍, 아이들 10여 명이 타고 있었다. 옆에 앉은 노인은 새벽 네 시에 서울 아들 집에서 나서서 9시 50분에 출발하는 서거차도 행 배를 탔다.

섬은 쑥밭이다

관사도와 소마도를 거쳐 대마도에 도착했다. 그리고 몇 명의 주민들과 함께 내렸다. 대마도는 대육마을과 대막마을로 이루어져 있다. 대육마을은 삼십 호 정도가 살고 있는 큰 마을이지만 대막마을은 이십 호에도 미치지 못하는 작은 마을이다. 하지만 이장은 대육마을에도 있고 대마

잔등고개. 자식을 뭍에 보내며 어머니는 저 고개에서 얼마나 돌아봤을까. 넉넉하게 챙겨주지도 못하고 그동안 미역 팔아 마련한 돈을 챙겨서 보따리 깊은 곳에 넣어 보내며 가자마자 선생님께 드리라는 말을 몇 번이고 당부했다.

마을에도 있다. 큰 마을은 '대마'라 하며, 작은 마을인 대막마을은 '막구미' '막금'이라고도 한다.

《신증동국여지승람》(1530년)에 처음으로 '대마월도'(大磨月島)로 나온다. 이 외에 '大亇島'(진도부지도), '大亇入島'(대동여지도) 등으로 불렸다. 일제강점기에는 섬 이름과 마을 이름을 대마도(大馬島), 대마리라 했다. 오늘날처럼 두 마을로 나뉜 것은 1965년이었다. 마을이 나뉘었던 것은 가구 수가 많다는 이유도 있었지만 갱번 이용의 효율성도 작용했을 것이다.

멸치를 삶는 막을 뒤로하고 고개를 넘으니 큰 마을이 모습을 드러냈다. 지금은 해안을 따라 시멘트 포장도로가 만들어져 있지만 옛날에는 모두 이 고개를 이용했다. 고갯길에서 만난 밭들은 모두 쑥밭이다. 가을철 쑥은 어른들 허리만큼 자랐다. 가끔씩 예초기로 잘라난 흔적도 보인다.

잔등을 올라서니 예초기 돌아가는 소리가 요란했다. 명절 전날이라도 하지, 명절 끝에 벌초를 하다니 어지간하다는 생각이 들었다. 사실 우리 집안에서도 조상들을 모신 곳이 너무 멀어 명절 전날 모여서 성묘 겸 벌초를 하고 있다. 그때마다 좀 가까운 곳에 모시지 왜 이렇게 먼 곳에 모셨나 원망한 적이 한두 번이 아니다. 예전에는 가까웠을 텐데 지금은 매번 길을 잃어 헤맨다. 섬에 조상을 모실 수밖에 없는 사람들 심정이 나와 같을 것이다. 그래서 죽어서라도 뭍으로 조상을 옮기는 자식들이 많다. 이젠 부모를 찾아 자식이 가는 것이 아니라 자식을 찾아 부모가 움직이는 시대가 아닌가. 죽어서라고 다를까.

가까이 가보니 묘지가 아니라 밭이었다. 밭에 자란 쑥을 자르고 있었다. 어른 허리만큼 자란 쑥은 운명을 다해 말라 있었다. 그러고 보니 대마도의 밭에는 모두 쑥이 자라고 있었다. 일찍 쑥을 베어낸 곳은 새로이 싹이 나는 곳도 있었다. 온통 쑥밭이었다. 몇 년 전 인근 섬 관매도에 갔다가 쑥밭으로 변한 섬마을을 본 적이 있다. 여수의 거문도에서도 같은 모습을 보았다. 어장은 말라갔지만 쑥은 잘 자랐다. 고구마와 보리를 심어 보릿고개를 넘겼던 섬사람들이 이젠 쑥을 심어 가용돈을 만들고 손자들 용돈을 주고 있다. 나이는 들었지만 겨울과 초봄에 쑥을 뜯는 일 정도는 할 수 있기 때문이다. 설 무렵에는 부모들이 쑥을 뜯는 일로 바쁘고 추석이면 자식들이 다 자란 쑥대를 베는 일로 바쁘다. 왜 그렇지 않겠는가. 지난해 쑥이 1킬로그램에 6천~7천 원에 팔렸다. 효자 중에 효자나. 쑥을 낳이 재배하기로는 소마도를 능가할 데가 없다. 그곳은 2천만 원까지 소득을 올렸다는 소문이다.

'갱번'은 신발 벗고 막 들어가는 곳이 아니어라

추석 명절 다음 날 하는 섬 여행은 불편한 점이 한두 가지가 아니다. 섬으로 들고 나는 사람이 많아 배를 타는 것도 만만치 않지만 무엇보다 섬에서 밥을 얻어먹기 쉽지 않다는 점이 애로사항이다. 그렇다고 명절날 도시락을 싸가지고 가는 것도 좀 그렇지 않은가. 예상대로 노인들만 사는 섬에서 아이들 소리가 넘쳤다. 자식들까지 합세해 대마도가 활기 넘쳤다. 다른 때 같으면 이장이라도 찾아가서 밥 좀 달라고 하겠지만 그럴 상황이 아니다. 다행스럽게 구멍가게가 하나 있었다. 이마저 없었다면 어찌했을까. 컵라면을 사서 따뜻한 물을 부탁했다. 채반에 나온 것은 컵라면만이 아니다. 물김치와 밥 한 그릇이 더해졌다. 방 안에는 세 아들과 아이들 그리고 노부부와 며느리가 막 밥을 먹고 있었다. 들어오라는 말을 사양하고 그늘에 자리를 잡고 라면을 먹기 시작했다. 그런데 쓸쓸하지 않은 것은 무슨 연유일까. 좋아서 하는 일 때문일까. 얼마 전 50년 동안 섬만 돌아다니며 시를 쓰신 이생진 시인과 동행해 섬 여행을 다녀왔다. 시인의 "외롭지 않으면 섬에 가지 않는다. 고독해야 한다."라는 말이 생각났다. 그는 "바다만 있으면 됐어."라는 건배사로 유명하다. '섬만 있으면 됐어, 외롭지 않아.' 혼자 생각하다 피식 웃었다.

구멍가게 주인은 경축생인 김승배씨이다. 아들과 딸을 셋씩 둔 다복한 그는 몸이 불편하지만 김 양식, 톳 양식, 갱번 등 바다에 의지해 자식들을 가르치고 결혼시켰다. 지금도 톳 양식을 하며 생활하고 있다. 최근에도 〈고향극장〉을 비롯해 방송에 출연하기도 했다. 톳을 많이 하는 사람은 50줄 정도, 작은 규모로는 20~30줄 정도를 하고 있다. 많이 하는 사람은 1년이면 1억 정도 소득을 올리고 있다. 톳 양식의 핵심은 좋은 톳뿌리를 확보하는 일이다. 갯바위가 좋은 조도 지역에서 톳 양식이

고구마를 심던 대마도의 밭은 쑥밭으로 바뀌었다. 추석 명절에 다녀가는 아들이 지난겨울에 뜯어내고 남은 쑥대를 깨끗하게 베어냈다. 명절에 쉬지도 못하고 다녀가는 아들의 어깨에는 어머니가 싸주신 선물이 묵직하다.

성행하는 이유다. 미역 바위가 좋은 곳은 톳도 잘 자란다.

쑥이 밭에서 거두는 겨울철 수확이라면, 톳과 미역은 갱번에서 거두는 봄철 벌이다. 갱번농사인 셈이다. 갱번은 갯바위를 말한다. 옛날로 말하면 1종 공동어장으로 마을어업을 말한다. 대마도의 큰 마을은 '1. 목섬지태' '2. 찌알기미지태' '3. 제일밭지태' 등 세 개의 '재건(잭언)'이 있다. 재건은 마을 가구 수와 갱번의 상태를 고려해 나누어놓은 곳을 말한다. 마을 가구를 적당한 규모(반 정도의 규모)인 세 개의 조직으로 나누고, 갱번도 세 개의 재건으로 나누어 배치했다. 그리고 매년 1-2-3 순서로 순회하며 해초를 채취한다. 각 재건마다 책임자인 '개강구'가 있다. 작업을 지시하고 갱번 상태도 관리한다. 대막마을에는 재건이 두 개로 나뉘어 있다.

추석이 지나면 각 재건별로 '지충이'(주민들은 '지충'이라고 함)를 제거하는 작업을 한다. 지충이란 톳이 자라는 곳에 함께 자라는 해초다. 큰 무리를 지어 갯바위 상부 톳이 자라는 곳에 자란다. 흑갈색으로 줄기가 짧고 여러 개의 줄기가 나오며 다시 줄기에서 여러 개의 가지로 나뉜다. 옛날에는 구충제로 사용하기도 했고, 일부 지역에서는 식용으로 사용하기도 했다.

지충이는 번식력이 좋고 생명력이 강해 톳을 갯바위에서 밀어낸다. 그래서 추석이 지나면 주민들이 작은 삽으로 갯바위에 붙은 지충이를 제거하는 것이다. 지충이를 제거하는 일이 갱번농사의 시작이다.

대육마을의 갱번에서 미역과 톳을 뜯고, 바다에서 톳 양식을 한다. 갱번농사는 마을 주민들이 공동으로 작업을 해서 똑같이 나눈다. 주요 수입원은 돌미역이다. 올해는 미역농사가 잘되지 않았지만 값이 두 배로 올라 예년과 다를 바 없는 소득을 올렸다. 보통 한 뭇(20가닥)에 10만 원대이던 것이 20만 원대로 올랐다. 대마도의 미역은 맹골도나 독거도처럼 대각이 아니다. 대각은 크기가 가로 100센티미터, 세로 30센티미터 크기이지만, 소각은 가로 50센티미터, 세로 25센티미터 크기다.

김씨는 4뭇을 했다. 배를 가지고 작업에 참여하는 사람은 배짓으로 1짓을 더 준다. 개강구에게도 1짓을 준다. 개강구는 배를 가지고 있는 경우가 많기 때문에 총 3짓을 먹는 것이다. 대마도 사람들에게 갱번이 소중한 것은 미역이 아니라 톳 때문이다. 톳 양식을 하는 데 톳뿌리가 절대적이다. 자연산 톳뿌리를 줄에 끼워서 양식해야 하기 때문이다. 보통 20~30줄의 톳 양식을 하지만 많이 하는 사람은 50줄까지 한다. 또 톳뿌리를 판매하기도 한다. 좋은 톳은 종묘로 판매하고, 그렇지 않은 톳은 나물용으로 판매한다. 이를 주민들은 '나물톳'이라 부른다. 돌미

바다에서는 톳밭을 가꾸고 뭍에서는 쑥밭을 일군다. 섬에서 살 수 있는 이유다. 배편이 여의치 못해 조도 처럼 쑥을 제때 팔지 못하는 어려움도 있지만 그래도 겨울철 돈벌이로는 이것만 한 것이 없다. 쑥밭이 효 자다.

역과 톳이 갱번농사의 핵심이다.

조도 일대의 섬마을이 그렇듯이 대마도도 갱번의 권리를 가지려면 주소지를 섬으로 옮기고 이사를 해야 한다. 어촌계에 가입해야 하는 것 은 두말할 필요도 없다. 그리고 100만 원 정도의 가입금을 내야 한다. 이사했다고 해서 '신발 벗고 방에 들어가듯이 갱번에 들어갈 수 없다' 는 것이 김씨의 이야기다. 집을 사고파는 것은 집 주인의 마음이지만 갱번은 주민들의 동의를 받아야 권리를 인정받을 수 있다는 말이다. 그 래도 지금은 옛날처럼 까다롭지 않은 것이 섬사람들이 나이 들고 갱번 의존도도 악해졌기 때문이란다.

큰 마을과 작은 마을은 대마항 안에 남북으로 마주보며 위치해 있다. 특히 작은 마을은 '막금이'라고도 부른다. 금이는 '구미', 즉 '곶'에 대응

310

하는 말로, 포구로 많이 이용한다. 선창마을이라는 의미다. 대마도는 거차군도와 접한 서쪽과 하조도와 접한 동쪽에 깊은 구미가 발달했다. 서쪽에 있어 외양성 조류와 강한 너울의 영향을 받는 서쪽 구미는 모래 갯벌이 발달해 주민들이 해수욕장으로 이용한다. 반대로 동쪽은 앞에 하조도, 관매도 등 크고 작은 많은 섬들로 둘러싸여 조류가 안정되어 갯벌이 발달했다. 톳 양식을 하거나 통발이나 작은 그물을 넣어 고기를 잡는 곳도 섬의 동쪽 바다를 이용한다. 멸치잡이는 조류 소통이 좋은 모도와 대마도 사이, 대마도와 관매도 사이에서 한다. 멸치잡이가 섬에서 가장 큰 사업이다. 멸치잡이는 5월에 시작해 9월까지 조업을 하며 보통 2억~3억 원의 소득을 올리고 있다.

추석 때 묵은 쑥대를 제거하고 쑥밭을 정리해두면 구정을 전후해서 쑥을 뜯기 시작한다. 쑥이 돈이 되기 시작하면서 조도의 작은 섬에서는 명절이 없어졌다. 부모들이 바쁘니 귀향한 자식들도 일손을 보태야 한다. 겨울철에는 쑥농사를 준비하는 일 외에 바다농사는 멈춘다. 뭍으로 나가는 사람들도 많다. 설날을 전후해 모두 들어와 쑥을 뜯기 시작한다.

대마도는 거차도에서 팽목항으로 오는 길목에서 만나는 섬이다. 먼 바다와 앞바다를 나누는 경계에 있다. 서거차도는 농사지을 땅도 많고 어장배들이 많이 정박해 파시가 형성될 정도로 경제가 좋았다. 하지만 동거차도는 농사지을 땅도 부족해 늘 생활이 곤란했다. 그래서 미역이나 해산물을 가지고 와서 대마도에서 보리를 팔아서 방아를 찧어 가지고 갔다. 당시 대마도에는 정미소가 있었다.

마침 한 주민이 작은 목선을 타고 선창으로 들어왔다. 아침 일찍 어장에 나가 그물을 건졌던 것이다. 삼각망이다. 허가된 어업은 아니지만 명절을 맞아 자식들에게 바다 맛을 보여주려고 쳐놓은 그물이었다. 어

제는 눈먼 낙지가 제법 걸려 딸들이 맛있게 먹었다는데, 오늘은 숭이와
돔 새끼가 열댓 마리 걸렸다. 그 옆에는 통발을 걷어 갈무리하는 마을
주민의 손길이 분주하다. 통발을 하지 않느냐는 말을 꺼내자 올해 통발
은 '강쳤다'고 했다. 끝났다는 말이다.

막금이의 한 집에서는 지붕을 색칠하고 있었다. 명절에 고향을 방문
하는 자식들은 분주하다. 두 시가 넘어가자 섬이 술렁였다. 연휴를 마
치고 일터로 돌아가는 자식들과 미역, 고추 등 고향 선물을 싸주려는
부모들 때문이다. 불편한 다리를 이끌고 잔등을 넘어 선창까지 어머니
가 동행했다. 명절에도 집안일 돌보느라 제대로 쉬지 못한 자식을 보내
며, 어미는 맛있는 것을 더 먹이지 못해 안타까워했다. 설이나 추석이
되어야 볼 수 있을 자식들이다. 바람이라도 불고 날씨가 궂으면 보고
싶어도 오고 싶어도 볼 수 없고 올 수 없다. 어머니는 배가 다른 섬에 가
려 보이지 않을 때까지 서 있다. 그게 섬이다.

개황 | 대마도

일반현황

위치 | 전남 진도군 조도면 대마도리
면적 | 2.457km² **해안선 |** 15.95km **육지와 거리 |** 66.95km(목포연안여객선터미널)
가구수 | 66 **인구(명) |** 106(남 : 46 여 : 60) **어선(척) |** 34
어촌계 | 대마어촌계, 대막어촌계

공공기관 및 시설

공공기관 | 치안센터
의료시설 | 대마도보건진료소(061-544-6624)
교육기관 | 조도초등학교 대마분교(061-544-5698)
전력시설 | 자가발전(태양광), 송전
급수시설 | 해수담수

여행정보

교통 | 섬사랑10호 · 신해5호 : 1일1회 운항 / 목포연안여객선터미널-율도-쉬미항-저도-광대
-송도-혈도-양덕-주지-가사-소성남-성남-옥도-내병-외병-눌옥-갈목-진목-하조도 창
유항-율목-나배-관사-소마-모도-대마-관매-동거차-서거차-상조도 율목항(약 6시간 45분
소요)
금오페리7호 : 1일1회 운항 / 팽목 진도항-하조도 팽유
특산물 | 자연산 미역, 자연산 톳, 모자반(듬부기, 뜸부기)
특이사항 | 대마도는 섬의 지형이 큰 말처럼 생겼다 하여 대마도라 불렀다고 한다. 다도해 해상
국립공원의 관리대상 도서이다. 대마도는 지형적으로 암반이 많아 물이 부족한 섬이다. 그래서
가을이면 상습적으로 물가뭄에 시달려왔다. 이러한 사정을 감안하여 국가에서 도서지역 식수
원 개발사업에 우선적으로 투자하여 저수지를 갖추게 되었고, 대마도에서도 물 걱정이 사라지
게 되었다.

변화 자료

구분	1972	1985	1996
주소	진도군 조도면 대마도리	진도군 조도면 대마도리	진도군 조도면 대마도리
면적(km²)	3.25	1.77	2.816
인구(명)	1,153	590	263
	(남 : 570 여 : 583)	(남 : 280 여 : 310)	(남 : 130 여 : 133)
가구수	197	142	94
급수시설	우물 17개소	우물 82개	간이상수도시설 1개소 우물 30개
전력시설	–	자가발전기 2대	한전계통
어선(척)	7	31	38
어가(농업겸업)	2(195)	7(123)	9

●—유자망과 정선망(닻배)

닻배는 굵은 나무 기둥으로 연결한 여러 폭의 그물을 큰 닻으로 고정시켜 놓고 밀물과 썰물에 걸린 고기를 잡는 어법을 말한다. 사전의 정의로는 '기다란 장막처럼 생긴 자망을 해저에 닻으로 고정시키는 어망'으로 되어 있다. 순 우리말로는 '닻배'라고 하고, 한자로는 '정선망'(碇船網), 혹은 '정망'이라 했다. 균역청사목의 전라도 해세의 규정에 행망의 길이에 따라 세금을 매겼다는 기록이 있다. 전라도에서는 정선망을 '행배그물'이라 하기도 해서 행망이 정선망이었을 것으로 추정하기도 한다.

일제강점기에는 면사그물을 사용했다. 전라도와 충청도에서는 서해에서 조기를 잡을 때 많이 사용했다. 조업을 할 때는 어부가 12~16명이 승선했다. 특히 조도 지역은 닻배를 이용해 칠산 어장, 안마도 어장 등에서 조기잡이를 많이 했다. 조기 닻배는 1950년대 말을 기점으로 '유자망'(투망배)으로 바뀌었다. 조기잡이 닻배에서 그물을 끌어올리거나 내릴 때 또는 이동할 때 노래를 부르면서 고달픔을 달래고 풍어를 기원했다.

1911년 전라남도의 정선망은 24척이었지만 1930년에는 416척으로 늘어났다. 이후 일본식 안강망이 도입되면서 1942년에는 12척으로 줄었다. 1920년대 중반 진도에는 530척의 배가 있었다. 조선 배는 255척이 닻배였을 것으로 추정된다. 광복 후 일본 중선배(안강망)가 물러가면서 닻배가 다시 부흥을 이루었지만 한국전쟁 이후 발동기의 보급과 안강망어법이 확대되면서 자취를 감추었다.

닻배는 참나무로 만든 닻을 30~80개씩 싣고 다녔으며, 그물은 300~800발에 달했다. 조기가 올라오는 해류를 따라 그물을 치고 유속을 이겨내기 위해 장정 6명

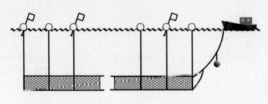

유자망

이 두 개의 노를 저었다.

이와 반대로 흘림그물인 유자망은 그물을 고정시키지 않고 조류를 따라 그물을 놓아 고기를 잡는 자방어법(수걸그물)이다. 그물 위에 뜸을 달아 수면에 띄우고 아래는 침(발돌)을 붙여 가라앉혀 바닷속에 커튼을 치듯이 그물을 내려서 물고기가 그물에 꽂히도록 해서 잡는다. 자망어법에는 유자망 외에 고정자망어법이 있다. 어획량이 좋기 때문에 어민들이 많이 사용하는 고기잡이 방법이다. 동해에서는 명태, 꽁치, 오징어를 잡았으며, 남해에서는 멸치, 고등어, 전갱이를, 서해에서는 참조기 등을 잡았다.

서해에서는 유자망을 투망배라고도 부른다. 그물을 던져 넣기 때문에 붙여진 이름으로 생각된다. 나일론이 등장하기 전에는 면사로 그물을 만들었다. 이를 육합사라고도 한다. 조도에서 윗배리는 짚으로, 아랫배리는 칡으로 줄을 만들어 사용했다. 그리고 윗배리에는 참나무 껍질로 만든 툽[물에 뜰 수 있도록 만든 것으로 부표의 일종으로 뜸이라 함]을 달고 아랫배리는 돌을 매달았다. 명주실을 앗아서 줄을 만들고 그물을 지어야 하기 때문에 일손이 많이 필요했다. 또 그물을 만들면 칡을 삶은 물에 넣어 물을 들였다. 오래 사용하기 위한 방법이었다. 당시에는 5톤 내외의 목선에 선원 일곱 명이 5미터 폭에 1,000~1,500미터 길이의 그물을 싣고 다니며 조기를 잡았다. 음력 3~4월 조도 인근 어장에서 시작해 임자도에서 조업을 하고 5~6월이면 칠산바다로 나갔다. 큰 배들은 연평 어장까지 가지만 대부분 여름에 임자도에서 병어와 민어를 잡았다. 소마도는 조도에서도 나배도와 함께 작은 섬이지만 일찍부터 어장에 눈을 떴다. 소마도와 마주보는 곳이 나배도다. 이곳은 닻배가 유명한 마을이다. 소마도에서는 닻배 이후 유자망으로 조기를 잡았다.

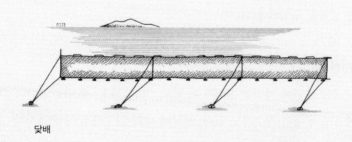

닻배

33

바다는 평등한 삶을
원한다
조도면 관매도

어제 관매도에 들어올 때만 해도 태풍이 온다는 예보는 없었다. 아침을 먹기에는 이른 시간, 곰솔 주변 민박집 앞에 사람들이 모여 웅성거린다.

"배가 뜬대."

"오후에 주의보가 떨어진대."

어젯밤에 민박집 주인이 귀한 술이라며 내놓은 홍주를 반주 삼아 밤 늦도록 정치 이야기부터 민박집 서비스까지 열을 내던 투숙객인 박씨도 부스스한 몰골로 무리에 섞여 있다. 섬에서 가장 무서운 것은 '바람'이다. 뱃길이 끊기면 꼼짝없이 하루를 더 묵어야 한다. 아직 배가 오지 않았는데도 성미 급한 해수욕객은 짐을 싸서 선창으로 향한다. '관광객을 위해 한 번만 운항을 하고 배가 끊긴다'는 마을이장의 안내방송이 들린다. 섬 여행을 하다 보면 종종 겪는 일이지만 섬을 처음 찾는 사람들은 당황할 수밖에 없다.

볼 만한 섬이다

진도군 조도면에 자리한 관매도는 관매, 장산, 관호, 세 마을 180여 가구에 370여 명이 거주하고 있다. 옛날에 비해 인구가 많이 줄었지만 그래도 다른 어촌마을에 비해서 감소 폭이 적다. 다도해 해상국립공원 중으뜸은 흑산도와 홍도, 거문도와 백도 그리고 관매도를 꼽을 수 있다.

관매도 지명에는 '매화이야기'와 '볼 만한 섬'(볼뫼섬)이라는 두 가지 이야기가 전해진다.

사랑하는 여인을 두고 고기를 잡으러 떠나는 어부는 만선으로 돌아와서 혼인할 꿈을 꾸며 칠산바다로 나갔다. 하지만 어부는 물때가 지나도 돌아오지 않았다. 여인은 구멍바위에 올라서서 하염없이 사랑하는 사람을 기다렸다. 가을이 가고 겨울이 가고 매화꽃이 피었다. 기다리다 지쳐버린 여인은 손에 쥔 매화꽃을 한 잎 두 잎 절벽 아래 파도 위로 뿌렸다. 여인은 사랑하는 이의 이름을 부르다 시름시름 앓더니 죽고 말았다. 이듬해 봄 만선으로 돌아온 어부를 맞이한 것은 여인이 아니었다. 여인이 기다리던 구멍바위에는 매화가 피어 있었다. 어부는 해마다 구멍바위 주변에 풍선을 띄워놓고 뱅뱅 돌다 큰 파도에 휩쓸려 죽고 말았

관매도를 주민들은 '볼뫼섬'이라 한다. 17킬로미터에 달하는 해안을 따라가다 보면 볼 만한 경치가 많아서 붙여진 이름이다. 관매도의 제일경은 하얀 백사장과 300여 년 된 곰솔숲이 어우러지며 만들어낸 풍광이다. 모래가 바람에 날려 마을로 들어오는 것을 막기 위해 심었을 방풍림은 아름드리로 자라 우리나라 최고의 곰솔숲을 이루었다.

다. 지금도 그곳 파도는 관매도에서 제일 거칠고 험하다.

관매도를 주민들은 '볼뫼섬'이라 한다. 17킬로미터에 달하는 해안을 따라가다 보면 볼 만한 경치가 많아서 붙여진 이름이다. 진도에서 가장 아름다운 섬을 꼽으라면 머뭇거리지 않고 관매도를 꼽는다. 흔히 관매팔경이라 부른다. 첫 번째로 꼽는 경치는 하얀 모래와 300년 이상 된 곰솔숲이다. 백사송림(白沙松林)이라 한다. 다음은 선녀들이 내려와 방아를 찧었다는 방아섬 혹은 남자의 상징처럼 생긴 남근바위가 있다. 방암근석(方岩根石)이라 한다. 관매도 동북쪽 작은 섬에 10미터나 되는 남근바위는 바다 건너편 하조도 신전마을을 바라보고 있다. 그 생김새가 어찌나 옹골찬지 바라보는 아낙들의 가슴을 설레게 한다. 특히 바위 끝 두툼한 머리가 하조도 신전마을과 마주쳐 그 마을 과부들이 잠을 못 이룬다는 우스갯소리도 전해온다. 실제로 하조도 신전마을과 관매도 장산마을은 사돈을 맺으면 끝이 좋지 않아 금기시했다고 한다. 이 외에도 장산끝 구멍바위(長山石門), 하늘다리(龍峙天橋), 성밖고랑(敦大城岩), 왕무덤과 장사바위(玉墓將岩), 성암사이 폭포(城岩飛暴), 고깃배로 돌아오는 수평선으로 떨어지는 낙조(落照歸帆) 등이 있다.

관매도는 1770년대 〈영남호남연해형편도(嶺南湖南沿海形便圖)〉에는 보을매도(甫乙邁島), 1789년 《호구총수》에는 볼매도(乶邁島), 1899년 《진도읍지》에는 건매도(件邁島)로 기록되어 있다. 1960년대 후반 325호 2,055명의 주민이 살았다. 60여 호만 어업에 종사하고 나머지는 작은 논과 밭에 의지해 살고 있었다. 명색이 어업이라지만 어선 한 척 없고, 농사는 모두 하늘만 쳐다보는 천수답이 전부였다. 유일한 희망이라면 '놀미역'이다. 해수욕장을 제외한 섬 둘레는 모두 미역밭이었다. 다섯 개의 마을이 마을별로 공동채취를 하여 똑같이 나눈다. 일부 어민들은 칠산바다로 나가는 조기잡이 배에 선원으로 고용되어 생활하기도 했다. 한 번 출어하면 받는 임금이 쌀 두 가마. 짧으면 달포, 길면 두서 달 바다에 머무르며 조기를 잡았다. 일제강점기에 섬 주민 14명이 승선해 칠산바다에서 조기를 잡다 풍랑을 만나 한 사람만 살아온 아픈 기억도 이제 세월 속에 묻혔다.

바다가 준 선물 '미역'

여객선이 닿는 선창 옆 방파제 위에 털모자를 깊숙이 눌러쓰고 노란비옷을 입은 사람이 서 있었다. 가까이 다가가 보니 긴 대나무에 뜰망을 달고 바다에서 무엇인가를 열심히 건져내고 있었다. 파도가 덮칠 듯이 다가오지만 보는 나만 가슴을 졸일 뿐 할머니는 전혀 놀란 기색이 없다. 두세 번 뜰망질을 한 후 대나무를 잡아당겨 망에 걸린 검은 해초를 바구니에 담는다. 검은색 해초는 톳이었다.

관매팔경 중 첫 번째로 꼽는 경치는 하얀 모래와 300년 이상 된 곰솔숲이다. 관매도는 해식애와 해식동 등 기암괴석이 빼어나다. 그중에 빼놓을 수 없는 것이 꽁돌바위다. 장사바위라고도 한다. 옥황상제가 아끼는 왕자가 가지고 놀다가 지상에 떨어뜨렸다는 돌이다. 가지러 내려온 장사가 거문고 소리에 매료되었다는 이야기가 있다.

태풍이 오기 전에 미역을 뜯어서 말려야 한다. 바다에 있는 것은 내 것이 아니다. 바다의 것이다. 잘 자란 미역도 태풍이 오면 큰 파도에 견디지 못하고 떨어져 나간다. 물때도 맞아야 미역을 채취할 수 있으니 여름이 되면 마음이 급하다.

    관매도 바다는 세모, 가사리, 미역, 톳, 듬북이, 파래 등 헤아리기 숨찰 정도로 해초가 넘쳐난다. 반찬거리로 채취하는 돌김은 20여 년 전까지는 뜯어서 팔았다. 이런 해초류 외에 소라, 고동, 전복, 배말, 조개류 등 각종 패류가 철철이 난다. 이뿐만 아니다. 인근 바다에서 잡는 고기로는 봄철에는 도다리가 대표적이며 간재미, 서대, 아구 등이 잡힌다. 여름철에는 농어가 가장 맛이 좋고, 우럭, 광어, 간재미 등이 잡힌다. 가을과 겨울에 맛이 좋고 잘 잡히는 고기로는 돔이 최고다. 이 외에도 숭어, 농어, 붕장어(아나고), 문어, 꽃게, 우럭, 놀래미, 학꽁치, 민어, 상어 등이 잡히고 있다. 이렇게 다양한 고기가 잡힌다는 것은 바다의 건강성을 입증하는 것이다. 상업성에 물들지 않은 어민들 덕분이다. 생업으로 여기며 바다와 갱번을 대해왔기에 지금껏 유지되는 것이다.

320

이 모든 것은 갯밭을 가꿔온 섬 주민의 오랜 지혜의 산물이다. 사실 20여 년 전까지만 해도 서남해안 대부분의 양식장은 관매도와 같이 운영되었다. 관매리의 해안은 '샛기너머' '어나기미' '목섬' '각흘도' '계림' 등으로 구분된다. 이를 '짓'이라고도 부른다. 갱번을 이렇게 다양한 짓으로 구분하는 것은 그만큼 생산성이 높기 때문이다. 주민들은 이를 '갱번'이라고 부른다. 접근성이 좋은 샛기너머와 각흘도 짓에서는 나이가 있는 노인들이 작업을 하고, 목섬 등 멀리 나가야 하는 짓에서는 젊은 사람들이 작업을 한다.

갱번 작업이 많은 벌이가 되지는 않지만 노인들의 생활비로는 큰 몫을 하고 있다. 가끔씩 해초가 잘 붙도록 바위도 닦아주고 마르지 않도록 물을 뿌려주는 대가로 바다가 주는 '생활비', 즉 사회안전망 역할을 하는 것이다. 같은 갱번에서 작업을 할 경우에는 가입금이 없지만 갱번을 바꾸고 싶으면 5만 원의 가입금을 내야만 다른 갱번으로 옮길 수 있다. 편하고 좋은 곳으로 가는 것을 막기 위한 마을공동체의 규칙이다. 이렇게 갱번에 가입하는 것을 '짓을 든다'라고 한다. 자연산 미역과 톳은 공동채취, 공동분배한다. 채취는 8월 여름에 많이 하는데, 파도가 없고 날이 좋은 날을 골라 작업한다.

한편 관매리 주민들은 양식장의 자리를 결정할 때 '지비'(주비 혹은 제비)라는 추첨을 통해서 결정한다. 수심, 조류, 바람 등 해양생태에 따라 생산량이 다르기 때문에 균등한 기회를 제공하기 위해 일정한 시기마다 양식 장소를 추첨하여 결정한다. 20~30년 전까지만 해도 서남해역 어촌 마을들은 매년 추첨을 통해 양식장을 결정했다. 관매리의 경우 양식장을 5년마다 한 번씩 추첨하여 결정한다. 양식장을 옮기는 것은 어민들에게 평등한 기회를 주는 것만이 아니라 바다에게 자기 정화를 할 수 있는 기회를 주는 것이다. 바다도 살고 어민도 사는 것이다. 선조

관매도에는 관매리, 관호리, 장산편 등 세 개의 자연 마을로 이루어져 있다. 각각 해변을 나누어 자연산 미역농사를 지으며 살았다. 이 해변을 갱번이라 부르는데 매년 추첨을 해서 미역밭을 나누어 함께 채취하고 똑같이 나누었다.

들은 그렇게 바다를 대해왔다.

자연과 인간의 만남 '마을숲'

우리나라에서 자라는 소나무에는 강송, 곰솔, 반송, 백송, 리기다소나무 등이 있다. 흔히 해송으로 알려진 곰솔은 강한 염분에 잘 견디며, 바늘 같은 잎이 두 잎씩 붙어 있는데 힘이 좋아 찌르면 아플 정도다. 해안가 마을 앞에 우거진 곰솔숲은 섬에 사람들이 들어와 마을을 이루면서 바람과 모래를 막기 위해서 심어놓은 경우가 많다. 이렇게 나무들이 자라면서 마을숲을 형성해 방풍림, 방사림 역할을 하는 것이다. 마을숲은 풍수지리 측면에서 '수구막'이라고 하여 해와 살을 막고(防害, 防煞), 마을에 바위나 산의 기운이 바로 미치는 것을 막는(防岩, 防山) 역할을 하

수백 년은 되었을 후박나무 두 그루는 관매도의 상징이다. 해변에 심어진 곰솔숲보다 먼저 심어졌을 것이다. 마을 사람들은 이곳을 성황당이라 하며 당산나무로 모셨다. 그 우람한 자태가 범상치 않은 기운을 자아낸다.

기도 한다. 섬에 돌을 담장처럼 쌓아 올리거나 나무를 심는 것도 같은 기능을 한다. 이를 '우실'이라고 부른다. 관매 해수욕장 뒤 곰솔숲이나 돈대산 기슭에 성둘레바위도 같은 기능을 하고 있다.

해송 주변에 모래사구가 발달하면서 해수욕장으로 개발되는 경우가 많은데 이런 경우 민가와 외지 관광객의 생활공간을 구분하는 역할도 하게 된다.

해송숲은 당제나 굿을 위한 마을의례 공간이었다. 관매도 당제는 입도조에 마을 안녕과 해산물의 풍요를 비는 마을 제사였다. 아쉽게도 1970년 새마을운동과 함께 미신이라는 이름으로 철폐되었다. 당제는 관매초등학교 앞 당산인 후박나무 아래에서 음력 정월 초하루에 지냈다. 당시 그곳에는 초가집으로 된 당집과 당샘이 있었다. 지금은 당산나무인 후박나무만 천연기념물 212호로 지정되어 있다. 이웃 마을 관호리도 같은 시기에 같은 이유로 당집이 철거되면서 당제가 사라지고 당산나무인 소나무만 남아 있다.

관매도 마을숲은 바다와 마을의 중간에 위치한다. 족보에서 확인된 관매도의 가장 오래된 입도조는 강릉 함씨로 17세기 말에 나주에서 들어온 것으로 확인되고 있다. 이들 성씨의 족보를 보면 13대까지 이어져 오고 있다. 이를 바탕으로 곰솔숲의 형성 시기를 관매도 입도조와 관련해서 본다면 대략 400여 년에 이를 것으로 추정된다. 곰솔숲은 대략 4만여 평에 달해 정확하게 소나무의 숫자를 파악하기 어렵지만 수만 그루는 넘을 것이다. 이 곰솔숲과 마을 사이에는 관매도에서 가장 좋은 논과 밭이 있다. 산에서 내려온 토사가 곰솔숲으로 인해 더 이상 쓸려가지 못하고 쌓이면서 자연적으로 늪지가 만들어졌다. 그것을 개간하여 논과 밭이 된 것이다. 지금은 논농사를 거의 짓지 않고 마늘, 파, 쑥 등을 키운다.

곰솔숲이 오늘처럼 보존될 수 있었던 것은 주민들의 노력이 있었기 때문에 가능했다. 선조들은 '뿌리를 내리지 못하고 바람에 쓰러지는 것을 막기 위해 수숫대로 발을 엮고, 거적으로 바람을 막아 나무를 키웠다'고 한다. 이들은 곰솔이 아름드리로 자라고 나서는 모래가 유실되고 뿌리가 드러나자 복토를 하고 뿌리에 띠를 입히기도 했다. 마을 주민들이 함께 나섰다. 한때 건축업자에게 팔릴 뻔한 위기도 있었다. 그래서 땔감이 그렇게 귀하던 시절에도 곰솔숲에 쌓여 있는 솔잎을 함부로 긁지 못하게 했다. 이런 곰솔숲이 업자에 의해서 모두 사라질 위험에 처한 적도 있었다.

건강한 섬이 행복비타민이다

"이런 날씨를 가을날이라고 하는 거야."

"마을이 진짜 이쁘다."

"돌담에 호박 좀 봐."

등산복 차림의 중년 남녀가 골목길을 따라 바다가 보이는 해안길로 들어서며 나누는 말이다. 활짝 핀 산국과 억새 너머로 여행객과 낚시를 하는 주민의 모습은 영락없는 가을의 수채화다. 섬길에는 노란 미역취, 구절초, 산박하, 쑥부쟁이가 활짝 피어 한껏 반겼다. 관매도의 섬다움과 가을 정취에 칭찬이 끝없이 이어졌다. 아름다운 자연은 사람을 행복하게 만드는 바이러스를 가지고 있나 보다.

관매도의 은빛 해수욕장, 방아섬, 꽁돌과 돌무덤, 할미중드랭이굴, 하늘다리 등 빼어난 경관을 꼽아 관매팔경이라 이른다. 여기에 관매도 명품길이 하나 더해져야 할 것 같다. 주민들이 나무를 하고 미역과 톳

자연산도 좋지만 톳은 자연산에서 뿌리를 채취해 양식하기에 관매도처럼 청정해역에 조류 소통이 좋은 곳은 양식도 자연산에 버금간다. 그래서 관매도 톳은 알아주며, 덕분에 톳으로 먹고 산다.

을 뜯기 위해 오르내리던 길이다. 이제 그 길은 여행객들의 차지가 되었다.

관매도는 명품마을 제1호로 지정된 뒤 여름철 해수욕객 중심의 여행지에서 봄과 가을은 물론 겨울에도 여행객이 이어지는 섬으로 탈바꿈했다. 그뿐이 아니다. 섬으로 귀촌한 사람도 19명에 이른다. 무엇보다 '섬놈'은 되지 말라며 쫓아내듯 도시로 보냈던 자식들이 돌아오고 있다는 점이 가슴을 울린다. 명품마을이 무슨 대단한 프로젝트라고 이렇게 변화된 것일까. 그동안 행위제한만 한다며 주민들의 눈총을 받았던 국립공원관리공단이 공원 구역에 포함된 마을을 대상으로 추진하는 '지역지원사업'이다. 사업 내용이라고 해야 환경 개선, 마을펜션(시범숙소), 특산품 판매, 둘레길, 주민교육, 체험 프로그램 등이다. 큰돈을 들여 다리를 놓고, 리조트를 만든 것도 아닌데 주민과 여행객의 만족도

얼마나 맛이 있으면 조개 이름을 '맛'이라 했을까. 녀석은 낌새가 있으면 곧바로 구멍 속으로 들어가버린다. 나물톳도 작업을 마치고, 이제 마른톳이 나오는 여름까지는 갯일이 조금 한가하다. 하지만 어머니는 잠시도 쉬지 않는다. 물이 빠지자 모래밭으로 나가 조개를 캔다. 예쁘기만 한 민들조개다. 오늘 저녁은 조개를 넣고 끓인 미역국이 밥상에 오를 모양이다.

는 최고다. 지금까지 추진된 14개 명품마을 중 여수 동고지마을, 소리도 덕포마을, 거제 내도마을, 통영 만지도, 함목마을 등이 사랑받고 있다. 특히 완도군 청산면 상서리, 진도군 조도면 관매리와 관호리, 신안군 흑산면 영산리가 명품마을 평가에서 상위등급을 차지했다. 이들 마을이 내세울 수 있는 것은 오직 깨끗한 포구와 나지막한 집과 정겨운 돌담과 마을길, 건강한 자연 생태계를 오롯이 간직한 자연뿐이다.

물이 빠진 모래 해수욕장에 팔순을 훨씬 넘긴 할머니가 호미를 들고 백합을 캐고 있었다. 칠순을 갓 넘긴 젊은 할머니도 불편해 엉거주춤한 자세로 옆에서 호미질을 했다. 최근 허리수술을 해서 앉는 것이 더 불편하기 때문이란다.

"조개 캐는 재미로 허리 아픈 줄 모르는데, 조개가 안 나오면 허리가 더 아퍼."

한동안 헛손질만 하던 젊은 할머니가 자리를 옮겼다. 그리고 첫 손질에 모양이 예쁜 조개를 캤다. 이어 맛조개 구멍을 발견하고 소금을 뿌리자 잠시 후 놀랍게 맛이 모습을 드러냈다. 이때 할머니는 재빠르게 맛을 잡아 올렸다. 날렵했다. 호미질할 때 보여준 모습이 아니다. 얼마나 맛이 있으면 조개 이름을 '맛'이라 했을까. 녀석은 낌새가 있으면 곧바로 구멍 속으로 들어가버린다. 한 번 들어간 맛은 더 이상 욕심을 내서는 안 된다. 다시 잡기 어렵다. 무려 50~70센티미터 깊이에 사니 파는 것도 쉽지 않다.

맛은 물이 들면 구멍 밖으로 나와서 먹이활동을 하지만 물이 빠지면 모래로 입구를 덮고 갯벌 속에 숨는 지혜를 가지고 있다. 그래서 호미나 삽으로 흙을 걷어내야 맛이 있는 구멍을 찾을 수 있다. 소금을 뿌려 잡는 방법 외에 끝이 낚시 모양으로 구부러진 긴 맛새를 이용해서 잡기도 한다. 이 방법은 숙련된 기술이 필요하다. 맛새를 넣어서 맛조개의 밑을 걸어서 뽑아 올려야 하기 때문이다.

마을로 내려온 여행객들이 '민박식당'으로 들어섰다. 일찍 도착한 사람들은 쑥을 넣은 부침개와 잘 익은 김치를 앞에 두고 쑥막걸리를 한 잔씩 마시고 있었다. 쑥은 겨울철 관매도의 주요 소득원이다. 육지에서는 싹도 나오기 전에 캐서 팔 수 있으니 가격 경쟁력도 좋다. 덕분에 관매도에는 묵힌 밭이 없다. 오직 쑥만 막걸리에 넣었을 뿐인데 사람의 발길을 강하게 붙잡는다. 선창으로 나오면 낭장망으로 잡은 멸치가 꾸덕꾸덕 마르고, 맞은편에서는 10여 명의 주민이 바다에서 막 건져 올린 톳과 모자반을 자루에 담고 있었다. 한때 관매도의 톳은 품질이 좋아 전량 일본으로 수출되기도 했다. 지금도 가을철에 수확을 하는 톳은 나물톳이라 생초로 판매하고, 봄과 여름에 채취한 것은 말려서 판매한다. 이모작을 하는 것이다. 연중 따뜻한 수온을 유지하기 때문이다.

"아무리 많이 오더라도 돈은 적게 쓰면서 자연을 훼손하는 관광객은 원하지 않습니다. 적더라도 돈을 쓸 줄 아는 여행객을 원합니다."

명품마을의 모토다. 문제는 주민이다. 여행객이 명품이라고 인정하는 것뿐 아니라 명품답게 생활하고, 명품의 자존감을 지키는 주민의 노력도 있어야 한다. 명품을 사치품처럼 혹은 관광객을 탐하는 수단으로 사용한다면 명품마을의 미래는 없다. 관매도 주민의 지혜가 절실하게 필요한 시점이다.

●─갯바위를 사고팔다 : 갱번과 강변

사실 주민들에게 '갱번'이라는 말을
처음 들었을 때는 무슨 말인지 몰랐
다. 몇 번이나 듣고 묻고를 반복해 그
말을 어렴풋이 이해했을 때 완도의
생일도에서 직접 주민들이 갱번에 모
여 일하는 것을 보았다. 그리고 진도
의 독거도, 맹골도, 곽도, 죽도, 관매
도 등 돌미역이 많이 나는 섬에서 그
실체를 볼 수 있었다.

윤생원댁 곽전문기.

갱번에 대해 고문서로 확인한 것은 해남 윤씨의 미역밭 매매문서에 포함된 '강
변'이라는 이름이었다. 막연하게 갱번은 강가일 거라고 생각했었다. 그런데 18세
기 미역밭을 매매한 문서에 '강변'이라는 문자를 확인했을 때 소름이 돋았다. 해남
윤씨가의 고문서였다. 그것은 건륭 31년(1766년) 윤생원댁 노비 돌쇠처의 명문으
로 진도군 볼매도의 곽전과 강변을 모두 오십일 냥에 팔았다는 문서다. 볼매도는
오늘날 관매도를 말한다. 고문서에 등장하는 노비들은 모두 주인을 대신하는 이들
이다. 보통 이름도 돌쇠, 복돌, 복남, 귀복, 만복, 임술 등 흔한 이름을 쓴다. 개인의
억울함을 하소연하는 '소지'에 등장하는 이름도 주인을 대신해 노비가 청원을 하는
경우가 많다.

문서에는 곽전과 곽전주라는 글씨가 선명하다. 미역밭과 그 주인을 말한다. 이
미 조선시대에 상품가치가 있는 해조류가 자라는 바닷가를 사고팔았다. 《경세유
표》에는 지름이 10여 무에 달하는 미역밭이 200~300냥에 거래가 이루어졌다고
했다. 권력을 가지고 있는 사람들이 변형되지 않고 유실 염려가 전혀 없는 갱번을
전답처럼 재산으로 탐했다. 정작 섬 주민들은 생활 터전을 잃고 논밭을 지주에게
임대해 소작하는 것처럼 갯바위도 소작을 했다.

참고: 무(畝)는 중국에서 사용된 전토의 면적 단위로 우리나라에서도 통용되었지만 크기는 통일신라부
터 고려 때까지는 154.3제곱미터, 조선 세종대 토지에 대한 세금 제도로 만들어진 경묘보법(1436년부
터 1444년 사용)에서는 259.46제곱미터, 일제강점기는 30평(99.174제곱미터)으로 사용되었다.(한국민
족문화대백과)

일반현황

위치 | 전남 진도군 조도면 관매도리
면적 | 4.006km² **해안선** | 20.41km
가구수 | 146 **인구(명)** | 239(남:110 여:129) **어선(척)** | 30
어촌계 | 관매 어촌계, 관호 어촌계

공공기관 및 시설

공공기관 | 치안센터, 해상공원관리사무소
의료시설 | 관매보건진료소(061-544-8688)
교육기관 | 관매초등학교(2012년 폐교)
전력시설 | 송전 **급수시설** | 지방상수도

여행정보

교통 | 배편 | 조도고속훼리호 : 1일1회 운항 / 진도항-조도팽유선착장-관매도선착장(약 1시간 5분 소요) 한림페리11호 : 주말 1일3회 운항 / 팽목 진도항-관매도(약 50분 소요)
섬사랑10호 · 신해5호 : 1일1회 운항 / 목포연안여객선터미널-율도-쉬미항-저도-광대-송도-혈도-양덕-주지-가사-소성남-성남-옥도-내병-외병-눌옥-갈목-진목-하조도 창유항-율목-나배-관사-소마-모도-대마-관매-동거차-서거차-상조도 율목항(약 7시간 소요)
금오페리7호 : 1일1회 운항 / 팽목 진도항-관매도(약 55분 소요)
여행 | 관매도 초가집, 관매 해수욕장, 관매도 등산로
특산물 | 미역, 다시마, 돌톳, 모자반(뜸부기, 듬부기)
특이사항 | 2010년 국립공원 1호 명품마을로 선정됨. 국립공원의 우수한 자연생태를 주민소득과 연계시키는 데 초점을 맞추고 마을환경 개선과 탐방 인프라 확충에 힘썼다.

변화 자료

구분	1972	1985	1996
주소	진도군 조도면 관매도리	진도군 조도면 관매도리	진도군 조도면 관매도리
면적(km²)	5.34	4.08	5.73
인구(명)	1,894	1,225	640
	(남:974 여:947)	(남:622 여:603)	(남:319 여:321)
가구수	299	274	211
급수시설	우물 15개	간이상수도시설 1개소 우물 19개	간이상수도시설 2개소 우물 150
전력시설	-	한전계통	한전계통
어선(척)	40	87	54
어가(농업겸업)	24(246)	274	32
		24(농어겸업 216)	

34

미역이
선창을 덮다
조도면 동거차도

"팔자 좋은 사람들이요. 섬 귀경을 댕기고."

미역가닥을 만들던 어머니가 힐끔 쳐다보더니 한 마디 내질렀다. 남들은 바빠서 정신이 없는데 한가롭게 구경이나 다니면서 사진이나 찍고 다니느냐는 말이었다. 생각해보니 틀린 말도 맞는 말도 아니다. 구경 다니는 것은 맞는 말이지만 할 일 없이 다니는 것은 아니기 때문이다. 선창을 미역이 차지해 발 디딜 틈이 없었다. 서거차도에서는 볼 수 없는 풍경이었다. 마을 안쪽으로 들어서자 골목길 안쪽에 너른 주차장처럼 생긴 공터에도 미역이 가득했다. 그 옆 작업장에는 미역가닥을 말리느라 너댓 명씩 모여서 바쁘게 손을 놀리고 있었다. 봄철이면 고양이 손이라도 빌려야 할 정도로 바쁘다. 갑자기 닥친 불청객이 사진을 찍고 이것저것 물어보니 귀찮기도 했을 것이다.

귀가 있어야 제대로 된 미역이다

거차군도의 동쪽에 있어 동거차도라 했다. 또 해상교통의 요지로 이곳을 지나는 선박들은 모두 거쳐 가는 곳이라 해서 '거차도'라는 이름이 붙었다는 말도 있다. 그런가 하면 물살이 거칠어 거차도로 했다고도 한다. 모두 먼 바다에 좋은 항구를 가지고 있는 거차도의 사정에 맞는 이야기들이다. 이 중 동거차도는 1970년대까지만 해도 사람이 살기 힘든 섬으로 알려져 있었다. 서거차도와 달리 농사지을 땅이 없고, 바다는 서칠어 양식을 할 수 없었기 때문이다. 설상가상으로 목포까지 가려면 하룻밤을 자야 오갈 수 있는 거리였다.

진도에는 울돌목, 장죽수도, 죽항수로, 맹골수로 등 네 개의 거친 수로가 있다. 각각 해남에서 진도 사이, 진도에서 조도군도 사이, 조도에서 거차군도 사이, 거차도에서 맹골군도 사이를 말한다. 바다가 거칠면 고기잡이가 어렵지만 갯바위에서 자라는 자연산 미역의 품질은 아주 좋다. 또 조류를 타고 들어오는 멸치가 많고 멸치를 노리는 삼치 등 고기들이 풍성하다. 거친 물길과 바람은 뱃길을 막지만 고기를 부르고 좋은 미역을 키운다. 이것을 탐하는 사람들이 섬에 머물기 시작하면서 오늘날에 이른 것이다. 독거군도, 거차군도, 맹골군도 등 조도에서 우리나라 최고 품질의 미역이 생산될 수 있었던 것도 이런 환경 덕이다.

병풍도로 가는 뱃길에서 양식 미역을 채취하는 주민을 만났다. 바다가 거칠어 삶이 팍팍하지만 그래도 양식 미역은 품질이 좋아 높은 가격을 받는다며 함박웃음이다. 이른 새벽에 나왔는지 벌써 배에 미역이 가득하다. 이제 해가 떠오르는데.

동거차도에는 동막과 동육 두 마을이 있다. 동막은 서거차도와 마주보며 선창 앞에 작은 섬이 있어 거친 파도를 막아준다. 그럼에도 불구하고 동육에 비해 구미가 깊지 않고 계절풍을 막기에는 마을 앞 송도가 너무 작아 방파제를 쌓고 나서야 포구 역할을 할 수 있었다. 반원형 포구를 미역가닥이 시꺼멓게 덮었다. 그것도 부족해 마을 골목 널찍한 곳은 어디든 미역이 널려 있다.

동막은 막구미(幕仇味)라고 불렸다. 구미는 육지로 만입된 바다로 갯벌이나 모래, 또는 작은 돌로 되어 있다. 옛날부터 선창으로 많이 이용되었으며 마을이 형성되었던 곳이다. 이름도 막구미, 막그미, 막금 등으로 불렸다. 반대되는 말로 '곶'이 있다. 대륙과 접한 큰 곶이 '반도'다. 막구미는 1980년 40여 가구 209명이 살았지만 지금은 32가구에 69명이 살고 있다. 선창에 이르자 미역 냄새가 봄바람을 타고 코끝을 스쳤다. 비릿한 미역 냄새는 어머니 젖내음 같다. 그래서인지 정겹다. 바닷물에 줄줄 흐르는 미역들을 한 줄기 두 줄기 미역 틀 위에 얹어 '미역가닥'을 만들고 있었다. 봄바람에 하루를 말리면 꾸덕꾸덕한 미역가닥이 완성된다. 날씨가 궂거나 완전히 건조되지 않는 경우에는 건조기에 넣고 마저 말린다. 이렇게 말린 20가닥의 미역을 '한 뭇' 혹은 '한 속'이라 한다. 봄철에는 양식 미역을, 여름철에는 자연산 돌미역을 채취해 가닥을 만든다. 양식 미역은 한 뭇이 10만 원 내외에 팔리며, 자연산 돌미역은 40만 원을 호가한다.

이른 새벽 동거차도를 지나 병풍도로 가는 길에 양식장에서 미역 작업을 하는 배들을 보았다. 긴 줄을 배 위에 걸쳐 놓고 미역을 뜯고 있었다. 마치 줄다리기를 시작할 때 심판이 암수 목줄에 올라타 있는 모습이다. 바다가 거칠어서인지 미역 양식은 서거차도와 동거차도 사이 비교적 너울이 적은 곳에서 이루어지고 있었다.

돌아오니 새벽에 작업한 미역이 벌써 마을 어귀에 가득 널렸다. 기계로 할 수 없는 일이니 일일이 손으로 추리고 가닥을 만들어 햇볕과 바람에 말려야 한다. 그리고 꾸덕꾸덕하면 다시 뒤집고 자리를 잡아주어야 한다.

베어 온 물미역은 곧장 작업장으로 옮겨 미역가닥으로 만든다. 동막 선창과 마을 곳곳에 가건물이, 창고형 작업장들이 있다. 모두 미역가닥을 만들고 건조 보관하는 곳이다. "미역귀가 이렇게 실해야 좋은 가격을 받아라." 작업 중이던 할머니가 미역귀를 씹어 먹는 내게 말을 붙였다. 심심했던 모양이다. 미역귀가 없으면 제값을 받지 못하기 때문에 반드시 미역귀를 포함한 줄기와 잎이 무성한 곳을 나누어 미역틀에 붙인다. 미역귀와 잎 사이 줄기가 길기 때문에 중간에 잘라내기도 하고, 미역줄기만 따로 모아서 판매하는 경우도 있다. 보통 시장에서 삶아서 판매하는 미역줄기는 미역가닥을 만들고 남은 것이다. 보통 10월에 미역줄을 바다에 넣어서 4월이면 첫 수확을 한다. 그리고 베어낸 줄에서 다시 미역이 자라고 미역귀가 생기면 다시 베어낸다. 그렇게 모두 세

차례 수확을 한다. 주민들은 채취 시기를 미역귀가 자라는 것으로 가늠한다. 왜 하필이면 미역귀를 보고 수확하느냐는 물음에 젊은 어머니와 나이 든 할머니의 대답이 서로 다르다.

"미역귀가 없으면 값이 싼 게라."

"미역귀가 사람으로 치면 머리여, 머리가 커야 베어 묵제."

갱번은 과학이다

양식 미역은 개인사업과 마찬가지지만 자연산 돌미역은 공동으로 채취해서 똑같이 분배한다. 갯바위를 이곳에서는 '갱번'이라고 부른다. 그리고 갱번에서 미역이나 가사리를 채취하는 권리를 '갱번 짓을 든다'고 한다. 최근에 동막에서는 갱번 짓을 드는 권리금으로 마을에 150만 원을 냈다고 한다. 마을에서는 300만 원 이야기가 오갔지만 '젊은 사람이 섬에까지 와서 산다는데'라며 행사료를 낮추었다는 후문이다. 일반적으로 갱번 짓을 들 때 '입호금'은 섬을 떠난 출향인사보다 연고가 없는 외지인이 더 높다. 마을에 이사를 와서 사는 것이야 거주 이전의 자유가 있기 때문에 마을 주민들이 갑론을박할 수 없다. 하지만 마을어장을 이용할 때는 사정이 다르다. 이때는 어촌계의 승인을 받아야 한다. 그런데 자연산 돌미역의 품질이 전국에서 최고로 꼽히는 곳이니 어장을 같이 이용하자고 쉽게 승인해줄 리 없다. 30대 후반의 젊은 사람이 동막마을에 들어와 몇 년째 거주하며 주민들에게 호감을 주었던 것이 분명하다.

동막마을의 자연산 돌미역 채취는 마을을 두 편으로 나누어 진행한다. 이것을 '짓'이라 하며, 채취 장소를 '갱번'이라 한다. 사실 '짓'은 엄격한 의미에서 권리와 의무를 갖는 마을 구성원의 증표이다. 이를 '동짝' '서짝'이라 한다. 동막에서 갱번 짓을 갖고 있는 사람은 모두 25호이다. 24짓이었는데 젊은 친구가 짓을 들어 25짓이 되었다. 이를 동서 양쪽으로 12.5짓씩 나누었다. 선창 거차송도에서 큰마파지와 돌솔섬(하송도)까지가 하나의 갱번이며, 웃솔섬(상송도)을 포함해 선창에서 가는 개까지가 또 하나의 갱번이다. 이들 갱번은 각각 12.5짓, 즉 12명 반의 몫이 참여한다. 미역을 뜯어 놓으면 배로 운반해야 하기 때문에 배 1짓을 포함하면 13.5짓이다. 생산된 미역을 똑같이 13짓 반으로 나눈다. 13짓을 반으로 나누고 반 짓은 동짝과 서짝 양쪽에서 반 짓씩 합해서 한 짓을 만든다. 상송도와 하송도는 같은 위치에 있는 갱번이지만 짝지가 나뉘는 것은 미역 생산량과 관련 있다. 생산성이 좋은 미역 바위는 위치와 관계없이 고르게 분배하는 것이 원칙이다. 이러한 것은 흑산도, 홍도에서 나타난다. 특히 주목해야 할 것은 배짓이다. 동막에 배짓을 하는 배는 모두 7척이다. 한 번 작업에 2척씩 나가기 때문에 작업에 참

미역이 있어 살 수 있는 섬이다. 쌀이 없어도 식수가 없어도 뭍에서 사 오면 되지만 미역이 없으면 아무것도 할 수 없는 섬이다. 바다가 살아야 하는 이유다. 바다가 살아야 섬에 사람이 살 수 있고, 섬문화가 유지된다.

여한 배와 관계없이 배짓으로 분배받은 미역은 작업에 참여한 배 선주들이 똑같이 나눈다. 상품성이 높고 채취량이 많은 미역은 호마다 2명씩 참여해 갱번작업을 하지만 가사리나 돌김은 한 명씩 참여한다.

시멘트 닻, 학교를 세우다

다음 날 새벽같이 일어나 동막마을 너머 동육마을로 향했다. 동육마을은 동막과 분위기가 달랐다. 특히 동막과 다른 점은 멸치잡이 어장을 많이 했다는 점이다. 동거차도에서 멸치잡이를 할 수 있었던 것은 '시멘트 닻' 덕이다. 거차 해역은 거친 조류를 타고 멸치들이 많이 드는 바다이지만 일반 닻으로 멸치 그물을 지탱할 수 없었다. 고인이 된 이 마을의 조향동씨는 1970년대 초반 '우리는 가난해 발동선을 부리지 못하지만 바다에 그물을 띄우면 고기를 잡을 수 있을 것 아니냐'며 '엉바위' 등에 쇠줄을 매어 멸치를 잡는 낭장망을 고정시켰다. 물길이 세서 여러 차례 닻줄이 끊어지고 벗겨지며 주민들의 조롱까지 받았다. 그리고 마침내 밧줄로 고리를 만든 '5~10톤' 규모의 시멘트 닻을 개발했다. 이렇게 해서 멸치잡이에 성공하자 마을 사람들은 본격적으로 나섰다. 당시 모두 20여 통의 멸치 낭장망이 설치되었다.

1950년대 흉년이 들면 산나물은 고사하고 소에게 먹이던 감자넝쿨까지 삶아 먹을 만큼 가난했던 섬, 이른 봄에 쑥의 어린 순마저 앞다투어 잘라 먹는 통에 쑥 종자마저 없어졌던 섬이다. 약혼식 때는 돼지를 잡아 반은 신붓집에 보내고 반은 마을 잔치를 하는 풍습도 있었지만 가난은 이러한 풍습마저 송두리째 없애버렸다.

그런데 멸치 낭장망이 성공을 거두자 상황이 완전히 바뀌었다. 잡어와 멸치가 많이 들어 그물이 찢어질 지경이었다. 미처 건조하지 못한 생선들이 바위에 널려 있어 파리가 끓고 쥐가 들끓는 문제도 생겼다.

하지만 소득이 생기자 젊은 사람들이 섬을 떠나지 않았고 들어오는 사람도 생겼다. 한때 서거차초등학교의 분교였던 동거차초등학교는 서거차초등학교의 학생이 줄어들면서 1994년 동거차초등학교 서거차분교로 서로 격이 바뀌었다. 그리고 전화중계소도 서거차도에서 옮겨왔다. 모두 시멘트 닻이 불러온 변화들이다.

서거차도처럼 포구가 좋아 일찍부터 어장을 할 수 있던 동거차도는 어려운 환경을 극복하려는 불굴의 의지로 시멘트 닻을 개발하여 부자 섬으로 바뀌었다. 하지만 2006년 해파리가 극성을 부리면서 멸치잡이도 크게 줄었으며 지금은 멸치 낭장망과 미역 양식을 하고 있다.

동육 선창은 동막과 달리 멸치 삶는 막과 건조장이 먼저 반겼다. 몇 년 전 광풍이 불어닥치면서 동육 선창에도 인조나무로 만든 데크가 설치되었다. 주민들은 이용하지도 않고 관광객이 없는 곳에 돈을 썼다고 혀를 끌끌 찼다. 차라리 배가 닿는 곳에서 마을까지 이어지는 길을 만들었다면 낭장그물이라도 차에 싣고 다닐 수 있을 텐데라며. 한때 멸치 마을이었던 동육마을은 이제 여섯 집에서만 멸치를 하고 있다. 동막마을은 인동 장씨가 대표 성이며 동육마을은 김씨가 30여 집에 이른다.

동막마을로 넘어오는 길에 어제 만났던 어머니를 만났다. '다음에 진짜 살러 올 테니 꼭 갱번 짓 줘야 하요'라고 인사를 했더니, 걱정 말고 결정만 하라고 했다. 섬에 살겠다는 각오만 있으면 갱번 짓 드는 것이 문제이겠느냐는 것이다. 지금은 양식업이 발달해 갱번에 큰 의미를 두지 않지만 옛날에는 갱번이 미역섬 사람들의 목숨과 같았다.

●─병풍도

병풍도는 진도군 남쪽 끝에 있는 무인도다. 폭이 좁고 남북으로 길게 놓여 있는 섬으로, 해안은 갯바위로 이루어져 있고 섬에는 토양이 없으며 섬 상층부에 후박나무를 비롯한 각종 식물이 군락을 이루고 있다. 칼새, 괭이갈매기, 매, 가마우지, 흑로 동박새 등 희귀조류 10여 종이 서식하고 있다. 환경부가 특정도서로 지정하여 보호하고 있다.

병풍도와 함께 서거차도, 동거차도, 진목도 등이 해남군 황산면 우황리의 이재량 참판 집의 소유였다. 서거차도 등 일부 섬은 광복 후에도 이참판 집안의 소작지였다. 1966년 이씨 집안사람이 조도지서장으로 부임했을 때 지주 이환용(1857~1945년) 후손과 협의하여 해결되었다고 한다. 그 내력을 살펴보면, 이환용은 인조의 셋째 왕자 인평대군의 후손이다. 숙종 6년(1680년) 인평대군의 증손자인 이병석은 반란 죄목으로 사사를 당하고, 그의 아들 이재양은 진도로 유배되었다. 진도로 유배 온 이재양은 진도 지산목장에 속한 우황리에 자리를 잡았다. 이씨 집안은 대원군이 집권하면서 해배되어 우황리에서 세력을 키웠다. 이재양(1822~1878년)은 참판벼슬에 올라 조도 관내에 많은 섬들을 사패지로 하사받았다. 거차군도의 일대의 섬들이 이씨 집안의 땅이 된 내력이다. 이환용은 이참판의 아들이다.

서거차도에서 병풍도까지는 뱃길로 한 시간 거리이다. 오른쪽으로 맹골군도가, 왼쪽으로는 조도와 관매도가 있다. 몇 년 전까지 이곳에 할머니 한 분이 마지막으로 살았다. 병풍도에서 식량이 떨어지면 봉화를 올려 식량을 공급받았다고 전한다. 지금처럼 통신시설이 발달하지 않았던 시절에는 봉화가 가장 손쉬운 통신수단이었다.

이곳은 산림이 울창해 땔감이 귀하던 시절에 동거차도와 서거차도 사람들이 나무를 했던 섬이었다. 뿐만 아니라 미역밭이 좋아 지금도 섬 왼쪽은 서거차도 주민들이, 오른쪽은 동거차도 주민들이 이용하고 있다.

병풍도는 동거차도 마을 소유였지만 2006년 서울에 사는 사업가 홍씨에게 5억 5천만 원을 받고 섬을 팔았다. 섬을 판 돈은 주민들이 600만~700만 원씩 분배했다고 한다. 섬이 남북으로 길게 병풍처럼 뻗어 있다고 해서 병풍도라 했다. 진도 최서남단에 위치해 있어 고기들의 산란장이며 갯바위낚시가 잘 되며 기암괴석이 발달했다. 동쪽에는 배를 접안하기 어려우며 서쪽에는 접안이 가능하다. 섬을 방문했을 때 30여 명의 낚시꾼들이 병풍도에서 낚시를 즐기고 있었다.

병풍도는 어장이용권 입찰을 통해 채취권을 판매한다. 2010년 1,300만 원에 판매했다. 서거차는 700만 원이었다. 입찰에는 외지인도 참여할 수 있다. 보통 매년 12월에 입찰이 이루어진다. 어장을 구입한 사람은 미역, 홍합, 톳, 가사리 등을 채취할 수 있다.

병풍도.

개황 | 동거차도

일반현황

위치 | 전남 진도군 조도면 동거차도리
면적 | 2.634km² **해안선** | 13.13km **육지와 거리** | 73.2km(목포연안여객선터미널)
가구수 | 70 **인구(명)** | 149(남: 73 여: 76) **어선(척)** | 10
어촌계 | 동육 어촌계, 동막 어촌계

공공기관 및 시설

공공기관 | 치안센터, 해양경찰출장소
의료시설 | 동거차도보건진료소(061-544-6930)
교육기관 | 조도초등학교 동거차분교(2010년 폐교)
전력시설 | 송전
급수시설 | 지방상수도

여행정보

교통 | 배편 | 섬사랑10호·신해5호: 1일1회 운항 / 목포연안여객선터미널-율도-쉬미항-저도-광대-송도-혈도-양덕-주지-가사-소성남-성남-옥도-내병-외병-눌옥-갈목-진목-하조도 창유항-율목-나배-관사-소마-모도-대마-관매-동거차-서거차-상조도 율목항(약 7시간 30분 소요)
금오페리7호: 1일1회 운항 / 하조도 창유-동거차도(약 1시간 35분 소요)
여행 | 해식애
특산물 | 미역
특이사항 | 공공기관연계 지역산업 육성산업인 '동거차도 에너지 자립섬 구축사업'을 진행했다. 다도해 해상국립공원의 관리대상 도서이다.

변화 자료

구분	1972	1985	1996
주소	진도군 조도면 서거차리	진도군 조도면 동거차도리	진도군 조도면 동거차도리
면적(km²)	2.93	2.91	3.4
인구(명)	789	509	312
	(남: 396 여: 393)	(남: 234 여: 275)	(남: 142 여: 170)
가구수	130	120	95
급수시설	우물 4개	우물 10개	우물 14개
전력시설	-	한전계통	-
어선(척)	11	52	27
어가(농업겸업)	30(94)	120	65
		19 (농어겸업 91)	

35

바다가 거칠어
사람이 산다

조도면 서거차도, 상하죽도

거친 바다에 떠 있는 섬을 '거추리도'(巨趨里島)라고 표기했다. 거차군
도는 여기서 비롯되지 않았을까. 거친 바다에 모여 있는 섬에 어찌 사
람만 들었겠는가. 고기도 의지할 곳을 찾았을 것이다. 그 고기를 탐하
여 사람들이 모여들었으니, 그것이 '파시'다. 그 어부들의 호주머니를
탐하는 여인들이 모여들어 어장철이면 거친 바다의 남포등이 꺼지지
않았다. 거친 바다에 배를 묶고 머물 수 있는 섬이 있어 얼마나 다행인
가. 파도와 바람을 피할 수 있는 좋은 선창이 있다는 것이 어부들에게
는 오아시스나 다름없다. 거차군도가 바로 그곳이다. 서거차도, 동거차
도, 하죽도 그리고 숱하게 많은 무인도가 모여 만든 천혜의 양항이다.
여수의 먼 섬 거문도, 고흥의 나로도, 완도의 청산도, 신안 흑산도군도,
군산의 고군산도 등도 자연이 준 선착장이다.

당나라에 유학을 한 일본 스님 엔닌이 기록한 9세기 전반의 여행기
《입당구법순례기(入唐求法巡禮記)》에 '구초도'라는 섬이 나온다. 혹시
그 섬이 거차도를 일컫는 것이 아닐까. 유학을 마치고 귀국길에 구초도
에서 사흘간 머물렀다고 했다. 당시 해상무역을 장악했던 장보고의 도
움으로 배를 탔던 엔닌은 그의 책에 "구초도에서 동남쪽으로 멀리 탐라
도가 보인다."라고 적었다.

예나 지금이나 이곳을 지나는 배는 이곳에서 반드시 머물러야 한다.

그 너머 바다에는 쉴 곳이 없고 안섬으로 가려면 조도군도의 중심인 하조도까지 가야 한다. 하지만 그곳에는 안심하고 머무를 항구가 없다. 결국 목포까지 가야 할 판이다. 엔닌도 중국에서 일본으로 가는 긴 여정에서 흑산도와 이곳 거차도와 여수 안도를 거쳐 귀국했을 것이다.

정말 파시가 형성되었을까

일본이 이곳을 어업의 거점으로 삼은 것은 당연한 일이다. 1935년 어항을 만들기 시작했다. 하지만 4년 뒤인 1939년 7월 큰 태풍으로 항에 정박해 있던 20척의 배가 크게 부서졌다. 1930년대 이곳에서 파시가 형성된 것이 결코 이상하지 않다. 1937년 서거차도에 1종 요리점이 들어섰다. 1944년 초등학교가 개교했다. 그리고 많은 일본인들이 이주를 했다. 지금도 윗마을 78번지 일대는 일본 사람 이름으로 남아 있는 집

국가어항 서거차도항과 상하죽도. 작은 섬에 사는 것은 불편함이 따른다. 그래도 섬을 버릴 수 없는 것은 조상대대로 살아온 흔적 때문이다. 흔적을 지울 수 없기에 그 힘으로 버티며 살아온 것이다. 누구에게 그 아픔을 이해해달라고 하겠는가. (사진 : 도영주)

자리가 11필지에 이른다. 광복 후 일본 선단이 물러가자 1969년 다시 삼치 파시가 형성되었다. 당시 300여 척의 배들이 몰려들었다. 일제강점기 축조하다 중단된 축항사업에 대일청구권 자금이 투입되어 방파제와 물양장이 완공되었다. 그리고 1983년 제3종 항으로 지정되어 국가관리 어항이 되었다. 이곳이 동중국해 어장에서 가장 가까운 피항지이다.

서거차도는 윗마을, 아랫마을, 모래미, 세 마을로 이루어져 있다. 파시가 형성된 곳은 아랫마을이며, 윗마을은 논을 지나 섬 안쪽에 있다. 그리고 모래미는 해군이 주둔했던 마을로 서거차도 여객선 터미널에서 해안선을 따라 남서쪽으로 약 1.3킬로미터 떨어진 곳에 있다. 항구를 서성이다 노인회장을 맡고 있는 김계수(1941년생) 어르신을 만났다. 급하게 뭍으로 나가야 한다는 어른을 붙들고 바쁜 틈을 내 궁금한

이 멀고 먼 섬에도 한때 삼치 잡는 배들이 모여들어 파시가 형성되었다. 술집도 있고 아가씨도 있었다. 군부대가 들어서고 나서도 술집은 이어졌다. 어쩌다 고깃배들이 들어오면 술집을 서로 차지하려고 다툼이 일어나기도 했다.

것을 여쭈어보았다.

"여기가 짝지밭이고, 파수가 섰을 때는 삼치 나가시배들이제. 아가씨들이 많았제. 저 구석지서 큰 집이여. 간판 없이 했어. 아가씨 5~6명씩. 세 집에서 했으니까. 해군들이 천신해부니까 뱃사람들이 천신을 못하고 쌈 나고. 배는 40~50척이니까. 아가씨가 부족했제."

일본인이 철수한 후 한산했던 서거차도가 삼치배가 몰려들면서 다시 북적댔다. 아랫마을 해변은 모래와 자갈이 있는 짝지였다. 그 위에 세워진 술집들은 5~6명의 아가씨를 두고 장사를 했다. 당시 일본으로 가는 무역선이 직접 떠서 삼치를 가져갔다. 배가 들어오면 어부들은 서로 아가씨를 '천신'(차지)하기 위해서 난리법석이었다. 작은 섬에 술집이 있다면 얼마나 있었겠는가. 고작 세 집밖에 없었다. 그러니 아가씨들이 모두 합쳐봐야 20명도 넘지 않았다. 거친 바다와 싸우며 고기를 잡다 돌아온 어부들에게 술과 여자는 양보할 수 없는 본능이었을 것이다. 그런데 하필이면 그곳에 해군부대가 있을 게 뭐란 말인가. 돈 내놓고 술을 먹으면서 수컷들의 양보할 수 없는 기싸움이 외딴 섬에서 벌어졌던 것이다.

술집도 가정집도 '쑥밭'이 되었다

서거차도가 호황을 누린 것은 1970년대다. 당시 일본 배가 거차군도 인근 해역에서 고기를 잡는 일이 잦고, 간첩선의 출몰도 빈번해지자 모래미 마을에 해군이 배치되었다. 또 1971년 이곳에 방파제 공사가 시작되었다. 당시 서거차도의 인구는 669명으로 기록되었다. 서거차도가 가장 활발하고 호황을 누리던 때였다. 하지만 공사 인부들은 1984년 일이 끝나자 섬을 떠났고, 해군도 첨단기계의 발달로 무인감시체제가 마련되면서 8년 후인 1992년 철수했다. 지금은 100여 명이 섬에 머

집주인은 뭍으로 가고 집자리는 쑥밭이 되었다. 섬에 남아 있는 사람은 그 쑥을 뜯어 생활한다. 고기잡이를 하기에는 나이도 들고 옛날처럼 바닷물고기도 없으니 더 큰 바다로 나가야 한다. 그보다는 텃밭에 심어놓은 쑥을 뜯어 용돈벌이하는 것이 더 낫다.

물고 있다.

　한때 모래미마을에는 30호, 윗마을에는 30호, 아랫마을에는 40호로, 모두 100여 호가 서거차도에 살았다. 지금은 각각 10호, 20호, 30호로 줄었다. 그것도 대부분 노인들이다. 모래미마을은 작은 주낙배 두 척이 옛 파시를 대변할 뿐 노인들이 쑥농사를 지어 근근이 생활하고 있다. 막구미 윗마을은 쑥농사와 한때 벼농사도 했던 제법 큰 마을이었다. 아랫마을은 포구가 있는 마을로 출장소, 보건소, 해양경찰 등 관공서가 모여 있다.

　모래미마을에서 할머니가 막 캔 쑥을 배에 부치기 위해 갈무리하고 있었다. 해군부대 자리를 묻자 군인들이 떠난 뒤로 썰렁해지고 마을이 나간 집이 되었다며 아쉬워했다. 며칠 전 예전에 해군부대에서 근무했

346

다는 사람이 옛날 생각이 나서 왔다며 마을을 둘러보고 갔다고 했다. 해군이 주둔할 때는 마을길 포장부터 집안일까지 힘쓰는 크고 작은 일들을 맡아 해주었다. 그래서 모래미는 해군마을이나 다름없었다. 서거차항에서 모래미로 들어가는 길목에 해군부대 병영지의 무너진 건물들과 창고들이 그대로 남아 있었다.

군인은 주둔하지 않았지만 썰렁한 것은 윗마을도 사정이 다르지 않았다. 사람은 죽고 집터만 남은 자리에서 쑥을 재배하고 있는 주민을 만났다. 요란스럽게 까치가 울어댔다. "저놈의 까치가 데려가라고 해도 안 데려가고 시끄럽게 하네."라며 쑥을 다듬으며 중얼거렸다. 처음에는 무슨 말인가 싶었다. "나 좀 데리고 가라는데. 인제 갈 데는 한 곳밖에 없는데 이라고 안 데려가요."라며 웃었다. 옆에 있던 다른 어머니는 나를 보며 "저 아저씨에게 데려가라고 해."라며 웃었다. 나이가 들어 이제 죽을 일만 남았는데 빨리 데려가지 않는다며 원망하는 소리였다.

숭어와 아귀는 있는데 매운탕 끓일 물이 없다

첫날은 서거차도 중앙교회에서 신세를 졌다. 돌미역과 톳무침에 삿갓조개를 넣고 끓인 된장국이 일품이었다. 여기에 목사님이 직접 따 온 산두릅과 쑥밭 옆에 심어둔 시금치를 살짝 데쳐 무쳐서 내오셨다. 문제는 둘째 날이었다. 서거차도에 딸린 작은 섬인 하죽도의 마을회관에 숙소를 정했다. 최근 신축한 마을회관은 깨끗하고 아늑했다. 동거차도에서 낭장망으로 잡은 숭어 몇 마리를 사고 아귀도 몇 마리 얻었다. 매운탕을 끓이려는데 요리를 하다 물이 떨어졌다.

수도꼭지를 이쪽저쪽으로 돌려봐도 소용이 없었다. 화장실에 있던 동료가 기겁하며 소리를 질렀다. 이곳 회관을 안내한 교회 목사가 물통에 물이 차야 나올 거라며 자신이 받아놓은 물을 사용하라고 차분하게 일러주었다. 갑작스럽게 대여섯 명이 찾아와 물을 써대니 모자랄 수밖에 없었다. 작은 섬에서 식수는 생명이다. 그래서 집집마다 커다란 물통을 준비해 여분의 물을 준비해둔다. 지금은 마을별로 대형 식수탱크를 만들어 수도로 연결해서 집집마다 공급하고 있다. 이런 마을도 집집마다 별도로 대형 물통을 준비해둔다. 그것도 부족해 빗물을 따로 받아 허드렛물로 사용하기도 한다. 섬사람보다 많은 수의 외지인들이 들어와 뭍에서 하던 버릇대로 목욕도 하고 요리도 했을 테니 물이 떨어질 수밖에.

죽도는 상죽도와 하죽도 두 개의 섬으로 나뉘어 윗대섬과 아랫대섬으로 불렀다. 윗대섬은 10헥타르, 아랫대섬은 13헥타르이며, 윗대섬과 서거차도와 거리는 200미터, 아랫대섬과 동거차도와 거리는 600미터 거리이다. 각각 동서거차도의 내연발전소로부터 전기를 끌어다 쓰고

먼 섬에서만 볼 수 있는 풍경은 돌담과 그 틈에 자라는 꽃들이다. 사람이 쌓은 돌담인데 전혀 인위적이지 않고 그냥 자연의 일부로 보이는 것은 멋을 부리지 않고 바람을 막기 위해 쌓았기 때문이다.

있다. 두 섬은 1983년 서거차 축항공사를 마치고 남은 자재를 이용해 연도교를 놓았다. 연결되기 전 윗대섬은 5가구, 아랫대섬은 21가구가 살았다. 1974년에는 이 두 섬의 인구가 170명이었다. 지금은 윗대섬에 네 채의 집이 남아 있지만 사람이 살고 있는 흔적을 확인할 수 있는 집은 두 채뿐이었다. 아랫대섬은 10여 가구가 살고 있다.

　2011년 서거차도를 방문했을 때 조도초등학교 서거차분교에 1학년 정지민, 2학년 정지명, 3학년 전경천, 세 명의 아이가 있었다. 서거차도 선창에서 이들을 모두 만났다. "너희들은 모두 반에서 일등이네."라며 웃었다. 이 중 경천이는 하죽도 교회에서 목회활동을 하는 목사의 아들이다. 나머지 두 명도 동거차도의 목사 아이들이다. 경천이는 동거차도에서 1년, 하죽도에서 1년 그리고 나중에는 서거차도로 옮겨왔다. 가는 곳마다 학교가 폐교되었기 때문이다. 서거차도 막구미에 있는 서거차분교는 맹골군도와 거차군도를 합해 여섯 개의 유인도 중 유일한 학교다. 뭍에 갈 일이 없어도 배가 들어오지 않으면 고립감이 더욱 심하다는 목사님의 이야기가 피부에 와닿았다.

미안하다, 아이들아

바다는 인간의 영역이 아니다. 그래서 섬사람들은 매년 정월이면 정성을 다해 용왕님께 두 손을 모았고, 바다의 작은 미물과도 음식을 나누는 갯제를 지냈다. 그렇게 겸허하게 자연을 받아들이고 순응하며 풍어와 안전을 기원했다. 그렇다고 어민들이 신들에게만 의지한 것은 아니다. 고기잡이를 나서기 전에 배를 점검하는 일도 소홀히 하지 않았다. 무엇보다 날씨를 예측하기 위해 경험과 오감을 동원했다. 여러 해 동안 별과 달의 움직임과 모양새를 보고, 새와 개미 등 작은 생물의 움직임도 관찰했다. 훌륭한 선장은 고기를 잘 잡는 것은 물론이고 사흘 날씨는 내다볼 수 있어야 했다. 그들은 과학보다는 풍부한 경험을 믿었다. 휴대전화 하나면 모든 일을 다 할 수 있을 줄 믿었는데, 세월호는 그 믿음을 뿌리부터 뒤흔들었다. 과학이 발달한 세상에서 경험을 논하는 것이 부질없는 짓일까. 아이의 '사랑한다'는 메시지를 받고도 부모는 어떤 답도 줄 수 없었다. 그래서 더 슬프다.

세월호 침몰 일 년 전, 비슷한 시기에 필자도 그 아이들처럼 맹골수도를 지나고 있었다. 이름부터 심상치 않은 바다다. 맹수의 울부짖음처럼 거친 물길이다. 일 년 뒤 상황은 전혀 상상도 못하는 주민과 낚시꾼을 그 바다에서 만났다. 미역을 채취하느라 분주했고 갯바위에 올라 손맛을 즐기는 평화로운 모습이었다. 맹골군도는 맹골도와 죽도, 곽도, 세 개의 유인도와 명도와 몽덕도 등의 무인도로 이루어져 있다. 이들 군도와 마주한 거차군도는 동거차도, 서거차도, 상죽도, 하죽도 등 네 개의 유인도와 송도, 항도, 북도 등 무인도로 이루어져 있다. 두 무리의 섬들 사이로 흐르는 바다를 '맹골수도'라고 부른다. 울돌목과 장죽수도 (팽목항과 조도 사이의 바다) 등이 전국에서 손꼽히는 험한 바다다. 거칠고 험한 물길이라 '맹골'이나 '거차'라 불렀다. 거친 바다, 맹수가 포효하는 소리가 들린다고 하니 오죽하겠는가. 물살이 거칠고 암초가 많다 보니, 최근 일 년 사이 평균 4건의 해난 사고가 발생했다고 한다.

진도는 조선시대에는 유구국인(琉球國人)이라고 불린 오키나와인들과 중국인들이 많이 표류해왔다. 쿠르시오 난류가 이곳에 이르러 황해와 남해로 갈라지니 남쪽의 표류인들이 진도에 자주 표착했던 것이다.《선조실록》에는 1589년(선조 22년) 7월 23일 유구국 상인 30여 명이 진도 해역으로 표류해 와서 명나라 동지사편을 통해 돌려보내기도 했다. 조도 사람들도 유구, 대만, 일본으로 표류를 했다.《비변사등록(備邊司謄錄)》에는 1716년(숙종 42년) 조도 사람 9명이 유구국에 표

저녁 찬으로 숭어를 얻었는데 정작 식수가 없어 난감하다. 물이 귀한 작은 섬이라 그렇다. 급하게 옆 섬에서 식수를 얻어 왔다. 씻는 것은 포기다. 잠자리를 얻고 찬거리를 보탠 것이 어딘가. 더 이상은 호사다.

착했다가 귀국했다는 기록이 있다. 가장 많이 표착한 곳은 나가사키 서쪽 고도(五島)이며, 다음은 쓰시마(對馬島), 미기(壹岐島), 히라도(平戶島) 순이다.

광복 후에도 해난 사고는 자주 발생했다. 조문을 다녀오다, 나무를 하고 돌아오다, 운동회를 마치고 돌아가다 많은 목숨을 잃었던 곳이다. 바다 날씨가 좋지 않거나 갑작스런 파도가 원인인 경우도 있지만 과적도 빠뜨릴 수 없는 이유였다. 가장 큰 사고는 1973년 1월 목포와 조도를 오가는 정기여객선 한성호가 주민 109명을 태우고 팽목항을 향하다 지산면 세포리 앞에서 돌풍과 높은 파도에 휘말려 침몰해 61명이 사망한 사고였다.

세월호 침몰 해역에서 가장 가까운 섬인 병풍도는 맹골수로 남쪽에 있는 무인도다. 폭이 좁은 섬은 남북으로 길게 놓여 있다. 해안은 바위로 이루어져 있지만 섬 상층부에는 후박나무를 비롯한 각종 식물이 군락을 이루고 있다. 또 칼새, 괭이갈매기, 매, 가마우지, 흑로 동박새 등 희귀조류 10여 종이 서식하고 있다. 환경부는 섬의 생태적 가치가 높아 특정 도서로 지정하여 보호하고 있다. 또 해양 경관이 뛰어나 다도해 해상국립공원 조도지구로 지정하여 관리하고 있다. 몇 년 전까지 이곳에는 할머니 한 분이 살았다. 식량이 떨어지면 봉화를 올려 식량을 공급받았다. 이곳은 산림이 울창해 땔감이 귀하던 시절에 동거차도와 서거차도 섬사람들에게 땔감을 공급해주던 섬이었다. 뿐만 아니라 미역밭이 좋아 지금도 섬 왼쪽은 서거차도 주민들이, 오른쪽은 동거차도 주민들이 돌미역을 채취하고 있다.

맹골수도나 거차수로는 위험한 바다이지만 진도곽이라는 명품미역을 자라게 하는 곳이다. 그뿐만 아니다. 암초가 많고 해초가 잘 자라니 물고기들에게 이보다 좋은 산란장이 어디 있겠는가. 낚시꾼들이 끊이질 않는 것도 거친 바다와 무관하지 않다. 그 바다에 300여 명의 채 피지 못한 꽃들이 잠들었다. 바다를 잘 알지 못하고, 그 가치를 이해하지 못하고, 어민과 어업의 소중함을 모르고, 오직 과학과 개발이라는 잣대로 바다와 섬을 이용 수단으로만 접근해온 결과다. 그들을 사지로 몰아넣은 기성세대의 한 사람으로서 진심으로 아이들에게 사죄한다. 이제 선생님 말 잘 들어라, 부모님 말 잘 들어라, 힘주어 말할 염치도 없다. 부디 입시도 경쟁도 야간자습도 없는 세상에 태어나렴. 얘들아, 미안하다.

개황 | 서거차도

일반현황

위치 | 전남 진도군 조도면 서거차도리
면적 | 2.150km² **해안선 |** 11.86km **육지와 거리 |** 72.66km(목포연안여객선터미널)
가구수 | 60 **인구(명) |** 94(남 : 51 여 : 43) **어선(척) |** 8
어촌계 | 서거차 어촌계

공공기관 및 시설

공공기관 | 진도해양경비안전센터서거차출장소, 농어촌폐기물종합처리장
의료시설 | 서거차도보건진료소(061-544-6865)
교육기관 | 조도초등학교 거차분교(061-544-4873)
전력시설 | 자가발전(내연)
급수시설 | 지방상수도

여행정보

교통 | 배편 | 섬사랑10호·신해5호 : 1일1회 운항 / 목포연안여객선터미널-율도-쉬미항-저도
-광대-송도-혈도-양덕-주지-가사-소성남-성남-옥도-내병-외병-눌옥-갈목-진목-하
조도 창유항-율목-나배-관사-소마-모도-대마-관매-동거차-서거차-상조도 율목항(약 7시
간 35분 소요)
섬사랑3호·섬사랑9호 : 1일1회 운항 / 팽목 진도항-슬도-독거-탄항-혈도-죽항-청등-각흘
도-하조도 창유항-서거차-상하죽도-곽도-맹골도-죽도(약 2시간 55분 소요)
금오페리7호 : 1일1회 운항 / 팽목 진도항-서거차항(약 2시간 52분 소요)
여행 | 모래골, 해식애
특산물 | 돌미역, 톳
특이사항 | 거차군도의 서쪽에 있다 하여 서거차도로 불렸다. 다도해 해상국립공원의 관리대상
도서이다.

변화 자료

구분	1972	1985	1996
주소	진도군 조도면 서거차도리	진도군 조도면 서거차도리	진도군 조도면 서거차도리
면적(km²)	2.62	1.96	2.831
인구(명)	679 (남 : 353 여 : 326)	379 (남 : 194 여 : 185)	206 (남 : 110 여 : 96)
가구수	116	85	71
급수시설	우물 3개	우물 7개소	간이상수도시설 1개소
전력시설	-	자가발전기 2대	자가발전기 3대
어선(척)	14	38	11
어가(농업겸업)	11(67)	29(농어겸업 39)	21

개황 | 윗대섬(상죽도)

일반현황

위치 | 전남 진도군 조도면 서거차도리
면적 | 0.107km² **해안선 |** 1.7km
가구수 | 1 **인구(명) |** 1(남: 0 여: 1)

공공기관 및 시설

전력시설 | 송전
급수시설 | 지방상수도

여행정보

특이사항 | 대나무로 울창하게 우거져 죽(竹)자를 쓰고 위쪽의 섬을 윗대섬(상죽도), 아래쪽의 섬을 아랫대섬(하죽도)으로 이름 지었다고 한다. 다도해 해상국립공원의 관리대상 도서이다.

변화 자료

구분	1972		
주소	진도군 조도면 서거차도리		
면적(km²)	0.100		
인구(명)	32 (남: 18 여: 14)		
가구수	4		
급수시설	우물 1개		
전력시설	–		
어선(척)	0		
어가(농업겸업)	1(3)		

개황 | 아랫대섬(하죽도)

일반현황

위치 | 전남 진도군 조도면 서거차도리
면적 | 0.148km^2 **해안선 |** 1.99km
가구수 | 11 **인구(명) |** 25(남: 12 여: 13) **어선(척) |** 2

공공기관 및 시설

전력시설 | 송전
급수시설 | 지방상수도

여행정보

교통 | 배편 | 섬사랑3호·섬사랑9호: 1일1회 왕복운항 / 팽목 진도항-슬도-독거-탄항-혈도-죽항-청등-각흘도-하조도 창유항-서거차-상하죽도-곽도-맹골도-죽도(약 2시간 57분 소요)
특산물 | 자연산 톳, 자연산 미역
특이사항 | 대나무로 울창하게 우거져 죽(竹)자를 쓰고 위쪽의 섬을 윗대섬(상죽도), 아래쪽의 섬을 아랫대섬(하죽도)으로 이름 지었다고 한다. 다도해 해상국립공원의 관리대상 도서이다.

변화 자료

구분	1972	1985	1996
주소	진도군 조도면 서거차도리	진도군 조도면 서거차도리	진도군 조도면 서거차도리
면적(km^2)	0.17	0.26	0.273
인구(명)	139	103	48
	(남: 73 여: 63)	(남: 57 여: 46)	(남: 25 여: 23)
가구수	21	22	18
급수시설	우물 1개	우물 22개소	우물 2개
전력시설	-	자가발전기 1대	자가발전기 1대
어선(척)	4	13	3
어가(농업겸업)	2(19)	3(16)	3(16)
			12

36

이번 겨울에도 미역섬
안녕하겠지
조도면 맹골도

대한민국에서 가장 거친 바다, 바다가 우는 소리가 들리는 곳. 그 바다에 몸을 실었다. 진도대교를 건너 다시 반 시간을 숨 가쁘게 달려 닿은 곳은 팽목항이다. 진도항으로 이름을 바꾸어 서남해안을 대표하는 거점항으로 새롭게 변신하고 있다.

　명절 뒤라 섬을 찾는 사람은 많지 않았다. 단풍놀이는 이르고 여름 휴가와 이어진 추석 몸살에 주말여행을 생각지 못한 탓일까. 명절에 뭍으로 나갔다 병원까지 들러 여유롭게 귀향하는 노인도 한둘 있었다. 어류포항에서 내려 맹골도로 가는 배를 기다렸다. 직접 가는 배를 타려면 새벽에 나와야 한다. 대신 독거도, 슬도, 청등도 등 독거군도를 거쳐 어류포항에 들르는 시간에 맞춰 타는 편이 편리하다. 진도항과 어류포항 사이에는 직접 오가는 배편이 많기 때문이다. 맹골군도는 맹골도를 비롯해 등대가 있는 죽도와 미역섬인 곽도, 세 개의 유인도와 몇 개의 무인도로 이루어져 있다. 외로워서일까. 먼바다에 사람 사는 세 섬이 큰 섬에서 나와 산책을 나서듯 나란히 있다. 하루에 딱 한 번 배가 오가는 낙도다. 얼마 전까지 이틀에 한 번 배가 다녔으니 매일 다니는 정도면 정말 교통이 좋아진 것이다.

356

미역을 탐하는 세도가

그냥 이름이 '맹골'이었겠는가. 오죽 물길이 사나우면 맹골이라 했을까.《동국여지승람》(1481년)에는 '매응골'(每應骨),《신증동국여지승람》(1530년)에는 '매응골도'(每應骨島),《호구총수》(1789년)에는 '맹골도',《대동지지》(1863년)에는 '맹골'(孟骨)로 기록되어 있다. 15세기 무렵 맹골도의 존재를 인식하기 시작했다.《세종실록》(권111, 세종 28년 1월 7일 乙亥)을 보면 이 무렵 진도 일대의 섬에는 유이민들이 들어오고 있었다.

"본도(진도)의 인물은 본디 토착민이 아니고 모두 다른 고을에서 이주해 왔는데 그 수가 100여 호뿐입니다. 유이민 144명에 대한 추쇄를 철회하여 주십시오."

1979년 193명 살았으며 지금은 17가구 64명이 거주하고 있다. 옛날 맹골도에 이씨 성을 가진 기골이 장대하고 얼굴이 수려한 사람이 미역을 짊어지고 경남 하동으로 도부를 갔던 모양이다. 미역을 팔다 날이 저물어 머문 곳이 하필 과부댁이었다. 이씨가 맘에 들었는지 과부는 어디서 왔느냐며 친절하게 대했다. '맹골'에서 왔다고 하자 큰 고을에서 온 장사꾼으로 알고 하룻밤을 같이 지내고 따라나섰다. 도착해서 보니 외딴 섬이었다. 이미 때는 늦었다. 마을 사람의 도움을 받지 않고 섬을 나가는 것은 불가능했다. 이씨가 주민들에게 '누구든지 내 마누라를 육지로 건네주면 내 원수가 될 줄 알아라'라고 이미 일러놓은 뒤였다. 할 수 없어 하동댁은 이 섬에서 아들딸 낳고 정착해 잘살았다고 한다. 예나 지금이나 섬에서 사람 노릇하기는 쉽지 않다.

진도 미역은 일찍부터 진상품이었고 '진도곽'이라는 최고 값을 받았다. 맹골군도와 독거군도의 미역을 두고 하는 말이다. 맹골군도는 언제부터인지 모르지만 한동안 해남 윤씨 집안의 소유로 되어 있었다. 그래

맹골은 파고가 거칠고 조류가 빠른 바다를 일컫는 다른 이름이다. 그래서 맹골도 미역은 질기고 가늘며 길다. 어쩌면 섬사람을 꼭 닮았을까. 파도를 이기고 태풍에 견디며 자라야 밥상에 오를 수 있다.

서 매년 보리 18섬, 미역 260뭇, 마른 고기 150미, 전복 30곳, 고기 기름 7말, 납초(담배)대전 5량을 소작료로 내야 했다. 나중에는 진도의 십일시조합의 소유가 되었다가 주민들의 손으로 돌아왔다.

맹골도는 곽도, 죽도와 함께 맹골군도에 속하는 섬으로 면적이 가장 크다. 어족이 풍부해 낚시꾼들의 출입이 잦다. 맹골도에서 갱번 짓을 하는 사람은 모두 15집이고, 두 집이 낚싯배와 민박집을 운영하고 있다. 섬을 동쪽과 서쪽으로 나누어 갱번을 운영하고 있다. '넘내'와 '지겁' 갱번을 경계로 동쪽에는 7집, 서쪽에는 8집이다. 각각 배짓을 한 짓으로 하기 때문에 자연산 미역을 채취해 8짓과 9짓으로 나누어 분배한다. 미역이 잘될 때는 가구당 20뭇 정도 하지만 태풍이나 바람으로 미역이 떨어져 나가거나 자라지 않았을 때는 한 짓 반을 했던 적도 있다. 미역을 가장 비싸게 팔았을 때는 86만 원까지 받았다. 전체 주민은 28

호 정도이며 많은 가구들이 겨울철에 나갔다 미역철에 들어온다. 겨우내 섬을 지키는 사람들은 이런 주민들을 '철새'라고도 한다.

맹골도에서 가장 젊은 최현종씨(30대)는 10년 전 미역 갱번에 짓을 들기 위해 마을에 100만 원의 기금을 내야 했다. 30년 전 최씨의 아버지는 50만~60만 원을 내고 갱번 짓을 들었다. 최씨는 민박과 낚싯배를 운영하고 있다. 맹골도 인근 섬들은 겨울철에도 조황이 좋아 낚시꾼들이 많이 찾는다.

미역 외에 마을어장의 깊은 바닷속 전복은 입찰을 통해 채취권자를 결정한다. 마을 주민이 입찰을 원하면 외지인보다 우선해서 배려한다. 보통 마을 주민의 경우 1,700만 원선에서 결정되며 외지인이 참여할 경우에는 입찰가격이 더 비싸다. 멸치잡이도 했지만 10여 년 전 시멘트로 만든 커다란 닻도 거센 물살과 파도를 이겨내지 못하면서 종종 사고로 이어졌다. 결국 예닐곱 집 하던 멸치잡이도 중단되었다. 날씨가 따뜻해지고 수온이 오르기 시작하면 주민들은 미역을 기다릴 것이다. 도시로 나갔던 섬사람들도 하나둘 돌아올 것이다.

미역을 불렀다

바다에 기대어 살아온 섬사람들은 시인이다. 물고기는 물론 갯바위에서 자라는 미역과도 이야기를 나눈다. 신통방통한 일이다. 정월이면 궁물(농악)을 치며 갯가에 모여 바지락을 부르고, 김과 미역을 부른다. 어패류와 해조류가 자신들의 갯밭으로 모여들게 해달라고 기원한다. 이를 '갯제'라고 한다. 액을 제거하고 복을 초대하여 안전과 풍어를 기원하는 '제액초복'(除厄招福)이 목적이다. 흔히 용왕제나 풍어제라고 하지만 둑제, 유황제, 수제, 해신제 등으로도 불린다. 때로는 바다에서 명을 달리한 수사자를 위로하고, 어디서는 허수아비를 작은 배나 바가지에 태워서 액을 바다로 내치는 제액 띄우기 형태를 띠기도 한다. 이보다 필자의 귀를 쫑긋 세운 것은 바지락을 부르고, 김을 부르고, 물고기를 부르는 '해산물 부르기'다.

한 쑬 조개야, 머드 우리 동네로 오래이.
굴이고 석화고 반지락이고 우리 동네 올로세요.

충남 태안, 전라도, 경상도, 제주도, 추자도 등 적잖은 마을에서 이러한 마을의례가 행해지고 있다. 지금은 농악을 칠 사람도 없고, 미역밭이 섬살이에서 차지하는 비중이 줄어들면서 의례도 사라졌다. 그 전에는 매년 정월 농악을 치며 'OO섬 미역 전부 맹골도로 와라'라며 미역을 불렀다. 미역농사가 일 년 농사였던 까닭에 갯밭에 쏟는 정성은 말할 필요도 없다. 갯밭을 차지한 지주 눈 밖에 나지 않고 농사를 짓기 위해 마름에게 크고 실한 전복과 어류를 보내며 얼마나 가슴을 조렸겠는가! 구정이 닥치면 목포나 진도 등 뭍에서 겨울을 나던 주민들이 하나둘 약속한 날짜를 앞두고 섬으로 들어와 갯바위를 닦고 갯밭 청소를 했다. 그리고 정월 보름 무렵이면 씨앗이 잘 붙기를 기원하며 미역을 불렀다. 제주도 잠수굿에서 볼 수 있는 '씨드림'처럼 말이다.

그렇게 애지중지 지은 미역을 수확할 때도 한 집에서 한 명 혹은 두 명씩 나와서 미역을 채취했다. 일할 사람이 없으면 뭍에서 사람을 사서 대신하도록 해야 한다. 그리고 채취한 미역을 저울로 달아서 똑같이 분배한다. 배를 가지고 나온 사람에게는 한 짓을 더 주고, 미역밭을 관리하는 주민(주비장)에게도 마찬가지다. 옛날에는 이장, 어촌계장 마을 임원에게 활동비로 미역을 더 주기도 했다. 사람이 많이 살던 때에는 미역을 참여한 가구 수만큼 나눠서 쌓아두고 신발을 던져서 몫을 징하

●— 맹골삼도는 언제부터 해남 윤씨 소유였을까

소중한 미역밭이 주민들의 손에 들어온 것은 오래된 일이 아니다. 농사야 늘 섬 주민들이 지었지만 수확한 것은 오롯이 주민들 것이 아니었다. 해남 윤씨 소유였다. 맹골도뿐만 아니라 이웃한 곽도, 죽도까지 맹골삼도가 그랬다. 문서에서 보듯이 미역밭과 갱번에서 나는 온갖 것들이 언제 윤씨 집안 소유가 되었는지 정확하게 알 수 없다. 다만 정묘년(1687년) 해남 윤씨 집안에서 작성한 '맹골도문서'를 보면, 그 전부터 맹골삼도(맹골도, 죽도, 곽도) 공납을 해남 윤씨 집안에서 받았으니 소유권을 인정하는 문서를 만들어달라고 했다. 그 문서 내용은 이렇다.

> 해남 현산면거 윤니산맥노수
> 이 소지의 절민한 사정은 저의 상전이 오래 ○○곳으로 ○○군 소속의 맹골도와 그 섬소속의 죽도 곽도가 오래도록 관가에 현록되어(장부에 기록되어) 매년 수세하며… 이 몸 ○○섬의 과거선을 구해 얻어 들락날락하다가 ○○외양 험로에서 오는 길에 큰 풍랑을 만나 배에 탄 사람의 사생을 몰라 황망한 중에 문서필갑을 바다에 빠뜨린 것이 이번 2월 22일이라. 막중한 오랜 문기라 하루도 없을 수 없는 것인바 잃어버린 입지를 의례 성급해 주실 것을 시행하실 일…

맹골삼도 수세 관리를 하는 대리인인 노수가 섬을 다니다 문서필갑을 잃어버렸다는 것이다. 그 후 다시 입안해달라는 요청 문서다. 지금까지 확인된 바로는 맹골삼도를 해남 윤씨 집안에서 수세했다는 가장 오래된 기록이다. 이를 근거로 해남 윤씨 집안에서는 어초은 윤효정(1476~1523년) 대부터 소유로 관리되었다고 주장한다. 반면 '녹우당(綠雨堂)의 가보(家寶)'에는 고산 윤선도의 조부 윤홍중(1518~1572년) 대에 매입한 것으로도 보고 있다.

한말·일제하 맹골도 소유권을 놓고 섬 주민과 해남 윤씨 사이에 분쟁이 있었다. 이 무렵 해남 윤씨 가는 소

맹골도문서, 맹골도를 관리해온 윤씨 집안 대리인으로 공납을 받아온 노수가 섬을 오가던 중 문서필갑을 잃어버린 후 해남 윤씨 가에서 맹골도 소유권을 주장하기 위해 다시 입안하려고 작성한 정묘년(1687년) 문기(한국정신문화연구원,《고문서집성 3-해남 윤씨》, 소지 70, 1986, 117쪽.)

유권 주장을 위해 소지를 비롯하여 계약서, 청원서, 각종 지적도 등을 작성했다. 섬 주민들은 1842년과 1905년 두 차례 도세 납부 거부운동을 시도했다. 그리고 1906년에는 맹골죽도 등대 건설 과정에서 소장인 일본인의 도움을 받아 소송을 제기했지만 패했다. 결국 1906년 이후 맹골삼도는 법률적으로 해남 윤씨 집안의 소유가 확정되었다. 그 후 맹골삼도는 1936년 진도군 십일시금융조합으로 넘기길 때까지 해남 윤씨 집안이 장토로 경영하였다. 섬 주민들은 우여곡절 끝에 십일시금융조합 융자를 얻어 1942년 섬을 사들이고 주민 이름으로 등기를 해서 오늘에 이르고 있다.

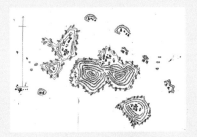

해남 윤씨 가에서 그린 맹골도 개념도.

해남 윤씨 가의 맹골도 어업면허원 어장도.(1910년) 일제가 어업권 재정비를 시도하자 해남 윤씨 가에서 권리를 확보하고자 신청한 것으로 보이는 어업면허원.

박인걸 곽전매매문서. 건륭 31년(1766년) 만들어진 명문으로 돈이 필요해 '곽전과 강변'(5번째 줄)을 오십일 냥을 받고 방매하는 내용으로, 윤씨 집안의 노비 돌쇠가 매득인으로 되어 있음. (한국정신문화연구원, 《고문서집성 3-해남 윤씨본》, 정서본, 곽전문기, 1986, 368쪽)

1906년 맹골삼도민 고목문기. 맹골도 주민들이 윤생원 앞으로 보낸 납세품목으로 맹골도, 죽도, 곽도에서는 나는 보리, 미역, 건어, 전복, 어유 등을 기한 내에 납부하겠다는 내용이다.(한국정신문화연구원, 《고문서집성 3-해남 윤씨본》, 고목 14, 1986, 425쪽)

기도 했다.

묾으로 받은 미역을 집으로 가져와 각각 미역틀에 앉혀 미역가닥을 만든다. 옛날에는 이렇게 미역을 채취하고 가닥을 만들어 건조할 때면 묻에 나간 가족들이 모두 모였다. 그만큼 미역이 돈이 되고 한 해 농사를 결정하는 중요한 살림살이였기 때문이다. 미역 한 가닥을 만들기 위해서 보통 60여 줄기가 필요하다. 그것을 쪼그리고 앉아서 하나씩 하나씩 붙여야 한다. 하루 저녁에 마무리하지 않으면 미역이 처지고 여름 날씨에 상품성도 떨어지기 때문에 밤잠을 거르기가 다반사다. 지금처럼 건조기가 없던 시절에는 일기를 가늠해 미역 채취와 건조를 했다. 오롯이 미역이 있어 먹고살 수 있는 섬이었다.

여름휴가는 고향(섬)에서 보낸다

짓을 나눈 미역은 곧바로 바닷물에 세척했다. 양이 많은 사람은 세척해서 자루에 담아 바다에 넣어두고, 양이 적은 사람은 손수레에 싣고 집으로 가져갔다. 채취한 미역은 밤새 미역가닥을 만들어 건조시킨다.

맹골도 작은 선창이 모처럼 시끄럽다. 바다와 죽도가 한눈에 내려다보이는 마당에는 김길복씨(1941년생)의 아들과 딸과 손자들까지 모였다. 여름철이면 고양이 손이라도 빌려야 할 만큼 바쁘다. 외딴 섬마을은 여름철이면 약속한 것처럼 고향을 떠난 섬사람들이 모두 모인다. 직장생활을 하는 사람은 휴가를 내거나 주말을 이용해 섬으로 들어온다. 김씨도 목포에서 사업을 하는 아들이 들어와 미역을 채취하고 말리는 일을 거들고, 결혼한 딸이 식사를 책임지고 있다. 덩달아 아이들도 해수욕을 즐기며 신이 났다. 김씨 부부는 새벽에 일어나 어제 밤늦도록 만들어놓은 미역가닥을 말리기 위해 햇볕에 내놓고 있었다. 그의 아내는 만재도가 고향이다. 맹골도, 죽도, 곽도 등 맹골군도에는 만재도에서 시집온 사람들이 많다. 모두 자연산 돌미역을 채취해 팔아서 먹고사는 섬들이다. 다른 점이 있다면 만재도는 해녀들이 물질을 해서 미역을 뜯지민 맹골군도는 물이 빠졌을 때 갯바위에 노출된 미역을 낫으로 벨 뿐이다.

밤이 늦도록 미역가닥을 만드는 일은 계속되었다. 이 일은 힘들다고 다른 일이 있다고 멈출 수 있는 일이 아니다. 시간이 흐르면 미역이 물러지고 녹아버리기 때문에 미역발에 한 가닥 한 가닥 자리를 잡아 붙이고 건조를 시켜야 한다. 비가 오거나 습한 날씨가 계속되면 선풍기를 틀어야 한다. 지금처럼 건조기가 없던 시절에는 부채질이라도 해야 할 형편이었다. 한 가닥을 만들기 위해서 몇 번이나 손이 가는지 살펴보자. 보통 60여 가닥의 미역줄기를 붙여야 한 가닥이 만들어진다. 직접 헤아려보니 긴 가닥이 55개, 작은 가닥은 19개였다. 겨울에 포자가 붙어서 여름까지 자란 미역이다. 60여 개의 미역이 붙어서 한 가닥의 마른 미역으로 탄생하는 것이다. 이런 미역 20가닥이 한 뭇이다. 생산지별로 미역 값이 천차만별이다. 맹골도의 미역은 한 뭇에 100여 만 원에 이르며, 한 가닥에 5만~6만 원에 거래된다. 미역가닥이 두껍고 폭이 넓고 길이도 길다. 주민들은 미역을 쫄쫄이미역과 더풀이미역으로 구분한다. 쫄쫄이미역은 한 줄기에 미역 잎이 붙어 있지만 더풀이미역은 여러 줄기에 잎이 짧다. 미역가닥은 쫄쫄이미역을 이용해서 만든다. 맹골도나 곽도의 미역은 산모에게 주는 선물로 많이 팔리고 있다.

저녁에 미역가닥을 만들어 다음 날 오전까지 밖에서 말린 다음 꾸덕꾸덕해지면 오후에 건조기를 이용해 마른미역을 만든다. 건조 시간은 미역가닥의 두께에 따라 다르다. 맹골도는 보통 기계로 건조시킨다. 옛날에는 모두 햇볕에 말렸다. 전기 공급이 원활해졌고, 건조기계가 보급되면서 미역을 말리는 일이 훨씬 수월해졌다. 소비자들이 까맣게 말린 미역을 원하기 때문에 건조기를 사용할 수밖에 없다. 햇볕에 말릴 경우 노란색이 생긴다. 단골들 중에는 건조기에 넣지 말고 햇볕에 말려서 보내달라고 주문하는 사람도 있다. 태양초처럼 태양곽을 원하는 것이다. 간밤에 비가 와서 안에 들여놓았던 미역을 마당으로 내놓았다.

"오늘도 머리가 벗겨지겠어."

김씨가 미역을 널다 말고 죽도를 쳐다보며 중얼거렸다. 죽도를 덮고 있던 해무가 걷히기 시작했다. 김씨뿐만 아니라 부인 최세은씨(1950년생)도 미역을 널었다. 김씨, 최씨를 포함해 동편에 속하는 여덟 가구는 각자 몫으로 받은 미역으로 가닥을 만들어 햇볕에 말리고 있었다. 서편은 어제 미역 채취를 하지 않았다. 오늘은 서편도 미역 채취를 할 계획이라고 했다. 서편의 갱번은 올해 섬의 서편 미역 바위에서 채취한다. 내년에는 올해 동편이 채취한 미역 바위를 서편이 채취한다. 매년 서로 교차해서 미역을 채취하는 것이다. 동편과 서편은 마을 가운데 길을 기

등대가 있는 죽도로 배가 간다. 하루에 단 한 번 오가는 섬사랑호다. 이곳에서 뱃머리를 돌려 다시 뭍으로 향한다. 비록 배를 타고 나가지 않아도 저 배가 오고 가야 뭍에 소식을 들을 수 있다. 사람을 기다리는 것보다 소식을 기다린다.

^위아침 일찍 일어난 노 부부가 가장 먼저 달려간 곳은 어제 밤새 작업을 해서 널어놓은 미역이다. 불빛에 작업을 했지만 미역가닥이 제대로 자리를 잡았는지, 상품성이 없는 가닥이 들어가지는 않았는지 살핀다.
^{아래}여름이면 자식들이 모두 섬으로 들어온다. 남들처럼 따로 휴가를 보낼 틈이 없다. 노모가 여름철이면 돌미역을 뜯고 말리는 작업을 보면서 자랐기 때문이다. 눈에 선한데 눈을 감는다고 그 모습이 보이지 않겠는가. 어린아이들까지 데리고 섬으로 휴가를 오는 이유다.

준으로 동과 서로 나눈 것이다. 그리고 맹골도와 딸린 섬(명도, 몽덕도 등)의 미역 바위도 나누어 채취하고 있다.

미역밭에 이빨을 묻다

주민들이 점심을 먹고 하나둘 선창으로 나왔다. 오늘은 올해 '개강구'를 맡은 이종배씨의 배가 주민들을 태우고 미역밭으로 이동했다. 개강구는 미역 채취를 지휘하는 작업반장이다. 물때를 잘 아는 사람들을 중심으로 돌아가면서 맡는다. 요즘은 개강구를 맡으려고 하지 않는다. 한때는 '딴섬' 등 별도의 미역밭을 주기도 했지만 요즘은 봉사다. 개강구를 하다 보면 주민들과 싸움도 잦았다.

맹골도의 갱번은 '동편'과 '서편' 두 곳으로 나뉘어 있다. 동편 갱번은 오늘 작업을 할 '패른넙'을 포함해 지검, 합추, 노랑바위, 코바골, 엄낭골, 남대문, 개새, 마당넙, 기삼추, 높은 바, 뽕내리에 미역밭(재건이라고 함)이 있다. 반면에 서편은 돔덕, 설묵건지, 상강바, 높은산넘, 자랑기미, 이베섬날, 누양골, 찐섬널, 엿걸음, 언삼, 부채바, 진빙기, 멍통치에 재건이 있다. 무인도인 명섬은 동편과 서편이 함께 나누어서 채취한다. 한 갱번에 여덟 명으로 구성되어 있다.

지명을 살펴보면 그곳의 환경을 짐작할 수 있다. '합추'는 홍합이 많이 자라는 곳이다. 노란색 바위가 있는 '노란바위', 평평하다는 '패른넙', 마당처럼 넓은 '마당넙', 바위가 높은 '노픈바', 물이 돈다는 '썰묵건지' 등이 있다.

어느 한쪽에 가입하면 다른 쪽으로 갈 수 없다. 한 번 동편이면 대대로 동편 미역밭에 속하는 것이다. 말끝에 개강구는 봉사직이며 특별히 할 일이 없다고 하는 말이 의미심장하다. 개강구가 없으면 갯닦기를 할 수 없다. 누가 정월 하늬바람 통에 모이라고 할 사람도 없고 나가자고 할 사람도 없기 때문이다. 서편은 작년에 갯닦기를 하지 않았다. 그래서인지 올해는 미역이 자라지 않았다. 어제 미역 작업을 하러 갔다가 미역 대신 가사리만 해가지고 나왔다.

반면에 동편은 지난해 섣달 여덟 가구가 모두 참석해 갯닦기를 했다. 뿐만 아니라 가끔씩 불수기도 했다.

옛날에는 개강구를 하다가 죽어도 이의를 제기하지 않는다고 도장을 찍고 작업했다. 자연산 돌미역을 얻는 일이 그만큼 힘들고 위험하기 때문일 것이다. 그래서 종종 사고가 발생하지만 섬사람들은 이를 '팔자소관'처럼 대수롭지 않게 생각한다. 그런 걱정을 오래도록 가슴에 담아두면 바닷일을 하기 어렵고 섬에 살기도 힘들다. 사실 비슷한 일을 완도 보길도에서도 보았다. 지난 볼라벤 태풍으로 수억 원을 투자한 전복 양식장이 바다에 잠기고 쓰레기가 되었는데 주민들은 의외로 담담

아들이 몇 년 만에 미역을 뜯는 작업을 도와주겠다며 섬에 왔다. 그리고 낫을 들고 어머니 몫으로 동네 주민들을 따라나섰다. 의욕은 앞서지만 미끄러운 갯바위를 건너다니며 물이 들고 날 때를 가늠해 낫질을 해야 하는데 어색하다.

했다.

한 노인이 "내 아들이 이장하고 개강구할 때, '하다가 죽어도 말하지 않는다'고 도장을 찍고 미역 작업을 했어."라고 했다. 옆에 있던 노인은 "미역을 땡겨불고 타야제, 들고 타니께 넘어져도 이빨이 빠지제."라며 다친 사람을 탓했다. 일을 할 줄 모르면 나서지 말아야지 왜 그렇게 나서냐는 말투였다. 열심히 한다고 칭찬할 때는 언제고, 나선다고 타박하는 것은 또 뭐란 말인가.

위험이 현실로 나타났다. 패른넙에서 작업이 끝날 무렵이었다. 한 시간여 미역을 채취하고 자루에 담았다. 두 편으로 나누었다. 작업이 끝날 무렵 젊은 두 사람이 외딴 갯바위에서 미역을 뜯고 있었다. 나머지는 모두 작업을 한 미역을 가지고 배에 올랐다. 약간 파도가 쳤지만 배를 접안하는 데 어렵지 않을 정도였다.

고향을 떠난 사람이 칠 년 만에 휴가를 내서 방문했다. 마침 미역철이라 혼자 계시는 어머니를 돕기 위해 갱번작업에 나섰다. 누구보다 열심히 미역을 베었다. 모두 배에 타고 있을 때 마지막 남은 사람의 미역을 받기 위해 배에서 내려 미역자루를 가지고 배를 기다렸다. 배가 접안하자 올라탔는데, 파도에 배가 푹 내려가면서 남자가 미역자루를 안고 배의 이물로 넘어졌다. 손을 짚을 사이도 없이 배전에 부딪혔다. 그런데 입에서 피가 흐르더니 하얀 이빨이 빠져버렸다.

옆에 탔던 어머니는 아연실색했다. 왜 그렇지 않겠는가. 오래전 그물을 털러 나간 남편은 여태 돌아오지 않고 있는데 아들까지 바다에서 사고를 당했으니. 선장의 운전이 좀 거칠기는 했지만 바닷일에 익숙하지 못한 아들의 행동도 적절치 않아 보였다. 보통 배를 탈 때면 미역자루를 배로 던져서 먼저 싣고 난 다음 올라타는 것이 순서다. 그런데 미역자루를 가슴에 안고 배를 탔으니 파도로 배가 푹 내려앉자 그대로 넘어진 것이다. 미역자루를 안고 있으니 손을 쓸 사이도 없이 고목 쓰러지듯 넘어져 치아를 배에 부딪친 것이다. 동행했던 기자가 급히 헬기를 불렀다. 응급환자 수송을 위해 헬기를 이용할 수 있도록 제도가 만들어진 것이 얼마나 다행인가. 그런데 맹골도는 헬기가 앉을 공간이 없다. 급히게 배를 돌아 서거차도로 향했다. 서거차도는 맹골도에서 6킬로미터 떨어져 있다.

사고로 한바탕 소란스러운 일도 지나갔다. 별일 없었던 것처럼 채취한 미역을 여덟 몫으로 나누었다. 배를 가지고 있는 사람은 자신의 몫한 짓에 배의 몫인 두 짓까지 포함해 세 짓을 받았다. 이들은 또 아들이 마을에 살고 있기 때문에 모두 네 짓 몫에 해당한다. 맹골도에서 미역 작업을 할 때 이용하는 배는 모두 네 척이다. 즉 동편에 갱번은 여덟 사람으로 구성되어 있는데 그중 네 사람이 배를 가지고 있다. 네 사람 중

어머니의 낫질은 간결하다. 헛되게 휘두르지 않고 필요한 만큼 쥐고 날렵하게 파도가 자는 순간에 미역을 베어낸다. 어디 하루 아침에 터득한 일이겠는가. 수십 년 파도를 보고 바람을 보며 얻은 지혜이다.

두 사람은 아들도 짓을 가지고 있다. 즉 여덟 명의 갱번 구성원 중 배도 없고 자식도 마을에 거주하지 않아 '외짓'을 갖고 있는 사람은 두 사람뿐이다. 그중 한 사람이 다친 아들의 어머니다.

외짓을 받는 경우도 한 몫이지만 두 짓에 버금갈 양의 몫을 준다. 미역밭의 정이다. 옛날에는 미역 짓을 나눌 때 참여한 사람의 숫자대로 똑같이 바구니에 담아서 나눈 후 신발을 던져서 가까운 미역더미로 몫을 정했다. 곽도는 지금도 같은 방식으로 짓을 나누고 있다.

맹골도의 갱번은 동편과 서편으로 나뉘기 전에는 한 개의 갱번으로 구성되어 있었다. 20년 전 마을길을 중심으로 동편과 서편으로 나누었다. 이렇게 갱번을 나눈 것은 갱번을 효율적으로 관리하기 위한 방법이었다. 갱번에 참여한 가구가 많다 보니 일을 하는 사람은 열심히 하지만 일을 하지 않고 흉내만 내는 사람이 많았다고 한다.

갱번에는 이름이 있다. 그만큼 섬사람의 생활에 중요한 영역이라는 의미다. '합추'는 홍합이 많이 자라는 곳, 노란색 바위가 있는 '노란바위', 평평하다는 '패른넙', 마당처럼 넓은 '마당넙', 바위가 높은 '노푼바', 물이 돈다는 '썰묵건지' 등 생활 속 이름이 정겨우면서도 그리움을 자아낸다.

지금은 저울이라도 있지만 옛날에는 미역밭을 책임지는 개강구가 한 아름씩 나누었다. 그리고 신발을 던져 가까운 미역더미가 내 것이었다. 그래도 누구 하나 불만이 없었다. 저울이 나오면서 눈금을 보고 이러쿵 저러쿵 야단이다.

10년 전부터는 갯바위를 닦기 시작했다. 그 전에는 갯닦기를 하지 않았다. 그리고 갯닦기나 미역 채취에 참여하지 않는 사람은 짓을 주지 않는다고 규칙을 정했다. 몇 년 전부터는 최소한 두 달에 한 번은 섬에 머물러야 미역 채취권을 주는 것으로 마을자치회에서 결정했다. 미역 철이 끝나면 섬을 떠났다가 미역을 채취할 때 들어와 권리를 주장하는 것을 막기 위한 조치라고 했다. 겨우내 청소를 하며 섬을 지키는 주민들을 고려한 조치였다. 옛날에는 일을 하지 못할 경우에도 온 짓은 아니더라도 반 짓은 주었다. 미역이 아니면 살기가 힘들기 때문에 최소한의 생계를 위한 배려였다. 멍덕도 등은 채취권을 팔아서 마을공동경비로 사용했다. 지금은 더 야박해졌다. 짓을 가지고 있더라도 일에 참여하지 않으면 그날 채취한 미역을 나누어 주지 않는다. 다만 치료, 결혼식, 장례 등 주민들이 인정할 수 있는 일로 부득이 출타할 경우는 예외로 인정해주고 있다.

맹골도에 에어컨이 들어오다

주말을 맞아 섬으로 들어오는 사람들이 더 늘었다. 이번 물때에 미역을 모두 채취하지 않으면 다음 사리를 기다려야 하기 때문이다. 다행히 아직 태풍 소식은 없지만 한 번 지나가면 미역은 더 이상 주민들의 것이 아니다. 최씨의 아들이 에어컨을 사 들고 설치하기 위해 섬으로 들어왔다. 지난해까지 섬에서 같이 살았던 아들이다. 배표도 끊어주고 마을 일도 곧잘 도와주던 살가운 아들이지만 더 이상 섬에 붙잡아둘 수 없었다. 결국 도시로 나가 편의점을 운영하고 있다. 여름에 습하고 무더운 섬생활을 해봤던 터라 부모님을 위해 에어컨을 장만했다. 맹골도에 처음으로 에어컨이 들어오는 것이다.

최씨의 고향은 맹골도에서 30여 킬로미터 떨어진 만재도다. 군 제대 후 목포에서 생활하다 삼십대에 멸치 낭장을 하기 위해서 만재도로 들어갔다. 그물을 사고 모든 준비를 다 했지만 일 년 만에 포기하고 말았다. 항로상이라는 이유로 철거하라는 명령을 받았기 때문이다. 당시 서거차도에서 만재도로 배가 다녔다. 그런데 만재도에 도착하는 배 시간이 밤 9시나 10시 무렵이었다. 밤에 운항하던 뱃길에 방해가 된다며 항만청에 신고를 했기 때문에 철거할 수밖에 없었다.

결국 같이 멸치 어장을 하던 분의 고향인 맹골도로 옮겨서 어장을 하게 되었다. 그리고 일 년 만에 갱번에 참여할 수 있었다. 당시 미역짓에 들기 위해 40만 원을 마을에 냈다. 일종의 권리금이다. 멸치 어장을 하기 위해 가지고 있던 돈은 모두 써버렸기 때문에 빚을 얻어야 했다. 백방으로 돌아다녔지만 돈을 구할 수 없었다. 당시 40만 원이면 집 한 채

값이었다. 그때 미역 한 뭇(20가닥)이 4만 원에 팔리고 있었다. 돈을 구하지 못하고 목포에서 방황하던 중 우연히 같은 집에서 세를 살던 사람을 만났다. 정말 우연이었다. 그가 아무런 조건 없이 돈을 빌려주었다. 지금까지 만재도에 정착하며 사는 것도 따지고 보면 그 사람이 빌려준 40만 원 덕분이다.

저녁을 먹고 최씨 집으로 피서를 갔다. 시원한 에어컨이 그리웠기 때문이다. 벌써 소문이 났는지 주민 몇 명이 구경 삼아 방문했다. 시원한 수박을 앞에 놓고 에어컨 밑에서 이야기를 나누었다. 이것만으로도 천국이었다. 최씨는 군에서 한쪽 다리를 다쳐 의가사제대를 했다. 그리고 원호대상자로 신청을 했는데 병원 기록이 없다며 반려되었다. 분명 진해통합병원에서 치료했고 의가사제대까지 했는데 기록이 없다니 믿을 수 없었다. 육군본부, 청와대 등 여러 곳에 수차례 탄원서를 제출했다. 하지만 그때마다 근거자료가 없다는 회신뿐이었다. 포기하고 있는데 딸이 다시 신청했다. 그런데 기적처럼 기록을 찾았다는 연락이 왔다. 나중에 확인한 사실이지만 최씨의 실제 군번과 기록된 군번이 달랐던 것이다. 20여 년 만에, 그야말로 우여곡절 끝에 사실이 확인되었다. 그 길로 병상일지를 받아 들고 보훈대상자로 신청했다. 마침내 2009년 3급 판정을 받았다.

맹골군도는 전주 이씨가 과반수를 넘었었다. 그 후손인 이왕의씨 (1939년생)는 맹골도 주민 20여 명이 십일시금융조합으로부터 섬을 산 것으로 알고 있었다. 1970년대에는 주민들이 십일시금융조합에 곽세를 냈었다. 즉 해남 윤씨 가에서 십일시금융조합으로 그리고 마을 주민들에게로 미역 바위의 이용 권한이 이전된 것이다.

개황 | 맹골도

일반현황

위치 | 전남 진도군 조도면 맹골도리
면적 | 0.980km² **해안선** | 5.44km
가구수 | 30 **인구(명)** | 83(남 : 49 여 : 34) **어선(척)** | 4
어촌계 | 맹골도 어촌계

공공기관 및 시설

교육기관 | 조도초등학교 맹골분교(2000년 폐교)
전력시설 | 자가발전(내연)
급수시설 | 해수담수

여행정보

교통 | **배편** | 섬사랑3호·섬사랑9호 : 1일1회 왕복운항 / 팽목 진도항－슬도－독거－탄항－혈
도－죽항－청등－각흘도－하조도 창유항－서거차－상하죽도－곽도－맹골도－죽도(약 3시간 26분
소요)
여행 | 해식애
특산물 | 돌미역
특이사항 | 맹골도는 암석도(巖石島)란 뜻으로, 죽도, 곽도 등의 섬과 간댓여, 아랫여, 웃여 등 바
위섬으로 이루어진 여가 많이 포함되어 있어 붙여진 이름이다. 다도해 해상국립공원의 관리대
상 도서이다.

변화 자료

구분	1972	1985	1996
주소	진도군 조도면 맹골도리	진도군 조도면 맹골도리	진도군 조도면 맹골도리
면적(km²)	1.33	1.39	1.732
인구(명)	208	112	85
	(남 : 105 여 : 103)	(남 : 55 여 : 57)	(남 : 43 여 : 42)
가구수	39	31	26
급수시설	우물 1개소	우물 31개소	간이상수도시설 1개소
			우물 3개
전력시설	–	자가발전기 1대	자가발전기 1대
어선(척)	4	6	4
어가(농업겸업)	4(35)	10(19)	23

37

등대도
외롭다
조도면 맹골죽도

마을에 오르자 유채꽃과 할머니들이 반겼다. 좀처럼 찾는 이 없는 곳에 배가 도착하자 할머니들이 모여들었다.

"라면봉지라도 가지고 오제 그냥 왔소."

뜨끔했다. 얼마나 사람이 그리웠을까. 과자봉지라도 가져올걸. 그냥 웃자고 하는 소리라며 집에 가면 먹을 것 다 있다고 손사래를 쳤지만 서운한 기색이 역력했다.

죽도. 대한민국에서 송도 다음으로 많은 섬 이름이다. 이 섬에 신우대가 많아 대섬이라 했다. 꼭 오고 싶은 섬이었다. 이유는 딱 한 가지, 등대 때문이었다. 특히 눈길을 끌었던 것은 종이다. 안개나 사정으로 불을 밝힐 수 없을 때 무종(霧鐘) 소리로 방향을 알리는 것이다. 항로표지원도 떠났고 등대관사도 철거되었지만 다행히 무종은 철거 위기를 넘기고 그 자리에 남아 바다를 지키고 있다.

죽도 등대는 1907년 불을 밝혔다. 당시에는 석유백열등이었다. 우리나라 최초 등대인 팔미도 등대보다 4년 늦지만 목포 해역에서 가장 먼저 만들어졌다. 일본이 조선과 중국에 진출하는 데 그만큼 중요한 길목이었기 때문이다. 목포항에서 동지나해로 나가는 모든 선박은 맹골수도를 지나야 한다. 그 길목에 죽도 등대가 있다. 수십 척의 근해 어선들이 드나들고 하루에 30여 척의 외항선이 죽도에서 신호를 받아 뱃길을 잡았다. 한때 등대수 7명과 주민 15가구 130여 명이 살기도 했다. 태평양전쟁 때 공습으로 일부 파괴되었다. 광복 후 다시 석유등으로 복구하고 1947년 자가발전시설을 갖추고 전등으로 교체되었다. 1986년에는 태양광발전장치를 갖추었다. 일본제국의 한국 침략을 안내하는 불빛이었지만 영국식 근대 건축기술을 간직하고 있다. 1998년 맹골도 내연발전소 준공을 계기로 발전소 전략으로 바뀌었고 2004년 항로표지 집약관리 시스템이 설치되어 2009년 무인등대로 전화되었다.

죽도의 유일한 소득원은 갱번 미역 채취였다. 채취권을 잃지 않으려고 한 달에 이틀씩 섬에 들어와 잠을 자고 떠나기도 했다. 여름철이면 아홉 집이 들어와 톳과 미역을 공동채취하고 나갔다. 겨울에는 서너 가구에 노인들만 섬을 지킨다. 촛대봉과 인근 도서에 갯바위낚시가 잘

죽도. 대한민국에서 송도 다음으로 많은 섬 이름이다. 이 섬에 신우대가 많아 대섬이라 했다. 해무가 끼면 사라지는 섬이다. 이런 날이면 등대도 소용이 없다. 옛날에는 종을 쳤다. 죽도 등대에는 지금도 옛날 종이 등대 옆에 달려 있다. 소리로 뱃길을 잡았고, 섬의 위치를 확인했다. 과학기술로 해결할 수 없는 것이 자연이다.

되어 일 년이면 200여 명의 낚시꾼들이 들어온다. 1829년경 맹골도에서 최씨가 건너와 사람이 살기 시작했다고 전한다. 지금은 주민등록상 9가구 18명이 살고 있다. 이것도 해초채취권 때문에 이어지는 것이다.

등대도 외롭다

사람들은 섬에 가면 으레 맛있는 회가 기다리고 있는 것으로 착각한다. 사실은 그렇지 않다. 활어는 잡는 대로 시간을 지체하지 않고 위판을 하거나 활어차로 넘겨야 한다. 선어도 집에서 먹거나 자식들에게 줄 것이 아니라면 팔아야 한다. 미리 예약을 해놓지 않으면 섬에서 생선은 구경도 못하기 십상이다. 큰 섬이나 관광객이 많이 찾는 곳에는 횟집이

맹골죽도 마을 모습.

등대는 일본제국의 조선 침략과 수탈의 뱃길을 안내했지만 영국식 근대 건축기술을 간직하고 있다. 등대를 지키는 사람이 있었지만 항로표지 집약관리 시스템이 설치되어 무인등대로 바뀌었다. 등대지기가 그립다.

나 식당이 있지만 그것도 장담할 수 없다. 물때와 계절에 따라 들쑥날쑥하고, 관광객의 수요도 꾸준하지 않기 때문이다. 그래서 맹골군도에서는 생선회를 기대도 안한다. 게다가 미역철이라 얼마나 바쁜가. 밥이라도 제때 찾아 먹으면 감지덕지다.

맹골군도에서 이틀째 되던 날 밤, 저녁을 먹고 선창에 나와 죽도 등대에서 비추는 불빛과 눈을 맞추고 있는데 목포 M방송국의 김피디가 휴대전화로 전화하더니, "인공호흡이라도 해서 살려봐."라며 끊었다. 다음 날 아침 일찍 배를 타고 죽도로 건너갔다. 여기까지 와서 죽도를 보지 않고 가는 것이 아쉬워 나가는 길에 살펴보자는 생각에서였다.

곽도와 마찬가지로 죽도는 몇 년 전 들렀을 때와 많이 달랐다. 새로 지은 펜션형 집과 도시형 집이 눈에 띄었다. 우리를 기다리고 있는 것은 등대도 할머니도 아니었다. 자연산 광어였다. 어제 인공호흡을 해서라도 살려놓으라고 했던 녀석은 밤새 기다리지 못해 죽고 말았다며, 새벽에 다시 낚시로 잡아 온 놈이다. 60센티미터는 족히 넘을 것 같았다. 몇 점 집어 된장을 듬뿍 발라 입안에 몰아넣었다. 회는 이렇게 먹어야 맛이 있다. 횟집에서 이렇게 먹었다간 주변 사람들의 눈총을 제대로 받지만 말이다.

일반현황

위치 | 전남 진도군 조도면 맹골도리
면적 | 0.292km² **해안선** | 2.9km
가구수 | 13 **인구(명)** | 18(남: 7 여: 11) **어선(척)** | 1

공공기관 및 시설

교육기관 | 조도초등학교 죽도분교(1984년 폐교)
전력시설 | 자가발전(내연)
급수시설 | 우물

여행정보

교통 | **배편** | 섬사랑3호·섬사랑9호: 1일1회 왕복운항 / 팽목 진도항-슬도-독거-탄항-혈도-죽항-청등-각흘도-하조도 창유항-서거차-상하죽도-곽도-맹골도-죽도(약 3시간 30분 소요)
여행 | 죽도등대
특산물 | 돌미역
특이사항 | 섬에 대나무가 많다 하여 대섬, 죽도라 불렸다. 상하죽도에 살고 있던 호랑이가 먹을 것이 없어 맹골, 죽도의 동물과 인명에 피해를 주자 호랑이의 피해를 덜고자 대나무를 심어 끝을 날카롭게 잘라 호랑이의 접근을 방지했다고 전한다. 맹골군도에 속한 섬이다.

변화 자료

구분	1972	1985	1996
주소	진도군 조도면 맹골도리	진도군 조도면 맹골도리	진도군 조도면 맹골도리
면적(km²)	0.28	0.17	0.28
인구(명)	118	44	31
	(남: 54 여: 64)	(남: 23 여: 21)	(남: 15 여: 16)
가구수	20	16	13
급수시설	우물 1개소	우물 20개	우물 1개
전력시설	–	자가발전기 1대	자가발전기 1대
어선(척)	무동력선 3척	4	2
어가(농업겸업)	5(12)	6(8)	13

38

할머니,
밤새 안녕하셨어요
조도면 곽도

갈매기도 찾기 어렵다. 어장배도 없고 인적도 드물기 때문일 것이다. 외로워서일까. 먼바다에 세 섬이 마실을 가듯 나란히 서 있다. 그래서 섬일까. 거친 물살에 겨우 배를 선창에 붙이자마자 재빨리 뛰어내렸다. 배는 떠났다. 섬에 배를 정박할 곳이 없다. 바다 위에 닻을 내리고 기다려야 한다. 배도 쉴 수 없는 섬, 갈매기도 머물지 않는 섬, 그 섬에는 누가 살고 있을까.

이름부터가 예사롭지 않다. 이곳에 미역이 없었다면 사람이 살지 않았을 것이다. 사람보다 미역이 먼저 자랐던 섬이다. 맹골도에서 1킬로미터 거리에 있는 면적 15헥타르의 바위섬이다. 일명 미역섬이라고도 한다. 곽도를 두고 하는 말이다. 맹골도, 곽도, 맹골죽도를 '맹골군도'라고 한다. '맹골'이라는 말은 거친 바다를 의미한다. 거친 물살을 이겨내고 바위에 뿌리를 내리고 자라야 하는 미역이기에 얼마나 몸을 흔들어댔겠는가. 꼭 섬사람을 닮았을 것이다. 그래서 최고 명품미역 반열에 오를 수 있었겠지. 고통과 아픔 없이 어떻게 명품이라는 지위를 얻을 수 있었겠는가.

처음으로 섬을 방문한 것은 대학생 때였다. 그땐 섬에서 어떻게 축구를 하지? 뻥 하고 질러대면 바다로 빠질 텐데. 그런 생각을 했었다. 곽도가 딱 그런 섬이다. 1978년 41명이 거주했지만 지금은 주민등록상

위 미역섬은 배를 묶어둘 곳이 없다. 섬이 둥글고 모난 곳이 없어 파도와 바람을 막을 곳이 없다. 거친 바다에 정말 작은 섬이 둥글지 않으면 수많은 세월을 어떻게 견뎠겠는가. 그곳에 기대어 사는 사람들이 대단할 뿐이다.

아래 조도면 곽도. 미역섬이 시끄럽다. 미역을 뜯기 위해 사람들이 들어왔다. 평소에는 할머니 몇 분만 섬을 지키지만 미역철이 되면 20여 명으로 인구가 늘어난다. 미역밭 지분을 가진 사람들(옛날 주민들)이 들어와 잠시 생활한다.

미역을 뜯는 것도 힘들지만 마을로 옮기는 일도 만만치 않다. 벼랑으로 이루어진 섬이라 자동차는 고사하고 경운기도 움직일 수 없다. 오직 사람의 힘으로 이고 지고 벼랑을 올라야 한다.

9가구 15명이다. 하지만 상주 인구는 할머니 셋이 전부다. 이분들도 겨울철에는 뭍으로 나가거나 병원에 계신다. 강개역(80세), 조복례(85세), 김두예(79세), 세 분이 주인공이다.

선창에서 내려 가파른 길을 10분쯤 오르자 평지가 나타났다. 맹골도가 한눈에 들어왔다. 전기를 끌어온 철탑이 우뚝 솟아 있다. 과학의 힘이란 대단하다. 이렇게 먼 섬에서도 전기를 쓸 수 있다니. 마을로 들어서자 곳곳에 미역건조장과 건조대가 눈에 띄었다. 길에 나물이 널려 있는 것으로 보아 사람이 들어와 있는 것이 분명하다. 집 안을 기웃거리며 서성댔지만 할머니를 찾기가 쉽지 않다. 마치 숨바꼭질하듯 인기척을 찾아 헤매다 멀리 밭에서 괭이질을 하는 할머니 한 분을 보았다. 그런데 쉽게 접근할 수 없었다. 할머니 작업복이 문제였다. 바지가 요즘 유행하는 골반바지처럼 허리춤 아래 걸려 있었다. 불쑥 들어갔다간 할머니가 난처해할 것 같았다. 멀리서 헛기침도 하고 한참 소란을 피우고 나서야 할머니를 만날 수 있었다. 곽도에서 가장 건강한 강개역 할머니였다. 사람이 그리워서일까, 반가움이 얼굴에 가득했다.

"어디서 왔소? 어디 방송국이요?"

할머니들만 산다는 소문이 나서 방송국에서 몇 차례 다녀갔다. 그 덕에 할머니들은 카메라가 낯설지 않은 표정이다. 강 할머니는 해남에서 스물아홉에 시집왔다. 다른 두 할머니는 인근 맹골도에서 시집왔다. 팔순을 넘긴 할머니는 허리는 굽었지만 밭고랑을 내는 데 힘들어하는 기색이 없다. 비가 온다는 소식에 봄채소 씨앗을 뿌리고 고랑을 만들고 계셨다. 귀도 밝고 표정도 밝았다. 곽도에서 제일 큰 밭을 가지고 계셨다. 그 밭과 할머니가 사는 집 사이에는 변소가 있다. 물론 재래식 화장실이다. 그런데 변소 밖에 오줌통이 세 개 놓여 있었다. 두 개는 오줌이 가득했고 나머지 하나도 채워지고 있었다. 할머니 혼자서 채운 오줌일까. 오줌은 남새밭 거름으로 쓰일 것이다.

조복례 할머니는 몸이 좋지 않아 미역 작업이 끝나자 목포에 있는 병원에서 지내다 최근에 들어왔다. 김두예 할머니도 풍이 와서 몸이 불편하다. 세 할머니는 나이가 많아 미역 작업을 직접 하지는 못한다. 자식들이 와서 미역 작업을 한다. 특히 조복례 할머니는 아들이 없어 딸이 같이 일할 사람을 데리고 와서 갱번작업에 참여한다.

"할머니는 딸만 있는데 돌아가시면 갱번 권리는 누가 갖나요?"

"무슨 소리야, 우리 딸이 해먹지."

할머니는 주저 없이 딸이 권리를 승계할 것이라고 했다. 곽도는 맹골도와 죽도와 함께 해남 연동의 윤고산 집안 소유로 있다가 주민들이 1942년 십일시금융조합에서 융자금을 얻어내 사들였다. 지금도 섬의 절반은 십일시금융조합 소유로 되어 있다.

곽도는 여름철이 되면 미역을 채취하기 위해 9가구가 모두 모인다. 보통 일주일 이상 이곳에 머물며 미역을 채취해 말린 후 가지고 나간다. 한 가구에 2명씩 참여하는 공동작업이다. 곽도 미역은 조도에서도 독거도 다음으로 비싸게 팔리고 있다. 한 뭇(20가닥)에 비쌀 때는 80만 원에 팔린 적도 있으며, 2010년에는 55만 원에 팔렸다. 이렇게 미역이 좋은 이유를 강 할머니는 '물살이 세서' 광주에서 특히 알아준다고 했다.

지금 갱번 가요

몇 년 전 초봄에 만났던 세 할머니의 안부가 궁금했다. 당시에도 두 할머니는 건강이 좋지 않았고, 한 할머니만 밭에서 일을 하고 계셨다. 이장의 냉대를 뒤로하고 돌담을 안고 골목으로 들어섰다. 그곳에 할머니 한 분이 살고 계셨다. 마당과 마루에 인기척이 느껴졌다. 빈집이 아니었다. 마당으로 들어서자 할머니가 방 안쪽에 앉아 마늘을 까고 계셨다. 정자네 할머니시다. 팔순이 지난 할머니는 이제 더 이상 미역을 뜯는 '갱번' 일을 하기 어렵다. 나이가 많아 작업에 직접 나선 것이 언제인지 기억에 없다. 김씨 할머니보다 나이가 많은 강씨 할머니는 딸과 손자가 와서 일을 해주고, 창훈이네는 조카딸이 와서 일을 한다. 그런데 할머니에게는 도와줄 사람이 없다. 다른 집은 아르바이트 학생이나 사람을 사서 미역 작업을 하기도 하지만 그것도 할머니가 거동해야 가능한 일이다. 김씨 할머니는 지팡이에 의지하지 않고는 서 있는 것도 불편하다. 평생 섬살이를 가능케 해준 미역밭 '갱번'을 포기해야 했다.

오후 4시. 강씨 할머니의 딸이 나오며 앞집에 대고 소리쳤다. "갱번 가요." 작업 시간과 장소를 딱히 고지하지 않는다. 그렇게 밖으로 나오면서 소리를 치면 자연스럽게 모였다. 김씨 할머니도 아쉬운지 문 밖으로 나와 돌담에 손을 짚고 낫을 들고 미역을 베러 나가는 사람들을 물

조도면 곽도. 미역을 뜯는 일은 하루 이틀에 끝나는 일이 아니다. 일하는 시간도 물때 맞춰야 하고 파도가 높으면 일을 할 수 없고, 날씨가 궂으면 뜯은 미역을 말릴 수도 없으니 하늘과 바다와 땅이 모두 합일해야 할 수 있는 일이다.

끄러미 쳐다보고 있었다. 젊었을 때를 생각하는 걸까.

곽도에 미역밭의 지분을 가지고 있는 사람은 모두 열 명이었다. 그중 장진네(할머니)가 돌아가시면서 아홉 명으로 줄었다. 그리고 김씨 할머니가 나이가 들어 짓을 포기해 여덟 명으로 줄었다. 미역을 베기 위해 모인 사람은 모두 열여섯 명이다. 한 집에 두 명씩 참여하는 것이 불문율이다. 미역 작업을 해야 하는 시기가 되면 연락을 하지 않아도 섬으로 들어온다. 보통 이십여 일 전에 들어와 집 안도 살피고 겨우내 부서진 곳을 보수하며 미역 작업을 준비한다. 그리고 고추, 깨 등 여름 밭농사를 갈무리하고 가을갈이를 준비하기도 한다.

겨울철에도 섬을 지키는 집은 정자네와 칠석이네 할머니 두 집뿐이다. 미역철이 끝나면 나머지는 모두 밖으로 나간다. 보통 7월 초에 들어와서 장마 전에 일을 마친다. 일할 사람이 없는 집은 150만 원 정도 주고 한 달간 아르바이트생을 고용하기도 한다. 물이 많이 빠지는 사리 물때에만 일을 할 수 있기 때문에 한 달이라고 하지만 일하는 날은 8, 9일에 불과하다. 올해처럼 미역농사가 흉년이거나 파도가 높아 작업이 어려울 때면 배보다 배꼽이 더 크다. 박씨도 이틀만 작업을 하고 아르바이트생을 내보냈다.

미역밭이 없으면 어떻게 살았을까

곽도는 선창에서 마을로 들어가는 길이 외길이다. 곽도 선창에서 마을까지 오르는 길은 가파르다. 바다에서 솟은 둥근 바위 위에 마을이 앉아 있는 모습이다. 미역밭으로 가는 길은 모두 세 길이다. 오늘은 '새말' '선창'에서 작업을 한다. 그중 새말까지는 숲길과 가파른 해안길을 지나야 한다. 주민들이 빠져나간 숲을 지나자 거친 파도소리와 안개에 쌓

바위뿐인 해변에 붙어 자라는 것이 미역이다. 거칠기로 소문난 맹골군도의 파도와 바람을 이기며 자란다. 욕심을 부리면 큰 해를 가져다주지만 잘 이용하면 선물을 주는 것이 자연이다. 세월호가 침몰한 곳이 이곳에서 지척이다.

인 맹골도가 모습을 드러냈다. 벌써 주민들이 갯바위에 붙어 미역을 베고 있었다. 모두 구명조끼를 입고 있었다. 하얀 파도가 바위에 부딪치면서 포말이 솟구쳐 올랐다. 그때마다 주민들은 움찔하며 뒤로 물러났다. 그리고 잠시 파도가 밀려간 사이에 재빨리 미역밭으로 다가가 미역을 한 주먹 베어 물이 닿지 않는 바위로 던지고 올라왔다. 여자들이나 나이가 많은 주민들은 위에서 미역을 받아 자루에 담는 일을 했다. 간혹 젊은 사람이 파도에 맞서며 미역을 몇 주먹 더 베려다가 파도에 휩쓸려 바다로 빠지기도 했다. 아찔한 순간도 있었다. 다행히 옆에 있던 주민들이 잡아주거나 줄을 던져 끌어올렸다. 한 시간여 작업하고 선창으로 옮겨 작업을 계속하기로 했다. 선창은 섬의 북쪽에 위치해 있으며, 앞에 맹골도가 버티고 있어 새말에 비해서 파도가 약하다. 문제는 미역자루를 옮기는 일이었다. 차는 고사하고 손수레도 다닐 수 없는 길이기 때문에 짊어지거나 머리에 이고 큰 길까지 나와야 한다. 숲길까지 올라오는 바위 길은 경사도가 60, 70도에 이른다. 열댓 명이 줄지어 미역자루를 이고 지고 오르는 모습을 상상해보라.

나중에 들은 이야기이지만 채취한 미역이 많으면 맹골도에 연락해서 배를 부른다고 했다. 이때는 미역 한 짓(한 사람 몫)을 뱃삯으로 주어야 한다. 이럴 경우 미역을 아홉 가구로 나누어야 한다. 주민들 사이에 배를 부르자 말자 이견이 생기기도 한다. 오늘처럼 미역 채취량이 많지 않을 때는 주민들이 직접 운반한다. 간혹 두 사람이 미역자루를 줄에 연결하고 헤엄쳐서 선창까지 이동하기도 했다고 한다. 손수레가 다닐 수 있는 길이라도 만들어주었으면 하는 것이 주민들의 바람이다.

선창에서 하는 작업은 새말에서보다는 훨씬 나았다. 파도가 치기는 했지만 미역밭의 경사가 급하지 않고 평평하며 수심도 깊지 않아 수영으로 작은 여와 여를 옮겨 다니며 미역을 벨 수 있었다. 작업은 한 시간여 지속되었다. 새말과 선창에서 채취한 미역이 한꺼번에 모아졌다. 품질이 좋은 가새미역(쫄쫄이미역이라고도 함)과 떨어지는 떡미역으로 나누어졌다. 가새미역은 잎이 가늘고 길지만 떡미역은 잎이 넓고 줄기와 잎이 짧고 모아져 있다.

"오늘은 여자들이 저울질을 하드라고."

노란 바구니에 미역을 담아 저울에 올렸다. 눈금이 30킬로그램에 멈췄다. 그렇게 여덟 개의 미역더미로 나누었다. 다시 한 번 반복해서 한 무더기에 두 바구니, 즉 60킬로그램씩 나누었다. 양이 얼마 되지 않는 떡미역도 똑같은 양으로 나누었다. 사실 내가 가장 궁금했던 것은 이렇게 나눈 미역더미의 주인을 어떻게 결정할까 하는 점이었다. 옆에서 지켜보던 주민들이 신발을 한 짝씩 벗더니 노란 바구니 안에 넣었다. 그리고 나이가 가장 적은 강씨 할머니의 손자가 기구를 들고 어깨에 짊어진 바구니 속의 신발을 잘 섞더니 하나씩 꺼내 미역더미에 던져놓았다. 미역더미의 주인이 결정되는 순간이었다. 저런 방법이 있었구나. 무릎을 쳤다. 이보다 공평한 방법이 있을까.

이렇게 나누고 나자 20~30킬로그램 정도의 미역이 남아 있었다. 그 미역의 주인은 차를 가지고 이동하는 이장 몫이었다. 선창에서 마을까지는 가파른 오르막길이다. 산길에서야 달리 방법이 없어 이거나 저서 운반하지만 이 길은 트럭으로 운반이 가능하다. 그래서 미역으로라도 대신 인사치레를 하는 것이다.

개황 | 곽도

일반현황

위치 | 전남 진도군 조도면 맹골도리
면적 | 0.171km² **해안선** | 2.5km **육지와 거리** | 80.85km(목포연안여객선터미널)
가구수 | 9 **인구(명)** | 16(남: 7 여: 9) **어선(척)** | 1

공공기관 및 시설

전력시설 | 송전
급수시설 | 우물, 운반급수

여행정보

교통 | **배편** | 섬사랑3호 · 섬사랑9호: 1일1회 왕복운항 / 팽목 진도항-슬도-독거-탄항-혈도-죽항-청등-각흘도-하조도 창유항-서거차-상하죽도-곽도-맹골도-죽도(약 3시간 20분 소요)
여행 | 돌담길
특산물 | 돌미역
특이사항 | 서거차군도에서 콩을 가장 많이 재배하고 콩으로 주식을 삼았다 하여 콩 곽(藿)자를 써 곽도라고 불렀다는 설도 있다. 곽도는 거의 수직 암석해안으로 둘러싸여 있으나 섬 중앙부에 평평한 와지가 형성되어 소규모 경작지로 이용되고 있다.

변화 자료

구분	1972	1985	1996
주소	진도군 조도면 맹골도리	진도군 조도면 맹골도리	진도군 조도면 맹골도리
면적(km²)	0.17	0.17	0.17
인구(명)	62	38	7
	(남: 27 여: 35)	(남: 21 여: 17)	(남: 1 여: 6)
가구수	13	12	6
급수시설	우물 1개소	우물 2개소	우물 1개
전력시설	–	자가발전기 1대	자가발전기 1대
어선(척)	무동력선 2척	2	1
어가(농업겸업)	1(10)	3(8)	6

제주특별자치도

추자면

46

47

44

45

우도면

40

42

제주특별자치도

43

39

41

바람의 섬,
밭틀길을 걷다
서귀포시 대정읍 가파도

가파도는 모슬포에서 남쪽으로 10여 리 되는 거리에 있다. 우리나라 최남단 마라도와 모슬포 중간쯤이다. 가파도로 향하던 날 바람은 잦았고 날씨도 화창했다. 그렇다고 바다가 조용한 것이 아니다. 속으로 거칠게 흐른다. 섬 주변은 평탄하지만 잠깐만 벗어나면 절벽처럼 푹 떨어지는 해저 지형이다. 물살이 거칠게 흐른다. 그래서 모슬포와 가파도 사이를 허성장골이라 했다. 상군잠녀들만 겨우 물질을 하는 곳이다. 감히 '줌잠녀'는 엄두도 낼 수 없는 곳이다. 가파도 동바당에 넙개애, 넙개우치, 서우여, 물섬, 독개알여 모두 소라며 메역이 잘되는 바당이다. 검푸른 바다의 유혹에 빠져들 즈음 상동마을 포구에 도착했다.

바람을 막고 몰을 들이다

가파도는 솥뚜껑처럼 생겼다. 그래서 더푸섬이라고도 불렀다. 나중에는 개도(蓋島), 개파도(蓋派島), 가파도(加波島), 가을파지도(加乙派知島)라 했다. 가파도라는 명칭은 1481년(성종 12년) 편찬된 《동국여지승람》에 처음 기록되었다. 대정읍 하모리에 속했던 가파도는 1914년 행정구역 개편으로 독립해 상동과 하동 마을로 나누어졌다. 우스갯소리로 모슬포에서 빌려온 곡식과 채소는 '갚아도' 되고, '말아도' 된다고 했다. 제주 본섬과 달리 가파도와 마라도는 자급자족이 불가능한 섬이었

상동 할망당 '매부리당'. 제주에는 포제단과 할망당이 있다. 포제단은 남자들이 마을의 안녕과 풍어를 비는 곳이며, 할망당은 잠녀들이 안전과 풍어를 기원한다. 미역 물질을 시작하는 정월이며 잠녀들은 용왕과 할망 외에 바다에서 돌아가신 조상 수를 헤아려 밥을 올리고, 돼지고기와 마른 지숙(바닷고기)과 삶은 계란을 챙긴다. 생쌀, 날계란, 동전으로 싸서 바다에 던지는 지드림을 한다.

다. 나무도 부족하고, 지붕에 얹을 '촐'도 없었다. 모슬포나 본섬에 사는 '삼촌'에 의존하지 않으면 작은 섬살이가 어려웠다. 매년 본섬에서 식량을 빌려 생계를 유지했다. 풍년이 들면 인사치레로 갚는 시늉을 했지만 흉년이 들면 그것도 할 수 없었다.

상동마을 선창은 '무시리 포구'라고 한다. 말과 소를 싣고 갔던 곳이라는 말이다. 가파도와 관련해 남아 있는 기록도 사람보다 말이 먼저다. 1750년(영조 26년) 가파도에 국영 목장이 설치되었다. 백성들이 섬마을을 이루기 전이다. 당시 진상용 흑우 50마리를 방목하고, 소를 지키기 위해 40여 가구의 입도를 허가했다. 흑우를 왕에게 진상을 했는지는 알 수 없지만 90년 후 흑우를 먼저 맛본 사람들은 영국인들이었다. 그리고 1840년(헌종 6년) 영국 배 두 척이 들어와 소를 약탈해 갔다.

이 사건 이후로 흑우는 대정읍 무릉리 모동장으로 옮겨졌다.

그 후 개간이 허락되자 사람들이 들어와 마을을 이루었다. 하동마을 선창에 '가파도 개경 120주년 기념비'가 세워져 있다. 그 기록에 따르면 1865년(고종 2년) 대정읍 모슬포 상모리, 하모리에 살던 경주 이씨, 진주 강씨, 제주 양씨, 나주 나씨, 김해 김씨 등 40여 명이 입도했다고 기록되어 있다. 처음에는 몇 년을 모슬포에서 가파도를 오가며 농사를 짓다 심한 흉년으로 섬으로 건너와 정착했다. 입도 기록은 170여 년에 불과하지만 130여 개의 고인돌과 조개무지가 있어 선사시대에도 사람이 머물렀음을 확인할 수 있다. 지금은 130여 세대 250여 명에 이른다. 실제 거주 인구는 180여 명 정도이다.

가파도 남쪽에 있는 포구를 '항개' 혹은 '황개'라고 한다. 크다는 '한'에서 비롯된 말이다. 그러니 항개는 '큰 포구'라는 의미다. 뒷성이 바람과 파도를 막아주는 자연 포구다. 가파도 개경기념비에는 '1923년 항개 서방파제를 리민의 협력으로 축성'했다고 한다. 무시리 포구가 북서 계절풍과 맞설 때 하동 선착장은 여름철에 부는 남동풍이나 태풍 때문

● ─ 모동장

《탐라지초본》(1840년)에는 모동장에 우감 2명, 군두 1명, 목자 14명, 소 637두를 기르고 있었다. 대정현 관할 목장에서 선정되어 온 진상용 체임마, 연례마, 어승마 등을 일시 사육되었다. 처음에는 말 목장이었지만 소의 수요가 증가하자 소 목장으로 변화했다. 그리고 1900년경 폐지되었다. 지금은 농경지로 활용하고 있다.

출처 : 디지털서귀포문화대전

에 이용하는 데 어려움이 많다. 그래서 뒷성을 배경으로 방파제를 쌓아 이를 막았다. 이곳은 전통배 테우나 작은 배를 정박하기에 좋았다. 게다가 하동 선창 주변에는 용천수가 좋아 마을 사람들이 모여 살기 적합해 80여 년 동안 주선창으로 이용했다. 그 후 관광객이 증가하면서 가파도와 모슬포를 오가는 직항 여객선(200톤급)이 입항하게 되면서 수심이 깊고 본섬과 최단거리인 상동 선창을 이용하고 있다.

밭은 땅에만 있는 것이 아니다

상동마을 입구에서 자전거를 빌려 타고 '게엄주리코지'로 향했다. 청보리축제와 황금연휴가 겹쳐 작은 섬에 사람들이 빼곡했다. 제주 말인 게엄주리는 '갯강구', 코지는 '곶'을 뜻한다. 갯강구가 많이 사는 바다밭이라는 말인가? 몇 년 전에 보았던 돌담이 안녕한지 궁금했다. 신안이나 진도에서 볼 수 있었던 우실과 꼭 닮았다. 우실은 하늬바람이 넘어오는 고갯마루에 마을숲을 조성하거나 담을 쌓아 모래와 바람을 막고 농사를 짓거나 집을 지었다. 또 마을숲에는 당산이나 제당을 짓기도 했다. 우실은 실용성과 종교성을 갖춘 공간이다.

가파도 해안을 둘러싼 돌담은 환해장성을 닮기도 했다. 상동 포구 인근 해안에 쌓인 돌은 단단한 몽돌이다. 거친 파도와 바람에 모난 돌이 없다. 둥글지 않으면 살아남기 힘들었을 것이다. 그 모습이 작은 섬 사람을 닮았다. 그 주변에서 조개무지가 발견되었다. 섬 안에는 내 밭네 밭을 구분 짓는 밭담과 묘지 주변에 쌓은 밭담 그리고 마을 울담이 있다.

'큰옹짓물'에서 미역을 베는 해녀를 만났다. 길가에 신발을 벗어두고 물질을 하던 중이었다. 물이 빠지자 종개호미(569쪽 그림 참고)를 들고 반물질로 바당('바다'의 제주어)에서 종개호미(중개호미)로 미역을 베고

가파도나 마라도처럼 농사지을 땅이 거의 없는 작은 섬에서 미역농사는 목숨줄이나 다름없다. 미역이 다 자라는 3월 보름 이후 '메역해경'이 되면 모든 가족들이 바다로 나가서 채취했다. 미역 한 가닥을 '한 락' 이라 하고, 열 락이면 '한 뭇', 열 뭇이면 '한 뭉치'라 했다. 한 뭇이면 보리쌀 몇 말을 살 수 있었다.

있었다.

　제주에서는 뭍에서 곡식이나 풀을 베는 낫을 '호미'라고 한다. 종개 호미는 자루가 가벼워 물에 뜨며, 낫을 자루에 박지 않고 줄로 감은 것이 특징이다. 잠녀들이 물속에서 해초를 벨 때 사용한다. 제주에서 미역은 아주 특별하다. 미역은 보리와 함께 가파도 사람들의 식량이었다. 그래서 미역이 다 자랄 때까지 채취를 금했다. 음력 3월 보름 무렵이면 제주 미역이 다 자란다. 이때 비로소 미역을 채취한다. 이를 '메역해경' 이라 했다.

　미역을 채취하는 날이면 은퇴한 해녀와 모든 가족들이 바다로 나갔다. 가족들이 능력껏 채취해 가져가기 때문이다. 사용할 수 있는 도구는 오직 호미 하나였다. 미역 한 가닥을 '한 락'이라 했다. 열 락이면 '한

못'이고 열 못이면 '한 뭉치'라 했다. 옛날에는 한 못의 가격이 보리쌀 몇 말을 살 정도였다.

그렇게 소중한 미역을 왜 한 사람만 베고 있을까. 갯바위에는 미역뿐 아니라 톳이 무성했지만 오직 미역에만 관심이 있었다. 왜 그럴까. 그 의문은 하동마을을 지나 마라도가 보이는 '큰아끈여' 입구에서 풀렸나. 큰아끈여는 썰물일 때 가장 넓게 드러나는 바다밭이다. 크고 작은 돌들이 펼쳐진 빌레였다. 특히 가사리, 모자반, 톳 등이 많이 자란다. 그곳에서도 대여섯 명의 주민들이 해초를 뜯고 있었다. 그런데 미역이 아니라 가사리였다. 낫 대신에 전복껍질을 이용했다. 직접 손으로 뜯는 사람도 있었다.

그곳에서 만난 박영복씨(1936년생)는 가파도 사람들에게 미역이 더 이상 상품이 되지 않는다고 했다. 뭍에서 들어오는 양식 미역 때문이다. 주민들이 먹거나 뭍으로 나간 자식들에게 보내기 위해 조금씩 뜯을 뿐이었다. 최근 들어 올레꾼들에게 팔기 위해 뜯는 사람도 있다. 그러면 왜 톳은 베지 않을까. 톳은 아직도 상품성이 있어 마을 주민들이 공동으로 작업하고 있기 때문이다. 가파도에는 130여 명의 여자 중 70여 명이 잠녀다. 보리밭뿐인 섬살이를 이어갈 수 있었던 것은 모두 잠녀들 덕이다.

여자들은 걷기 시작하면서부터 물질을 배웠다. 보리밭보다 갯밭에서 얻는 소득이 더 많았다. 뭍으로 시집을 갔다가 가파도 '바당'(잠녀들이 물질하는 바다밭)만 한 벌이를 찾기 어려워 섬으로 돌아온 어머니도 있었다. 잠녀가 외지인과 결혼을 하면 혼인하는 날부터 물질과 바다 자원이용 권리가 박탈된다. 반대로 가파도 남자와 결혼을 한 잠녀는 그날부터 권리가 부여된다. 가파도가 고향인 잠녀가 뭍으로 시집을 갔다가 섬으로 돌아온 경우에는 일정한 기간이 지나야 한다. 외지인이 섬에 들어와 바당을 이용하려면 섬에서 일 년은 생활해야 하고 마을기금 50만 원을 내야 했다. 몇 년 전 규칙이 한층 강화되었다. 2006년 마을총회에서 3년을 거주하고 500만 원을 마을기금으로 내야 한다고 정했다. 미역밭, 바지락밭은 어촌 주민들에게 쉽게 들을 수 있는 말이다. 특히 제주도에서는 잠녀들의 메역밧과 구젱이밧, 어부들의 바다밭인 자리밧 등으로 구분된다. 《표준국어대사전》에 있는 밭의 정의를 보면, '수산물 따위가 많이 있거나 나는 곳'이라는 개념이 추가되어 있다. 뭍에서도 어민들은 미역밭, 바지락밭이라는 말을 자주 사용한다.

바람 분다, '까메기동산'에 오르지 마라

섬과 어촌은 뭍과 농촌에 비해 금기가 많다. 마을공동체에서 금기는 마을신앙과 깊은 관련이 있다. 지역사회에서 마을의 힘이 약해지면 금기

갯밭에 바람과 파도를 이겨내고 솟은 까메기동산엔 가파도 할망당이 모셔져 있다. 작은 섬을 헤집고 다니는 여행객들이 구석진 곳이라고 그냥 둘 리 없다. 또 친절하게 안내판도 세워져 있다. 낯선 사람이 이곳에 오르면 폭풍우가 치고 미역과 톳을 가져가버린다고 믿는다.

는 약화되거나 소멸된다. 가파도도 섬살이를 위해 밖에서 가져오는 것이 많아지고 관광객이 늘면서 금기도 하나씩 사라지고 있다. 하지만 하동마을 노인은 지금도 낯선 사람들이 까메기동산에 오르는 것이 마뜩찮다. 이곳에 오르면 꼭 폭풍우가 몰아친다고 믿기 때문이다. 바람은 섬사람들이 제일 두려워하는 것이다. 게다가 바람이 불면 갯밭에서 자라는 메역과 톳을 모두 가져가버리기 때문이다.

까메기동산에는 잠녀들이 물질하러 오가며 축원을 하는 당할머니가 있다. 가파도에는 하동마을의 '항개당'(뒷서낭당), 상동마을의 '메부리당'이 있다. 본향당이다. 이곳은 주부나 해녀들이 비념(축원)을 하는 곳이므로 마을의 역사와 깊은 관련이 있다. 항개당은 메부리당에서 나뉘어 온 것이고, 메부리당은 입도민과 함께 대정읍 '문수물당'에서 들어왔다. 본향당과 달리 마을 주민들이 모두 모여서 유교식으로 제사를 지내는 포제단이 있다. 정월에는 마을의 평안을 기원하는 춘포제를, 칠월에는 풍농을 기원하는 농포제를 지낸다.

관광객들이 드나들면서 할망당은 말끔하게 정비되었다. 잠녀들이 칠성판을 등에 지고 바다를 오가며 축원하던 곳은 이제 오가는 관광객들이 기웃거리는 경우가 더 많아졌다. 이를 탓하려는 것이 아니다. 할망당의 영험함이 덜해질까 걱정일 뿐이다. 섬사람들의 속살이 자꾸 관광객들의 볼거리로 변하는 것을 탓할 수는 없지만 뒷맛이 개운치 않다. 할망당 안에는 백지, 실, 돈 등이 있었다. 주머니를 뒤져 지폐를 꺼냈다. 그리고 길지에 올려놓고 두 손을 모았다.

하멜, 제주도에 오르다
큰아끈여에서 가사리를 뜯는 섬 주민 너머로 마라도가 바람을 피해 납작 엎드려 있었다. 가파도의 섬살이가 이러할진대 마라도는 어떨까 생

하멜 동상.(여수 하멜전시관)

각하니 마라도가 아련했다. 그 사이로 검은 바다가 하얗게 파도가 일었다. 바다가 거칠고 바닥에 암초들이 있기 때문에 생긴 것들이다. 마라도로 향하는 배가 뒤뚱거렸다. 헨드릭 하멜이 탔던 네덜란드 무역선 스페로 호크호도 바람과 암초를 제대로 읽지 못해 이 부근에서 좌초했을 것이다. 스페로 호크호는 1653년(효종 4년) 타이완을 거쳐 일본 나가사키로 향하고 있었다. 하멜을 포함한 64명 중 36명은 이렇게 낯선 땅 제주도에 표착했다.

지금까지 하멜 일행이 표착한 곳으로 안덕면 사계리가 알려져 있다. 하지만 최근 향토 자료의 분석과 주민들의 고증을 통해 대정읍 신도리 해변이 원표착지라는 주장이 제기되고 있다. 조선 숙종 때 이익태가 제

하멜표류기.(여수 하멜전시관)

주 목사로 재임(1694년 7월~1696년 9월)하면서 남긴 〈지영록(知瀛錄)〉에는 "致敗于大靜縣地 方遮歸鎭下大也水沿邊"이라는 기록이 있다. '대야수'는 '대정에서 고산'에 이르는 해안으로, 기존 신도리를 포함해 모슬포, 수월봉, 일과리 등이 표착지로 가늠되었다. 사계리 용머리해안에 1980년 '하멜표착기념비'가, 신도리에는 2017년 '하멜 일행 난파 희생자 위령비'가 세워졌다. 갑자기 노랑머리에 파란 눈을 가진 무리들이 섬에 올라왔으니 얼마나 놀랐을까.《효종실록》에는 당시 이렇게 적었다.

"병사를 이끌고 이들을 본즉 어느 나라 사람인지 알 수 없다. 해중에 난파되어 생존자가 36명인데 말이 통하지 않고 문자 또한 다르다. 눈은 파랗고 코는 높은데 노랑머리에 짧은 수염을 길렀다."

당시 제주 목사 이원진은 하멜 일행을 체포하여 감금했다. 그리고 네덜란드 출신 귀화인 박연(朴燕. 네덜란드 이름은 얀 얀스 벨테브레 Jan Janse Weltevree)이 한양에서 내려와 통역을 했다. 조정에서는 하멜이 포수였다는 것을 알고 신무기를 만드는 데 도움을 받고자 훈련도감에 배속했다. 하지만 몇 차례 탈출을 시도했던 하멜은 마침내 1666년(현종 7년) 7명의 동료와 함께 탈출하여 일본 히라도(平戶島)로 건너가 나가사키로 탈출했다. 고국으로 돌아간 그는《난선제주도난파기(蘭船

濟州島難破記. Relation du Naufrage d'un Vaisseau Hollandois)》및 부록《조선국기 Description du Royaume de Corée》를 썼다. 국내에는《하멜표류기(漂流記)》로 알려졌다. 한국의 지리·풍속·정치·군사·교육·교역 등을 유럽에 소개한 최초의 문헌이다. 이 표류기는 하멜이 동료와 자신이 조선에 억류되어 14년간 받지 못한 임금을 청구하기 위해 작성한 보고서였다.

청보리, 밭틀길을 걷다

해안을 두 바퀴 돌고 난 후 하동마을을 가로질러 청보리밭으로 향했다. 사람들이 삼삼오오 짝을 지어 밭틀길을 걷고 있었다. 자전거를 타는 사람도 많았다. 10여 년 전 찾는 사람이 거의 없어 황량하기만 했던 것에 비하면 큰 변화였다. 지금처럼 보리밭이 많지 않았다. 모두 섬을 떠날

봄이 오면 청보리밭을 보기 위해 섬을 찾는 사람이 줄을 선다. 옛날에는 보리고개를 넘기 위해 깅이죽으로 끼니를 잇고 설익은 보리를 베어 주린 배를 채웠다. 그때는 마라도 주민들이 부러웠다. 이제 여행객의 발길이 가파도로 바뀌고 있다. 청보리밭을 보러. 새옹지마다.

생각만 했다. 물질 외에는 딱히 벌이를 할 만한 것이 없었다. 관광객들은 모두 마라도만 기웃거릴 뿐 가파도에는 눈길도 주지 않았다. 상동마을에는 객선이 닿을 만한 선창이 없었다. 하지만 하동마을에서는 마라도로 가는 뱃길도 있었다.

청보리밭 사이로 검은 현무암이 가로질렀다. 청보리축제가 성공을 거두자 묵힌 밭들에 모두 보리를 심었다. 가파도는 하동마을과 상동마을을 연결하는 마을 안길과 동쪽 해안을 따라 시멘트로 포장된 길이 있었다. 서쪽 해안길은 올레길이 개발되면서 새로 만들어진 길이다. 처음 가파도를 찾았을 때는 현무암이 넓게 펼쳐진 해안이었다. 그곳에는 가사리, 톳, 미역, 모자반 등이 잘 자란다. 이런 해안을 제주에서는 '빌레'라 부른다. 마을 안길을 따라 경로당과 가파초등학교가 있다. 가파도에 초등학교가 설립된 것은 1946년이다. 그 전에는 '신의유숙'이라는 사

2011년 '가파도 탄소 없는 섬'(Carbon Free Island) 프로젝트를 진행 중이다. 가파도에 없는 것이 하나 있다. 전봇대다. 탄소 없는 섬을 만들면서 100여 개의 기둥을 뽑아냈다. 앓던 이를 뽑아낸 것처럼 시원하다. 대신에 풍력발전을 위한 커다란 기둥이 세워졌다. 소음도 꽤 있다. 이 정도는 감수해야 하는 걸까.

립학교가 있었다. 김성숙 등이 설립한 학교다. 김성숙은 1896년 가파도에서 태어나 경성제일고등학교 시절에 3.1독립운동으로 옥살이를 했다. 고향으로 내려와 모슬포에서 교육운동을 전개하던 중 1921년 가파초등학교의 전신인 '신의유숙'을 설립하여 인재 양성에 힘썼다. 학교교정에는 '가파신의유숙 개교 60주년'을 맞이한 1982년에 그의 동상이 세워졌다. 가파초등학교는 한때 170여 명이 다닐 만큼 큰 학교였다. 2013년 1명 졸업한 것을 포함해 모두 66회에 걸쳐 1,132명의 졸업생을 배출했다. 가장 낮은 곳에서 높은 곳을 꿈꾸며 자란 아이들이다. 섬살이가 그랬다.

가파도는 평균 고도가 20.5미터다. 우리나라에서 가장 낮은 섬이다. 하지만 고개를 들면 가장 높은 한라산이 한눈에 들어온다. 그것이 제주의 존재이며 역사이며 풍경이다. 바다에 기대어 살거나 한라산에 의지해 살아온 사람들이다. 가파도에는 산이나 봉우리가 없다. 높은 산이 없어 농사짓기 좋을 것 같지만 바람이 강해 쉽지 않다. 말을 섬에 들일 때 쌓았던 돌담이 근대에 들어와서도 유효했던 것은 밭농사를 짓는 데도 필요했기 때문이다. 바다에 전복, 소라, 성게 등이 많다. 상동마을을 벗어나자 쪽빛 바다와 산방산을 배경으로 청보리 벌판이 펼쳐졌다. 그 뒤로 한라산과 오름들이 실루엣처럼 드리워졌다.

평평한 섬이지만 제주도에 딸린 섬(추자도, 우도, 비양도, 마라도, 가파도 등) 중에서 물 걱정이 없는 곳이다. 해안을 따라 큰옹짓물, 작은옹짓물, 통물, 냇골챙이물, 돈물깍, 물앞, 동항개물, 고망물 등 우물이 있다. 하동마을 바닷가에 예쁜 고망물과 동항개물이 있었다. 고망물은 샘물을 뜻하는데, 식수로 이용했다. 반면 동항개물은 공동빨래터였다. 제주에서 개물은 흔히 빨래터로 이용한다. 1982년 자료(《한국학논집》, 최길성)에 따르면 가파도에는 우물이 109개 있었다. 이 중 공동우물은 4개였고, 집집마다 샘이 있었다. 집집마다 우물이 있음에도 불구하고 공동 우물이 필요했던 것은 물질을 한 잠녀들과 여자들 빨래 때문이었다. 잠녀들은 바다에서 나와 해안의 용천수로 일차 씻고 집으로 들어간다. 하동마을에서 고망물과 동항개물이 그 기능을 했다. 그런데 해안을 매립하면서 사라졌다. 작은 섬마저 개발에 시달리는 현실이 아쉽다. 사람만 물이 필요했던 것은 아니다. 마소들에게도 식수가 필요했다. 섬 동쪽 해안을 따라 있는 큰옹짓물과 작은옹짓물 그리고 상동마을 인근에 있는 통물은 소들이 먹던 우물이다.

상동 포구에 줄이 길게 이어졌다. 모슬포로 나가는 배를 타기 위해서였다. 은둔의 섬이라 했던 가파도가 올레길과 생태관광으로 새 옷을 입고 있다. 관광객들이 북적댄다. 보릿고개의 아픔을 간직한 청보리가 축제의 주인공으로 변신했다. 삶과 죽음의 경계에서 붙들었던 할망당도 관광객들에게는 신기하다. 개발이 늦어 남아 있는 생태자원과 생활문화가 가파도의 새로운 자원으로 변신하는 중이다. 2011년부터는 '가파도 탄소 없는 섬'(Carbon Free Island) 프로젝트를 진행 중이다. 성공과 실패를 이야기하기는 이르지만 섬 곳곳에 박혀 있던 100여 개의 전봇대가 사라져 경관 연출에 큰 몫을 했다. 화력발전을 풍력과 태양광 등 신재생에너지로 바꾸었다. 낚시꾼만 찾던 섬이 관광객들이 찾는 섬으로 바뀌고 있다. 낚시관광에서 녹색관광으로 이름표를 바꾸었다. 2009년부터 청보리축제를 시작했다. 2010년 3월 올레 코스가 만들어졌다. 예부터 윗마을과 아랫마을, '바당'을 오가는 길이건만 섬사람들에게는 '올레길'이 새롭다.

개황 | 가파도

일반현황

위치 | 제주특별자치도 서귀포시 대정읍 가파리
면적 | 0.87km² **해안선** | 4.2km
가구수 | 93 **인구(명)** | 312(남: 145 여: 158)
어촌계 | 가파도 어촌계

공공기관 및 시설

의료시설 | 가파보건진료소(064-760-6384)
교육기관 | 가파초등학교(064-794-7062)
전력시설 | 자가발전(태양광)
급수시설 | 해수담수

여행정보

교통 | 제주공항→모슬포 운진항: 150-1번/150-2번 버스(1시간 20분 소요)
모슬포 운진항→가파도: 선박(10분 소요)
여행 | 자전거 도로, 올레길, 청보리밭
특산물 | 해조류-돌미역, 모자반, 가시리, 톳, 우뭇가사리
보리류-청보리 쌀, 청보리 차, 청보리 미숫가루
특이사항 | 매년 4~5월 초에는 청보리 축제가 열린다. 청보리 밭 걷기, 올레길 보물찾기, 야외 공연 등이 펼쳐진다. 가파도는 가오리(가파리)를 닮아 가파도가 되었다는 설과, 덮개 모양을 닮아 '개도'(蓋島)로 부르던 것이 가파도라 굳어졌다는 설 등이 있다.

40

걸으면서 느끼는
돌과 바람 그리고 여자

제주시 우도면 우도

일출봉에서 바라본 '쉐섬'이 푸른 풀밭에 누워 되새김질하는 소처럼 평화롭다. 누가 70여 년 전 저 섬에서 일제의 해초 수탈에 저항해 '잠녀'들이 들고 일어났다고 생각이나 하겠는가. 섬과 바다를 노래하는 이생진 시인도 비슷한 생각을 했던 모양이다.

우도를 주목한 것은 목장 때문이었다. 섬이 크지도 작지도 않아 관리하기 좋고 풀도 잘 자라 소와 말을 기르기 적합했을 것이다. 그래서 국영 목장이 설치되었다. 우도의 말을 군마 중에서 으뜸으로 꼽았다.

물에 넘어진 사람들의 유족은 / 물이 원수이겠지만 / 내 앞에 창해는 /
소 한 마리 누워 있는 풀밭 / 꼬리치는 대로 / 흰 나비 하나 / 날아갔다
날아온다.

– 이생진,〈풀밭에 누운 우도〉

　사면이 바다로 둘러싸인 우도는 중앙동을 중심으로 해안선을 따라
11개 자연마을이 형성되어 있으며, 1,800여 명이 거주하고 있다. 우도
는 제주도 북제주군에 속하며, 1986년 4월 섬이 하나의 면으로 승격되
었다. 북제주군에서는 수려한 자연과 해양자원 그리고 청정해역을 보
전하고 해양관광을 활성화하기 위해 2001년 1월 1일 우도 해상 일대
와 우도항과 하목동항 주변을 해상공원으로 지정하였다. 이후 우도 해
양, 성산 일출 해양, 서귀포 해양, 추자 해양(이상 2008. 9. 19.) 그리고
제주곶자왈(2011. 12. 30.)이 도립공원이 되었다. 이보다 앞서 제주도
한라산이 국립공원(1970. 3. 24.)으로 지정되었다.
　밭담을 사이에 두고 마늘밭과 바다가 누가 더 푸른지 경쟁을 한다.
경계를 알 수 없이 펼쳐진 하늘도 자기도 끼워달라고 보챈다. 보리가
익어갈 무렵 우도의 모습은 참 아름답다. 〈시월애〉, 〈인어공주〉, 〈여름
향기〉 등 영화와 드라마 촬영지로 이용되었고 광고도 이곳에서 곧잘
찍었다. 산호가 부서져 만들어진 모래사장과 푸른 바다는 그대로 그림
이다. 하지만 그 옆에 지어진 펜션들이 주변 경관과 어울리지 않는 모
양새로 우뚝 우뚝 솟아 있다.

쉐목장, 우도가 되다

우도는 소가 머리를 들고 있는 모양을 하고 있어, '쉐섬' '쉐섬'으로 표기
하다 우도(牛島)가 되었다. 제주 말로 '쉐'는 소를 뜻한다. 따라서 '쉐섬'

이란 '소가 누워 있는 형상'을 이르는 지명이다. 하지만 《조선왕조실록》에 우도가 국영 목장으로 운영되던 '쉐목장'이었던 점을 생각한다면 단순한 모양새보다는 섬의 쓰임새가 지명으로 변한 것이 아닌가 싶다.

우도는 성산반도와 연결되어 있으며, 수면 상승과 지각 변동에 따라 생긴 수중화산섬이다. 우도의 탄생과 관련된 설문대 할망의 전설에서도 성산과 우도의 관계를 엿볼 수 있다.

하루는 설문대 할망이 한쪽 다리는 식산봉에, 다른 한쪽은 일출봉에 걸치고 오줌을 누었는데 그 오줌 줄기가 얼마나 강했던지 일출봉에서 일부가 떨어져 나가고 말았다. 그렇게 우도가 만들어졌다. 성산포에서 우도까지는 배로 10분 거리지만 조류가 아주 거세다. 우도의 '쉐머리오름'에서는 갈대의 식물화석과 갯벌성 조간대에 사는 갑각류의 생물화석 흔적이 발견되었다. 현재 우도에는 갈대 군락이 없으나 인근 성산포 내만지역에는 갈대 군락이 형성되어 있다. 설화를 입증(?)하는 흔적이라 해야 할까.

지질학자들에 의하면 홍적세 초반만 해도 한반도, 중국, 일본은 모두 연결되어 있었다고 한다. 홍적세에 네 번의 빙하기가 있었는데 제4빙하기에 이들이 서로 분리되었고, 제주와 한반도의 분리는 대략 12,000~10,000년 전으로 마지막 빙하기인 홍적세에서 충적세로 전환되는 시기라고 한다.

우도에는 언제부터 사람이 살기 시작했을까. 물론 정확한 시기를 알 수는 없다. 다만 '쉐머리오름' 서남쪽 방향에는 한 기의 고인돌이 길 가운데 자리를 잡고 우도의 역사를 대변하고 있다. 제주도의 고인돌은 한반도에 고인돌이 등장한 시기와 사뭇 다르다. 변방의 시선으로 중앙의 역사를 전복하고 싶어 하는 이영권(《제주역사기행》의 저자)은 한반도에 권력자가 나타난 것은 기원전 10세기 청동기 문화부터라고 하지만 제주도에 청동기 문화가 유입된 것은 기원전 6세기 무렵이라고 한다. 그는 제주에서 변변한 청동기 문화를 찾기도 어려우며, 고인돌 문화 역시 청동기 후대의 것으로 추정하고 있다. 만약 제주의 아이들이 고인돌은 어느 시기에 우리나라에 들어왔느냐는 질문을 받는다면 무어라고 대답할까.

우도가 중앙의 역사 기록에 등장하는 것은 1679년이다. 중앙에서 제주도에 관심을 가졌던 가장 큰 이유는 '군마'를 기르기에 적합했기 때문이다. 그중 우도물(말)을 으뜸으로 쳐주었다. 자연적인 조건이 말 기르기에 적합하여 원나라가 제주도를 지배하던 고려 말에는 우도를 국영 목장으로 이용했다.

《조선왕조실록》에는 숙종 23년(1679년) 말 150필을 우도에 방목했다고 기록했다. 우도가 국영 목장지였던 것이다. 이후 헌종 10년(1844

잠녀가 물속에서 톳, 미역, 우뭇가사리, 소라, 전복 등을 채취하는 것을 물질(무레)이라고 한다. 채취 대상에 따라 메역무레, 우미무레, 톳무레라 하며, 소라와 전복은 '헛무레(헛물)'라 한다. 재수가 좋아야 캘 수 있고 빈손으로 올라올 수도 있어서다.

년) 김석린 진사 일행이 입도하여 사람이 살기 시작했다고 알려져 있다. 이는 기록을 살펴본 것일 뿐 제주 백성들은 일찍부터 쉐섬을 무시로 출입하며 고기를 잡고 미역을 뜯고, 전복을 땄을 것이다. 세금을 내지 않아도 되고, 누구의 간섭도 받지 않으면서 물산이 풍부한 우도를 그냥 두었을 리가 없다.

지금은 대부분의 사람들이 성산에서 배를 타고 우도에 들어오지만 우도에 최초로 입도한 사람들은 구좌읍 종달리 만세코지에서 테우를 타고 들어왔다. 당시 입도조들이 들어왔던 포구를 우도 사람들은 '들어온 코지'라고 해서 '드렁코지'라고 부른다. 〈시월애〉를 촬영한 홍조단괴해빈 해수욕장에서 성산 일출봉을 바라보면 왼쪽에 '코지'가 있고 그 옆에 현대식 포구가 있다. 그 작은 코지가 드렁코지인데, 구좌읍 종달리 지미봉과 마주하고 있다.

우도의 큰 섬에 비하면 고기잡이배는 많지 않다. 섬 내 호수는 680여 세대라지만 동력선은 50여 척에 불과하다. 오히려 사륜구동 오토바이와 트럭이 많다. 어업의존도가 높은 섬치고는 의외의 모습이다. 그 이유는 여자, 잠녀들 때문이다. 잠녀들의 수입이 좋아 어장질보다 물질에 기대어 살아가는 섬이다. 어장질은 우도 사람보다는 추자도, 성산포 배들이 갈치, 고등어 등을 잡고 있다.

쉐섬의 톨(톳)과 우미(우뭇가사리)는 제주에서도 꼽히는 특산물이다. 톳은 육지 바다와 달리 3월이면 채취를 시작하고, 우미는 5~6월에 작업을 한다. 물론 사철 소라, 전복 등을 따는 것은 말할 것도 없다. 물질은 바람 등으로 한 달에 10여 일을 제하고는 매일 2시간 정도 작업하고 있다. 이렇게 물질을 한 잠녀들의 수입은 일 년에 1,000만~2,000여 만 원에 이른다. 생각해보라. 60대 할망의 수입이 1,000만 원이 넘어가고 상군은 2,000여 만 원에 이른다면 이게 적은 수입인가. 잠녀는 상군,

414

중군, 하군, 똥군으로 물질의 정도에 따라 나누어진다.

　잠녀들의 물질은 해산물 이름에다 '물=무레'를 붙여서 작업 형태를 구분한다. 예를 들어, 소라, 전복을 캐는 '헛물'과, 미역을 캐는 '메역물=메역무레', 우뭇가사리를 캐는 '우미물=우미무레' 등이 그것이다. 그렇다면 왜 유독 '소라, 전복'을 캐는 일은 '헛물'이라 할까. 김영돈(《해녀연구》의 저자)은 우뭇가사리나 톳 따위의 해조류는 일정한 채취 기간에 맞춰 물질을 하기 때문에 많든 적든 캘 수 있지만, 전복과 소라는 재수가 좋으면 꽤 캘 수 있고, 어떤 때에는 빈손으로 나올 수도 있다고 했다. 물 빠짐이 좋은 검은 밭에는 땅콩이 자란다. 톳을 채취할 무렵이면 일손을 쪼개서 땅콩을 심는다.

　어느 해 가을인가 천진항에서 해안을 따라 자전거로 돌아보다 길가에 말리고 있는 땅콩을 본 적이 있다. 우도의 갯바람을 맞고 자란 땅콩

남쪽에 자리한 쇠머리오름에서 우도의 모습이 가장 아름답다. 그곳에 우도의 랜드마크와 같은 등대가 있다. 러일전쟁에서 승리한 일본이 1906년 3월 제주도 동쪽 연안 수역을 항해하는 선박의 지표로 삼기 위해 제주 지역 최초의 무인등대로 불을 밝혔다.

들이다. 우도에서는 땅콩으로 막걸리도 만든다. 일반 땅콩에 비해 작고 식감이 부드럽고 고소하다. 땅콩을 말리는 어머니는 볶지 않고 그냥 먹기도 한다고 자랑한다. 제주의 땅콩은 대부분 우도와 구좌 지역에서 재배되고 있다.

햇살이 따뜻한 5월에 우도를 찾았다. 곳곳에서 톳, 우뭇가사리를 말리고 있었다. 천진리 바당에서는 50여 명의 잠녀들이 우뭇가사리를 뜯고 있었고, 서광리 바당에서는 30여 명의 잠녀들이 '헛물'을 하고 있었다. 망사리는 미역을 딸 때, 우미 작업을 할 때, 소라와 전복을 딸 때 쓰는데, 망사리(해녀들이 채취한 수산물을 담는 그물망)의 크기와 그물코의 크기가 그 쓰임에 따라 각각 다르다.

쉐섬에 잠녀들이 가장 많았던 시기는 1974년이다. 무려 896명에 이르렀다. 일제강점기 우도의 잠녀들은 소섬에만 머물지 않고 충남, 부산 일대, 구룡포, 욕지도, 전남의 보길도는 물론 멀리 황해도로 출가했고, 중국과 러시아까지 진출했다. 이렇게 우도의 잠녀들이 출가한 시기는 1890년대 무렵이다. 제주도의 잠녀들이 출가를 본격적으로 시작한 것은 일제강점기 해산물 수탈과 관련이 있다. 현재 쉐섬에 물질을 하는 잠녀들은 500여 명이다. 과거에는 딸자식이 많으면 부자라고 했지만, 지금은 자식들에게 물질을 시키려고 하지 않는다. 솔직하게 말하면 시킬 아이들도 없다. 고향에 들어온 젊은 사람들도 관광객을 대상으로 서비스업을 할지언정 물질을 원치 않는다. 하지만 우도는 여전히 잠녀의 물질과 밭일로 살아가는 섬이다. 관광객들을 바라보며 살아가는 사람은 일부에 불과하다.

어떻게 하면 관광객을 붙들까

우도를 찾는 사람들의 관광 행태는 체류형이 아니라 시간형이다. 제주시(공항)에서 관광도로를 따라 달려와 성산포를 잠깐 거쳐서 우도에 들어온다. 그리고 홍조단괴해빈 해수욕장, 검빌레, 쉐머리오름 등에서 길면 1~2시간 머물다 뭍으로 나간다. 이런 탓에 민박은 뒷전이고 최근에는 콘도와 펜션 등 숙박시설도 모두 적자에 허덕이고 있다. 관광객의 여행 행태를 제대로 파악하지 못한 탓이다.

우도에는 1년에 20만 대, 여행객은 200만 명 정도 들어왔다. 섬 주민들의 차와 여행객의 차 그리고 섬 내에서 운영하는 전세버스와 렌트카까지 몰려들 때는 아이러니하게 섬 안에서 교통지옥이 발생한다. 특히 여행객들이 머무는 곳은 예외 없이 주차난으로 몸살을 앓는다. 과도한 차량통행으로 우리나라 최고의 해안이 무너지고 오염으로 위협받고 있다. 매년 해안도로를 보수해야 하는 실정이다. 결국 제주도는 2017년부터 한시적으로 우도의 차량통행을 제한하는 조치를 꺼냈다. 우도로 들어오는 이륜차를 포함한 외부 차량의 우도면 운행 및 통행을 제한했다. 또 우도면에 등록되지 않은 전세버스와 렌트카, 이륜자동차나 원동기장치 자전거도 통행을 제한했다. 1년간 한시적으로 적용한 결과 방문객은 15퍼센트, 방문 차량은 68퍼센트 감소했다. 그리고 다시 1년을 연장했다.

그런데 인간의 개발 욕망은 끝이 없나 보다. 우도와 제주 본섬을 연결하는 도보용 해저터널을 구상 중이란다. 바닷속 산호초를 감상하면서 걷는 올레길을 만들겠단다. 여기에 관광객이 일 년에 200만 명 정도가 되므로 도항선으로는 감당하기 어렵다는 이유다. 지금 우도에 만들어진 숙박시설이 운영난에 허덕이고 있는 것은 여행객이 적어서가 아니다. 들어온 여행객이 머물지 않고 당일치기로 빠져나가기 때문이다. 과연 해저터널이 이를 해결할까. 오히려 더 많은 여행객을 들어오게 유인하겠지만 더 머물지 않고 나가는 것을 가속화시킬 것이 뻔하다. 무너지는 것은 섬이고 삶이 팍팍해지는 것은 섬 주민들일 것이다.

천진항과 함께 여객선이 닿는 하우목동항이 있는 마을을 '우무깨'라고 부른다. 이는 '우뭇개'가 '우믁개'로, 다시 '우묵동'으로 바뀐 것이다. 우뭇가사리가 많이 자라는 바다라는 말이다. 우뭇가사리는 일제강점기 잠녀들이 목숨처럼 여겼던 해초다. 우뭇가사리와 미역 등 해초를 싼값에 후려치고 수탈하는 것은 우도 사람들의 목숨을 빼앗는 것이나 같았다. 당시 해녀들의 항일운동을 기리는 해녀항일운동 동상이 그곳에 세워져 있다. 제주해녀항일운동의 도화선이기도 했다.

우도를 여행하는 방법으로 두 발로 걷기를 적극 권한다. 자전거를 이용해도 좋다. 일정한 버스비만 내면 주요 여행지에 데려다주고 실컷 구경하고 다음 버스를 타고 이동하는 방법도 좋다. 버스비는 한 번 내는 것으로 모두 해결된다. 일종의 '원데이 프리 패스'(1day free pass)다. 이러한 방법은 전라남도 완도군 청산도에서도 시도되고 있다. 여행객이 많이 찾는 섬에 꼭 도입되어야 할 교통 이용 방법이다.

섬도 권리를 가지고 있다. '섬의 권리', 섬으로 존재해야 하는 권리가 있다. 인간은 그 권리를 존중해야 한다. 우도다운 섬문화 경관을 보기 위해서 여행객이 찾는 것이다. 그 경관이 섬 주민의 삶을 지속하는 데 도움이 되어야 한다.

개황 | 우도

일반현황

위치 | 제주특별자치도 제주시 우도면
면적 | 6.18km^2 **해안선** | 17km
가구수 | 731 **인구(명)** | 1575(남: 756 여: 819)
어촌계 | 우도 어촌계

공공기관 및 시설

공공기관 | 우도면사무소, 우도우체국, 우도119지역센터, 우도파출소
의료시설 | 우도보건지소, 동부보건소우도지소
교육기관 | 우도초등학교(064-783-0386), 우도중학교(064-783-0384)
전력시설 | 한전
급수시설 | 광역상수도

여행정보

교통 | 제주시→우도
제주공항→시외버스터미널→동회선일주도로행시외버스→성산(성산항) / 70분 간격
서귀포시→우도
서귀포시 시외버스터미널→동회선일주도로행 시외버스→남원→성산(성산항) / 80분 간격
배편 | 성산항→우도 10분, 30분 간격으로 수시 운행 / 차량 선적 최대 27대 가능
여행 | 올레길, 검멀래 해안, 우도봉, 쇠머리오름, 우도8경, 유채꽃 마을
특산물 | 땅콩, 활소라, 쪽파, 전복, 오분자기, 넓미역, 마늘, 톳, 우뭇가사리, 모자반 등
특이사항 | 섬의 형상이 물소가 머리를 내밀고 누워 있다고 하여 소섬 또는 이를 한자화한 우도
라고 불린다.

41

절해고도에
나를 유배시키다
서귀포시 대정읍 마라도

동행이 없어도 좋은 여행지가 있다. 혼자 떠나는 여행, 그런 섬으로 마라도가 좋다. '자발적 유배'라고나 할까. 그런데 모슬포항에서 마라도로 들어가는 사람을 보고 기겁했다. 헐, 어떻게 저렇게 많은 사람이 작은 섬에 들어가나 싶었다. 섬이 가라앉지 않고 떠 있는 것이 신기할 따름이다. 제주도는 1,000만 명의 관광객시대가 시작되었다. 작은 섬 우도에 200만 명이 찾고 있다. 그보다 더 작은 최남단 섬 마라도에도 60여 만 명이 방문하고 있다. 섬이 가라앉지 않는 것이 신통방통할 따름이다.

마라도는 우리나라 최남단 섬이다. 가파도에서 5.5킬로미터 남서쪽으로 떨어져 있다. 하모리에 속한 적이 있지만 일제강점기부터 가파리에 속했고, 지금도 행정상 마라리로 분리되어 있지만 법정상 가파리에 속해 있다.

섬 둘레 0.3제곱킬로미터에 인구는 90여 명, 해안선 길이 4.2킬로미터, 최고점 39미터의 작은 섬이지만 마라도가 있어 주변 바다를 우리가 이용할 수 있는 것이다. 이를 두고 영해라고 한다. 바다를 국토라는 이름으로 주권을 행사할 수 있었던 것은 마라도라는 끝섬이 있기 때문이다. 이를 영해기점이라고 한다. 가파리에 속했던 마라도는 1981년 4월 1일 마라리로 분리되었다.

제주도의 옛 기록을 보면, 마래섬, 마라서 등으로 표기했으며, 무가(巫歌)의 사설에서는 마으레섬, 마래섬이라 했다. 이를 한자로 차용해 麿羅, 摩蘿, 麻羅, 摩羅라 했다. 마래, 마루, 마라는 冠, 帽의 뜻을 지니고 있다. 〈원대정군지(元大靜郡誌)〉에 '摩羅島'라고 표기했고, 일제강점기부터 '馬羅島'라 했다. 조선 후기 서양의 지도에 Giffard Island라고 표기했다. 지파르(Giffard, Henri Jacques. 1825~1882년)는 19세기 프랑스 발명가이다.

마라도나 가파도처럼 작고 납작 엎드려 있는 섬은 바람에 치명적이다. 그래서 배를 붙일 수 있는 곳을 찾는 것이 매우 중요하다. 마라도는 모두 네 곳에 선착장이 있었다. 자리덕 선착장은 섬 서북쪽에 있다. 주변 바다에서 자리를 잡는 덕으로 이루어진 해변이라 붙여진 이름이다. 해식애가 발달해 높이가 20미터에 이르는 해식애가 병풍처럼 펼쳐져

마라도는 나무도 언덕도 없어 바람이 쉬어 가기 힘든 곳이다. 삶이 힘들 때, 노여울 때, 바다와 바람과 대화가 하고 싶을 때, 뭍이 싫어 스스로 섬으로 유배되고 싶을 때 떠오르는 섬이다. 섬과 섬을 이을 수도 없는 곳이니. 여행객이 많지 않은 날을 택해야 한다.

있다. 남동풍이 불 때는 알살레덕으로 가지 않고 자리덕에 접안한다. 알살레덕은 섬의 동북쪽에 있으며, 역시 자리가 많이 잡히는 어장이다. 북서풍이 불면 자리덕에는 접안이 어렵기 때문에 이곳에 배를 댄다. 1994년에 선착장을 만들었다. 마라도에는 이곳 외에도 남덕과 장시덕이라 부르는 선착장이 있다. 남덕은 마을 서쪽 바닷가에 있는 선착장을 말한다. 옛날에는 마라도에 나무가 많았다고 한다. 그 나무를 베어서 본섬으로 실어 나르려고 배를 댔던 곳이라 '남덕'이라 했다고 한다. 선착장이 만들어지기 전에 유일하게 배를 붙일 수 있는 곳이었다. 장시덕은 섬의 남동쪽에 있다. 북서풍이 부는 겨울에도 배를 붙이기 좋을 정도로 잔잔하다. 장군바위 언저리쯤 될 것 같다.

"카트 한 대 이용하세요." 바람소리보다 먼저 카트를 사용할 사람을 찾는 주민들의 목소리가 들렸다. 탄식이 나왔다. 남도 끝 섬에서도 호객이 통하는구나. 오래전에 일본의 이키시마를 방문한 적이 있었다. 대마도와 일본 본토 사이에 있는 작은 섬이다. 예약을 하고 갔던 터라 마중 나온 사람이 작은 종이에 이름과 함께 환영한다는 푯말을 들고 있었다. 예약을 하지 않고 들어온 경우도 호객은 없었다. 우리나라 유일의 국제적인 섬 관광지의 모습이다.

지금은 인공조림을 한 나무를 제외하면 섬에 나무가 없지만 조선시대에는 산림이 울창했었다. 1883년 몇 세대가 제주 목사로부터 개간을 허가받아 화전을 시작하면서 나무들이 사라졌다고 한다. 처음 섬에 들어온 사람은 김씨, 라씨, 한씨, 이씨 등으로 입도시 나무가 울창해 농경지를 조성하기 위해 숲에 불을 질렀다고 한다. 또 전하는 이야기로는 이주민 한 사람이 밤에 퉁소를 불었는데 뱀이 몰려들어서 숲에 불을 놓았다고 한다. 석 달 열흘간 불이 꺼지지 않았으며, 뱀이 꼬리를 물고 동쪽으로 빠져나가 지금도 뱀과 개구리가 없다고 한다.

마라도는 국가지정문화재 천연기념물 제423호로 지정된 천연보호구역이다. 우리나라에서 가장 특이한 난대성 해양 동식물이 서식하며, 연안의 원시적 특성이 잘 보전된 곳이다. 해안은 파식대와 해식동굴이 발달하여 경관이 아름답다.

또 마라도항로표지관리소는 1915년 3월 4일 '조선총독부고시 46호'로 건립되었다. 동중국해와 제주도 남부 해역을 오가는 선박의 항로를 알려주었다. 당시에는 일본군이 상주하며 군사 통신기지로 활용했다. 광복 후 1987년 3월 개축하였다.

해녀들이 지키는 섬

마을로 들어가는 길 양쪽으로 주민들이 운영하는 작은 가게들이 이른 아침부터 문을 열었다. 오늘의 메뉴는 전복＋멍게＋돌문어＋거북손＋뿔소라＋군소, 6가지 모듬이다. 값이 얼마냐고? 2만 원이다. 해장술 한잔하기 좋은 값이다. 성게 여섯 개에 1만 원이다. 군소, 거북손, 성게, 소라 등도 각각 팔기도 한다. 모두 해녀들이 바다에서 직접 잡아 온 것이지만 부족하면 제주에서 공수해 온다. 사실 마라도에서 장사하는 상당수의 사람도 막배로 나갔다가 첫배로 들어와 생활하는 사람이 많다. 모슬포가 주요 생활권이다. 이를 누가 탓하겠는가.

마라도에서 잔뼈가 굵어 지킴이로 살고 있는 노부부가 할머니가 물질해서 가져온 성게의 알을 발라내고 있었다. 아들은 길가에서 장사를 하고 노인은 안집에서 거취하고 있다. 아들 내외는 매일 뭍(제주)을 오가며 생활한다.

이 작은 섬에 30대의 젊은 해녀가 들어왔다. 김재연, 그녀는 자장면 가게와 카트 대여는 물론 아이까지 키우는 마라도 큰 애기다. 그녀의 어머니도 그 어머니의 어머니도 마라도에서 물질을 하는 잠녀였다. 뭍

애기업개 할망당. 모슬포에 살던 이씨 부인은 우물가에 버려진 아이를 애기업개로 키웠다. 마라도로 물질을 하러 간 이씨와 잠녀들은 폭풍우를 달래기 위해 애기업개를 섬에 남겨두었다. 애기업개는 죽어 섬의 할망당되었다. 마치 뭍사람들의 상처를 마라도가 어루만지듯이 지금도 잠녀들의 아픔을 달래주고 있다.

에 살던 그녀는 남동생의 교통사고, 아버지의 간암 등 이어지는 비보에 마라도행을 감행했다. 그리고 물질까지 도전하기에 이르렀다. 그녀는 철가방을 들고 물질을 겸하고 있다. 가게 이름도 '철가방을 든 해녀'다. 그녀의 가게 앞에는 제주 해녀의 삶을 엿볼 수 있는 제주 속담이 적혀 있다.

> **저승 돈 벌어 와서 이승 자식 뒷바라지 한다.** : 물질을 하러 바다로 들어가는 것을 '칠성판'을 지고 물속에 들어간다고 한다. 목숨을 걸고 바다로 들어가 물질을 한다는 것을 의미한다. 그렇게 벌어서 이승에 있는 자식들을 먹여 살리고 키운다는 말이다.

좀년 애기 나뒁 사을이민 물에 든다. : 좀년은 잠녀, 즉 해녀를 말한다. 애기를 낳은 해녀는 사흘이 지나면 물질하러 나서야 했다. 잠녀들이 물질을 하지 않으면 가족이 굶어야 했기 때문이다. 아이는 구덕에 담아 놓고 바다로 뛰어드는 엄마의 심정은 어떠했을까.

쉐로 못나나 여자로 낫쥬. : 제주의 해녀는 물질, 밭일, 부엌일, 가사일 등을 모두 책임졌다. 물때에 맞춰 바당에 나가 소라와 미역을 따고, 잠깐 요기를 한 후 밭에서 검질을 매야 했다. 때가 되면 부엌에서 요리를 하고, 청소와 빨래도 여자의 몫이었다. 또 물이 귀해 물을 길어 오고 짬을 내서 땔감을 구하기도 했다. 그래서 소보다 못한 것이 제주 여자라고 했다. 소로 태어나지 못해서 여자로 태어났다는 말이다.

〈인간극장〉에 출연한 후 그녀는 마라도뿐만 아니라 전국에 알려졌다. 또 미국 LA타임즈 1면에 '한국 섬 여성들의 문화'라는 기사가 보도되기도 했다. 제주 해녀처럼 마라도의 해녀들도 대부분 나이가 많다. 그래도 마라도 경제를 움직이는 사람들은 해녀들이다.

애기업개, 마라도 신이 되다

마을을 지나며 걷는 길을 따라 성당, 최남단비, 장군바위 등이 있다. 마지막으로 발길이 머무는 곳은 할망당이었다. 배낭을 내려놓고 털썩 주저앉았다. 마라도 할망당은 모슬포가 한눈에 바라보이는 곳에 자리해 있다. 제주의 여느 할망당과 마찬가지로 검은색 화산암으로 낮은 울을 치고 안에 돌집을 만들어 신체를 모셨다. 신체는 백지와 오색천이고, 밖에는 치마와 저고리(신의 옷)를 만들어 바친다. '처녀당' '비자리당' '아기업개당' '할망당'이라도 한다.

가파도와 마라도에 사람이 살지 않던 시절의 이야기다. 모슬포 상모리에 살던 이씨 부인이 우물에 물을 길으러 갔다가 아이의 울음소리를 듣고 버려진 아이를 데려와 키웠다. 백방으로 수소문을 해봤지만 부모를 찾지 못하고 수양딸을 삼아 잘 길렀다. 그러는 사이 부인도 딸아이를 낳았다. 데려온 아이는 자연스럽게 이씨의 친딸을 키우는 애기업개가 되었다. 당시 가파도와 마라도는 사람이 살지 않는 무인도였다. 주변에 해산물이 풍부했지만 채취를 하면 바다의 신이 노해 큰 해를 입는다고 믿었다. 다만 매년 봄 망종부터 보름 동안 해산물 채취가 허락되었다. 모슬포의 잠녀들이 마라도 해안으로 들어가 전복과 소라를 많이 채취했다. 모슬포를 떠난 지 이레가 되었고 가지고 온 식량도 떨어졌다. 섬을 떠날 채비를 하자 잔잔했던 바다가 거칠어졌다. 신기하게 배를 묶어놓으면 잔잔하고 떠나려면 파도가 거칠었다.

다음 날 아침 나이 든 잠수가 선주에게 꿈 이야기를 해줬다. "어멍, 아방 없는 아이를 두고 가쿠다."라고 했다. 결국 논의 끝에 애기업개에게 널어놓은 기저귀를 가져오라고 심부름을 시키고선 그 사이 배를 띄웠다. 놀랍게 바다가 잔잔했다. 혼자만 남기고 잠녀들이 떠났다는 사실을 안 애기업개는 "나두 데려가 줍써! 나두 데려가 줍써."라고 소리쳤지만 배는 점점 멀어졌다. 그 뒤 잠수들은 무서워서 마라도에 얼씬도 하지 않았다. 한참 후 마라도에 들어간 잠수들은 외로움과 굶주림에 지쳐 죽은 애기업개의 뼈를 발견했다. 그 자리에 잘 묻어 애기업개당을 만들었다고 한다. 마라도 해녀들은 이렛날(7일, 17일, 27일)이면 애기업개당에 제를 지냈다. 지금도 마라도 해녀는 물론 마을 주민들도 정성이 부족하다 싶으면 언제라도 와서 정성을 드린다. 간혹 정월이면 무당들이 와서 치성을 드리기도 한다. 이름처럼 애기업개 당할머니는 아이들을 특히 잘 돌본다고 한다. 그래서 해안 절벽이 많고 보호시설이 특별히 없는 섬이지만 아이들은 다치지 않는다고 한다.

개황 | 마라도

일반현황

위치 | 제주특별자치도 서귀포시 대정읍 마라리
면적 | 0.3km² **해안선 |** 4.2km
가구수 | 53 **인구(명) |** 108(남: 62 여: 46)
어촌계 | 마라도 어촌계

공공기관 및 시설

공공기관 | 제주서귀포시
의료시설 | 마라보건진료소(064-760-6385)
교육기관 | 가파초등학교 마라분교(064-792-8508)
전력시설 | 한전
급수시설 | 해수담수

여행정보

교통 | 모슬포항 출발 여객선(064-794-5490~3)
송악산 출발 여객선(064-794-6661)
여행 | 애기업개당, 장군바위, 국토 최남단 기념비, 마라도 등대, 짜장면, 할망당, 초콜렛박물관
특산물 | 전복, 소라, 톳, 미역
특이사항 | 한반도 최남단 편의점이 있다. 마라도에는 주민들이 하늘에 있는 수호신이 강림하는 곳이라 신성시 여기는 애기업개에 대한 전설이 있는 할망당이 있는데, 이 당에서는 매년 섬사람이 모여 제사도 지낸다. 청정바다와 진귀한 해양생태계를 자랑하며, 해저의 세계, 유람선관광, 체험어장, 스킨스쿠버, 바다낚시 등을 즐길 수 있다.

42

상서로운 섬,
천년을 기억하다
제주시 한림읍 비양도

몇 년 전이었다. 윗세오름에 올라 영세오름으로 내려오는 중이었다. 뒤에서 누군가 부르는 것 같아 돌아봤다. 세상에나, 300여 개의 오름들 너머 노을 바다에 섬이 떠 있었다. 너무 강한 인상을 주었다. 게다가 제주를 제주 사람보다 사랑한 이방인 '김영갑'이 눈을 감았다는 소식도 함께 들었다. 비양도는 그렇게 기억되었다. 그 후 우도와 마라도와 가파도를 몇 차례 방문하는 동안에도 비양도는 좀처럼 찾지를 못했다.

　아침 일찍 한림항으로 향했다. 어제는 자리를 뜨러 나서는 사람들을 만나기 위해 새벽 3시에 일어났다. 전날보다는 잠을 푹 잤더니 몸이 가벼웠다. 몇 달을 새벽 4시에 일어나는 사람들이 경이로웠다. 지난 가을 한림항에 왔을 때는 어판장에 은빛 갈치가 가득했다. 여름으로 가는 길목인데 곳곳에서 갈치들이 선을 보였다. 한림항은 제주에서 대표적인 어항이다. 추자도를 비롯해 연근해에서 갈치와 조기를 잡는 배들이 모두 한림항으로 들어오기 때문이다. 덩달아 인근에 식당과 술집 등 상가들이 많다. 이른 아침에도 쉽게 밥집을 찾을 수 있다. 식당 주인은 전라도 사람이었다. 젊은 사람인데 양식장을 하다 실패하고 들어와 식당을 시작했다. 특히 선원들을 대상으로 도시락을 배달하는 것이 주업이었다. 돈이 모아지자 인근에 육상 양식장을 시작했다. 제주에서 장사를 하는 사람들은 대부분 외지인들이라고 알려줬다. 제주 사람들은 농사를 짓고 물질을 하는 것 외에 다른 일을 선택하는 것을 원치 않는다고 했다. 그래서 외지에서 온 사람들이 정착하기 쉽다.

배 시간이 가까워지자 대합실로 사람들이 하나둘 모여들었다. 작은 배낭을 멘 중년의 남녀 몇 사람이 들어왔다. 아이스박스와 몇 개의 생필품을 입구에 두고 표를 사는 사람들은 섬 주민들이다. 매표하는 아가씨와 반갑게 인사를 나눈다. 매표원은 들고 나는 사람들을 모두 아는 눈치다. 제주도에 딸린 작은 섬을 오가는 배 중에서 가장 작은 도선에 불과하지만 섬으로 들어가는 느낌이 물씬 나는 배다. 비양도까지는 15분 거리이다. 가파도나 마라도에 비해 화산활동이 활발해 두 개의 분화구를 갖고 있는 오름이 형성되어 멀리서도 바다 위에 떠 있는 모습을 확인할 수 있다. 한라산에서도 바다 위에 떠 있는 작은 섬의 모습을 분명히 확인할 수 있었다. 협재 해수욕장의 서북쪽 바다에 떠 있는 섬

옛날 제주의 섬살이는 오늘날 휴양이나 여행과는 거리가 있는 절박함이 앞섰다. 돌탑을 쌓는 것도 팽나무에 정성을 드리는 것도 할망당을 기웃거리는 것도 그 때문이다. 지푸라기라도 잡는 심정으로 정성을 드려 방사탑을 쌓고 할망당을 모시며 마을의 안녕과 개인의 제물과 건강을 빌었다.

비양도는 제주도의 미니어처다. 비양봉의 분화구도 그렇고, 한림에서 배를 타고 가면서 보면 바다에 떠 있는 섬이다. 마치 뭍에서 제주를 보는 것 같다. 제주에 딸린 섬 중에서 가장 여행객이 적어 때가 묻지 않은 섬이다. 아직까지는 옛 제주의 모습이 남아 있다.

이다. 마을은 '오저부리'에 기대어 만든 '개창'(앞개)을 중심으로 좌우에 몇십 가구씩 무리지어 있다. 지금 선창으로 이용하는 곳은 개창에 이어 포구를 확대한 것이다.

비양도는 고종 13년(1876년) 서씨가 제일 먼저 들어와 살면서 마을을 이루었다고 한다. 섬에서 발견된 선사시대 유물로 보아 그 이전에 사람이 거주했을 것이다. 일찍부터 '목고'(牧羔), 즉 양을 길렀던 곳으로 《남사록(南槎錄)》이나 《신증동국여지승람》에 "비양도에는 양장(羊場)이 있다."고 했다. 줌녀들이 해산물을 채취하거나 갯사람(浦漢)들이 살대(箭竹)를 베기 위해 드나들기도 했다. 또 삼별초군을 토벌하기 위해 명월포라는 곳에 좌군이 들어오기도 했다. 《명종실록》에는 섬에 머

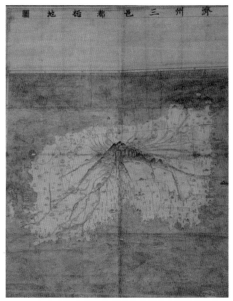

제주삼읍도총지도.

물던 일본인을 생포했다는 기록도 있다. 그 후대인 19세기 개간이 허락되면서 사람들이 들어가 살기 시작했다.

비양도의 옛 이름은 '비양섬·비영섬'이다. 《세종실록》《남사록》《탐라도》《제주삼읍도총지도》《신증동국여지승람》《탐라지(耽羅志)》《탐라순력도》《제주읍지》 등 제주의 역사와 문화를 기록한 고문헌에는 '飛揚, 飛陽, 別良, 飛良'이라 했고, 《탐라지》와 《제주삼읍도총지도》에는 '瑞山'을 덧붙였다. 그리고 《속음청사(續陰晴史)》에만 別良島, 飛良島라고 했다. 주민들은 '비영섬, 대섬, 비량도, 죽도' 등으로 부른다.

한라산 정상에서 보았던 기억이 떠올랐다. 그 당시 노을이 섬으로 쏟아졌다. 비양도가 가장 아름다울 때의 모습이다. '비양'이나 '별량'이나 모두 그 모습을 본 양반네들이 붙인 이름이 아닐까? 주민들은 대섬이나 죽도라고 불렀을 가능성이 크다. 《세종실록》에는 "비양도에 살대가

비양도 할망당. 펄낭 곁에 소박한 할망당이 있다. 제주 신화에서 할망은 '여신'이다. 뭍에서야 할망이 할머니를 일컫는 친근한 표현이지만 제주에서 할망은 존칭이다. 정월에 풍어를 기원하고 물질하는 해녀들이 곧잘 찾기도 한다.

많아 삼읍이 여기서 취용한다."고 했다. 육지에서처럼 큰 섬 옆에 붙어 있어 대섬이라고 했을지도 모르겠다.

아주 옛날에 중국에서 조류에 떠내려온 섬이 한림읍 앞바다에까지 와서 이리저리 떠돌아다니고 있었다. 이때 임신한 해녀가 바다에 들어가 해초를 캐다가 난데없이 큰 섬이 떠오는 것을 발견했다. 해녀는 이상하게 생각하여 그 섬에 올라가 잠시 쉬다가 그 자리에서 오줌을 누었다. 그러자 움직이던 섬이 그 자리에 딱 멈추어버렸다는 것이다. 그 후부터 아무리 조류가 세어도 섬이 움직이지 않게 되었다.

또 다른 이야기는 비양도가 본래 육지(한국 본토)에 있는 섬이었다고 한다. 그 섬이 떠내려와 애월면 곽지리 앞에 머물까 하여 한림리 앞바다까지 내려왔다. 이때, 임신한 여인이 큰 섬이 떠내려오는 것을 발견하고 "야, 저기 섬이 떠온다."라고 소리를 치며 손가락질을 하자 그 자리에 멈추어버렸다. 이 두 전설에 나오는 섬이 비양도다.

천년의 기록, 땅에 새기다

섬에 도착하자 가장 먼저 반기는 것은 큰 화산암에 새겨진 '천년기념비'였다. 제주도 어디서나 돌과 오름과 동굴 등 화산활동을 짐작할 수 있다. 그런데 유일하게 비양도의 화산활동이 두 번이나《신증동국여지승람》에 기록되어 있다. 그 기록에는 비양도를 '瑞山'이라 했다. 뜻을 풀어보면 상서롭고 길한 섬이다.《제주삼읍총지도》에도 "飛揚島 一名瑞山"(비양도일명서산)이라 했다. 또《남사록》(권3)에도 "비양도는 제주목 서쪽 바다 가운데 있으며, 탐라바다 가운데서 용출하였는데, 이 섬이다."라고 기록했다.《신증동국여지승람》의 내용은 이렇다.

고려 목종 5년(1002년) 6월에 산이 바다 한가운데 솟아 나왔는데 산 꼭대기에 네 개의 구멍이 뚫리어 불과 물이 솟다가 닷새 만에 그쳤으며 그 물이 엉키어 모두 기와돌이 되었다. 목종 10년(1007년)에 '서산'이 바다 가운데서 솟으니, 태학박사 전공지(田拱之)를 보내어 가서 그것을 보았다. 사람들이 산이 처음 솟을 때 구름과 안개가 자욱하고 땅이 천둥처럼 진동하였는데, 일주일이 지나서야 비로소 개었다. 산 높이는 100여 장이 되고 둘레는 40여 리가 되었다. 풀과 나무가 없고 연기가 위를 덮었는데, 공지가 몸소 산 아래까지 이르러 그 모양을 그려서 바쳤다. 지금 대정현에 속한다.
[高麗穆宗五年六月, 有山湧海中 山開西沆赤水湧出 五日而其水皆成瓦石. 十年瑞山湧出海中, 遣太學博士田拱之, 往視之, 人言山之

始出也. 雲霧晦冥, 地動始雷, 凡七晝夜始開霽, 山高可百餘丈, 周
圍可四十餘里, 無草木 , 煙氣幕其上, 望之如石硫黃 人恐懼不敢近,
拱之躬至山下, 圖其形以進, 今屬大靜縣.]

비양도는 조선 고종 13년(1876닌) 서씨가 처음 입도하여 사람이 살기 시작했다. 하지만 그 전에 고려 말 해상 방어를 위해 망수를 배치했던 것으로 보아 그 전에 사람이 들어왔을 것으로 추정된다. 신석기 시대의 토기와 탐라 시대의 토기가 확인되기도 했다. 그렇다면 고려시대에 발생한 화산 폭발은 어떻게 해석해야 할까. 궁금증만 커졌다. 또 '서산'을 두고 대정현에 속한다, 우도를 말한다는 등 비양도로 해석하는 것에 의문을 제기하는 사람도 있다.

● ─비양도의 지질여행

지질학자들은 암석에 대한 분석 결과 고려 목종 5년, 그러니까 1002년에 비양도가 만들어진 것은 아니라고 추정한다. 비양도는 바다 한가운데 분석구로 이루어진 섬이다. 마치 제주도의 미니어처를 만들어놓은 듯 닮았으며, 그 모습을 해안과 분화구를 따라 오르는 길에서 지질여행으로 볼 수 있다. '애기 업은 돌'을 지질학에서는 호니토(hornito)라고 부른다. 주변에는 거대한 화산탄, 스코리아, 집괴암, 작은 용암동굴도 볼 수 있다.

호니토는 용암에 있던 휘발성분이 폭발하여 굴뚝 모양으로 화산체를 만든 것을 말한다. 그리고 고구마나 호박 모양으로 해안에 뒹구는 암석덩이는 화산탄이다. 큰 것은 지름이 수 미터에 이르기도 한다. 집괴암은 화산탄이 굳지 않는 상태에서 지면에 집적되어 암석이 된 것이다. 스코리아는 기공이 많은 주먹 크기의 바위 조각을 말한다.

길은 비양봉 등산로를 따라 비양 등대까지 오르는 길과 해안을 따라 걷는 길, 두 가지가 있다. 어느 쪽을 택하든 천천히 해찰을 하며 돌아보고 나올 수 있다. 여유가 있어 하루쯤 여유롭게 머물며 노을을 감상한다면 더욱 좋다. 우선 해안도로를 선택했다. 천년의 기록이 남아 있는 섬의 북쪽 해안에 있는 '용암기종'을 보고 싶었다. 그 규모와 산출 상태가 다른 지역에서 볼 수 없어 천연기념물로 지정된 곳이다. 마침 물때가 좋아 그곳에서 물질을 하는 해녀들을 볼 수 있을 것이라는 식당 할머니의 말을 뒤로하고 시멘트 포장길을 따라 걸었다. 비양도 해안을 따라 돌다 보면 제주 어느 지역보다 확실하게 화산활동을 확인할 수 있다. 검고 붉은 화산탄이 지천에 널려 있다.

보행기에 의지하고 이승과 저승을 오가는 사람들

치안센터를 지나 코끼리바위쯤에서 물질을 마치고 마을로 돌아오는 어머니 두 분을 만났다. 모두 보행기에 테왁, 망사리, 빗창, 호미를 담아 해안도로를 따라 걸어오고 있었다. 그녀들의 망사리가 텅 비어 있는 것은 잡은 소라를 모두 배에 실어 보냈기 때문이다. 처음 제주도를 찾았을 때 해안도로에 늘어선 보행기를 보고 놀랐다. 젊은 부부가 많아 아이들도 많은 모양이라고 생각했다. 옛날에는 제주 잠녀들이 구덕에 아이를 재우고 물질을 한다는 말을 들었기 때문이다. 이제는 구덕 대신 보행기를 이용하나 보다 생각했다. 그런데 아이가 아니라 물질하는 잠녀들이 이용하는 보행기라는 것을 아는 데에는 오래 걸리지 않았다. 나이가 들어 걷기도 불편하고 물질할 때 사용하는 도구들도 이기기 힘든 나이가 되면서 보행기를 탔던 아이는 뭍으로 나가고 어미는 그 보행기에 의지해 바당을 오가는 것이다. 물질을 하러 바다로 들어갈 때는 칠성판을 이고 간다고 한다. 바다가 인간 세상이 아니라는 것이다. 보행기가 제주 해녀들의 저승과 이승을 이어주고 있다.

　제주도에서도 어장이 좋기로 꼽히는 곳이 협재, 귀덕, 금릉, 한림이다. 그 바다 가운데 비양도가 있으니 비양도 어장이야 말할 것도 없다. 게다가 한림항과 산지거점유통센터 역할을 하는 수협이 지척에 있으니 부러울 것이 없다. 문제는 바다다. 예전 같지 않은 바다 사정이 문제다. 광복 직후 이들 지역을 돌아보면서 쓴 1946년 12월 20일자 동아일보 칼럼 〈보고제주도시찰기(寶庫濟州島視察記)〉 중 일부다.

　(중략) 거센 바람을 헤치고 노도험파를 잠영하는 포변의 해녀작업도 눈에 새로웠다. 특히 눈에 띄는 것은 노상을 지나는 인영이 모두 여성뿐인 것이다. 나무를 지고 가는 자도 여자, 우마차를 모는 자도 여자, 물을 지러 가는 자도 여자이며 짐 지지 않고 지내는 여자가 없고 복색[옷차림]은 수직[손으로 짠] 면포에 시삽염료[감물염색]로 물들인 활동적인 작업복이었으나 모두가 현대문화를 호흡 못한 고색창연한 존재였다.

　'제주에서는 소로 못 태어나 줌녀로 태어난다'는 말이 있다. 제주에서 소는 매우 소중한 가축이다. 밭이 깊지 않고 비탈진 곳이 많아 밭갈이를 하거나 수확한 곡식을 운반할 때 소를 이용했다. 특히 바닷가에 있는 소는 농사일과 갯일과 산일에 운반까지 해야 한다. 그렇게 일이 많은 소보다 더 일이 많다면 옛날 제주 어머니들이 얼마나 힘들었을지 짐작할 만하다.

　용암기종군의 중심에는 높이 3미터에 이르는 '애기 업은 돌'(負兒石)이 있다. 1천 년 전에 솟아오른 화산 기둥이 비바람과 파도에 씻기어 만들어낸 걸작이다.

배물질을 나간 잠녀가 꾸적('소라'의 제주 말)
을 망사리에 가득 담아 등에 지고 앞에 매달
았다. 상군 중에 대상군이다. 제주도에 딸린
섬의 잠수들은 본 섬에서도 물질하는 능력을
인정한다. 오직 의지할 곳이 바당뿐이니 절
박함이 만들어낸 결과다.

　그래서인지 그 돌을 처음 봤을 때 절을 하면 아기를 갖게 해주고, 아
들을 원하면 아들을 점지해준다는 전설이 있다. 좀 일찍 알았더라면 좋
았을 텐데 아쉽다.

　용암기종이 준 선물은 빼어난 경관만이 아니다. 썰물에도 물이 고여
자연스럽게 원담을 만들어 고기를 잡는 어장이 되었다. 뭍에서 말하는
독살(돌살)이란 전통 어법이다. 게다가 해초들도 잘 자라 옛날에는 소
라, 전복 등 패류들도 많았다. 그곳에는 '굽은돌' '족은가지' '큰가지' '테
메는개' 등이 있다. '테'는 '테우'라는 제주의 전통배를 말한다. 즉 배를
묶어놓는 포구라는 말이다. 족은가지나 큰가지는 바람이 거칠 때 배를
올려놓는 곳이다. 바다가 깊지 않으니 필시 '애기잠수'들이 훈련하는
곳이었을 것이다.

용암기종이 잘 남아 있는 돌공원 앞바다와 수석거리 앞바다에서, 물질하는 아내를 둔 남편을 만났다. 그는 용암기종 끝자락에서 물질하는 아내를 지켜보고 있었다. 그런데 실상 그 너른 바다를 비양도 주민들이 차지하지 못했다. 한림읍의 줌녀들이 주로 물질을 한다. 용암기종을 돌아 펄낭에 이르렀다. 썰물에도 바닷물이 고여 있는 곳이다. 펄낭에 이르니 배가 출출해졌다.

배말죽을 먹고 비양오름에 들다

지금은 비양도에도 식당과 펜션이 있지만 10여 년 전에는 식당 수도 적었고 식당 메뉴라고 해야 배말을 넣고 끓인 죽이 전부였다. '배말죽'이면 반찬도 필요 없이 한 끼 식사로 손색이 없었다. 지금도 그때 먹은 배말죽을 잊을 수 없다.

잠깐이면 비양오름(비양봉, 114미터)에 다녀올 수 있다는 말에 다시 채비를 했다. 마을 사람들은 '가재'나 '암메'라고 부른다. 비양봉은 분화구가 두 개다. 제주 말로 '굼부리(오름창아리)'라고 한다. 큰 굼부리를 '큰암메' '큰암' '큰아메창', 작은 굼부리를 '족은암' '족은창아'라고 한다. 아이를 등에 업고 죽을 쑤어주던 할머니가 그곳에 가면 등대가 있다고 해서 다시 신발끈을 조였다. 정상에 오르니 과연 하얀 등대가 있기는 했다. 그런데 내가 상상했던 그런 등대가 아니었다.

비양 등대는 1955년 9월 점등했다. 지금 모습 그대로다. 1983년도에 태양전지가 추가되었고 등명기가 몇 차례 교체되었을 뿐이다. 나중에 안 사실이지만 분화구 주변은 우리나라에서는 유일하게 비양나무(쐐기풀과의 낙엽관목) 군락이 형성되어 있어 비양나무 자생지로 지정되어 보호되고 있다. 등대는 보잘것없지만, 협재 해수욕장과 한림읍이 파란 에메랄드 바다와 함께 장관으로 펼쳐진다. 쉬엄쉬엄 한 시간가량

오른 보람이 충분하다. 성산 일출봉에서 보는 제주 동쪽 바다도 아름답지만, 비양도에서 본 제주 서쪽 바다도 그에 못지않다. 노을이 질 무렵 볼 수 있다면 그 행복이란 말로 표현할 수 없을 것이다.

이곳이 드라마와 영화 촬영지로 소개되고, '섬 속의 섬'으로 알려지면서 찾는 사람이 늘고 있다. 우도, 마라도, 가파도를 돌아본 여행객들이 올레길과 함께 소개된 비양도로 들어오고 있다. 덕분에 한림과 비양도를 오가는 도선도 큰 배로 바뀌었다. 할머니가 배말을 가득 넣고 끓여서 반찬 한 개와 함께 내주던 식당도 반듯하게 새로 짓고 손님을 맞고 있다. 몇 개의 식당이 더 생겼고, 멋진 카페도 문을 열었다. 펜션도 있다. 비양도와 한림을 오가는 '비양호'도 40여 명에서 지금은 두 배가 넘는 90여 명이 탈 수 있는 큰 배다. 그만큼 비양도를 찾는 사람이 많아졌다.

비양도에도 어김없이 '올레길'이 만들어졌다. 제주의 전 구간을 도전하듯 걷는 사람이 한둘이 아니다. 비양도를 찾는 사람들 중에도 있다. 올레길은 물론 진짜 '올레'를 찾아 고샅길을 돌고 등대까지 다녀와도 두어 시간이면 족하다. 빨리 돌았다고 다른 곳으로 갈 수 있는 방법이 없다. 배를 기다려야 한다. 비양도 올레길은 섬을 한 바퀴 도는 해안 둘레길과 비양봉 정상으로 가는 등대길이 있다. 두 길을 모두 돌아도 두어 시간, 그러니까 반나절도 걸리지 않는다. 보말죽과 커피까지 마실 만큼 여유롭다. 여행객을 가득 태운 비양호가 앞개선창에 도착하자 여행객들이 쏟아져 나온다.

덩달아 몇 년 전 작은 섬에 영화세트장을 만들겠다는 야심찬 계획이 세워진 적이 있었다. 공유수면을 매립해 노천 해수욕장, 전시장, 돌담길, 건물 등을 만들 계획이 업체의 자금난으로 기간이 지나 무산되었다니 얼마나 다행인가. 최근에는 케이블카가 논란의 중심에 서기도 했다.

제주가 몸살을 앓고 있다. 특히 바닷가를 중심으로 제주에서만 볼 수 있는 해안경관이 많이 무너졌다. 이를 부추긴 것이 '올레'길이라고 할 수 있다. 사람들이 그곳에 모여드니 편의시설이 만들어지고, 자본은 이를 놓치지 않았다. 거들떠보지도 않던 땅을 목돈을 주겠다니 땅을 팔았고, 그곳에는 국적을 알 수 없는 건물이 들어섰다. 덩달아 바낭노 무너지고 있다. 비양도만은 예외였다. 그래서 가장 제주다운 작은 제주로 비양도를 마음에 담았다. 그런데 최근 비양도를 다녀와서는 아쉽지만 그 마음을 비워야 했다.

개황 | 비양도

위치 | 제주특별자치도 제주시 한림읍 비양리
면적 | 0.59km² **해안선 |** 3.15km
가구수 | 70 **인구(명) |** 167(남 : 82 여 : 85)
어촌계 | 비양도 어촌계 외 9개

공공기관 및 시설

공공기관 | 치안센터
의료시설 | 비양보건진료소
교육기관 | 한림초등학교 비양도분교(064-796-8479)
전력시설 | 자가발전(태양광, 풍력)
급수시설 | 광역상수도

여행정보

교통 | 한림항→비양도 : 9시, 3시 정각(15분 소요)
여행 | 비양봉전망대, 협재해변, 한림공원, 금능석물원, 금악봉, 느지리오름, 유리의 성, 방림원, 생각하는 정원, 제주전쟁역사 평화박물관 등
특산물 | 전복, 소라, 해삼, 오분자기
특이사항 | 조선 초기에는 화살대와 죽순이 많이 나서 죽도라 부르기도 하였다. 또 한라산에서 봉이 하나 날아와 생성됐다고 해서 '비상(飛翔)의 섬'이라 부르기도 한다.

43

섬을 비워라
제주시 한경면 차귀도

북제주군 한경면 용수리와 용당리에서 본 차귀도는 상여 모양이다. 그래서일까. 차귀도와 바다를 앞마당처럼 두고 살아온 두 마을은 대가 끊어질까 우려하여 혼인을 하지 않았다고 한다. 교통이 지금처럼 발달하지 않았을 때 도서지역의 혼인은 섬 안에서 마을 간 많이 이루어졌으며 멀리 간다고 해야 이웃 섬마을이 대부분이었다.

지금이야 전국이 일일생활권이니 혼인도 전국적으로 이뤄진다. 특히 제주는 공간적인 거리야 바다 건너 섬이지만 시간적인 거리는 훨씬 가깝다. 그렇지만 인간들은(특히 육지) 늘 시간과 공간의 거리에서 벗어나질 못한다.

용수리 포구의 좌우 방사탑을 사이에 두고 여인네가 아이를 배에 올려놓고 누워 있는 형상을 한 섬이 있다. 차귀도 앞에 있는 이 섬은 '누운섬'[臥島]이다. 사실 '와도'는 섬 이름 중 가장 흔한 이름이다. 화산도이건 대륙도이건 바다에 섬들이 누워 있는 형상이지 서 있는 모습을 한 섬이 얼마나 되겠는가. 전라도 영광에도 '누운섬'이 있다. 일제강점기에 누운섬을 '눈섬'으로 부르면서 '설도'(雪島)가 되어버렸다.

차귀도는 인근 바다가 사나워 조난사고가 많아 시체가 곧잘 이곳 포구로 들어와 주민들이 액을 막기 위해 이곳에 방사탑을 쌓았다고 한다. 차귀도와 관련된 설화 중에도 이곳 바다가 사나워 중국으로 돌아가던

배에 아이를 올린 여인네가 바다에 누웠다. 젖을 물리려는 것일까, 아이를 재우려는 것일까. 그렇지만 생김새와 달리 섬사람은 고향을 비워주고 떠나야 했다. 간첩들의 은신처가 된다는 이유로. 1980년대의 일이다.

배가 침몰했다는 내용이 있다. 아무래도 설화가 모두 허구만은 아닌 것 같다. 고산리 자구내 포구에서 보아 가장 큰 섬인 '대섬'(竹島)을 비롯해 북쪽에 와도, 남동쪽에 '썩은섬' 및 '지실이도' 등을 모두 일컬어 차귀도라고 한다. 차귀도를 포함해 고산리 일대는 1970년대 김기영 감독이 만든 영화 〈이어도〉의 주무대였다.

전설과 설화를 만들어낸 섬, 차귀도

제주도는 바다와 산, 사람과 동물(말과 소), 어디에나 '돌'을 빼고는 이야기할 수 없다. 그리고 수많은 신화와 전설에도 '돌'은 꼭 등장한다. 그 대표적인 이야기가 영실의 오백장군과 차귀도의 장군석 이야기일 것이다. 현용준 선생님이 채록한 자료 《제주도전설》에는 이렇게 소개되어 있다.

1950년대 불을 밝힌 차귀도 등대.

"옛날에 설문대 할망이 아들 오백 형제를 거느리고 살았다. 어느 해
몹시 흉년이 들었다. 하루는 먹을 것이 없어서 오백 형제가 모두 양식
을 구하러 나갔다. 아들들이 돌아와 먹을 죽을 끓이던 어머니가 그만
발을 잘못 디디어 죽 솥에 빠져 죽어버렸다. 아들들은 그런 줄도 모르
고 돌아오자마자 죽을 퍼먹기 시작했다.

　여느 때보다 죽 맛이 정말 좋았다. 그런데 나중에 돌아온 막냇동생
이 죽을 먹으려고 솥을 젓다가 큰 뼈다귀를 발견하고 직감적으로 어
머니가 빠져 죽은 것을 알게 되었다. 막내는 어머니가 죽은 줄도 모르
고 어머니 죽을 먹어치운 형제들과는 함께 못살겠다면서 애타게 어
머니를 부르며 멀리 한경면 고산리 차귀섬으로 달려가서 바위가 되
어버렸다. 이것을 본 형들도 여기저기 늘어서서 날이면 날마다 어머
니를 그리며 한없이 통탄하다가 모두 바위로 굳어져버렸다. 이것이
오백장군이다."

설문대 할망이 삽으로 일곱 번 흙을 파서 던진 것이 한라산이요, 300여 개의 오름이 그녀의 나막신에서 떨어진 흙이라니 할망의 크기를 상상할 수 없다. 서해 바다 어민들의 안전한 고기잡이와 풍어를 관장하는 개양할미도 어찌나 크든지 서해 바다 어딜 들어가도 발목을 넘지 못하고 깊어야 무릎 아래라고 한다. 전설과 설화에 등장하는 인물들이 지니는 특징들이다.

차귀도의 형성과 관련된 전설은 따로 있다. 비양도도 그렇지만 제주도도 섬의 형성만 아니라 다양한 신화와 전설에 중국과 관련된 이야기가 많이 등장한다.

중국 송나라에서는 제주도를 장수가 날 지세라고 생각해 지맥을 자르기 위해 '고종달'이라는 사람을 보냈다. 고종달은 제주 지리서를 가지고 서쪽으로 가면서 지맥을 끊었고, 남제주군 안덕면의 산방산의 부근까지 다다랐다. 그리고 지리서에 용의 형상으로 왕과 장수가 날 곳이라 한 곳에 이르른 그가 용 형상의 잔등을 끊자 잔등에서 피가 나와 주변을 물들였다고 한다.

그렇게 제주도의 인물 맥을 끊은 '고종달'을 태운 배가 중국으로 돌아가려고 차귀도 앞을 지나자 어디선가 날쌘 매가 한 마리 다가와 배를 침몰시켰다. 한라산 산신의 노여움을 받아 태풍을 만나 죽게 된 것이다. 이에 조정에서 신령에게 제사를 지내게 하였고, 그 신령을 모신 곳이 차귀도였다. 그리고 '고종달'이 제주도의 지맥을 끊고 중국으로 돌아가는[遮] 길을 차단[歸]했다고 해서 '차귀도'(遮歸島)라고 했다고 한다.

차귀도에 사람이 살지는 않는다. 처음부터 사람이 살지 않았던 것은 아니다. 고산리 주민들에 의하면 1970년대 말까지 일곱 가구가 살았고, 1980년대 중반까지 보리, 감자, 콩, 수박, 참외 등 밭농사를 지으며 살았다고 한다. 1960년대 후반부터 국가에서 차귀도 사람들을 뭍(제주 본섬)으로 이주시키려고 했다. 1968년 무장간첩 침투 사건 이후 섬 주민들의 안전을 책임질 수 없었기 때문이다. 그렇지만 어디 삶의 터전을 쉽게 버리고 올 수 있었겠는가. 아마도 1980년대까지는 차귀도에 사람들이 드나들며 사람이 살았던 모양이다. 결국 국가에서 뭍(본섬)에 거처를 마련해준다는 조건으로 이주한 것으로 생각된다.

고려 말 몽고와 왜구가 우리나라 섬과 바다를 자주 침입해오자, 고려 정부는 그 대비책으로 "해도입보론"(海島入保論)과 "해도개발론"(海島開發論)을 내놓았다. 이는 적이 침입해오는 길목에 위치한 섬에 군사와 주민들을 들여보내서 이들로 하여금 섬을 방비하도록 하여 섬을 개발하자는 제안이었다. 하지만 실효를 거두지 못하자 진도, 장산도, 압해도, 흑산도 등 서남해에 설치된 치소를 모두 내륙으로 이동시키고, 섬에 거주하는 주민들도 강제로 육지로 내보냈다. 이를 '공도정책'(空

설문대의 막내아들은 어머니가 죽은 줄 모르고 죽을 먹어 치운 형들에게 큰 실망을 하고 어머니를 부르며 바다로 달려가 바위가 되었다. 그 바위는 '작은 장군바위'라 부르는 높이 3미터, 밑동 둘레가 3미터에 이르는 현무암이다. 뱅어돔 등 낚시 포인트로도 유명하다.

탐라순력도에 나타난 1702년(숙종 28년) 11월 13일 실시한 차귀진의 조련과 점검도이다. 차귀진의 모습만이 아니라 당산봉수(烽燧), 우두연대(煙臺)의 위치가 표시되어 있다.

島政策)이라 부른다. 섬을 비우는 정책이다.

지금부터 600여 년 전에도 그랬다. 그로부터 다시 사람들이 섬으로 들어가기 시작한 것은 양란(임진왜란과 병자호란) 이후라고 한다. 그래서 도서지역의 족보를 통해 입도조[처음으로 섬에 들어온 사람]들을 확인해보면 오래된 성씨라고 해야 양란 이후 들어온 경우가 대부분이다.

그렇다고 그 사이에 섬에 사람들이 살지 않았던 것은 아니다. 오히려 관리들이 모두 빠져나간 섬이야말로 민초들에게는 지상낙원이요 천국이었을지도 모른다. 그래서 몰래 섬으로 들어가 고기도 잡고 농사도 지었을 것이다. 차귀도의 현대판 공도정책을 보면서 자꾸 고려의 공도정책이 떠오르는 것은 무슨 연유일까. 15세기 기록에는 "정의현 동쪽 우도와 대정현 서쪽 차귀도에 옛날부터 왜선이 은박함"이라는 기록이 있다. 일찍부터 차귀도는 중앙정부의 기록에 오르내렸다.

괴기 낚으래 가게마씸

오징어를 밀리고 있는 고산리 자구내 포구에서 차귀도까지 10분 기리다. 차귀도 인근 해역에서 잡히는 오징어는 아니지만 제주도 해풍에 말린 오징어 맛이 울릉도 오징어 못지않다.

제주도가 다 그렇지만 차귀도는 여행객에게 최고의 낚시터다. 낚시도구를 챙겨오지 않아도 고산리에서 배를 타면 배 주인이 낚싯대까지 제공해준다. 그렇다고 모양새만 강태공인 것이 아니다. 새우를 바늘에 끼우고 차귀도 앞뒤 어디에나 넣기만 하면 바로 손맛을 볼 수 있다. 자리돔, 우럭, 놀래미, 어랭이(용치놀래미), 꼬들치 등 한 두어 시간에 10

가을철 섬의 억새 물결과 바다의 옥빛 물결이 부딪치면 환상의 하모니를 연출한다. 여기에 바람소리까지 곁들이면 그대로 바다의 교향시다.

여 수는 금방 올릴 수 있다. 그렇다고 무작정 잡을 수는 없다. 그 정도에 그쳐야 한다. 모두 잡아내면 다음에 오는 사람들이 잡을 게 없기 때문이다. 그 정도에 이르면 배 주인은 포구로 향한다. 작은 고기는 다시 바다로 보내고 먹을 만한 것은 가져올 수 있다.

죽도에는 1957년 12월부터 빛을 발하기 시작한 무인등대가 있다. 차귀도 등대는 어둠을 감지하고 자동적으로 불을 밝힌다. 사람의 손을 덜 타서인지 이곳에는 귀한 식물들이 많이 자란다. 제주도에서 아열대성이 가장 강한 지역으로 5~10미터 수심에는 아열대의 작은 홍조식물이 자라고 있으며, 섬과 인근 바다에 한국 미기록 종들이 다수 발견되어 학술적 가치가 높기 때문에 천연보호구역으로 지정되어 있다. 그리고 곳곳에 집터자리와 말방아 흔적들이 남아 있다. 물론 농사를 지었을 법한 구릉지에도 흔적이 있다.

해양수산부에서는 1998년 통영과 여수에 이어 2004년 울진, 태안, 북제주군 차귀도 인근 해역에 바다목장화 사업을 추진한다고 한다. 차귀도 주변 해역에 국비 350억 원을 포함해 총 570여 억 원을 투자해 제주형 바다목장을 조성하고 체험형 관광지로 활용할 계획이라고 한다. 지금 그곳에는 강태공들이 많이 찾아온다. 그만큼 고기가 많고 목이 좋다는 이야기다. 바다와 섬을 다니면서 늘 느끼는 것이지만 있는 것을 잘 지키는 일이 더 중요하다.

차귀도에 사람들이 오른다. 자구내 포구에서 차귀도를 오가는 배가 생겼다. '제주도 세계지질공원'으로 포함되면서 탐방로가 만들어졌고 뱃길도 열렸다. 30년 만에 개방된 곳이라며 여행객을 유혹한다. 수면을 가르는 파워제트보트를 탈 수도 있다. 차귀도 일대는 유람선과 해양레저스포츠의 공간으로 바뀌고 있다.

개황 | 차귀도

위치 | 제주특별자치도 제주시 한경면 고산리
면적 | 0.16km²
가구수 | 0(무인도) **인구(명) |** 0(무인도)

여행정보

교통 | 제주시에서 버스를 타고 고산1리 버스정류장에서 내려 고산초등학교를 지나 15분 가량 걸으면 자구내포구가 나온다. 이곳에서 배를 타면 10여 분 걸린다.
여행 | 차귀도 등대, 장군바위
특산물 | 참돔, 돌돔, 벵에돔, 자바리 등
특이사항 | 옛날 호종단이라는 중국 사람이 장차 중국에 대항할 형상을 지녔다 하여 이 섬의 지맥과 수맥을 끊어 놓고 돌아가려 하는데 갑자기 한라산 신이 날쌘 매가 되어 날아와서 이들이 탄 배를 침몰시켰다는 전설이 내려온다. 몇십 년 전까지만 해도 서너 가구의 주민들이 살았으나 현재는 제주도에서 가장 큰 무인도가 됐다.

44

바람도
쉬어간다
제주시 추자면 상추자도

사물놀이 소리가 아침 햇살을 받아 은구슬처럼 영롱한 바다를 흔들었다. 어제 저녁 그물에서 홀린 생선으로 아침을 즐기던 갈매기도 놀라 방공탑 너머로 날아올랐다. 그 사이 상여는 마을 선창을 네 바퀴째 돌았다. 오랜만에 맞춰보는지 징, 장고, 북, 꽹과리 소리에 망자가 금방 일어날 것 같았다. 망망대해에 떠 있는 작은 섬 추자도에서 꽃상여를 보리라 어찌 상상이나 했겠는가. 하지만 예측하지 못한 조우가 여행의 맛이 아니겠는가.

추자도는 18세기에는 영암군에 속했다. 《호구총수》(1789년)를 보면, 영암군의 〈서도(西島)편〉에 신기초(新基草, 예초리), 장작지(長作之, 신양리 긴짝지), 사구미(寺仇味, 영흥리 절골), 묵지(墨只, 묵리 검은개), 대작지(大作之, 대서리 큰짝지) 등 다섯 동네가 소개되어 있다. 그 당시에도 다섯 고을에 사람이 살고 있었다. 지금의 마을과 같다.

1896년 완도군이 설군되면서 상추자면과 하추자면이 되었으며, 1914년 새로운 행정구역 제도가 시행되면서 추자면이 되어 제주도에 속했다. 2014년에는 추자우체국을 비롯해 관공서들이 100주년을 기념하였다. 제주도에 편입된 후 1946년 북제주군에 소속되었다가 2006년 7월 1일 제주특별자치도 제주시로 통합되었다.

추자도가 중앙에 알려지기 시작한 것은 고려 말 왜구의 잦은 침입과

섬에서 우연히 이런 모습을 보는 것은 행운이다. 망자 가족에게는 슬픔이지만 여행길에 보기 힘든 꽃상여이기 때문이다. 한동안 포구에 앉아 울고 웃는 모습을 보면서 밥도 얻어먹고 수건도 한 장 받았다.

빈번한 표류인의 불시착 때문이다. 남서풍 순풍을 타면 대마도에서 욕지도와 남해까지 어렵지 않게 도착한다. 그곳에서 서해로 가는 길목에 추자도가 위치해 있다. 그래서 왜구의 침입이 잦았고 피해도 많았다. 왜구들은 섬을 정박처로 이용하며 왕래하는 상선, 진공선, 어선 등을 습격하여 재물과 식량을 약탈하고 심지어 주민을 살해하기도 했다. 흉년이 심할 때는 왜구뿐 아니라 수적들도 섬에 숨어서 왜구와 같은 행동을 했다. 마침내 1350년(충정왕 2년) 섬을 비우고 제주 조공포(朝貢浦, 현 제주 월대포구)로 이주했다. 이 무렵에는 추자도뿐 아니라 서남해의 여러 섬 주민들이 고향을 떠나야 했고, 치소를 내륙으로 옮겼다. 또 제주도나 추자도 등의 많은 뱃사람들이 중국이나 안남국(베트남)으로 표류한 경우가 많았지만 중국인이 추자도에 표류하기도 했다.

또 절해고도에 위치해 있어 조선 후기에는 유배지의 역할을 했다. 조선 전기에는 전라도의 진도와 제주도, 경상도의 남해도와 거제도 등이 주목을 받았다. 《조선왕조실록》에서 확인된 경우만 해도 모두 53명에 이른다. 추자도의 유배자들은 정조 등극 반대, 역모, 반역, 연좌, 국정모 독죄, 살해 공모, 탐학 등 죄질이 나쁜 사람들이었다. 그 결과 추자도는 중죄인의 집합소로 전락할 수밖에 없었다.

제주에서 뭍으로 가는 길 중 근대 이전에는 새벽에 출발해 초저녁에 추자도에 도착하는 것이 최상의 코스였다고 한다.

바다의 경계에 서다

김상헌은 《남사록》에 상추자도를 '身島', 하추자도를 '別島'라 했다. 《남사록》은 청음 김상헌이 1601년 8월 13일 서울을 출발해 이듬해 2월 14일 귀경하기까지 약 6개월간의 일정을 기록한 제주 방문기다. 지금부터 300여 년 전인 17세기 최고의 제주 해설서라고 할 수 있다. 그가 소개한 추자면은 이렇다.

제주의 서북쪽 큰 바다 가운데 있는데 둘레가 삼십 리이고, 두 봉우리가 우뚝 서 있다. 신도와 별도로 나누어졌으며 섬의 형세는 동글게 둘러싸여 동쪽으로 향하여 쥐가 입을 벌리고 있는 형상이다. 신도와 별도의 사이에 물길이 끊어졌다. 신도는 둘레가 수십 리이고, 별도는 십여 리이다. 섬으로부터 북쪽은 소위 '육지해'라고 하는데 물빛은 혼탁하고, 물결이 높지 않으며, 섬으로부터 남쪽은 제주해라고 하는데 물빛이 짙푸르며, 바람이 없어도 물결이 높다. 화탈도 일대의 물세는 더욱 험하다.

《남사록》의 신도와 별도를 두고 이견이 있지만 섬이 크고 해안선이 긴 하추자도가 '신도', 상추자도가 '별도'로 추정된다. 행정기관이 밀집해 있는 상추자도에 사람들이 집중해 있기는 하지만 섬의 크기나 바다 자원은 하추자도가 더 크고 많다. 주민들은 '웃섬' '아랫섬' 또는 '상도' '하도'라고 부른다. 상추자도는 대서리와 영흥리, 두 마을이 자리를 잡고 있고, 하추자도는 묵리, 신양 1·2리, 예초리, 네 마을이 있다. 횡간도는 대서리에, 추포도는 예초리에 속한다. 상추자도, 하추자도, 횡간도, 추포도 등 4개의 유인도와 직구도, 사수도 등 38개의 무인도로 이루어져 추자군도라 불렀다.

《정조실록》에는 상선과 어선이 진도, 강진, 제주, 영암으로 뱃길을 이용하는 사통팔달의 중심이라 했다. 역시 정조 때 씌어진 《일성록(日省錄)》에 "수참(水站)의 옛터가 있고, 모래와 자갈이 많고 농사가 많지 않아 곡물 생산이 적고, 배를 집으로 삼아 해산물을 채취해 생활한다."고 했다.

추자도를 바람을 피해 가는 곳이라 해서 후풍도라 했다. 조선시대 제주도를 오가는 관리들이 육지와 가까운 진도나 완도의 섬에서 마지막 채비를 하고 물길과 바람을 보고 출발해 추자도에 머문다. 그리고 이곳에서 다시 기회를 엿본다.

하늘이 만든 지옥이라니

하얗게 떠 있던 양식장 부표들이 더 이상 보이지 않을 즈음에 간간이 보이던 통발배나 낚싯배들도 시야에서 사라졌다. 소안도와 보길도를 지나자 더 이상 거칠 것이 없다. 망망대해다. 지금도 그렇지만 제주로 가는 옛 뱃길은 험하고 길다. 제주로 향하던 고기잡이 어선이나 물건을 파는 상선이나, 관리나 유배객을 태운 배도 이 길을 항해했을 것이다. 《고려사지리지》"탐라현"조에, 육지에서 제주로 가는 길은 나주, 영암, 탐진 어느 쪽에서 출발하든 추자면을 거쳐 애월포나 조천관에 닿는다고 했다. 바다가 호수 같다. 오늘 같은 날은 일 년에 몇 번 없다는 승무원의 이야기다. 김상헌은 《남사록》에 "다른 곳은 바람이 자면 파도도 고요해지지만 이곳은 바람이 없어도 파도가 일어나서 배들이 쓰러지

추자도는 바닷물고기에게도 쉼터였다. 북서풍이 불고 수온이 내려가면 회유성 어류들은 남쪽 깊은 바다로 내려 추자도 인근에 자리를 잡는다. 이곳에서 겨울을 나며 남풍이 불기를 기다린다. 인간이나 바닷물고기나 바람을 기다렸던 것이다.

기 때문에 항상 제주 큰 바다를 건너기 어렵다."라고 했다.

1602년(선조 35년) 1월 29일. 큰 바람이 불었다. 김상헌은 어사 신분으로 이곳을 지나다 추자도 당포에서 하룻밤을 지낼 수밖에 없었다.

"一島之北岸有土堂 往來船人 祈神수風之處 浦名爲堂此也(섬 북안에 당이 있는데 왕래하는 뱃사람이 신에게 바람이 사기를 비는 곳이다.)"

포구 이름이 당포인 것은 이로 인해서다. 삼별초를 진압하기 위해 제주로 가던 김방경(1212~1300년)이나 목호 토벌을 하러 가던 최영(1212~1300년)도 추자도에서 바람을 기다렸다. 추자도를 후풍도라 했던 이유가 있었다. 조선 정조 때 추자도로 유배되었던 안조원(安肇源, 또는 안조환)이 지은 유배가사 〈만언사(萬言詞)〉를 보자.

사면으로 돌아보니 날 알 이 뉘 있으리
보이나니 바다이요 들리나니 물소리라
벽해상전 갈린 후에 모래 모여 섬이 되니
추자섬 생길 때는 천작지옥이로다.

〈만언사〉는 김진형의 '북천가(北遷歌)'와 함께 유배가사의 쌍벽으로 꼽는다. 하늘이 만든 지옥(天作地獄)이라니. 200년 전 이야기지만 지금이라고 다르겠는가. 절해고도라 유배인들도 후풍처로 여겼을 만큼 열악한 자연조건에 맞서 삶의 뿌리를 내린 그들은 어떻게 살아왔을까.

'바다'는 목숨이다

등대에서 내려와 영흥리 선창으로 향했다. 소금을 주문한 사람은 돈을 가지고 선창으로 나오라는 방송이 들렸다. 선창에는 주민들이 손수레를 가지고 기다리고 있었다. 신안군 팔금면 소금이었다. 추자면은 신안

영흥리에 세워진 일제 어업조합의 가사
리 수탈에 항의하며 일어난 항일운동
발상지 안내석.

군 팔금면과 자매결연을 맺고 매년 소금을 주문하고 있다. 고기잡이를 많이 하고, 멸치젓이 특산물인 추자도에서 소금은 생필품이나 마찬가지였다. 더구나 신뢰할 수 있는 소금을 확보하는 것이 필요했다.

일제강점기에 소금은 추자도 사람들에게 아픈 기억을 남겼다. 어민들의 이익을 대변해야 할 어업조합(1919년에 설립)이 식산은행에서 돈을 빌려 소금을 구입한 다음에 배나 되는 가격으로 조합원에게 판매했던 것이다. 뿐만 아니라 공동판매라는 빌미로 어물도 시세보다 저렴하게 팔아 차액을 챙겼고, 해조까지 공동판매를 하려 했다. 미역, 우뭇가사리 등 해조류는 추자도 주민들에게 목숨과 같았다. 불만이 터진 것은 물가사리를 강제로 판매하는 과정에서 발생했다. 묵리의 한 노인 집에서 물가사리를 저울질하다 욕을 하고 뺨을 때렸다. 이에 분노한 예초리 주민 700여 명이 대서리에 있는 어업조합으로 몰려가 '공동판매를 폐지하라' '조합장을 잡아내라'는 구호를 외치며 항의시위를 하였다. 목포경찰서에서 경관이 출동해 진압하고 주동자를 검거했다. 또 공동판매를 반대하면 엄중처벌하겠다고 위협하기까지 했다. 이를 '추자도 어민항쟁'이라 부른다. 주동자들은 징역과 집행유예를 받았고, 주민들은 어업조합에 대항하기 위해 '추자어부단'을 조직하였다. 이후에도 일본인 어부가 삼치 유자망을 이용해 싹쓸이어업을 하는 것을 항의하는 시위가 발생했다. 이 시위로 대서리와 영흥리 주민들이 징역형을 받았다. 영흥리 선창 앞에 '어민항쟁' 관련 작은 표지석이 세워져 있다. 섬 사람들에게 어장은 생명과 바꿀 만큼 절대적이다. 이를 잘 보여주는 것이 추자면의 어민항쟁이다.

쉬어가는 뱃길

탐진(탐라나루)이라 할 정도로 제주와 교류가 빈번했던 신라시대에 추자도는 길목에서 '바람가리섬'으로 역할했을 것이다. 탐라가 제주가 된 것은 1211년이다. 이후 제주로 이어지는 뱃길은 탐진에서 해남 관두포로 바뀐 것은 세종 때다. 그리고 해남에서 목포로 바뀐 경술국치 후 1913년 발동선 종신환과 경보환이 다니기 시작하면서부터다. 추자의 뱃길은 좋은 어장 때문에 일제시대부터 주목받았지만 여전히 추자도는 무서운 남서풍(갈바람)을 피하는 대피처였다.

이후 목포 - 진도 - 추자 - 제주를 잇는 480톤급 고아마루(晃和丸)가 운항했다. 일주일에 1회 운항하던 배는 1945년 5월 미군기에 의해 격침되었다. 광복 후 158톤의 목선 한려호가 취항했고, 이후 350톤의 황영호도 뱃길을 열었다. 이 외에도 화양호(330톤), 가야호, 나일호(350

톤) 등이 취항했다. 1950~1960년대에 격일로 운항했으며, 강선 700톤의 평택호가 월 2~3회 운항하기도 했다. 출입 시간이 불규칙해 산위에 올라가 배가 오는 것을 보고 소리를 쳐서 알려주면 대리점에서 종을 쳐서 배 시간을 알렸다. 이 무렵까지 추자항은 직접 큰 배를 접안할 수 없어 노 젓는 종선을 이용해서 타고 내렸다. 직접 추자항에 접안을 시작한 배는 백조호(200톤)였다. 목포에서 출발해 진도-어란-노화-추자 간을 1965년부터 1972년까지 운항했다.

매일 운항하는 뱃길로 바뀐 것은 1990년 국제고속훼리(870톤)가 취항하면서였다. 이후 데모크라시(396톤), 동양고속훼리(1,030톤) 등 쾌속선이 운항을 시작했다. 이들은 모두 목포, 진도, 추자, 제주로를 잇는 노선이었다. 또 목포에서만 아니라 완도-소안-보길-추자를 하루에

가까운 바다뿐 아니라 먼바다도 바닷물고기를 찾기가 점점 어려워지고 있다. 진도와 제주도 사이 추자도 바다는 겨울을 나기 위한 바닷물고기의 휴양지였다. 이제는 그 바다에서도 양식이 진행되고 있다. 찾아올 물고기는 줄어들고 여행객은 늘기 때문이다.

우리나라 등대는 1908년 팔미도 등대를 시작으로 일제강점기 침략과 수탈을 목적으로 먼바다의 주요 뱃길에 만들어졌다. 추자도 등대는 1980년 2월 27일 점등된 막내 등대다. 제주해협과 부산, 목포 등을 오가는 여객선과 화물선 그리고 동중국해를 항해하는 선박의 안내를 위해 만들어졌다.

왕복하는 뱃길이 열리기도 했다.

남자가 제물이 되다?

처음 추자도를 방문했을 때다. 요란한 사물놀이 소리를 듣고 찾아간 곳은 영흥리 선창이었다. 영흥리 선창으로 나오는 골목마다 아낙들이 10여 명씩 둘러앉아 망자의 이야기로 시간을 보내고 있었다.

"수건 받았오. 누군디 우리들 수건까지 챙긴다요." 전라도 말투다. 추자도는 한때 영암과 완도에 속했다. 지금도 뱃길은 목포와 완도로 연결되어 있다. 그래서 혹자들은 '제주 속의 전라도'라고 했다. 아낙들은 유족 중에 누가 서럽게 잘 우는가에 관심이 많았다.

"셋째 딸이 제일 서럽게 우네."

상가에서 준 흰 수건을 머리에 동여맨 여자들이 모여 두런두런 이야기를 주고받고 있었다.

　"우리는 새끼들하고 어떻게 살까 걱정하느라 울 정신도 없었어. 남들은 나한테 독하다고 하는디. 잘 때 나도 많이 울었어. 날이 새면 베개가 다 젖어."

　남편을 일찍 보낸 여성들의 속 깊은 이야기들이 계속 이어졌다.

　"나 사는 데 할머니가 71살 잡솨 얼굴이 쪼글쪼글한데 날마다 화장을 하고 댕겨. 한림으로 조구 따로 콩 털로 댕기는데 그것까지 해."

　"그 할머니 멋지구만."

　'그것'은 '춤'이다. 옆에서 듣고 있던 할머니가 "오늘 저녁에는 한잔해불까. 아래토리가 맥이 풀려 부렀는디."라며 추임새를 넣었다.

　"언니, 오늘 저녁에 한잔 먹으려면 사람 하나 데리고 와. 쭈글쭈글해도 호박꽃이 좋아."

　그 뒤로도 힘들었던 시절의 이야기가 음담과 함께 계속되었다. 불현듯 한 인류학자가 쓴 민속지 〈추자도 산다이〉가 생각났다. 산다이는 일을 잠시 멈추고 술과 춤과 소리가 어우러진 놀이판이다. 흔히 뱃사람들이 선창가에서 젓가락 장단에 맞춰 질펀하게 노는 것으로 알고 있다. 하지만 추자도 산다이는 상가에서도 볼 수 있었다. 추자도에서 상여를 메는 것은 남성들의 몫이지만 흙을 옮기고 관을 묻는 일에는 여성들이 나선다. 봉분이 만들어지면 산신제가 시작되고 상주들이 망자와 이별의 곡을 한다. 이때 여성들의 산다이가 시작된다. 운상을 한 남자들은 모두 내려가고 상포계의 여성들과 상주만 남는다. 상주들도 산신제를 마치고 돌아갈 무렵, 계장이 눈짓으로 상주 중에 한 명을 지목하면 갑자기 그 남자의 사지를 잡는다. 이때 여성들은 무차별적으로 남자의 이곳저곳을 만진다. 물론 성기를 만지기도 한다. 추자도 산다이의 제물이 되는 남자는 망자의 친척 중에 선택된다. 이러한 봉변으로부터 벗어나려면 돈을 내야 한다. 마치 육지에서 상두꾼들이 상여놀이를 할 때 '사위'를 상여에 태우고 망자를 위한 노잣돈이나 산 자들의 여흥을 위한 돈을 마련하는 것과 흡사하다. 망자를 보내고 산 자들이 슬픔을 잊고 다시 일을 하기 위해서 마련한 놀이쯤 될 것 같다. 아쉽게 나는 그걸 보지는 못했다. 상여굿을 보는 추자도 어머니들의 입담에서 산다이를 읽었을 뿐이다. 상여꾼들은 선창을 돌며 망자의 사위를 꽃상여에 태우고 '상여놀이'를 하고 있었다. 고집스럽게 버티던 맏사위도 끝내 지갑을 열었다.

추자의 '국파래', 제주의 '몸국'

장지에서 돌아오는 길에 갯가에서 해초를 줍는 김옥섭(81세) 할머니를 만났다. 할머니가 줍는 것은 참모자반이었다. 모자반은 해조류로 조류 소통이 좋은 청정해역에서만 자란다. 추자도 마을어장에서 자라며 비싼 값에 팔리고 있다. 한학을 하셨던 할아버지가 정해준 배필과 얼굴 한 번 보지 못하고 혼인했다. 스무 살에 예초리에서 영흥리로 시집와 60년을 살았다. 고향에서는 물질도 모를 만큼 곱게 자랐다. 시집와서는 먹고살기 위해 갯것을 하러 숱하게 다녔고 물질도 해야 했다.

"우리는 이렇게 해도(파도에 밀려온 것 주워도) 국 끼려서는 안 먹어요. 돈 살라고. 참지름 소금 넣어 무쳐 먹고, 돼지고기 넣고 모자반 국 끓여요. 부자집 잔치에서 돼지고기 넣고 모자반 국 안 끓이면 숭이야 숭이야 해요."

모자반은 제주나 추자에서 특별하다. 된장에 무쳐 먹거나 신김치에 버무려 먹지만 경조사에는 반드시 푹 삶은 돼지국물에 모자반을 넣어 국을 끓였다. 이것이 제주도가 자랑하는 토속 음식 '몸국'이다. 이것을 끓여 내놓지 않으면 손님들 입살에 오르내렸다. 몸은 모자반을 일컫는 제주 말로 2월부터 5월까지는 날것을 데쳐서 먹는다. 바다에서 건진 그대로 말려서 사철 몸국을 끓일 때 이용하기도 한다. 예초리와 영흥리 그리고 대서리의 마을어장에서는 모자반이 잘 자란다. 오늘처럼 바람과 파도가 심하면 모자반이 떨어져 바닷가로 밀려온다. 샛바람이 불면 영흥리가, 하뉘바람이 불면 예초리 바닷가가 시커멓다.

김 할머니는 교통사고로 굽은 허리를 부여잡고 모자반을 한 보따리 주워 올라왔다. 추자도에는 십여 명의 무레꾼(해녀)이 있다. 이들 중 상군들은 배를 타고 나가 38개의 무인도에서 미역과 모자반 등 해조류와 전복, 소라, 해삼을 딴다. 이를 '뱃물질'이라 한다. 김 할머니처럼 추자도 본 섬 주변에서 운송수단 없이 도구만 들고 어장에서 물질을 하는 것을 '갓물질'이라 한다. 무인도의 수산물이나 해조류 채취권은 마을별

해안에서 국파래를 채취하는 노부부. 국파래는 참파래, 참홑파래라고도 하며 남해안에서는 홑치기파래라고 불렀다. 추자도에서는 간장, 식초, 고춧가루로 밑간을 한 뒤 야채와 버무려서 냉국으로 먹었다. 추자도에서 잔치에 빼놓지 않고 내놓는 음식이다.

로 나누어져 있다. 이를 마을어장이라고 한다. 마을어장에서 채취하는 것은 모자반 외에 미역, 톳, 청각, 김, 홍합 등이다. 추자도의 명물은 모자반 외에 자연산 홍합이다. 3월부터 5월의 홍합이 제일 맛이 좋다.

봉글레산에서 다무래미로 가는 올레길을 걷고 있었다. 동쪽으로는 추자도항이, 서쪽으로는 둥글게 만든 고등어 가두리양식장이 보였다. 면사무소에서 올라오는 길과 만나는 대서리 후포짝지(후포의 갯바위)에서 해초를 뜯고 있던 노부부를 만났다. 조심스럽게 다가가 보니 밝은 연초록색 파래를 가위로 조심스럽게 뜯고 있었다. 뭍에서 보던 긴 파래와 모습이 사뭇 달랐다.

"이거 국파래야. 여름에 냉채로 먹어."

"추자에서는 잔치에 이거 없으면 숭이야."

국파래라니. 처음 보는 파래인데다 이름도 생소했다. 뭍에서 보던 파래는 설 명절을 전후해서 뜯는다. 날씨가 따뜻해지면 먹지 못할 정도로 거칠어져 노랗게 변하기 때문이다. 그런데 할머니는 6월 초에 파래를 뜯고 있었다. 게다가 길이도 짧고 자라는 곳도 갯벌이 아니라 갯바위였다. 또 손으로 뜯는 것과 달리 갯벌에서는 가위로 조심스럽게 뜯고 있었다. 헷갈렸다. 몸국과 국파래, 어떤 것이 추자도 음식일까. 한 달 후 완도 지인의 초대를 받아 아내와 함께 식사를 하는 자리였다. 반찬이 나오고 밥이 나오고 마지막으로 국이 들어왔다. 얼핏 보면 김국과 닮았다. 항아리에서 잘 숙성시킨 된장에 파래를 넣었다고 했다. 아는 분이 뜯어서 보내줬다는 파래가 들어갔다고 했다. 역시 '국파래'라고 알려줬다. 추자도에서 만난 국파래와 완도에서 만난 파래국의 재료가 같았다.

자료를 찾아보니 완도나 고흥에서는 '홀치기파래'라고 불렀다. 일명 파래, 참파래, 참홀파래라고도 했다. 우리나라 남해와 일본, 동지나해 등에 분포되어 있는 녹조류로, 학명은 'Monostroma', 홑파래였다. 홑파래는 간장, 식초, 고춧가루를 넣어 밑간을 해둔다. 냉채에는 오이와 양파가 필요하다. 밑간이 잘 들면 채소를 넣어 조물조물 버무린다. 그리고 냉국으로 먹으려면 시원한 물을 넣고 얼음을 띄운다.

서귀포에서는 파래밥을 해서 먹기도 했다. 육지와 멀리 떨어져 봄에 식량이 떨어지면 쉬 구하기 어려웠다. 해안가에서 파래를 뜯어 보리쌀과 홑파래를 3대 7로 섞어 밥을 했다. 먼저 보리를 넣어 끓여서 익을 무렵 파래를 비벼서 밥 위에 얹은 다음 잘 저어서 먹었다. 바닷가 마을뿐 아니라 중산간에서도 아이들이 해변으로 나가 파래를 뜯어 오기도 했다고 한다. 이렇게 홑파래는 국거리나 물김치로 이용하였다.

추자도는 갯바위가 발달해 연안에 해조류가 많다. 봄이면 미역, 모자반, 감태, 불레기말, 고리매, 미끌큰실말 등 갈조류가 풍부하다. 여름에는 부챗말, 파래, 꽃지누아리 등 홍조류와 녹조류가 많아지며, 가을과

추자도 어민들에게 그물을 깁는 법을 알려준 사람이 최영 장군이라고 한다. 목호의 난을 평정하기 위해 제주도로 향하던 중 바람을 피하기 위해 추자도에 머무르며 주민들에게 알려준 것이다. 연평도에서 조기의 신으로 모신 임경업 장군과 함께 역사 인물이 마을 신으로 자리한 경우다.

겨울에는 톳, 모자반, 산호말류 등이 무성하다. 특히 톳은 어민들의 살림 밑천이었다. 이러한 해조류는 제주 해안과 육지의 남해안 양쪽의 특징을 잘 보여주는 것이다.

멸치 잡고 조기 잡고 이제 뭘 잡을까

어둠이 내리자 불빛이 하나둘 선창을 밝혔다. 조기를 잡은 유자망을 배에 가득 실은 배들이 분주해지는 시간이다. 긴 장대를 걸치고 그물을 걸어 당기어 코에 박힌 조기를 빼낸다. 가족은 물론 이웃에서 일손을 구해야 할 만큼 바쁘다. 그물과 얼음이 조명을 받아 마치 수북이 쌓인 눈처럼 보인다. 이렇게 작업을 마치고 나면 자정이 훨씬 넘는다. 갈무리를 한 조기를 수협 위판장으로 옮기면 그곳에서 크기별로 나누어 다음 날 아침에 있을 경매 준비를 마친다. 이렇게 조기를 잡는 어업을 유자망어업이라 한다. 파시가 형성되면 추자도에 외지 사람들이 몰려들었다. 선창에는 술집, 여관, 다방, 식당 들이 빼곡히 들어섰다. 지금은 추자도 인근에서 잡은 조기와 갈치 등 수산물 대부분이 한림항을 통해서 유통되고 있다. 한림항이 추자도에 비해 선원들과 생필품을 쉽게 공급받기 때문이다.

추자도 어민들에게 고기 잡는 방법을 가르쳐준 사람은 최영 장군이라고 전한다. 목호(몽고인)의 난을 막기 위해 제주도로 오던 중 후풍하던 최영 장군이 추자도 주민들에게 그물 깁는 법을 가르쳐주었다. 추자도 사람들은 최영 장군을 모시고 매년 음력 2월 초 좋은 날을 택일해 최영 장군제를 지낸다.

추자도는 황해로 북상하는 황해 난류의 주 공급 중심 해역이며 제주도의 서부 해역을 돌아 회유해 오는 난류성 어족의 회유로일 뿐 아니라 황해에서 또는 연안에서 월동장으로 이동하는 회유로의 길목에 위치하고 있어 넓은 바다 위에 산재한 42개 섬과 강한 조류에 따른 표층수가 암초에 부딪혀 일어나는 현상으로 풍부한 영양염류를 공급받고 있다. 한반도 육지부와 제주해협 사이에 있으며 완만한 수심이 남쪽 제주해협까지 이어져 어족자원이 풍부하고 다양하다. 이곳에서 잡히는 어종은 참돔, 민어, 갈치, 고등어, 참조기, 멸치, 문어, 삼치 등이다. 이들은 주로 봄과 가을에 잡히며 여름철은 냉수괴가 형성되어 어장이 형성되지 않는다.

조기 파시 전에 멸치 파시가 형성되었다. 지금도 멸치가 잡히지만 예전만 못하다. 추자도 멸치의 유명세는 일제강점기로 거슬러 올라간다. 당시 멸치잡이는 '챗배'라는 '분기초망' 어법을 이용했다. 이 어법은 채그물류에 속한 어업으로 그물 위로 멸치들이 모여들도록 불빛으로 유도한 후 떠서 올리는 전통어법이다. 멸치를 유인하기 위해 송진으로 불을 밝혔지만 세월이 흐르면서 카바이트와 석유 그리고 집어등으로 바뀌었다. 한때 멸치잡이 배들로 추자섬이 불야성을 이루었다. 추자10경 중 추포어화(秋浦漁火)는 상추자도 북쪽에 있는 추포도 근해에서 여름에 어선들이 멸치를 유인하기 위해 밝힌 횃대 불빛의 아름다움을 말한다. 당시 싱싱한 멸치를 받으려는 아낙들로 새벽 선창이 북적거렸다. 추자도 멸치액젓이 유명했던 것도 모두 이들 덕분이었다.

고기가 부른다고 올까

가을 문턱은 낮고 짧다. 여름을 보내고 가을인가 싶은데 겨우살이 준비를 해야 한다. 그래도 아섭지 않은 것은 추자도에서 맛본 방어 맛 때문이다. 나주곰탕집 깍두기처럼 큼지막하게 썰어 내놓은 방어회를 놓고 밀감막걸리와 한라산 소주를 번갈아 마셨다. 상가에서 먹었던 막걸리가 이 맛이었던가. 섬사람들의 삶과 죽음은 바다에 달렸다. 몇 년 전

추자도 인근 푸랭이섬에서 조기를 잡던 어민 10여 명이 폭풍우로 북망객이 되고 말았다. 가난한 시절에 제주 사람들은 톳을 뜯어 '톳밥'을 짓고 게를 잡아 만든 '깅이죽'으로 보릿고개를 넘겼다. 추자도 사람들도 미역을 팔고 몸국으로 끼니를 이었다. 그래서 바다는 삶이고 죽음이나. 섬을 떠나는 것도 머무는 것도 모두 바다가 결정한다. 멸치와 조기잡이로 파시가 형성되면 사람들로 북새통을 이루었다. 그래서 바다는 어민들의 삶의 터전이고 죽음의 공간이다.

추자도 대서리와 영흥리에서는 섣달 그믐날 '고기 부르기'라는 독특한 갯제를 지낸다. 갯제는 바닷가에서 풍어나 안전한 조업을 기원하는 마을의례이다. 뭍이나 다른 섬의 어촌과 달리 추자도의 마을의례는 당제, 고기 부르기, 거리제가 행해지고 있다. 대서리의 경우 마을회관에서 출발해 '귀갯산'에서 고기 부르기, 최영 장군제, 마당밟이 순으로 이

추자도 사람들은 매년 음력 2월 초 좋은 날을 택해 최영 장군제를 지낸다. 추자도 어민들에게 고기 잡는 법을 알려준 데 감사를 표하는 것이다. (사진 : 송기태)

어진다. 절벽과 바다로 이어진 귓갯산의 고기 부르기는 흥미롭다. 영기를 절벽 앞에 세우고 간단하게 술잔과 사과를 놓고 지낸다. 상포수가 먼저 외친다.

섣달입니다. 사해용왕님을 불러서 고기맞이를 해야 됩니다. 우리 추자도 어민들이 살 수 있는 고기를 불러오는 것입니다. 사해용왕을 불러봅니다. 자, 신첨지, 신첨지…

신기하게 절벽 아래에서 '어-이'라고 대답하는 소리가 들린다. 절벽 아래 한 사람이 내려가 숨어 있다 도깨비가 답하는 소리를 흉내 내는 것이다. 대답하는 소리를 듣고 상포수가 다시 외친다.

서해용왕님네, 금년 바람도 많고 어장도 안 나서 이런 씬 바람도 명지 바람으로 맨들어서 우리 어민들이 살 수 있는 바다로 맨들어서 우리 어민들이 살 수 있게 보살펴서 큰고기 작은 고기 불러보세 그랴. 자, 유자망이 많아서 조기야, 삼치야, 부시리야, 도미야, 멸치야.

이렇게 첨지로 분한 도깨비와 대화하는 형식으로 고기를 부르는 것이다. 주민들은 도깨비가 용왕님을 대신해서 답하는 것이라고 믿는다. 이렇게 동서남북 모든 사해용왕님을 불러 만선을 기원하고 큰 바람 없이 작은 바람에 고급 어류가 어장을 몰려오기를 기원하는 것이다. 고기 부르기 의례는 풍어제이면서 사고 없고 안전한 조업을 기원하는 마을 의례이다. 서남해 바다의례를 연구한 목포대 송기태 교수는 도깨비를 끌어들여 풍어를 기원하기에 '서방, 생원, 참봉, 영감, 첨지' 등 관직으로 호명하는 것이라고 해석한다.

추자도와 추포도 사이에 멸치잡이 배들이 밝힌 불빛이 아름다웠던 시절이 있었다. 멸치 어장이 형성되지 않자 대신에 돔 낚시를 하려는 꾼들만 북적대고 있다. 멸치가 알을 품는 단오 무렵에 잡는다. 이때 멸치가 기름저 젓갈을 담그기가 좋다. 이제 추자도 어장도 예전 같지 않다.

뭍에 나갔던 추자 사람들은 망도가 눈에 들어오면 고향 생각이 난다고 했다. 그래서 망도수향(望島守鄕)이라 했던 모양이다. 세상 인연을 지우고 싶었을까. 무심한 파도가 관탈섬을 덮는다.

개황 | 상추자도

일반현황

위치 | 제주특별자치도 제주시 추자면 내서리·대흥리
면적 | 1.25km^2 **해안선** | 8.3km
가구수 | 822   **인구(명)** | 1717

공공기관 및 시설

공공기관 | 추자파출소, 추자면사무소, 추자우체국 등
의료시설 | 하추자보건진료소
교육기관 | 추자중학교, 추자초등학교
전력시설 | 한전
급수시설 | 해수담수

여행정보

교통 | 제주도→상추자도→해남 우수영 / 매월 2째주, 4째주 수요일 휴항
여행 | 최영장군 사당, 추자처사객
특산물 | 참굴비
특이사항 | 고려시대에는 후풍도(候風島)라 불리다가 전라남도 영암군에 예속될 무렵부터 추자도로 불리기 시작하였다. 추자나무 숲이 무성하여 추자도로 부르게 되었다고 한다. 추자도 가운데 위쪽에 있는 섬이어서 상추자도라 불린다. 하추자도와는 추자대교로 연결되었다.

45

제주를 닮지 않은
제주의 섬
제주시 추자면 하추자도

"우리 전라도는…."

　어촌계장과 이야기하다 내 눈이 동그래졌다. 서슴없이 나오는 '우리 전라도'라는 말과 '전라도 사투리' 때문이었다. 추자도는 전라도문화권이라는 이야기를 숱하게 들었지만 직접 확인하니 행정구역과 생활권의 불일치가 가져오는 괴리감 같은 것을 느꼈다. 이런 느낌은 상추자도보다는 하추자도가 더 강한 것 같다. 면사무소, 수협, 학교 등 공공기관이 밀접한 상추자도에 비해 행정력에 의해 강요되고 만들어진 지역성이 덜한 탓이리라.

나룻사공 대신 버스기사

하추자도와 상추자도는 1971년 다리가 연결되었다. 이것이 우리나라 최초의 연도교이다. 상추자도에는 면사무소, 학교 등 행정과 교육 시설 그리고 인구가 집중되어 있다. 다리가 연결되기 전에는 거룻배를 타고 두 섬을 오갔다. 상추자도에 일을 보러 자주 오가야 했던 하추자도 사람들에게 상추자도 길은 서울 길보다 멀었다.

　등대에서 내려와 추자대교를 건넜다. 그 사이 낚싯배들이 무시로 다리 밑을 오갔다. 숙소가 있는 신양리까지 걸으려던 생각은 추자도 순환버스를 보는 순간 사라졌다. 새벽의 일출산행부터 오전과 오후 봉굴레

472

아침을 먹기 전에 산책 삼아 '석지머리'까지 걸었다. 석두청산이라 해서 덕인산과 석지머리 사이에 푸른 소나무가 절경으로 꼽히는 곳이다. 그곳에서 갯강구를 즐겨 먹는 바다직박구리가 앉아서 꼬리를 위아래로 흔들며 반겼다. 바닷가에서 흔히 볼 수 있는 텃새다.

산-나바론-등대 그리고 대서리와 영흥리 골목길을 누비고 다녔더니 버스를 보는 순간 피로감이 몰려왔다.

버스가 알진두에 멈췄다. 다리가 놓이기 전까지 하추자도 알진두와 상추자도 웃진두에서 나룻배가 주민들을 실어 날랐다. 이때 주민들은 매년 호당 보리 세 되를 모아 연 23가마니를 나룻사공에게 주었다. 물론 외지인은 따로 승선료를 받았다. 나룻배는 상추자도와 하추자도 주민들이 모금해서 진수한 배였다. 이후 1959년 성산과 우도를 운항하는 대인호(7톤)가 무료로 이관되어 대서리-예초리-신양-묵리-대서리를 하루에 2회 운항했다. 다리가 놓인 것은 1972년이다. 우리나라 최초의 연도교였다. 부실공사로 붕괴 우려가 제기되면서 1990년 새 다리 공사를 시작했다. 1995년 추자대교가 완공될 때까지 탈도 많고 말도 많왔다. 도중에 모래를 싣고 가던 트럭의 무게를 견디지 못하고 붕괴되어 사망사고가 발생하기도 했다. 옛 교각은 묵리 바다에 투입해 인공어초로 활용했다.

횡간도와 추포도는 배편을 어떻게 해결했을까. 1960년대에는 주민들이 임대한 횡간호(2톤)가 운항을 했고, 1970년대에는 추자 – 추포 – 횡간 – 추자를 북제주군 교육청이 운영한 장학선 '한영호'(7톤)가 주 2회 운항했다. 이후 횡간분교가 폐교되면서 한영호를 추자면이 인수하여 행정선으로 사용하였으며, 1995년 추자호(16톤)를 진수하여 일주일에 4회 운항하고 있다.

무인도가 한눈에 들어오는 전망대

나이 들면 새벽잠이 없다는 말이 틀림없다. 전날 밤늦게까지 술을 먹었던 일행 중에 몇 명이 쿵쿵거리며 화장실을 들락거렸다. 조립식 건물을 얼마나 날림으로 지었으면 그 소리가 천둥치는 소리처럼 크게 들렸다. 주섬주섬 카메라를 들고 나섰다. 돈대산에서 아침을 맞으려는 열댓 명이 숙소를 나섰다. 돈대산(164미터)은 추자군도에서 가장 높은 봉우리로 제단이 있었다고 하나 지명으로 보아 망대가 있었을 것으로 추정된다. 예초리로 넘어가는 길을 따라 산길로 접어들었다. 가뭄에 힘겹게 누워 있던 고구마순이 아침 이슬을 먹고 기운을 차렸는지 일어나 있었다. 돈대산은 신양리 뒤에 있는 산으로 걸어서 잠깐이면 정상까지 올라갈 수 있다. 중턱까지는 시멘트로 포장되어 있다. 벌써 모진이 해수욕장 너머로 해가 떠오르고 있었다. 돈대산에서는 한라산을 비롯해 관탈섬, 섬생이, 수영여, 밖미역섬, 사자섬 등 무인도가 한눈에 들어오는 전망대다. 신양리에서 올레길이 추자대교까지 이어져 있다.

신양리에서 '황경한의 묘'로 가는 올레길이 산허리에 놓여 있고 해안을 따라 시멘트로 포장된 길도 있다. 모두 예초리까지 이어진 길이다. 걷는 길을 원한다면 올레길을, 자전거를 타고 간다면 해안도로를 택하는 것이 좋다. 길 첫머리에 '모진이짝지'가 있다. 모래해변이 귀한 추자도에서 해수욕장으로 이용되는 곳이다. 짝지 가운데 샘이 있어 민물을 이용할 수도 있다. 해수욕을 하기에는 이른 6월 초인데 유치원에 다닐 것 같은 아들과 아버지가 작은 텐트를 쳐놓고 낚시를 하고 있었다. 멀리 관탈섬이 아련하다. 제주의 관문이라는 섬으로 '곽개'라고도 한다. 미역 바위를 칭하는 것으로 추정된다. '곽개창파'라 해서 추자도의 빼어난 경치의 하나로 꼽는 곳이다.

추자도와 제주도 사이 바다에는 수심 130미터에 이르는 깊은 골짜기가 동서로 형성되어 있다. 일명 제주해협(Jeju Strait)이라는 곳이다. 지질학 측면에서 남해안과 제주를 가르는 경계로 삼고 있다. 젊은 화산

하도와 상도를 잇는 다리는 1971년에 놓았다. 우리나라 최초의 연도교다. 다리가 놓이기 전까지 주민들은 매년 보리를 세 되씩 뱃사공에게 선세로 주고 배를 이용했다. 하도 사람들이 상도에 가는 것은 서울에 가는 것보다 멀었다.

체로 형성되는 과정에서 만들어진 골짜기이다. 15,000~20,000년 전인 마지막 빙하기에 동중국해와 황해는 육지였고 해수면은 지금보다 150미터나 낮았다. 그 무렵 제주해협은 하천이었다. 동서로 길게 이어진 하천에서는 강에서 볼 수 있는 되직물이 확인되었다. 우리나라, 중국, 일본이 육지로 연결되어 있었다. 그곳은 밀물과 썰물의 빠른 조류가 통과하기 때문에 제주도를 드나들던 뱃사람들에게 위험한 곳이었다. 그래서 최영이나 김방경이나 모두 추자도를 후풍처로 삼았던 것이다. 뭍으로 물질을 가던 잠수들이 '이어도 사나'를 외치며 노를 저을 때 가장 힘들었던 곳이다. 삶과 죽음의 경계를 결정짓는 곳이요, 출가와 귀향의 경계가 되었던 곳이다.

추자도는 전라도 문화권

추자도는 거리로 보면 제주가 훨씬 가깝다. 하지만 '제주스럽지 않고 낯익은 것'은 무슨 이유일까. 자연환경이 전라도 연안의 모습과 크게 다르지 않았기 때문이다. 그런데 마을 사람들을 만나고 그들의 음식을 먹어보고 생각하는 것을 들어보면 영락없이 전라도 사람이다. 제주도의 갯바위는 현무암이나 추자도의 바위 대류에서 관찰되는 안산암이다. 침강과 융기와 침식의 과정을 거치면서 육지의 지질과 유사한 특징을 지니고 있다. 묵리에서는 할머니 한 분이 보따리를 머리에 이고 버스를 기다리고 있었다. 등에 짐을 짊어지고 나서는 제주 여인들의 모습과 다르다. 문화만 제주와 다른 것이 아니다. 진도 조도의 맹골군도나 죽굴군도의 섬과 다를 바 없으며, 통영이나 거제의 작은 섬의 모습과도 흡사하다. 이들 섬은 제주의 우도, 비양도와 다르다. 리아스식 해안과 지질이 다르다.

　지명에서도 제주와 다른 특징들을 확인할 수 있다. 추자도에는 봉그

레산(봉골래산), 메주박산, 등대산, 돈대산, 떠끝산, 큰엉산이 있다. 제주에서 '오름'으로 칭하는 것과는 비교된다. 물론 제주도에도 오름 대신에 산이라는 지명을 사용하는 곳도 있지만 오름이 대세다.

그 흔적은 또 있다. 추자도의 어머니들은 물건을 등에 지지 않고 머리에 이고 다닌다. 길이 순탄치 않아 머리에 이고 다니는 것이 불편했다. 제주의 물허벅을 보라. 허벅을 구덕에 넣고 등에 지고 다녔다. 한 방울이라도 흘리지 않고 귀한 물을 운반하려는 선택이었다. 하지만 추자도에서는 그런 모습을 볼 수 없다. 당연히 구덕을 보기도 어렵다.

추자도에도 마을마다 적잖은 해녀들이 있다. 특히 신양리에도 20여 명이 있지만 잠수굿을 하지는 않는다. 대신 묵리의 처녀당, 대서리의 장군당 등에서 남자들을 중심으로 당제를 지내는 것이 특징이다.

두 살에 추자도로 유배된 황경한은 추자도의 입향조가 되었다. 그가 첫발을 내딛었던 물산리가 보이는 바닷가에 묻혔다. 그는 신유박해로 순교한 황사영과 관노로 제주에 유배된 정난주 부부의 아들이다. 정난주는 정약용의 형인 정약현의 딸이다.

어머니와 아들은 만났을까

모진이에서 30여 분을 걸었을까, 전망이 확 트인 신대산 자락에 '모정의'라는 파고라가 설치되어 있었다. 그 옆에 황경한의 묘가 있고 표지석이 세워져 있었디.

> "1801년 신유박해 때 순교한 황사영 알렉시오와 제주 관노로 유배된
> 정난주 마리아 부부의 아들인 황경한이 묻혀 있는 곳이다."

이렇게 시작된 긴 문장의 안내판이 세워져 있었다. 황사영은 1775년 남인 가문에서 태어났다. 16세 때 진사시에 합격한 후 1790년 주문모 신부에게 영세를 받았다. 1801년 신유박해가 일어나자 충북 배론으로 피신하여 '황사영 백서'를 썼다. 이 백서를 중국의 구베아 주교에게 보내려다 발각되어 대역죄인으로 처형되었다. 그리고 어머니는 거제도로, 아내는 제주도 관노로, 두 살 된 아들은 추자도로 유배되었다. 그 어린 아들이 황경한이다. 황사영의 아내이자 황경한의 어머니인 정난주는 남인이자 천주교신자 가문인 정약현의 딸이다. 그러니까 다산 정약용과 《자산어보》를 쓴 손암 정약전의 조카이다.

아들과 함께 제주도로 유배를 가던 정난주도 후풍처인 추자도에 잠시 머물렀던 모양이다. 정씨는 뱃사공에게 패물을 주고 '경한이는 죽어서 수장했다'고 조정에 보고하도록 부탁했다. 그리고 예초리 서남단 물산리 언덕(물생이끝)에 아들을 내려놓았다. '물생이'나 '물산리'는 '물살이 센 곳'을 이르는 말이다. 벼랑 끝에 있어 물살이 모여들었다 굽이쳐 흐르기 때문이다. 이곳은 어부들의 안전과 어장의 풍어를 기원했던 해신당이 있는 곳이다. 그곳에서 소를 먹이던 마을 주민이 아이의 울음소리를 듣고 집으로 데려와 보니 저고리 '동방에우'[배내옷을 일컫는 추자

말]에 부모와 아기의 이름이 적혀 있었다고 한다. 사실 귀양길에 극적으로 도망을 쳤다 해도 발각되어 신분이 드러나면 목숨이 위태로운데 부모와 아기 이름을 적어 놓았다는 것이 믿기지 않는다. 그렇다고 사실을 확인할 수도 없다. 그 주민은 예초리에 사는 동복 오씨로, 경한을 하늘이 주신 아이로 여기고 잘 키웠다. 그가 자라서 혼인을 하여 두 아들까지 두어 추자도의 입향조가 되었다. 그 후부터 추자도에서 오씨와 황씨는 혈연관계로 여겨서 혼인을 하지 않는 풍습이 있다고 한다. 신대산의 작은 계곡을 타고 내려온 물은 가뭄에도 마르지 않는다고 한다. 이 샘물을 주민들은 헤어진 어머니를 그리워하는 아들의 애끓는 소망에 하늘이 탄식하여 내리는 '황경한의 눈물'이라고 한다. 아들은 죽어서 어머니가 묻힌 한라산이 잘 보이는 '술박낭끝'에 자리를 잡았다. 거칠고 깊은 바다가 가로막고 있지만 사무친 그리움을 어찌 막을 수 있으랴. 그 바다를 신대 어장이라 했다. 예부터 황금어장으로 꼽히던 곳이다. 이곳에 물고기가 노니는 모습이 '신대어유'라 해서 추자십경에 올랐다. 모자의 그리움이 물고기를 부르는 것일까.

처녀와 억발장사

물생이끝을 뒤로하고 예초리로 향했다. 상추자도와 마주보는 마을로 '밝은내리'라 했다. 300여 년 전 함안 조씨가 들어와 살면서 마을을 이루었고, 이후 동복 오씨가 들어왔다. 함안 조씨는 경상남도 함안에서 살다 추자도 예초리로 들어와 정착한 후손들이 신양리와 묵리로 분거하기도 했다. 동복 오씨는 해남에서 완도군 노화읍으로 이주한 후 추자도에 정착하였다. 풍선을 이용하던 시절에 노화읍과 소안면은 추자도를 거쳐 제주로 가는 뱃길 경유지였다. 1789년《호구총수》에 '여초'(礖草), 1872년《영암추자도지도(靈巖楸子島地圖)》에 '예초'(禮草)라 표기되어 있다. 지금은 90여 세대 중 해녀가 20여 명에 이르며, 주로 참몰을 채취하며 소라, 전복, 홍합 등을 채취해 생활하고 있다. 추포도 외에도 완도와 소유권 분쟁이 일었던 무인도인 사수도, 우두도, 염도, 가망여, 상도, 돌도, 구멍어도 예초리에 속해 있다.

횡간도를 다녀오는 길에 예초리의 잠수들을 만났다. 염도와 가망여 근처에서 자연산 홍합을 채취해 와서 까고 있었다. 자연산 홍합은 추자도 잠녀는 물론 마을의 중요한 소득원이다. 채취량에 따라 잠수와 마을(어촌계)이 나누어 갖기 때문이다. 깐 홍합의 알을 저울에 달아서 분배량을 결정한다.

모자반을 양식하기도 했다. 추자도에서 유일하게 양식이 가능한 바다가 영흥리와 예초리 사이이다. 바다가 잔잔하기 때문이다. 선창에서 만난 주민들은 추자항의 방파제를 이곳까지 확장한다면 안에서 양식을 충분히 할 수 있다고 입을 모았다.

상추자도에 장군당이 있다면 하추자도는 처녀당을 꼽을 수 있다. 묵리는 낮에도 어둡다. 산으로 둘러싸여 있는 탓이다. 하추자 서북쪽에 있는 마을로 절벽에 처녀당이 있다. 제주에서 물질을 나온 잠수들이 아이를 돌볼 유모를 데리고 왔다. 잠수들이 물질을 하는 사이에 유모는 아이를 업고 절벽에서 서성거리다 떨어져 죽고 말았다. 묵리 사람들은 처녀의 원혼을 달래기 위해 당을 지어 제사를 지내고 있다. 처녀당 안에는 붉은 치마에 노란 저고리 그리고 흰 고무신이 영정과 함께 모셔져 있다. 제주에서는 잠녀들이 제주도 밖으로 출가물질을 할 때 어린아이가 있는 해녀들은 아이를 돌봐줄 어린 여자를 데리고 가기도 했다.

처녀당은 정월 초하루, 정월 보름, 이월 초하루, 추석 등 네 차례나 지낸다. 정월 초하루는 거렁제로 간단하게, 정월 보름은 걸궁을 치고, 추석에도 명절인사 정도이다. 절차를 지켜 제대로 지내는 의례는 2월 초

처녀당 신체.　　　　　　　　　　　억발장사.

하루이다. 1959년 9월 사라호 태풍으로 당집이 유실된 후 10년 이상 지내지 못했다. 그 사이 마을 주민 다섯 명이 바다에서 죽었다. 주민들은 당제를 지내지 않아서 생긴 일이라며 지금 자리에 새로 당집을 짓고 처녀그림을 모셨다. 묵리에서도 고기 부르기와 거렁제를 지낸다. 고기 부르기는 마을 뒷산 꼭대기 '모롱지'에서 지낸다. 상추도 대서리나 영흥리처럼 '모든 고기들을 추자도'로 부른다.

　예초리에는 '억발장사'가 있다. 추자대교를 건너 예초리로 가는 길가에 큰 바위 밑에 나무로 깎은 장승이 세워져 있다. 바위를 엄바위라 부르고 장승은 '억발장승'이라 한다. 엄바위 밑에서 태어난 억발장사는 인근 바다에서 바위돌로 공기놀이를 하곤 했다. 그러던 어느 날 횡간도까지 건너뛰다가 미끄러지는 바람에 빠져 죽고 말았다. 이후 횡간도와 예초리 사람들이 결혼하면 청상과부가 된다고 해서 결혼을 하지 않는 풍습이 생겼다. 예초리에서는 마을에 좋지 않은 일이 생기면 주민들이 장승제를 지내며 소원을 빌고 있다.

애기 업고 흑산도로 간 이유

6월 초의 날씨가 여름 날씨처럼 무더웠다. 섬을 한 바퀴 돌고 나니 온몸이 땀으로 범벅이 되었다. 샤워를 하고 에어컨 아래서 잠깐 졸고 나니 피로가 풀렸다. 그 사이 해는 넘어가고, 산책을 하든지 마을 구경을 하든지 할 생각으로 산책을 하다 우뭇가사리를 말리는 어머니를 만났다. 홍합을 채취하러 갔다가 손을 다쳐 우무만 뜯어 왔다며 하얗게 붕대로 감은 손가락을 보여줬다.

신양리에는 25명의 해녀가 있지만 실제로 '물건'(물질로 채취하는 전복, 소라, 미역 등 어패류와 해조류를 말함)을 하는 사람은 20명이다. 옛날에는 소라는 말할 것도 없고 전복도 많았다. 지금은 소라도 찾기 어렵다. 수협에서는 바다 사정을 이야기해도 믿지를 않는다. 잠녀는 다이버 배에 의혹을 보냈다. 양식장에 가면 보통 4~5킬로그램은 땄는데 지금은 하나도 없기 때문이다. 양식장은 신양리에서 배를 타고 30여 분 나가야 하는 거리에 있는 우도라는 무인도 주변의 바다를 말한다. 그곳에 어린 전복과 소라를 뿌렸다. 한때 '물건'이 많아 해녀와 마을 주민들이 '돈섬'이라 불렀던 곳이다. 일반인은 들어가지 못하고 어촌계와 해녀들이 들어가 작업을 해서 나눠 먹기를 하는 곳이다.

이야기를 나누는 사이 잠녀의 남편 박씨가 스쿠터를 타고 들어왔다. 사업소장과 낮술을 한잔했다며 가사리를 말리는 일을 잠깐 돕다 커피나 한잔하자며 집으로 안내했다. 박씨는 어촌계 일을 맡고 있었다. 젊었을 때는 배를 가지고 흑산도, 위도를 내 집처럼 드나들었다. 집 안에는 '행동하는 양심'이라는 김대중 전 대통령의 글씨가 걸려 있었다. 그

482

리고 방에는 젊었을 때 찍은 사진도 있었다. 미국에서 귀국한 후 제주도를 방문했을 때 공항의 귀빈실에서 찍은 사진이라고 했다. 모두들 합성이 아니냐고 묻는다며 허허 웃었다.

박씨의 아내는 스무 살도 못 되어 물질을 배웠다. 같은 마을에서 남편을 만나 결혼한 후 40여 년 동안 이어가고 있다. 남편은 젊었을 때는 투망배로 조기를 잡았다. 남의 배로 사업했기 때문에 빚만 쌓이자 삼천포에서 16톤 유자망 배를 지어와 직접 선주와 선장이 되어 조기를 잡았다. 흑산도와 위도를 휘젓고 다녔다. 그때 나이가 40대였다. 하지만 조기잡이로는 빚은커녕 이자도 감당하기 어려웠다. 그렇다고 딱히 돈을 구할 데도 없었다. 당시 이자가 4부였으니 원금은 고사하고 이자를 갚는 일도 버거웠다. 그녀가 의지할 데는 바다뿐이었다. 다른 잠수들은 물질을 해서 제주에 집도 샀지만 그녀는 빚과 이자 그리고 생계를 책임

추자도 신양리에는 20여 명의 해녀들이 물질을 한다. 옛날에는 전복, 소라만 채취했지만 지금은 홍합을 따고 가사리도 뜯는다. 어장이 고갈되어 무인도에 어린 전복과 소라를 뿌려 키우지만 이것도 걷어가는 해적들이 많아 제몫을 찾기 어렵다. 꿩 대신 닭이라고 홍합만 죽어난다.

지는 일이 급했다.

"물질하는 사람이 좀 천해 보여도 돈이 되요. 조기배로 재미를 못 보고 빚을 엄청 져부렀어. 죽도록 물질해서 식고미 주고 이자 갚고. 소리소문 없이 둘째를 업고 쫓아갔제. 그래도 자식들이 잘 커주고. 저 하나씨가(님편) 인맥이 좋아 두 아들 좋은 데 취직하고 두 딸 결혼해서 잘살고 지금은 부러워하제."

그녀가 힘들었던 것은 죽도록 물질해서 빚을 갚는 것이 아니었다. 남편이 조기잡이를 나가면 죽었는지 살았는지 소식이 없었다. 조업을 마치고 들어와야 살아 있다고 안심했다. 가끔씩 뱃사람을 통해 들려오는 흑산도 어장의 남편 소식은 그녀를 불안하게 했다. 뱃사람이 모여들어 파시가 형성되자 아가씨들이 뱃사람들보다 더 많다는 이야기도 들렸다. 평소에도 호탕하고 성격 좋은 남편은 호남형이라 그곳에서도 인기가 높았다. 조기잡이를 나가는 남편은 배를 타면 집에 들어오는 날이 손에 꼽을 정도였다. 어느 날 그녀는 조용히 둘째 아이를 데리고 목포로 가는 배에 올랐다. 그리고 비금과 도초 등 수십 곳을 거쳐 흑산도에 도착했다. 남편이 무엇을 하고 있는지 눈으로 보고 싶었다. 아내의 이야기를 듣고 있던 박씨는 젊었을 때 일을 부정하지 않는지 끼어들었다.

"우리 식구가 흑산도에 온 첫 번째 여자였어. 흑산도에서 나 모르면 간첩이었지. 흑산도 위도 파장금 포구에서는 난다 긴다 했제."

지금은 힘도 없고 다리도 다쳐 이런 신세가 되었다며 커피 대신 소주를 한 잔 들이켰다. '뱃놈은 배가 없으면 힘이 없다'며 작은 배를 지어 잠녀들을 태우고 작업하고 있다. 아내는 감척할 때 보상을 받고 처분하자고 성화이지만 배마저 없으면 인생 끝이라며 고집스럽게 지키고 있다고 한다.

개황 | 하추자도

일반현황

위치 | 제주특별자치도 제주시 추자면 영흥리
면적 | 4.18km² **해안선** | 14.5km
가구수 | 429 **인구(명)** | 810

공공기관 및 시설

공공기관 | 추자파출소, 추자면사무소, 추자우체국 등
의료시설 | 하추자보건진료소
교육기관 | 추자중학교, 추자초등학교
전력시설 | 한전
급수시설 | 해수담수

여행정보

교통 | 제주도→추자도→완도 (거리120km) / 완도 출발 8:00~하추자도 도착 10:00, 하추자
도 출발 15:45~완도 도착 17:45(소요시간 4시간)
여행 | 최영장군 사당, 추자처사객
특산물 | 참굴비
특이사항 | 고려시대에는 후풍도(候風島)라 불리다가 전라남도 영암군에 예속될 무렵부터 추자
도로 불리기 시작하였다. 추자나무 숲이 무성하여 추자도로 부르게 되었다고 한다. 추자도 가운
데 아래쪽에 있는 섬이어서 하추자도라 불린다.

46

물질하는 재미에
시름도 잊었다
제주시 추자면 횡간도

하루에 한 번도 아니다. 일주일에 딱 네 번 뱃길이 열린다. 행정선이면 어떤가. 택시처럼 배를 부르려면 꽤 부담스런 뱃삯을 지불해야 한다. 그나마 낚시꾼들이 자주 들락거리는 곳이라 가능하다. 하추자도 예초리항에서 낚싯배에 올라탔다. '섬으로' 카페회원들과 동행이었다. 추포도는 낚싯배 아니면 좀처럼 가기 힘든 섬이다. 횡간도를 찾는 일행을 축하하기 위해 해녀 두 분도 선창까지 마중을 나오셨다.

횡간도는 추자도에서 다시 7킬로미터 남짓 들어가야 닿는 섬이다. 행정구역으로는 제주특별자치도 제주시 추자면 대서리에 딸린 작은 섬이다. 한때 30여 가구가 살았지만 지금은 모두 일곱 명이 섬을 지키고 있다. 300여 년 전 강씨가 처음 들어왔다 하며, 달성 서씨, 김해 김씨, 전주 이씨가 자리를 잡았다.

횡간도를 '빗겐이(빗게니)'라 불렀다. 같은 이름의 섬이 완도, 여수, 영광 등에도 있다. 모두 '빗간이' '빗겡이' '빗게니' 등으로 불렸던 섬이다. 섬이 비스듬하게 누워 있고 경사가 심하며, 태풍이나 외적이 비껴간 섬이라는 스토리가 덧붙여지기도 했다. 뱃길도 험하고 섬도 자그만하니 누구도 관심을 갖지 않았기 때문이다. 그래서 1980년대까지 곧잘 간첩이 출몰하기도 했다. 이곳도 경사가 급한 바위섬이며 행정선이 가져오는 생수와 생필품에 의지해 살고 있다. 다행히 선창에서 마을까지 이어지는 벼랑길에 모노레일이 놓이면서 허리가 굽은 노인들이 짐을 들고 오르내리는 고충은 덜게 되었다.

섬의 동쪽에 두 개의 '미역섬'이 있고, 서쪽에는 '문여'가 있다. 미역 섬은 작은 미역섬과 큰 미역섬 두 개로 이루어져 있으며, 곽도, 미역서 라고도 했다. 미역 등 해초가 많이 나는 섬이라 붙여진 이름으로 영흥 리에 속한다. 문여는 문섬이라고도 하는데, 바위로만 이루어진 뭉뚝한 섬이다. '문'은 '믠 〉 민'으로 추정한다. 문여는 대서리에 속하는 무인도 다. 횡간도에 딸린 작은 섬들이지만 주인은 큰 마을인 대서리와 영흥리 가 가지고 있다.

횡간도는 《대동여지도》 등 옛 지도에는 '횡간도'(橫看島)로 표기되었 고, 《1872년 지방지도》에 수록된 《영암추자도 지도》에는 '橫干島'로 적 혀 있다. '빗겐이섬'의 한자 차용 표기이다. 18세기 중반의 〈제주삼읍도 총지도〉에는 '빗거리'(非叱巨里, 비질거리)라 표기하기도 했다. 촌로들

추자도에서 손맛이 좋기로 손꼽히는 문섬과 미역섬은 운 좋은 낚시꾼이 자리를 잡았다. 이곳에서 뜯은 돌미역은 품질이 좋기로 소문나 있다. 횡간도에 가깝지만 인근 큰 섬에서 채취권을 가지고 있다. 작은 섬 이 서러운 것은 뱃길이 불편한 것보다 당연한 몫을 누리지 못하는 것이다.

은 지금도 횡간도보다는 '빗겡이'라 칭하는 사람이 많다.

자연산 전복을 사다

추포도에서 출발한 배는 횡간도 발전소 선착장으로 향하고 있었다. 선창에 도착할 즈음 삽사기 배 안이 소란해지더니 너도 나도 뱃머리에서 사진을 찍느라 야단이었다. 두 명의 해녀가 물질을 하고 있었던 것이다. 게다가 살갑게 포즈를 취하더니 이내 자연산 전복을 보여주며 구입할 것이냐고 물었다. 자연스럽고 밉지 않은 '상술'이었다. 얼핏 보아 젊은 해녀는 60대 초반으로 보이고 나이가 지긋한 잠수는 훨씬 더 세월이 느껴졌다. 나중에 안 사실이지만 횡간도에는 이 두 명의 해녀가 전부였다. 그리고 나이 든 잠수는 80대 후반이라 했다. 배가 접안하자 그들은 망사리를 들고 뭍으로 올라와 본격적으로 흥정을 시작했다.

"살라면 전부 사고, 아니면 그만두라."

단호했다. 보기에도 전복이 실하고 큰데다 자연산이라는 것을 두 눈으로 직접 확인했으니 마다할 이유가 없었다. 모두들 입맛을 다셨다. 결국 두 해녀의 전복을 모두 구입했다. 그리고 해안을 따라 마을로 향했다. 길가에 핀 산딸기, 인동초, 엉겅퀴, 개망초 등이 길을 안내했다. 손바닥만 한 밭뙈기에 심은 고구마 순이 햇볕이 힘겨워했지만 바다 위에 살포시 떠 있는 추포도와 크고 작은 무인도들은 평화로웠다. 그 사이로 통발을 놓는 배와 낚싯배가 오갔다.

귀신에게 젓갈을 팔아먹은 부자

옛날 횡간도에 추자도에서 일등 부자 소리를 들었던 이봉춘이라는 사람이 살았다. 한 해에 보리를 40여 가마 들이고 멸치를 많이 잡아 젓갈을 만들어 돈을 벌었다. 특히 멸치젓은 해남 어란과 관두까지 가지고 가서 팔았다. 여기서 그치지 않고 그 돈으로 물건을 사서 군산과 인천을 오가며 장사했다. 추자도에서 세금을 가장 많이 내는 부자였다.

어느 해 안개가 많이 낀 날이었다. 그날도 이씨는 어김없이 뭍에서 장사하고 섬으로 돌아오는 길이었다. 평소에 지나가는 배가 거의 없는 바다에서 낯선 배가 다가오더니 다음 해 멸치젓을 담가달라며 많은 돈을 주고 가버렸다. 선불을 받은 터라 이씨는 다음 해 잡은 멸치로 젓갈을 담가놓고 그 사내가 오기를 기다렸다. 하지만 하루가 가고 이틀이 가고, 한두 달이 지나도 사내는 오지 않았다. 마을에서는 도깨비가 이씨를 부자로 만들어주려고 돈을 주고 간 것이라고 소문이 났다.

추포도 인근에 고기가 많아 낚시꾼의 발길이 이어지지만 정작 섬 사람들에게는 남의 이야기다. 겨우 작은 배 두 척이 있다지만 제대로 어장을 할 수 있는 배도 아니다. 갯가에서 미역, 톳, 가사리를 뜯고, 해녀

최근에 정년퇴직을 한 해녀의 집에는 빗창과 테왁과 망사리가 주인을 기다리고 있다. 물질을 해서 딴 전복과 소라의 무게를 달던 저울이 세월을 켜켜이 안고서 기둥에 걸려 있다. 아무리 힘들고 어려운 일이 있어도 바닷속에만 들어가면 잊을 수 있었다.

들이 물질을 해서 전복과 소라를 잡는 것이 전부였다. 몇 년 전까지 네명의 해녀가 물질을 했다. 그 사이 두 명은 그만두었다. 마을에서 만난 최 할머니도 그중 한 분이다. 할머니는 아흔에서 세 살 모자라는 작년에 물질을 그만두었다. 스무 살부터 물질을 했으니 70년이 훨씬 넘는 세월을 바다와 함께 살아온 것이다. 영흥리가 고향인 할머니는 목포에서 고등학교를 졸업한 남편을 만나 결혼했다. 작은 섬에 살았지만 뭍에서 고등학교까지 나왔으니 결혼하면 섬을 떠날 것이라는 기대 때문에 선택했다. 그런데 첫해부터 기대는 어긋나기 시작했다. 시어머니가 홀로 섬에서 소를 세 마리나 키우며 살고 있었다. 당시 횡간도는 약 30여 가구가 살고 있었는데, 보리와 고구마로 식량을 하고, 톳밥으로 연명했다. 집집마다 몇 마리씩 키우는 소는 모두 100여 마리로 주민보다 소가 더 많았다.

바닷속에서는 걱정이 없어

당시 추포도 사람들은 소라와 전복 그리고 미역을 뜯지 않으면 생활이 어려웠다. 최 할머니는 친정에서 겨우 수영만 배웠기 때문에 시집을 와서 '큰 눈'과 'ᄌ근눈'(수경)을 가지고 다니며 물질을 배웠다. '큰 눈'은 눈이 한 개로 큰 수경이며, 'ᄌ근눈'은 작은 두 개의 눈으로 이루어져 있다. 특히 미역을 뜯어서 잘 말려 목포나 해남으로 가지고 나가 쌀과 바꿔왔다. 두 가닥씩 열 개를 한 뭇이라 하고, 열 뭇을 한 동이라 했다. 많이 할 때는 한 동을 하기도 했다.

미역을 뜯어서 쌀과 바꾸고, 부족한 식량은 보리와 고구마로 끼니를 이었다. 그래도 부족할 때는 어김없이 톳밥이 올라왔다. 물질로 두 아들과 두 딸을 키웠다. 당시 교육은 생각할 수도 없었고 배를 곯지 않는 것만으로도 감사했다. 더구나 최 할머니처럼 생계와 가정을 책임져야 하는 경우는 더욱 그랬다. 할머니는 이야기 도중 목이 잠기는지 간간이 창문 너머를 바라보셨다. 최근 아들이 몸이 편치 않아 고향에 머물면서 마음이 더욱 약해지셨다.

"바닷속에만 들어가면 모든 것이 잊혀져."

"소라, 전복 살아 있는 것 잡는 게 재밌어."

칠십여 년을 바다와 함께 살았다. 아마 바다가 아니었다면 버티지 못했을 것이다. 경제적인 것만 해결해준 것이 아니었다. 외로움과 슬픔 모두 바다에만 나가면 잊을 수 있었다. 게다가 살아 있는 소라와 전복을 잡는 재미가 쏠쏠했다. 할머니는 지금 몸이 편찮으시다. 마음도 약해졌다. 이 모든 게 따지고 보면 바다에 나갈 수 없기 때문에 생긴 것이다.

골목길을 따라 위로 오르자 학교터가 나왔다. 횡간분교라는 간판은

한때 횡간도에는 30여 가구가 살았고, 분교도 있었다. 그때는 해녀도 30여 명에 이르렀다. 미역과 톳과 우뭇가사리를 뜯고 소를 키워 생활했다. 미역을 뜯어 쌀을 사고, 부족하면 보리와 고구마로 끼니를 때웠다. 지금은 80대와 60대의 두 해녀가 바다를 지키고 있다.

차마 뜯지 못했는지 20여 년째 학교 자리에 그대로 세워져 있다. 그마저 없었다면 얼마나 쓸쓸할까 싶었다. 손바닥만 한 운동장에 들어서자 섬 노인이 거친 숨을 몰아쉬듯 요란한 모터 소리가 들렸다. 물탱크에 물을 끌어 올리는 소리였다.

시금은 제주시에서 생수를 공급해주기 때문에 허드렛물로 사용하고 있다. 운동장 구석에 학교의 역사를 알려주는 작은 표지석이 세워져 있었다. 횡간분교는 1951년 설립되어 26회에 걸쳐 161명의 졸업생을 배출했다. 아이들의 책 읽는 소리로 가득했을 교실에는 물탱크가 자리하고 있었다. 골목길을 빠져나와 선창으로 향하다 모노레일을 타고 올라오는 잠녀들을 만났다. 물질을 마치고 퇴근(?)하는 길이었다. 할머니가 한사코 '보찰'(거북손)이라도 싸주겠다는 것을 겨우 말렸다.

개황 | 횡간도

일반현황

위치 | 제주특별자치도 제주시 추자면 대서리
면적 | 0.602km^2
가구수 | 14   **인구(명) |** 23

공공기관 및 시설

의료시설 | 횡간보건진료소
교육기관 | 횡간분교(1991년 폐교)
전력시설 | 자가발전(태양광)

여행정보

교통 | 횡간도와 추포도는 추자군도의 북쪽에 있는 아주 작은 섬으로 서로 짝을 이루어 행정선이 정기적으로 일주일에 4일 다닌다. 주민을 위해 추자면에서 교통편의를 제공하고 있다.
여행 | 모노레일
특이사항 | 동서로 길게 뻗어서 엄동설한에 추자군도의 북풍을 막아준다는 횡간도는 '빗갱이'라고 부르기도 하는데 섬의 모습이 비껴서 길게 누운 모습인 데서 유래한 것이다 흑검도, 문서도, 추포도 등과 함께 추자군도를 이룬다.

47

섬 산다고 무시해
제주시 추자면 추포도

"우리도 세금을 내는 똑같은 시민이다."

"이제 속다 속다 도저히 참지 못하겠다."

지난해 정월 추포도에 사는 한 주민이 도지사가 추자면을 방문한다는 소식을 듣고 면사무소에서 호소한 내용이다. 지역신문에 소개된 내용에 작은 섬 주민의 아픔이 절절히 전해졌다. 선착장과 전깃불을 켤 수 있는 제대로 된 발전시설을 마련해달라고 했다.

추자면에는 상추자도, 하추자도, 횡간도 그리고 추포도 등 네 개의 유인도가 있다. 추포도는 이 중 가장 작은 섬이다. 옛 이름은 '추가리'라 했다. 봄, 여름, 가을, 겨울, 사철 추수기처럼 바쁘다는 의미다. 봄과 여름에는 해조류, 가을에는 농작물, 겨울에는 돌김을 채취했기 때문이다. 하지만 논도 없고 손바닥보다 작은 밭뙈기와 갯바위와 바다에 의지해 살아야 하는 섬살이가 결코 녹록치 않았을 것이다. 전화도 없던 시절에는 횃불로 긴급한 소식을 본섬에 전했다고 한다. 횃불 하나는 환자 발생, 둘은 중환자, 셋은 사람이 죽었다는 소식이었다.

추포에 사람이 살기 시작한 것은 300여 년 전이다. 지씨들의 귀양살이로 시작되었다고 한다. 생계가 막막할 때 '톳죽'으로 연명하다 톳을 일본으로 수출하면서 숨을 쉬었고, 물질로 소라, 전복, 홍합을 따서 근근이 연명했다. 다행히 주변에 옥돔, 참돔, 고등어, 전갱이, 갈치, 삼치

등도 풍부했다. 추자군도에서도 최고의 낚시 포인트로 알려진 곳이다. 1990년대에는 염소를 방목하기도 했다.

그곳을 오가는 배는 행정선이다. 일주일에 월, 화, 목, 금, 네 차례 오갈 뿐이다. 이때도 추포도는 주민이 부를 때만 배가 들어가는 곳이었다. 작은 섬이지만 한때 6가구에 25명이 살았다. 지금은 2가구에 5명이 거주하고 있다.

섬에 가까이 갈수록 배를 어디에 접안하려는 걸까 걱정이 되었다. 선착장은 아예 없고 갯바위는 온통 절벽이다. 그 중턱에 처마 밑 제비집처럼 아슬아슬하게 걸린 민가가 한 채 보였다. 낚싯배는 익숙하게 큰 바위 옆 오목하게 들어간 절벽에 배를 댔다. 자세히 보니 그곳에 가파른 계단과 난간이 만들어져 있었다. 1970년대 '한국의 오지'(《주간한국》)에 소개된 추포도를 잠시 되새김질해보자.

깎아지른 듯 아스라한 곳에 사람 사는 집이 제비집처럼 매달려 있다고 해야 할까. 그나마 오목하게 집이라도 앉을 곳이 있어 다행이다. 바다는 물질하는 모녀가 지키고, 뱃길도 청하지 않으면 오가는 객선이 스쳐 가는 곳이다.

제주항에서 뱃길로 100여 리. 망망대해 수평선 위에 바다낚시로 유명한 추자도가 물방울처럼 빛난다. 그 추자도항의 제일 북쪽에 외롭게 떠 있는 추포도. 방파제마저 없어 배마저 마땅히 댈 수 없는 이곳 주민들은 오늘도 호롱불로 밤을 밝힌다. 섬 기슭에 환모옥(초가집)으로 또아리를 틀고 삶을 연 지 300여 년. 문명의 혜택에서 소외된 채 묵묵히 겨울 바다와 씨름해야 하는 이곳 사람들의 재산은 금방이라도 옷에 튀면 물들 것 같은 쪽빛 바다가 전부다.

지금은 어떻게 변했을까. 여전히 방파제는 없고 호롱불 대신에 자가발전을 해 불을 밝히고 있다. 초가집 대신에 한 집만 가건물로 바뀌어 거주하고 나머지 몇 집은 빈집이다. 당시 섬지기였던 여섯 명의 해녀는 찾을 수 없고, 일본으로 수출했던 톳이 지천이지만 더 이상 관심에 없다. 다만 씨알이 굵은 고기들이 잘 잡혀 낚시꾼들이 주민들보다 자주

두 가구가 살고 있지만 한때 30여 가구가 살았던 흔적은 묻히고 겨우 돌담만 부는 바람을 피해 길을 열어주었다. 외지에서 바닷물고기를 탐해 그물을 놓는 것을 고무총으로 막던 어린아이는 자라서 섬지기가 되어 낚시꾼을 안내한다.

섬을 들락거릴 뿐이다. 당시 삼중망으로 무장한 '꽁치배'들이 주변의 고기를 싹쓸이해 갈 때 고무총으로 저항했던 아이는 이제 자라서 낚시꾼을 안내하고 있다.

〈한국보도사진〉 자료(1972. 5. 20)에 인상적인 사진이 실렸다. 초가지붕 아래 어린이 일곱 명이 마루에 앉아 있고 선생님이 칠판 옆에 서서 아이들을 가르치는 사진이었다. 문 옆에는 '반공'이라는 글씨가 선명했고, '바르고 부지런하며 씩씩하게 자라자'라는 교훈도 보였다. 학생이 모두 7명뿐인 학교도 아닌 학교에 배용문 선생님이 서른아홉 나이에 스스로 들어와 아이들에게 배움의 길을 열어주었다.

가파른 계단을 오르니 겨우 집이 몇 채 앉을 만한 평지가 나왔다. 그곳에 빈집 두 채와 새로 지은 조립식 집 한 채가 있었다. 지금 사람이 살고 있는 집이 학교, 즉 교습소가 있었던 자리다. 길을 따라 모노레일이 깔려 있어 생필품을 운반할 수 있다. 골목이라 하기에는 조금 민망한 길을 따라 오르자 양파와 토마토와 상추 등을 심어놓은 텃밭도 있었다. 사람의 손을 타지 않은 뽕나무에 오디가 검붉게 익어 있었다. 앞서가던 사람들이 멈춰 손과 입술이 시꺼멓게 따 먹고 있었다.

올라가던 길을 멈추고 왔던 길을 돌아보았다. 낚싯배가 절벽 아래 검푸른 바다에 아스라이 매달려 보였다. 멀리 상추자도와 하추자도 예섬, 염섬, 검둥여, 다무래미, 수령섬, 악생이, 직구도 등 섬과 여도 눈에 들어왔다. 이곳에서 수백 년 동안 사람이 살았다는 것이 경이로울 뿐이다.

"사진 찍지 마세요."

경계심이 가득한 날카로운 목소리에 갯바위에 앉아 졸고 있던 갈매기가 깜짝 놀라 날아올랐다. 모노레일을 타고 내려오는 사람을 배경으로 사진을 찍던 일행들이 움찔했다. 선창에서 고무보트의 시동을 걸어놓고 낚시꾼이 내려오기를 기다리던 사람이 외치는 소리였다. 우리 일행이 낚싯배에서 내려 섬에 오를 때 '집이나 사생활은 사진을 찍지 말라'는 말을 남기며 내려갔던 사내였다. 작은 섬에 30여 명이 갑작스럽게 방문했으니 유쾌할 리가 없었을 것이다. 게다가 모두들 카메라를 들고 여기저기서 마구 눌러댔으니 기분이 상할 만했다. 모노레일을 타고 내려오는 모습이 쉽게 볼 수 있는 장면이 아니라 빈가운 마음에 대뜸 카메라를 들이댔으니 억울하다 말할 수도 없다.

어제 만났던 한 어촌계장 아들이 들어와 방문하는 낚싯배로 생활한다고 일러줬던 것이 생각났다. 낚시꾼 두 명을 태운 배는 우리 배를 앞지르면서 하얀 물줄기를 남기고 추포도와 횡간도 사이에 있는 오동여로 향했다. 이미 몇 사람이 자리를 잡고 있었다.

개황 | 추포도

위치 | 제주특별자치도 제주시 추자면 예초리
면적 | 0.098km^2 **해안선 |** 2.5km
가구수 | 2 **인구(명) |** 6

공공기관 및 시설

교육기관 | 추포교습소(1983년 폐소)
전력시설 | 자가발전(태양광)

여행정보

교통 | 행정선 추자호가 유일한 교통수단으로, 추자면사무소 앞에서 약 20여 분이 소요된다.
여행 | 모노레일
특산물 | 도미, 갈치, 방어, 전갱이 등
특이사항 | 제주도에 딸린 유인도 중 가장 작은 섬이다.

●—무인도는 힘 있는 마을이 차지한다?

추자도에는 대서리, 영흥리, 예초리, 묵리, 신양 1리, 신양 2리 등 6개의 자연마을에 3천여 명이 바다에 의존해 살고 있다. 대서리와 영흥리는 상추자도에 속하며, 묵리, 신양 1리, 신양 2리, 예초리는 하추자도에 속한다. 추자면은 상추자도, 하추자도, 횡간도, 추포도 등 4개의 유인도의 38개의 무인도로 이루어져 '추자군도'라 한다. 추자도 외에 제주도에는 우도, 가파도, 비양도, 마라도 등 딸린 섬이 있다. 무인도라고 해서 누구나 배를 타고 가서 해조류나 패류를 채취할 수 없다. 특히 추자도처럼 바다에 의지해 사는 섬은 오히려 무인도가 더 소중하다.

〈추자도의 마을별 무인도서 보유 현황〉

영흥리 : 두령서, 개인여, 이도, 미역서, 납덕서, 검둥여, 시루여 (이상 7개)

예초리 : 사수도, 우두도, 염도, 가망여, 상도, 돌도 1, 돌도 2, 우비도, 방서, 오등서, 혈도, 등대서 (이상 12개)

대서리 : 직구도, 흙검도, 수령도, 다무내미, 망도, 악생도, 공여도, 녹서, 문여, 흑서 (이상 10개)

신양리 : 망서, 수덕, 청도, 절명서, 외간도, 섬도 (이상 6개)

묵리 : 해암도, 회도, 수영도 (이상 3개)

마을별로 보유한 무인도의 수는 곧 마을이 가진 힘의 세기라 하면 지나친 것일까. 톳, 미역, 가사리, 소라, 전복, 홍합 등 해조류와 패류는 오염되지 않고 인간의 간섭이 적은 무인도 주변에 더 많이 서식한다.

추자도는 침강과 융기로 섬 주변부가 침수되고 경사도가 높고 임야가 발달해 있다. 당연히 농사지을 땅이 적어 일찍부터 바다에 의존해왔다. 지금처럼 큰 배나 동력이 발달하지 않았던 시절에는 작은 배를 타고 연안에서 연승, 자망, 채낚기, 통발 등으로 고기를 잡거나 갯바위에서 미역, 김, 톳, 모자반, 가사리를 뜯어 생활했다. 자연스레 무인도가 마을의 어장 면적을 결정짓는 기준이 되었다.

48

한라산이
아름다운 것은

한라산을 오르는 길은 윗세오름, 영실, 관음사, 성판악 등 네 길이 있다. 윗세오름으로 올라 영실로 하산하는 길을 많이 이용한다. 산행 거리도 짧고 험하지 않은 길이다. 한라산은 360여 개의 오름을 품고 있는 제주의 어머니 산으로, 곧 제주다. 이곳에 농사를 짓고 물을 마시며 살았다. 인간뿐만 아니라 동식물도 다르지 않다.

어리목을 지나자 바로 잘 정비된 산길이 이어졌다. 곳곳에 등산객들이 쉴 수 있는 자리가 마련되어 있었다. 한라산은 등산로를 제외한 길로는 들어갈 수 없다. 어리목 사제비 약수터에서 윗세오름을 지나 영실 병풍바위 아래까지 철쭉이 피어나기 시작했다. 한라산은 봄과 여름에는 해양성 기후의 영향을 받다가 가을과 겨울에는 대륙성 기후의 영향을 받는다. 600고지까지는 아열대, 1400고지까지는 온대, 그 이상은 한대성 식물군이 자라는, 생태계가 독특한 산이다. 그래서 한라산에서 포유류를 비롯한 동물들을 찾기는 어렵지만 곤충과 식물은 다양하게 발견된다.

지형과 지질의 특성으로 비가 많고 그 빗물은 지하로 스며들어 바다로 흘러든다. 한라산은 제주의 저수지이자 식수 탱크다. 그래서 제주 연안의 바닷물은 한반도의 연안에 비해서 염도가 낮다. 해안가 마을에서 흔히 볼 수 있는 용천수가 만들어지는 것도 같은 이유이며, 말과 소

곶자왈. 제주 곶자왈은 용암이 분출되면서 쪼개진 암석으로 만들어진 언덕으로 제주의 독특한 동식물의 서식처이자 인간을 위한 식수원이며, 생업과 생활에 필요한 도구를 만드는 나무를 공급해주며, 4.3항쟁의 아픔이 깃들어 있는 곳이다.

가 내려와 바닷가에서 물을 먹으며 소금을 섭취할 수 있는 것도 그 때문이다.

제주인의 젓줄이자 밥줄, '한라산'

만세오름으로 가는 길에 수령 500년 된 물참나무를 만날 수 있다. 늠름하게 네 개의 가지를 펼치고 있어 오가는 사람들의 그늘이 되어주었다. 그런데 수명을 다했는지 두 가지는 말랐고 나머지도 생기를 잃었다. 조선시대 일이다. 제주에 심한 흉년이 들었다. 사람들은 참나무에서 떨어진 도토리를 주워 죽을 끓여 굶주림을 면했다. 마을 사람들은 그 은공을 잊지 못해 매년 제사를 지내고 참나무를 '송덕수'라 이름을 지었다.

한라산에 피는 철쭉은 지리산 철쭉과 함께 가슴으로 다가온다. 현대사의 아픔을 안고 피기 때문이다. 이
곳에 자생하는 조릿대가 우점종이 되면서 철쭉의 서식처도 위협받고 있다. 조릿대를 먹던 소와 말을 더
는 방목하지 않는 결과일까.

지금은 한라산에서 도토리를 줍는 사람들 대부분이 육지에서 온 관광
객들이다. 그것도 오래가지 않을 것 같다.

참나무뿐 아니라 한라산 정상부에서 우점종을 이루고 있는 조릿대
도 도토리처럼 구휼식량이었다. 해발 1000고지 일대는 온통 조릿대 밭
이다. 조리를 만들었기 때문에 붙여진 이름이다. 산에서 나는 대나무라
산죽이라고도 했다. 가지가 갈라지지 않고 마디가 둥글며 털이 없는 것
이 육지부의 조릿대와 다르고 울릉도의 조릿대와도 구별되는 한라산
자생 식물이다. 말과 소를 방목하던 시절에는 조릿대가 좋은 먹이가 되
었다. 번식력이 뛰어나 고산지대는 조릿대가 점령하고 있다. 조선시대
숙종 3년(1723년) 왕조실록의 기록에 따르면 이렇다.

제주 대나무에 열매가 생겼다. 한라산에는 예전에 분죽(粉竹)이 있어서 숲을 이루었는데, 잎은 크고 줄기는 뾰족하여 노죽(蘆竹, 갈대)이라고 한다. 예로부터 열매가 없는 것인데 4월 이후 온 산의 대나무에 홀연히 열매가 맺혔는데 모양은 구맥(瞿麥) 같았다. 이때 본도 삼읍이 극심한 가뭄으로 올해 보리가 여물지 못하여 백성들이 굶주림으로 허덕이고 있는데 이에 이르러 따다가 전죽(범벅과 죽)을 만들어 먹고 살아남은 자가 많다고 도신(道臣)이 아뢰었다.

한라산의 날씨는 변화가 심하다. 그래서 온전한 한라산과 백록담의 모습을 오롯이 보기가 쉽지 않다. 윗세오름에서 보는 백록담과 오름의 모습은 감동 그 자체다. 몇 년 전까지 백록담 안에서 철쭉제를 지내기도 했다. 2만여 명이 백록담 안에 들어가 행사를 했으니 상상만 해도 끔찍한 일이다. 만세오름을 오르자 백록담이 모습을 드러냈다. 날씨가 도와준 탓이다. 백록담에 물이 잠긴 아름다운 사진을 떠올리는 사람이 있을 것이다. 더 이상 물이 고인 백록담을 볼 수 없자 못의 바닥을 코팅해서 물을 가두려는 용역을 실시한 적이 있었다. 얼마나 어리석은 일인지. 한라산뿐만 아니라 제주를 글과 사진으로 기록해온 강정효 기자가 한라산만큼 용역을 많이 한 곳도 드물 것이라고 일러줬다. 문제가 생기면 용역부터 하는 것이 우리네 대책이다. 그는 한라산에 들어간 복구비용을 단순하게 계산해봐도 2000년 초반까지 1미터에 37만 원이 들었다고 했다. 그 후로는 계산하지 않았다.

윗세오름에서 바라보는 백록담. 직접 안을 들여다볼 수 없기 때문에 더욱 신비롭다. 가고 싶다고 보고 싶다고 모두 가고 볼 수 있다면 자연의 신비함은 사라질 것이다. 신비함이 있기에 자연은 보전되는 것이다. 과학과 기술로 해결할 수 없는 것이 자연이다. 붕괴된 생태계를 과학과

504

기술로 해결할 수 있다는 오만의 극치를 수없이 보았다. 새만금이 그렇고, 4대강이 그랬다. 지금도 오만은 계속되고 있다.

생태계의 회복이 최고의 복원이다

윗세오름에서 시작한 길은 내리막길인 영실 첫머리까지 이어진다. 이곳은 습지 지역으로 노루가 찾아와 목을 축이는 곳이다. 그곳에 노루샘이 있다. 한라산 정상부에서 서식하는 수십 마리의 노루들이 자주 나타나 목을 축이는 곳이다. 윗세오름 휴게소에서 잠시 머물다 영실로 내려가기 시작했다. 하지만 이내 걸음을 멈추었다. 노루샘 근처에서 '숲해설사' 한 분이 노루를 발견한 것이다. 노루샘 오른쪽 작은 오름 중턱에 송아지만 한 노루 한 마리가 천천히 샘으로 이동하다 우리를 발견하고 걸음을 멈추었다. 1980년대 이후 한라산에서 멸종된 것으로 알려진 노루가 1990년대 모습을 드러낸 이후 적극적으로 보호활동을 한 덕분에 개체수가 급격히 늘어났다. 정확한 수는 조사되지 않았지만 공원관리소에서 밝힌 자료에 의하면 백록담 인근에 수십 마리가 살아가고 있으며 한라산에는 수백 마리가 서식하는 것으로 알려지고 있다.

노루가 즐겨 먹는 것이 '시로미'다. 그런데 서불이 500명의 동남동녀를 데리고 들어와 가져간 불로초가 '시로미'라고 한다. 진시황이 먹으려 했던 시로미를 '4.3'으로 산에 들었던 산사람들이 따 먹었다. 한라산에서 먹을 수 있는 대표적인 열매가 '시로미'이다. 시로미는 높이 10~20센티미터로 땅을 기면서 군락을 형성하는 식물로 백두산과 한라산의 1400고지 이상에서 자란다. 열매가 둥글고 9월 무렵 자흑색으로 익는데, 잼이나 술을 담근다.

최근 시로미가 급격하게 한라산에서 줄어들고 있다. 시로미의 급속한 감소는 지구의 온난화와 조릿대의 증가 때문이라는 지적이 있다. 지

윗세오름을 지나면 산신이 살고 있는 영스러운 곳인 영실에 이른다. 한라산을 영주산이라 했던 이유가 있다. 천태만상의 기암괴석은 일찍이 오백나한, 오백장군이라 이름 붙여졌고 설문대할망의 오백 아들이라는 전설이 있다. 그중 한 아들이 차귀도에 자리 잡은 장군석이다.

구의 온난화는 제주도에서 당장 어찌할 수 없겠지만, 조릿대의 상황은 다르다. 한라산에서 방목하던 소와 말이 조릿대를 뜯어 먹어 조릿대의 증가를 막았지만, 방목 금지 이후 급격하게 증가했다. 시로미에 비해서 번식력이 좋고 키가 큰 조릿대는 시로미 등 한라산에서 자라는 중요한 식생들과 경쟁해서 이기고 군락을 이루며 한라산의 주인으로 자리 잡았다. 심지어는 철쭉마저도 조릿대에 자리를 내주는 현상이 발생하고 있다.

이 외에도 노루의 증가가 시로미의 성장을 막는 다른 원인이라는 지적이 있다. 겨울철 먹이가 없는 시기에 푸른 시로미는 노루의 좋은 먹잇감이 되기 때문이다. 수십억 원의 예산을 투입해 훼손지역을 복구하는 것도 중요하지만 이보다 먼저 한라산의 식생을 지속시키는 대책을 마련하는 것이 필요하다. 그들이 인간보다 먼저 한라산을 지켜왔기 때문이다. 과학보다 더 앞서는 것이 생태계다. 논리보다 앞서는 것을 종종 경험에서 확인한다.

노루샘 주변에는 앵초를 비롯한 습지식물의 꽃들이 활짝 피었다. 화산암으로 이루어진 한라산에서 드물게 습지식물들이 자라는 곳이다. 그곳에 양서류들이 서식한다. 동행하던 아이들이 제주의 생태관광 가이드인 오병윤씨 주변으로 모여들었다. 돌 틈에서 도롱뇽 알을 찾아냈던 것이다. 아이들이 탄성을 질렀다. 도롱뇽은 3~4월이면 남부 지역에서 산란하지만, 한라산 고지대에서는 중부 지역의 산란과 비슷한 시기에 산란한다고 한다. 또 지리산, 무등산, 덕유산 등에서 볼 수 있는 구상나무 군락을 등산로 인근에서 볼 수 있다. 6월에 피는 구상나무 꽃은 자라서 솔방울이 되는데 그 색깔에 따라 푸른 구상나무, 붉은 구상나무, 검은 구상나무 등으로 구분한다.

구상나무는 한반도에서만 존재하는 희귀종이다. 나무의 학명에 koreana가 붙은 것이 이를 증명한다. '온전한' '늘 갖추고 있다'는 의미의 구상(具象)은 한라산의 또 다른 말일 것이다. 1만 2,000년 전 빙하기가 끝난 후 한반도에 퍼진 가문비나무와 분비나무가 고립 분화되면서 생겨난 종으로 한라산, 가야산, 지리산, 덕유산에 분포한다. 이 나무를 발견한 이는 미국의 식물학자 윌슨이다. 구상나무가 자신의 이름을 갖게 된 것은 1915년이다. 윌슨은 구상나무를 미국으로 가져가 원예종으로 개발해 크리스마스트리로 인기를 누리고 있다. 유럽에서는 '한국전나무'(Korean Fir)로 불린다. 그 나무를 이제 수입하고 있다. 아이들에 이어 어른들의 탄성이 이어졌다. '오백장군'을 본 것이다. 진흙으로 빚은들 저런 모양이 나올까? 화산 폭발과 제주의 바람과 눈보라가 빚

한라산 철쭉의 으뜸은 영실계곡의 철쭉이다. 다른 곳의 철쭉이 스러졌을 때도 꽃을 피우고 있다. 오백장군을 둘러싼 구상나무의 푸른 숲과 대비되어 감탄스럽다. 이곳에 이르면 한라산이 얼마나 큰 산이고 제주도가 얼마나 장엄한지 느낄 수 있다.

어낸 예술작품이다. 영실(靈室), 오죽했으면 '신령스러운 장소'라고 했을까.

한라산에 담을 쌓다

제주는 말과 소를 기르기 적합한 곳이다. 때로는 '가둬 기르기'도 하고 때로는 '놓아기르기'도 했다. 1930년대 통계자료에 의하면 제주도의 소가 4만 924마리로 전국의 30퍼센트, 말은 2만 2,500마리로 40퍼센트가 되었다고 한다. 오죽했으면 '말은 나면 제주도로 보내고 사람은 나면 서울로 보내라'고 했겠는가.

한라산에서 바다로 빗물이 급하게 흘러내리면서 만들어낸 물길들은 소나 말들이 함부로 내를 건널 수 없도록 하여 내와 내 사이에 천연의 방목지를 만들었다. 한라산 정상에서 해변으로 내려오면서 계절별로 자라는 초목들은 아래부터 싹트기 시작해서, 정상부터 내려오면서 시들기가 진행되기 때문에 마소들은 자연스럽게 오르내렸다. 마을 사람들이 때에 따라 소들이 어디에서 풀을 뜯고 있는지 가늠할 수 있는 이유다.

일 년 내내 산과 들에 놓아기르는 마소를 '곶쉐(말)', 관리 순번을 정하여 들과 산의 마을 공동목장에서 함께 모아 먹이는 마소를 '번쉐(말)'라고 한다. 고광민은 이를 '곶치기'와 '번치기'로 구분하였다. 몽고의 유목민은 일 년에 서너 번 이동하면서 방목하지만, 제주 백성들은 집을 '고만이' 두고 이동하면서 말을 길렀다. 이렇게 마소를 관리하기 위해 한라산 중산간에 돌을 쌓았는데 이를 잣성이라고 한다. 잣성은 조선 세종 때 고득종이 조정에 건의해 목장을 한라산 중산간으로 옮겨, 제주 전체를 열 개의 소장(10소장)으로 나눈 후 중산간 일대에 상잣, 중잣, 하잣 등의 성을 쌓아 목장으로 이용하면서 시작되었다.

한내의 경우 상잣과 중잣의 거리가 5리, 중잣과 하잣의 거리가 5리이지만 잣성들 간의 거리는 한라산의 등고선 차이에 따라 다르다. 마을 주민들이 우마를 통제하는 유일한 방법은 잣성으로, 이를 넘지 못하는 우마들을 확인하기도 하고 잣성 사이에 있는 초목들을 관리하기도 했다. 어승생이처럼 돌들이 많지 않은 곳에 돌을 쌓은 것으로 보아 많은 사람들이 동원되어 축조한 것으로 볼 수 있다. 1958년 무렵까지 '담을 추리는 일'(보수하는 작업)을 했다. 담을 추리는 일은 잣성 구역에 해당되는 마을이 모두 나서는데, 어승생이 상잣은 '연동' '어영' '도루' '이호' 마을들이 함께했다. 마을 간 관리 구역이 정해졌을 것이다.

제주에서 소는 답전과 분전의 두 가지 역할을 했다. 답전(踏田)은 씨를 뿌린 후 밟는 일이며, 분전(糞田)은 거름용 똥을 만들어내는 일이다. 따라서 부종 후 답전과 분전을 위해 소를 가두어 키워야 했기 때문에 부종 후엔 경계가 없는 상잣 위로 올려버린다. 따라서 3~4월에는 하 잣, 5~6월에는 중잣에서 방목했다고 한다. 이처럼 계절에 따라, 시기 에 따라 관리인을 두고 이동하며 마소를 길렀다. 마소는 개인들의 것이 지만 관리는 공동으로 했다. 계곡과 계곡 사이를 말과 소들이 넘나들지 못했기 때문에 풀이 나기 시작할 때 오르기 시작한 마소는 상잣에 해당 하는 한라산 정상부에 있다가 낙엽이 지기 시작하면서 다시 마을로 내 려오는 것이다.

눈 쌓인 한라산에 오르다

눈 쌓인 한라산에 오르는 것을 제주 여행의 목표로 삼은 지도 여러 해 가 되었지만 때를 맞추지 못한 채 여러 해가 지났다. 일 년에 한두 차례 제주를 방문하지만 그런 행운이 내게 다가오지 않았다.

이번에 두 가지 행운이 한꺼번에 찾아왔다. 하나는 입춘굿이요, 다른 하나는 눈 덮인 한라산을 오르는 일이다. 본래 목적은 입춘굿이 목적이 었다. 제주공항에 도착해 한라산을 보니 하얗다. 가슴이 벅찼다. 게다 가 오전까지 통제되었던 한라산이 오후에는 일부 구간에서 입산이 가 능하다는 소식이 들렸다. 차를 빌려 곧바로 어승생악으로 향했다. 한라 산을 바라보기 좋은 오름이다. 이곳은 반나절이면 한라산을 바라보고 내려 올 수 있는 오름이다. 눈이 왔다고 하지만 오후 일정으로 충분하 다 싶었다.

입춘굿을 알리는 '새경문굿' 꽹과리 소리를 뒤로하고 차를 빌려 목적 지로 향했다. 1100도로에 접어들자 소나무들이 하얀 눈에 덮인 소나무 가지들이 늘어져 있는 모습이 보이기 시작했다. 노루목 삼거리로 가는

어승생악에서 본 한라산의 겨울.

길 양쪽은 도로를 빼놓고는 눈으로 덮여 있었다. 더 이상 차를 타고 갈수 없다. 삼거리에서 매표소까지 가는 길은 통제되었다. 걸어야 한다. 올라가는 사람은 찾기 어렵다. 모두 내려오는 사람뿐이다. 불안하다.

팥배나무, 산딸나무, 때죽나무, 층층나무, 송악 등 가지에 눈이 수북하게 쌓였다. 매표소를 지나는데 관리인이 가로막는다. 어승생악은 등산이 가능하지만 어리목이나 사제비동산은 통제라는 것이다. 본격적으로 어승생악에 접어들자 슬슬 불안하기 시작했다. 1킬로미터 남짓되는 거리이지만 눈이 많이 쌓여 있어 늦기 전에 다녀올 수 있을까. 아이젠도 없이 등산화만 신고 올라갈 수 있을까. 올라가는 것보다 내려오는 것이 더 걱정이었다. 그렇다고 아이젠을 살 곳도 없었다. 내려오는 사람들은 한결같이 아이젠에 스틱까지 갖췄다. 그렇다고 뒤로 물러서는 것도 마땅치 않았다.

그 사이 생각과 다르게 발걸음은 이미 눈길을 더듬어 오르고 있었다. 어승생악에서는 백록담 정상은 물론 큰두레왓, 장구목, 윗세오름, 만세동산, 사세비동산, 민대기오름, Y계곡, 작은두레왓 등을 한눈에 볼 수 있다. 국가지정 천연기념물(제182호)이자 한라산 천연보호구역이다. 가시엉겅퀴, 꽃향유, 속단, 곽향, 이삭여뀌 등 다양한 식생이 서식하는 곳이다. 세계자연유산에 속하는 곳이기도 하다.

날씨 때문인지 오르는 길에 등산객이 없었다. 모두 내려오는 사람이다. 걱정스러워 내려오는 어느 부부에게 아이젠 없이 올라갈 수 있느냐고 물었더니 남편은 괜찮다고 하고 아내는 내려올 때 위험하다고 한다. 어쩌란 말인가. 걱정과 달리 눈 쌓인 한라산은 환상이었다. 오를 때는 등산로와 나무만 보였지만 중간을 지나니 한라산이 윤곽을 드러내기 시작했고, 숲도 보였다. 오길 잘 했다 싶었다. 그렇게 한 시간쯤 올랐을까. 파란 하늘이 숲 사이로 보였다. 사람 목소리도 들렸다.

어승생악에는 일제가 판 동굴진지가 두 개나 있다. 1945년 4월, 그러니까 항복선언을 하기 몇 달 전이다. 일본군 제58사령부가 한라산을 방어진지로 지구전을 펼치겠다는 목적으로 진지를 구축한 것이다. 이곳은 제주시, 조천, 애월, 한림 등을 한눈에 볼 수 있는 요충지이다. 이들 지역 주민들을 강제노역에 동원시켜 진지를 마련한 것이다. 등록문화재로 지정되어 있다.

제주 어디 한 곳 상처가 없는 곳이 있으랴. 하얀 눈은 한라산만 아니라 제주도의 상처를 모두 덮었다. 제주시 쪽으로 도두봉, 남짓은오름, 민오름, 사라봉, 별도봉, 원당봉이 볼록볼록 얼굴을 내밀었다. 서쪽으로 비양도가 아련하다. 내려갈 걱정도 잊은 채 한라산 자태에 취했다.

윗세오름에서 노을을 지켜보라. 한라산과 크고 작은 오름을 지나 마지막 용트림을 했던 막내 오름 비양도의 투정을 어르듯, 용암이 흐르듯 붉게 타오른다. 저리 아름다운 노을을 본 적이 없다. 산에 오르는 것은 깊은 바다를 보기 위함이다.

오름에 노을이 내려앉았다

오백장군과 병풍바위에 눈이 팔려 있는 동안 소리도 없이 노을이 한라산과 오름에 내리고 있었다. 비양도 너머 저물어가는 저녁노을. 붉은 하늘에 작은 구름이 걸리듯 비양도가 떠 있었다. 그 앞으로 오름이 짙고 옅게 명암을 달리하며 자리를 잡았다. 채색한 수묵담채화처럼. 사진에 담아보려고 연신 셔터를 눌렀지만 영 맘에 들지 않는다. 자연이 만들어낸 모습을 어찌 사진으로 다 표현할 수 있겠는가. 가슴에 담아 가야지.

　병풍바위와 오백장군 사이에 형성된 협곡은 아름다움에 그치지 않는다. 더 소중한 것은 제주인의 생명수를 품고 있다는 것이다. 욕심꾸

러기 인간들이 그 물을 뽑아내 장사를 하고 있다. 오롯이 인간의 몫만
은 아닐 텐데. 한라산 계곡들 대부분이 건천이지만 이곳은 사시사철
물이 마르지 않는다. 골이 깊고, 숲이 무성하기 때문이다. 지질학자들
은 이곳도 백록담처럼 분지였을 것이라고 추정했다. 윗세오름에서 내
려오면서 영실기암을 보노라면 남쪽, 즉 서귀포시 쪽이 툭 터져 있음
을 알 수 있다. 용암이 흘러내리면서 분화구가 무너지고 계곡으로 변했
다. 이렇게 강정천이 만들어졌다. 강정천의 바닥은 용암이 흘러내려 굳
은 곳으로, 너른 현무암으로 이루어져 있다. 그리고 바다와 만나는 하
구에는 폭 60미터에 길이 1.2킬로미터의 거대한 용암바위가 만들어져
있다. 밀물에는 바다에 잠겼다 썰물에 모습을 드러낸다. 하천에는 은어
가 살고, 연안에는 붉은발말똥게가 서식하고 있다. 모두 환경부지정 멸
종위기 야생동물이다. 구럼비 가까운 곳에는 천연기념물인 문섬과 범
섬이 있고 인근은 천연보호구역으로 지정되어 있다. 해송, 긴가지해송,

●—10소장(所場)

조선 전기에 말을 안정적으로 공급하기 위해 1429년(세종 11년) 8월부터 다음 해
2월에 걸쳐 제주 중산간 초원 지대에 잣성을 쌓거나 정비하여 만든 10개의 국영 목
장을 말한다. 당시 제주목 지역에 1소장부터 6소장, 대정현 지역에 7소장에서 8소
장, 정의현 지역에 9소장과 10소장을 두었다. 소장에는 국마만 아니라 주민 소유의
말들도 공동으로 방목되었다. 그리고 각 소장은 45~60리이며, 종6품의 감목관과
마감, 군두, 군부, 목자로 구성된 마정 조직이 있었다. 감목관제와 공마제도가 폐지
된 1894년까지 유지되었으며 이후 금마제로 바뀌면서 폐지되었다. 목장 터는 이
후 주민들이 경작지로 개간하거나 취락지로 바꾸었다.

출처: 〈디지털제주문화대전〉

나팔고둥, 검붉은수지맨드라미, 밤수지맨드라미, 둔한진총산호, 별혹산호, 기수갈고둥 등 수많은 멸종위기종과 보호요망종이 서식하고, 남방돌고래가 서식한다. 그곳에 해군기지를 만들겠다고 나서면서 하천과 바다의 생태계가 무너지고 제주의 독특한 연안 생태공동체 구럼비는 파괴되었다.

내리막이 가파른 오르막 못지않게 힘들었다. 다리에 힘이 빠졌기 때문이다. 이즈음에 기운을 북돋아주는 멋진 소나무를 만났다. 한라산에서 흔하지 않은 소나무다. 늘씬하게 쭉쭉 뻗은 영실의 소나무 숲은 대한민국의 아름다운 숲으로 지정되기도 했다. 목조 건축재의 최고 품질로 인정하는 '금강송'에 못지않다. 한라산에 많은 사람이 방문하면서 생태계가 위협받고 있다. 또 태풍이나 집중호우 등 '자연재해'로 인한 피해도 크다. 자연재해를 막을 수 있는 길은 없지만 피해를 줄일 수 있는 지혜를 마련할 수는 있다. 그런데 이보다 더 심각한 것이 있다. 그것은 잘못된 관리정책이다. 강기자는 그 대표적인 사례로 장구목 계곡을 들었다. 인위적으로 만들어놓은 배수로가 한 차례 태풍으로 무너지고, 나가서 주변 생태환경마저 붕괴시키는 우를 범하고 말았다는 것이다. 식생 복원의 경우도 마찬가지라 할 수 있다. 수천 년 동안 변화와 적응을 해온 한라산 생태계를 지속시켜주는 것보다 좋은 관리는 없다. 인간 중심이 아니라 한라산의 시로미, 철쭉, 계곡, 노루, 말과 소 등을 우선하는 관리가 필요하다. 늘 인간 중심의 복구가 자연생태계를 돌이킬 수 없는 지경에 이르게 한다.

49

물은
바다로 흐른다

제주도는 동서 73킬로미터, 남북 31킬로미터의 타원형의 섬이다. 한라산은 남쪽으로 치우쳐 자리하고 있다. 이러한 지형이 제주의 생태환경은 물론 주민들의 생활에 큰 영향을 미친다. 육지에 비해서 강우량이 많기 때문에 비가 오면 빗물이 한라산 정상에서부터 급경사면을 타고 바다로 흘러든다. 하지만 화산암으로 이루어져 있어 장마철이나 집중호우 때나 하천에 잠깐 물이 흐를 뿐 대부분 건천이다.

뭍에서처럼 늘 물이 흐르는 하천은 북쪽의 산정천과 남쪽의 강정천이다. 두 하천을 따라 제주시와 서귀포시라는 큰 도심이 발달한 것도 물을 쉽게 이용할 수 있었기 때문이다. 산정천 끝자락에는 제주항이, 강정천에는 서귀포항이 있어 뱃길로도 중요한 역할을 하고 있다. 사실 제주의 모든 시작은 한라산이고 끝은 바다다. 이 시작과 끝을 연결하는 것이 하천이다. 제주에는 60여 개의 계곡이 있는데, 이 중 한라산에 20여 개가 있다. 백록담에서 발원해서 내려오는 계곡은 어리목의 'Y계곡'과 '효돈천'이다. 효돈천은 유네스코 생물권보전지역으로 선정되었다. 또 서귀포로 떨어지는 하천은 갈라진 숲 '산벌내'에서 시작되며 산허리에서 생겨난 하천을 '허리내'라고도 부른다. 오름처럼 하천도 제주의 지형과 제주 말을 읽는 열쇠다.

산벌내는 효돈천의 상류에 해당한다. 백록담에서 바로 내려오는 이

한라산으로 스며든 물은 온갖 생명들의 목을 축이고 바다에 내려와 그 역할을 마무리한다. 다시 해가 뜨면 바다의 작은 생명에 피와 살이 되기도 하고, 하늘로 올라 작은 물방울이 되어 한라산 어느 자락에 떨어질 것이다.

계곡은 깊이가 100미터를 넘는 곳도 있다. 날씨가 좋은 날은 서귀포에서 한라산을 보면 정상 부근에 움푹 들어간 숲 골짜기가 보인다. 그곳이 산벌내다. 그곳은 제주 사람들에게도 '칠성판'을 지고 가야 할 정도로 험한 곳으로 알려진 곳이다. 죽은 사람을 데리러 가는 일 아니면 갈 일이 없는 곳이다.

하천의 중류에 위치한 돈내코 일대는 천연기념물인 한란 자생지 보전지역이다. 효돈천에서도 제주 한란이 발견되었다. 하류는 제주의 비경이라 일컫는 쇠소깍으로 이어진다. 올레꾼들이 많이 찾는 곳이다. 효돈을 옛날에는 '쇠돈'이라 했다. 그리고 연못을 의미하는 '소'와 바다와 강이 만나는 곳을 말하는 제주어 '깍'이 결합되어 만들어진 이름이다. 마을 사람들이 사용하는 통나무배 테우를 정박시켜놓았던 곳이다. 바다와 연결되어 파도와 바람을 피하고 여름철 더위를 피해 물놀이를 할 수 있는 곳이다. 또 고기잡이를 하거나 해초를 뜯기 위해 바다로 나갈 수 있는 길목이다. 지금은 최고의 올레길이자 카누 체험을 할 수 있는 곳이다. 물론 테우를 타볼 수도 있다.

효돈천에는 환경부가 지정한 법정 보호식물이 모두 58종이 있고 이중 26종이 자생하고 있다. 그 가운데 10종이 효돈천에 서식하고 있다. 최근에도 보호야생식물인 무주나무 몇 개체가 이곳 효돈천에서 발견되었다. 그뿐 아니다. 우리나라 난의 70종 이상이 제주에 서식하고 있는데 그중 80퍼센트 이상이 효돈천에서 발견된다고 한다. 이쯤이면 효돈천의 가치를 가늠하고 남으리라. 유네스코 생물권보전지역으로 지정된 것이 우연이 아니다. 제주 땅의 역사를 살펴볼 수 있는 곳이다.

하천을 빠져나온 물은 법환마을과 강정마을을 지나 문섬과 범섬으로 이어진다. 문섬 주변 바다는 산호의 군락지이며 2,000여 종의 바다 생물이 서식하는 해양생태계의 보고다. 특히 화려한 열대어, 뿔산호, 대왕조개, 구로퍼 등은 남국의 분위기를 연출한다. 많은 스쿠버 다이버들이 꼽은 최고의 곳이다. 오스트레일리아의 퀸즐랜드는 무려 2,000킬로미터에 이르는 산호 군락을 해양생태관광자원으로 이용하고 있다. 여행객들은 먼저 선상에서 산호 교육을 받은 후 간이선착장에서 500여 종을 관람할 수 있다. 산호초는 어류들의 서식처로서, 풍부한 먹이와 은신처를 제공해준다. 덕분에 화려한 열대어, 뿔산호, 대왕조개, 구루퍼 등 2,000여 종의 물고기가 서식한다. 호주는 1970년대 산호초 군락을 보호하기 위해 제한 접근을 시작하여 지금은 30퍼센트의 지역을 접근 금지시키고 있다. 유네스코 보호지역으로 지정된 문섬과 일대 바다는 이에 비하면 너무 자유롭다. 제주도는 생물권보전지역 지정 이후에 세계지질공원과 세계자연유산으로 지정되었다. 그리고 세계자연유산총회가 개최되기도 했다.

●─제주의 자연은 세계의 유산이다

제주도 생물권보전지역 (Jeju Island Biosphere Reserve)

유네스코는 2002년 12월 16일 육상의 한라산국립공원, 영천·효돈천 천연보호구역과 해상의 섶섬·문섬·범섬 천연보호구역, 서귀포 도립해양공원 등 151.58제곱킬로미터의 핵심지역과 서귀포 도립해양공원 일부, 중산간 지역 146.01제곱킬로미터의 완충 지역, 그 밖의 하천 양측 500미터 구간, 서귀포 도립해양공원 및 효돈천 하구 앞 해상 533.35제곱킬로미터의 전 지역을 제주도 생물권보전지역으로 지정했다.

제주 세계자연유산 : 제주 화산섬 용암동굴

제주도는 화산 지형으로 육지에서 볼 수 없는 동식물상을 갖고 있다. 한라산을 중심으로 한 수직적인 식물분포도와 구상나무 집단 군락지가 대표적이다. 뿐만 아니라 용암동굴 안에는 곤봉털띠노래기, 성굴통거미, 제주굴아기거미, 제주굴아기거미, 한국농발거미 등 제주도 고유종이 서식하고 있다. 유네스코 세계유산위원회는 2007년 7월 한라산 천연보호구역, 성산 일출봉 응회구, 거문오름용암동굴계(거문오름, 뱅뒤굴, 만장굴, 김녕굴, 용천동굴, 당처물동굴 등) 등 핵심 지역 9,605헥타르와 완충지역 9,392헥타르 등 총 18,997헥타르에 대해서 탁월한 경관적 가치와 지질학적 가치를 높이 사 세계자연유산으로 등재했다.

제주도 세계지질공원

세계지질공원은 2004년 유네스코와 유럽지질공원의 협력으로 지질학적으로 뛰어난 가치를 지닌 자연유산 지역을 보호하면서 이를 토대로 관광을 활성화하여 주민소득을 높이는 것을 목적으로 만들어진 유네스코 프로그램이다. 제주도는 2010년 10월 섬 전체가 지질공원으로 인증되었다. 그중 대표적인 명소는 섬 중앙의 한라산, 수성화산체인 수월봉, 용암돔 산방산, 수성화산활동의 기록 용머리 해안, 주상절리 학습장 대포주상절리대, 제주 형성 과정에 가장 먼저 만들어진 서귀포패류화석층, 퇴적층의 침식과 계곡·폭포의 형성 과정을 알 수 있는 천지연폭포, 응회구의 대표 지형 성산 일출봉, 거문오름 용암동굴계의 체험 코스 만장굴 등 9개이다.

제주도는 2002년 유네스코 생물권보전지역(2002년), 세계자연유산(2007년), 세계지질공원(2010년)으로 인정받아 유네스코 자연과학 분야 3관왕의 타이틀을 갖게 되었다. 지금은 1천만 명의 관광객이 방문하는 우리나라 최대의 섬이다. 1900년대 초 관광객이 거의 찾지 않는 평범한 농어촌에서 관광의 섬으로 탈바꿈했다.

성산 일출봉.

한라산 영실기암.

용암돔 산방산.

예기 기생의 울음을 듣다

'낙숫물이 바위를 뚫는다'는 말이 이런 걸 두고 하는 말이 아닐까. 단단한 바위도 물길은 이길 수 없었던 모양이다. 비가 올 때만 물이 흐르는 마른 하천의 바위들이 물길을 따라 굽이치듯 패일 정도라면 얼마나 많은 세월이 흘렀을까. 물길이 갈라놓은 계곡의 지층은 제주 땅의 역사를 쉽게 확인할 수 있는 자연교과서였다.

아름다움은 슬픔이 동반하는 것일까. 제주 백성의 아픔이 한라산의 깊은 하천(沼)에 잠겨 있을 줄 누가 알았겠는가. 효돈천에는 '예기소'라는 깊은 못이 있다. 옛날 서울에서 내려온 검마관을 대접하기 위해 제주의 관리가 경치가 좋은 이곳에서 잔치를 베풀었다. 검마관은 제주 말의 수와 상태를 점검하는 관리다. 제주도는 뭍에서 멀리 떨어져 있는데다 부임한 목사도 제주 백성들의 아픔은 관심이 없고 조정의 부름만 기다리니 관속들은 검마관을 회유하는 일에만 관심이 있었다. 종마와 군마를 기르는 것이 오늘날로 말하면 국책사업이었다. 가죽을 팔고, 말고기를 팔아 이권을 챙긴 관속들이 검마관이 오면 술과 기생을 붙여 회유했다. 말 관리 상태가 제주 목사 영전을 결정하였기에 어떻게든 검마관의 눈을 감게 했다. 그렇게 섬 주민보다 말을 더 중하게 여겼다.

위를 쳐다보니 숲이 하늘을 가렸고, 아래를 보니 절벽으로 연못의 깊이는 가늠하기 어렵다. 그 깊이를 가늠하기 위해 던진 돌멩이는 한참 후에 응답했다. 옛날 전설처럼 전해지는 이야기가 있다. 절벽 양쪽에 줄을 매고 그 위에서 춤추며 검마관을 위한 연회를 개최했다. 그런데 그만 애기기생이 절벽에서 떨어져 죽고 말았다. 그래서 붙여진 이름이 '애기소' '예기소'란다. '고냉이소'라고도 부른다. 비슷한 사연을 간직한 바위, 둠벙, 기생무덤이 전국에 많이 있다. 영남 일대의 선비들이 과거를 보기 위해서 반드시 넘어야 했던 문경새재, 그곳에도 수령과 관리를

조선시대 제주도는 종마와 군마를 기르는 국가 목장이었다. 말이 백성들의 목숨보다 중요해 죽은 말도 껍질을 벗겨 검마관에게 확인시켰다. 조정에서 파견한 검마관의 보고에 따라 제주 목사의 목숨이 좌우되었다. 그래서 화려한 연회와 뇌물로 입을 막았고, 이를 제주 사람이 채워야 했다.

위한 놀이에 참석한 한 기생이 신세를 비관하여 소에 빠져 죽었다. 이곳을 기연(妓淵), 여기소(女妓沼), 예기소, 용추라고 부른다. 전해오는 이야기이지만 제주 백성들이 뭍에서 온 관리에게 얼마나 시달렸는지 짐작할 수 있다. 오죽하면 해적이나 왜구보다 더 무서운 적이 '육지 사람'이라는 말을 했을까.

서귀포 주민의 여름나기

장마가 그친 후 후덥지근한 날씨가 이어지고 있지만 계곡은 서늘했다. 간혹 햇볕이 내리쪼이는 마른 하천을 걷기도 했지만 아이들은 산딸기와 으름 등을 찾느라 정신이 팔려 더위는 생각도 못하는 것 같았다. 으름은 으름덩굴과에 속하는 덩굴나무로 봄에 꽃이 피고 가을에 열매가 익는다. 열매의 맛이 달아 산골마을에서 간식으로 즐겨 먹었으며 줄기는 바구니를 만드는 재료가 되었다. 효돈천 중간에 '돈내코'라는 곳이 있다. 돈내코(돗내코)는 옛날에 멧돼지가 자주 출몰하는 곳이라 하여 붙여진 이름이다. 제주 말로 돼지는 '돗'이나 '도새기'라 했다. '내'는 하천을, '코'는 입구를 뜻한다. 제주의 전통 측간을 '돗통시'라고 하는데 여기서 '돗' 역시 돼지를 가리키는 말이다. 이곳이 서귀포 사람들이 더위를 피하는 피서지였다.

서귀포의 중산간 마을은 비교적 넓은 밭을 가지고 있다. 이곳 주민들은 보리농사를 마치고 보양식을 먹고 몸을 추스르기 위해 돈내코를 즐겨 찾았다. 제주에서는 드물게 시원한 민물이 흐르는 곳이며, 하늘을 가리는 울창한 숲이 있는 휴식처였다. 보리농사를 마친 후에는 조나 팥을 심은 밭의 검질(잡초)을 매고 잠깐 쉴 수 있는 시기였다. 이 무렵이면 뭍에서는 농사짓는 머슴에게 돈을 주어 장에 가서 술도 먹고 하루를 쉴 수 있도록 했으며, 일을 잘한 머슴을 뽑고 연희패 놀이를 하였다. 제주에는 우마번성(牛馬繁盛)을 기원하는 목축 의례인 '마불림제'를 했다. 제주어로 '테우리코스' 혹은 '쉐멩질'이라 하는 목동들의 명절이었다. '테우리'는 '소와 말을 돌보는 목동'을 말하며, 쉐멩질은 '소를 먹이는 일'을 말한다. 중산간에서는 백중이면 닭, 돼지, 개를 잡아 몸을 보신했다. 특히 제주에서 이날은 닭을 잡아먹는 날이다. 자기 집에 없으면 남의 집 닭을 잡아먹어도 흉이 되지 않는 날이었다. 또 백중날 물을 맞으면 신경통이 사라진다고 하여 사람들이 많이 찾았다. 하지만 비가 오는 장마철에 돈내코에 들어가는 것은 절대 금물이었다. 들어가는 사람은 있어도 나온 사람은 볼 수 없다 할 만큼 한라산에서 내려오는 물이 거칠고 험하며, 바위가 미끄럽다.

한라산의 계곡은 자연스럽게 마을과 마을의 경계가 되었다. 마치 육

바다와 민물이 만나는 곳을 제주 말로 '깍'이라 한다. 쇠소깍이 그런 곳이다. 제주 사람에게는 유원지이며 해양 생물과 육상 생물이 교차하는 생태계의 보고였다. 그런데 도로 건설, 하천 정비 등으로 훼손되고 아예 사라지기도 한다. 강정의 구럼비도 그중에 하나다.

지의 산과 강이 마을 경계를 이루듯이. 해안 마을은 바닷가 용천수와 바다(밭)를 중심으로 형성되지만 중산간 마을은 오름과 오름 사이 물길이 있는 곳을 중심으로 이루어졌다. 그리고 해안 마을이 바다밭을 갖는 것처럼 중산간 마을은 공동목장을 가지고 있었다. 계곡은 이렇게 마을 목장의 경계 노릇도 했던 것이다. 이렇게 하천은 제주 중산간 마을의 삶의 터전이었다.

쇠소깍에서 시작된 하천트래킹은 돈내코 유원지 입구의 다리 밑에서 마무리되었다. 모두들 신발과 양말을 벗고 다리 밑 계곡에 발을 담갔다. 차갑다. 제주 하천의 생태계가 보전될 수 있었던 것은 사람이 찾지 않았기 때문이다. 접근성이 떨어져 인근 마을 주민들이 아니고는 들어갈 수 없다. 이제는 주민들도 찾는 사람이나 이용하는 사람이 크게 줄었다. 대신에 하천정비, 도로건설 등의 이름으로 개발사업들이 추진

되고 있다. 걱정스러운 일이다. 한라산, 계곡, 바다는 제주의 소중한 자원들이다. 인간은 그곳에 잠시 기대고 있음을 늘 기억해야 한다.

제주 물통, 용천수가 위험하다

한라산을 적시고 내려온 물이 해안가에 용천수로 솟는 데 필요한 시간은 얼마나 될까. 제주 〈돌문화공원〉의 전시자료를 보면, 용천수는 용암류의 경계면이나 침식장에, 지하수면이 노출된 하천이나 오목한 곳에 발달한다. 그 분포를 보면 해발 200미터 이하에 841개소, 200~600미터 중산간에 49개소, 해발 600미터 이상 고지대에 21개소 분포한다. 대부분 바다와 접한 곳에서 솟아오른다. 용천수 연령은 고지대는 2년, 해안지역은 15년이다. 빗물이 땅속으로 스며들어 지하수가 되어 배출되는 시간을 '지하수 체류시간'이라 한다. 평균 16시간이다. 제주 북부는 20년, 남부는 10년, 서부는 27년, 동부는 18년이란다.

섬이 그렇지만 제주에서는 특히 중요한 것이 식수다. 대부분 하천이 건천이니 용천수가 마을을 형성하는 데 절대적인 기준이었다. 여기에 제주 전통배인 테우라도 정박할 수 있고, '바당'이 좋아 물질로 먹고살기 좋은 곳은 길지 중에 길지다.

사람만 해당되는 것이 아니다. 마소도 물을 먹고 소금을 먹어야 한다. 그러니 샘이 필요하고 바다도 필요하다. 옛날 제주의 자연포구를 보면 용천수가 두세 개가 있다. 가장 위의 깨끗한 물은 사람이 먹고, 그 밑 용천수는 빨래를 하고 소들이 목을 축였다. 조금 떨어진 곳은 남녀 구분해서 목욕을 하기도 했다. 이러니 용천수는 마을에서 아주 중요한 공유자원일 수밖에 없다.

공동체란 공유자원이 전제되지 않으면 힘을 갖지 못한다. 무늬만 공동체일 뿐 결속력이 없다. 이를 잘 보여주는 것이 어촌이다. 어촌은 마

함덕의 용천수. 용천수는 제주 사람들의 식수원이었지만 상수도시설이 도입되면서 목욕탕으로 활용하기도 했다. 최근 제주에서는 용천수를 여행객들이 이용할 수 있도록 개방해 큰 호응을 얻고 있다.

을어장이라는 공유자원이 있기 때문에 공동체성이 농촌에 비해서 강하다. 여기에 더해 제주는 공유자원으로 마을 목장이 있고, 용천수라는 '물통'이 있어 더 강하다. 최근에는 마을 목장에 풍력발전시설이 들어서면서 바람마저 공유자원이 되고 있는 실정이다. 해안도로가 나면서 용천수도 무너지고 상수도가 자리를 잡았다. 마을어장은 각종 오염으로 제 역할을 하기 힘들어지고 있다. 게다가 마을 목장마저 팔리고 있다. 제주의 공유자원이 사라지고 있다.

●─최초의 한라산 가이드는 스님이었다

한라산 등반의 역사는 조선시대부터 시작된다. 조선시대에는 김상헌, 이형상 등 제주에 머물던 관리들이 '산신제'를 위해 백록담을 올랐다. 이들 관리들이 존재암에서 하루 묵고, 스님들의 안내를 받았다. 물론 가마를 타고 산에 올랐음은 말할 것도 없다. 그러니 어디 등산이라고 할 수 있겠는가. 당시 스님들이 최초의 한라산 등반 가이드였던 셈이다. 제주에 귀양살이를 하던 최익현도 귀양에서 풀리자 제일 먼저 백록담을 찾았다.

외국인으로서 한라산을 처음 올랐던 사람은 1901년 지리학자이자 언론인 지그프리트 겐테였다. 그는 몇 개월 동안 한국을 여행하고 돌아가 1년 1개월 동안 독일 유력 일간지 〈쾰니셰 차이퉁〉에 온돌 문화를 비롯해 한국의 문화를 소개했다. 특히 그는 당시 한라산 높이가 1,950미터임을 측정해 발표했다.

한라산 등산이 본격적으로 시작된 것은 1958년 이후였다. 당시만 해도 등산로를 개척하는 단계였으며, 대피소도 없었기 때문에 초기 산행인들은 표고재배농가의 관리사에서 머무르며 등산을 했다고 기억하고 있다. 당시 등산로인 학사 코스, 돈내코 코스, 남성대 코스 등과 전문가들이 이용한 물장올 코스와 석굴암 코스 등은 모두 폐쇄되었다. 1960년대 제주시와 서귀포를 잇는 5.16도로와 1100도로가 만들어지고 어리목 코스와 성판악 코스가 만들어지면서 1970년대 이후 많은 등산객들이 어리목에서 영실을 통해 백록담에 올랐다. 이 길은 1994년부터 자연휴식년제 시행으로 백록담에는 오를 수 없고 윗세오름까지 등산을 허용하고 있다.

2004년 한라산을 찾은 사람들은 60만 명을 넘어섰고, 2010년에는 100만 명을 넘어섰다. 어디 가나 숫자놀음은 계속된다. 이런 숫자놀음이 거기에서 끝나는 것이 아니라 예상치를 수용할 시설을 짓고 도로를 확장하는 것으로 연결되기 때문에 더욱 심각해진다.

50

정성은
등에 지고 온다
송당 본향당

제주의 마을굿을 보고 싶었던 터라 연락을 받고 망설이지 않고 바로 짐을 꾸렸다. 송당 본향당으로 향하던 날 봄을 재촉하는 비가 내리고 있었다. 제주에서는 봄이면 '신구간'이라는 기간에 이사를 많이 한다. '손이 없는 날'을 택하는 것과 같다.

마을굿도 이즈음 많이 한다. 영등굿이나 해녀굿 역시 이 무렵에 많다. 이래저래 봄은 인간이나 신이나 모두가 바쁜 계절이다. 뭍에서는 정월 초에서 보름을 전후해 마을굿을 한다. 제주에서는 입춘 무렵 '낭쉐'를 앞세우고 '세경신'에게 무사안녕과 이웃 간의 상부상조를 기원하는 굿을 한다. '낭쉐'는 나무로 만든 소를 말하며, 이 굿을 입춘굿이라 한다. 탐라국 때부터 일제강점기까지 이어지다 최근 복원되어 제주 관아 자리인 관덕정 앞에서 벌어지고 있다.

본향당은 제주다

송당본향당의 백주할망 또한 4월이면 할 일이 너무 많다. 제주의 1만 8천 신들은 모두 이곳에서 갈라졌다고 하니 거두어야 할 신과 인간이 좀 많겠는가. 그래서 굿도 하루 종일 하게 된다.

송당마을 입구에 이르자 꽹과리 소리가 들리기 시작했다. 벌써 굿이 시작된 모양이다. 당오름을 뒤로하고 본향당으로 향했다. 제당에 100

여 개의 젯상이 정성스레 놓여 있었다. 봄비가 부슬부슬 내렸지만 마을 주민들은 자리를 뜨지 않고 제장 주변에 자리를 잡고 지켜보고 있었다. 한 해의 운세가 오늘의 정성으로 이루진다고 믿으니 비가 온다고 자리를 비울 수는 없다.

제주의 신화를 이야기할 때 빼놓을 수 없는 인물이 18세기 초 목사 이형상(1653~1733년)이다. 그는 제주의 풍물기인《남환박물(南宦博物)》이라는 기록을 남겼다. 그는 제주에 부임해 무속이 성횡하는 제주를 유교로 다스리려 했다. 그리고 가장 먼저 신당을 파괴하고 수백 명의 무격을 고향으로 돌려보내 농사를 짓게 했다. 이를《탐라순력도》에 건포배은(巾浦拜恩)이라는 그림으로 남겼다. 이 그림에는 관덕정 앞과 건입포에서 북쪽을 향해 배례하는 모습과 제주 각 마을의 신당 일부가 불타는 모습이 그려져 있다. 그리고 무당 285명을 귀향 조치해 농사를 짓도록 했으며, 신당 129곳을 불태우고 5곳의 사찰을 파괴했다

제물에서 빠지지 않는 것이 돌래떡이다. 하얀색이 깨끗함의 상징이다. 밥 두 그릇, 옥돔 구이, 과일, 삶은 계란이 올려진다. 단, 돼지고기는 금기 음식이다. 주신인 금벡조는 농경문화의 신이지만 남편 소로소천국이 수렵 목축 문화의 신이기 때문이다.

와흘당은 400년을 자랑하는 팽나무를 신목으로 모신다. 팽나무는 제주 말로 '폭낭'이라 한다. 마을마다 본향당의 신목으로 모시는 나무다. 오색 천을 감고, 길지를 걸고, 촛불을 켜고 소원을 빌었다. 몇 해 전 와흘당의 신목이 화를 입은 후 촛불을 켜는 것을 자제한다.

고 기록했다.(壬午十二月二十日 鄕品文武上下幷三百餘人 燒火神堂 一百二十九處 破毁寺刹五處 巫覡歸農二百八十五名)

　이 목사는 '당 오백 곳과 절 오백 곳'을 부순 후 제주도를 '유교의 섬' 으로 만들려고 했지만 뜻을 이루지는 못했다. 그가 제주를 떠난 후 곧 바로 당이 복원되었기 때문이다. 다만 일부 본향당을 중심으로 마을제 의가 유교식으로 바뀌어 포제로 대체되었고, 유교식 조상신 제사가 보 편화되었을 뿐이다. 일제강점기 제주의 신들은 다시 한 번 시련을 겪었 다. 마을공동체 말살을 위해 마을제를 탄압했던 것이다.

　여기에 기독교의 영향으로 무속이 배제되기도 했다. 특히 제주 서쪽 지역의 무속이 약화되었다.

또 '제주 4.3'으로 중산간의 마을당이 대부분 파괴되었고, 이후 새마을운동과 미신타파운동으로 제주의 마을당은 급격하게 파괴되고 의례는 사라져갔다. 다행스럽게 360여 개소의 신당이 마을 곳곳에 남아 있어 본향당, 일뤳당, 여드렛당, 해신당 등을 모시고 있다.

제주에서는 신화를 '본풀이'라고 한다. '본'(本)은 신의 뿌리, 굿의 원리를 뜻하고, '풀이'는 열다, 끄른다는 말이다. 한풀이, 즉 해원의 뜻도 있다.

당굿에는 정초에 본향신에게 드리는 새해 인사인 신과세제, 2월 초하루 제주에 들어 보름에 나가는 영등신을 위한 영등굿, 장마철 습기와 곰팡이를 불어내고 떨어내고 풀어내는 여름제의 마불림제, 가을 곡식을 거두어들인 후 하는 시만곡대제가 있다.

'돼지고기를 반입해서는 안 됩니다'

제물은 '백조 십일도령 본향 신위'라고 새겨진 위패 좌우로 줄지어 놓여 있었다.

400여 년을 자랑하는 팽나무를 신목으로 모시고 있는 와흘본향당 앞에 와흘리장의 이름으로 경고문이 세워져 있다. 최근 화재가 발생해 신목이 피해를 입은 후에는 음주, 흡연, 소각, 촛불방치, 오색천 걸기 등도 금하고 있다. 사과, 배, 한라봉, 초코파이 한 접시, 마른 옥돔을 찐 것이 한 접시, 나물과 삶은 계란이 한 접시, 빙떡 두 접시, 밥 세 공기, 물 세 그릇, 소주 한 병, 쌀 세 봉지, 그렇게 놓여 있었다.

할머니 손에는 천 원짜리가 꼭 쥐어져 있었다. 떡을 들고 신목의 가지에 닿을 만큼 높이 던지던 제주가 그릇을 들고 돌자 남녀노소, 마을 주민도 구경꾼도 관광객도 천 원짜리를 그릇에 넣었다. 천 원짜리를 손에 꼭 쥐고 신목 아래 앉아 제주가 앞으로 오기를 기다리던 할머니도 정성스럽게 천 원을 바구니에 넣었다. 제장을 한 바퀴 돌자 돈이 수북하게 쌓였다. 그리고 옆에서 제례를 도와주던 여성이 떡을 주먹 크기로 잘라서 같은 방향으로 돌았다. 지전을 냈던 사람들이 각각 떡을 한 덩이씩 들었다.

설문대 할망 어딨수꽈

제주도 1만 8천여 신들의 모태가 한라산이며 그중 영실이 있다. 모양부터 범상치 않다. 오백나한이 설문대 할망을 만나 '오백장군'이 되었다. 어디 신령스런 공간을 인간이 함부로 범할 수 있겠는가. 그런 곳은 늘 역사인물 등을 내세워 인간과 소통할 수 있는 공간으로 바꾸어놓는다. 그리고 자연환경, 생활문화 등이 곁들여져 스토리를 만들어냈다. 현용준이 기록한 《제주의 전설》에 나오는 영실계곡의 오백장군에 얽힌 전설이다.

설문대 할망과 오백 명의 아들이 한라산에 살고 있었다. 그런데 너무 가난하고 흉년까지 겹쳐 할망은 아들들에게 양식을 구해 오라고 내보냈다. 그리고 할망은 아들들에게 줄 죽을 끓이다가 발을 잘못 놓아 솥에 빠져 죽었다. 돌아온 자식들은 그 죽을 아주 맛있게 먹었고, 마지막에 돌아온 막내는 남은 죽을 먹으려다 큰 뼈를 발견하고 그게 어머니임을 알게 되었다. 그리고 어머니의 고기를 먹은 형들과 함께 살 수 없다며 나가서 한없이 울다가 돌이 되었다. 그것이 한경면 고산리 차귀도에 있는 '장군바위'라고 전한다. 한편 형들도 이를 알고 한없이 슬퍼하다 바위가 되었는데 그게 영실의 장군바위이며 막내가 빠져 499개라고 한다. 제주의 설화와 전설의 결말은 이처럼 '돌'이 되는 경우가 많다.

설문대 할망이 다른 원인에 의해 죽었다는 이야기도 전한다. 할망은 자신의 키가 얼마나 큰가를 알아보려고 제주 바다 곳곳을 누볐지만 겨우 발등을 적시는 정도였다. 깊다는 서귀포시 서흥동도 무릎을 넘지 않았다. 물장오리 오름이 깊다는 말을 듣고 들어갔던 모양이다. 그런데 무릎을 넘어 허리와 가슴이 잠기더니 이내 물속으로 빠져들었다. 결국 자신이 만든 오름에 빠져 영영 나오지 못했다. 물장오리의 습지는 바다와 연결되어 있다고 한다. 결국 할망은 바다에서 솟아나 바다로 돌아간 셈이다.

제주의 문화를 가장 잘 표현한 '돌문화공원'에서는 탐라의 토속과 역사를 담아낼 '설문대 할망 전시관'을 계획하고 있다. 그 계획에 따르면 설문대 할망이 이렇게 소개되고 있다.

"먼 옛날, 망망대해 짙은 어둠 속에 수많은 불기둥들이 하늘 높이 솟아올랐습니다. 그 불덩어리들이 다시 바다 위로 떨어지면서 천지개벽이 시작되었습니다. 그러던 어느 날 그렇게 부글부글 끓어오르는

뭍에 있는 자식들 건강하게 해주시고, 바당에 소라 전복 많이 잡게 해주시고, 때가 되면 편하게 눈을 감을 수 있게 해주십시오. 본향당 아래 작은 제장에 따로 제물을 올리고 비손을 하는 어머니의 바람은 단출하고 정갈하다.

바다 속에서 불기둥과 함께 거대한 한 여인이 하늘 높이 솟아올랐습니다.

　그녀는 젖은 치마폭 가득가득 화산재와 돌덩어리들을 담아 바다 가운데로 옮겨 섬을 만들기 시작했습니다."

　그렇게 만든 섬이 제주도란다. 그런데 쌓다 보니 너무 높게 쌓아서 은하수가 손에 닿을 듯했다. 하늘의 노여움을 탈까 두려웠는지, 꼭대기를 집어 던진 것이 사계리에 떨어져 산방산이 되었다. 그리고 터진 치마로 흘러내린 흙이 수백 개의 오름으로 변한 것이란다. 할망이 얼마나 컸으면 산방산을 집어 들 수 있었던 것인지 가늠이 안 간다. '한라산을 베개 삼고, 두 다리는 관탈섬에 걸치고 낮잠을 잤다'고 했다. 관탈섬은 추자도로 가는 길목에 있는 섬으로, 직선거리로 가장 가까운 도두항이 26킬로미터, 한라산은 43킬로미터 거리에 있다.

　설문대 할망은 한라산을 엉덩이로 깔고 앉아, 한쪽 다리는 관탈섬에 놓고, 또 한쪽 다리는 서귀포 앞바다 지귀섬에 놓고, 성산봉을 구시통(빨래 바구니)으로 삼고, 우도는 팡돌(빨랫돌)로 삼아 빨래를 했다고 한다. 할망이 치맛자락에 흙을 담아 나르다 치마에 구멍이 나서 흙이 조금씩 흘러 생긴 것이 오름이라고 한다. 한 번은 할망이 섬사람의 꿈인 연륙교를 놓아주겠다며 제주 사람들에게 '명주 100동을 만들어오라'고 했다. 한 동은 100필을 가리킨다. 그런데 약속한 날짜까지 혼신의 힘을 다해 명주베를 짰지만 한 동이 모자라 아직도 제주가 바다로 가로막혀 있다고 한다.

51

제주인은
오름으로 간다

"한라산이 생명의 원천이라면 오름은 생명을 제주 곳곳에 나누는 사랑의 젖줄이다."

《오름나그네》의 저자 김종철의 이야기이다. 《제주어사전》은 오름을 '한 번의 분화활동으로 봉긋봉긋 솟아오른 화산'이라고 했다. 그리고 《표준국어대사전》은 '산' 혹은 '산봉우리'의 제주 방언이라 했다. 지리학에서는 오름을 측화산, 즉 한라산의 화산체가 쌓인 후 산록에서 해안까지 각각의 분화구를 갖고 있는 작은 화산체로 변한 기생화산이라고도 한다.

오름은 모양새에 따라 말굽형, 원추형, 원형, 복합형으로 나눈다. 지질학에서는 화산 분출물의 성질에 따라 물영아리오름과 모슬봉과 같은 화산쇄설구, 성산 일출봉과 같은 응회구, 용머리와 같은 응회환, 산방산과 같은 용암 원정구(종상화산)로 분류한다. 특히 응회구나 응회환은 마그마의 분출에 외부의 물이 영향을 미치는 수성 화산 분출로 형성된 화산체이며, 용암 원정구는 점성이 높은 용암이 분화구 밖으로 밀려나오며 유동성이 작아져 분화구 주변에 쌓여 형성된 반구 모양의 화산체이다. 이들 오름은 오늘날 제주의 독특한 경관과 랜드마크를 형성해 제주의 매력을 한껏 높이고 있다.

제주는 오름이다. 먹고살기 위해 오름을 개간해 농사를 짓고, 쉴 곳을 찾아 오름에 오르고, 병들면 오름에 묻힌다. 그래서 제주 사람은 누구나 오름에 오르고 오름으로 간다.

오름과 오롬

제주의 고문헌을 보면 오름은 '오롬, 메·미·모, 산, 봉, 동산, 무르'이라는 말로 사용되었다. 오름의 지명을 연구한 오창석은 "오름 오롬은 한자어 岳, 山, 峰을 나타내는 제주에만 남아 있는 우리의 옛말"이라고 말한다. 제주어가 우리의 잃어버린 말을 찾는 열쇠라는 언어학자들의 주장과 맥을 같이한다. 오창석의 주장을 따라가보았다.

《고려사》(권113, 열전 26, 최영)에는 "최영 장군은 삼별초군을 새별오롬으로 유인하여 기병으로 반격할 생각이다"라며 새별오롬을 '효성오음(曉星五音)'이라 표기했다.(將誘致曉星五音之野以奇兵踏之)

《세종실록》과《신증동국여지승람》(1530년)에서도 제주의 봉수 중에 '岳'과 '吾音'을 확인할 수 있다. 김상헌의《남사록》(1601~1602년)에는 '岳은 오롬(五老音)'이라 했고, 이원진의《탐라지》(1653년)에도 '岳을

제주에 적들이 들어오면 가장 먼저 오름에서 만난다. 그곳에 봉수가 설치되었다. 일제강점기 일제는 오름에 진지를 구축하고 최후의 결전을 준비했다. 광복한 후에는 좌우익의 갈등 속에 제주 사람들이 오름으로 피했고, 오름에서 죽음을 맞았다. 작은 섯알오름이 그런 곳이다.

오름·오롬(兀音)'이라 했다. 이형상도 《남환박물》(1704년)에서 '방언으로 岾을 일컬어 兀音'이라 한다고 했다. 《조선지지자료》(1910년경)에는 '노리오롬(대흥리), 거시닉오롬(와흘리), 넙게리오롬(교래리), 돔배오롬(와흘리), 놉새리오롬(와흘리), 물오롬(한남리)' 등과 같이 '오롬'이라 했다.

오창석은 "제주사와 관련된 각종 문헌에서 확인된 五音, 픔音, 픔老音, 兀音을 확인할 수 있으며, 제주어에서 오롬이 우세하게 사용된다"고 밝혔다. 오롬 외에도 서귀포의 '좌보미'처럼 산을 의미하는 '메'나 '미'로 사용되기도 했고, 한라산, 산방산, 성산처럼 산으로 표기하기도 했다. 특히 추자도는 봉골레산, 등대산, 돈대산, 큰앙산 등 모두 산으로 표기해 제주와 다른 생활권이었던 것을 지명에서도 확인할 수 있다. 그런가 하면 오름에 봉수대가 설치되어 봉(烽)으로 표기되다 봉(峰)으로, 평평한 높은 언덕을 의미하는 므르(머리로 해석하는 오류를 범하기도 한다), 동산으로 표기하기도 했다.

당산오름은 제주시 한경면 고산리에 있는 표고 148미터의 오름이다. 자귀내(遮歸浦) 가까운 곳에 있는 오름이나 차귀악이라 했다. 이 오름에 신당이 들어서면서 당을 차귀당이라 했지만, 신당이 자리를 잡으면서 오름이 '당산오름' '당오름'으로 바뀌어, 당산(堂山), 당악(當岳)으로 표기했다. 조선시대에는 이곳에 봉수가 설치되어 차귀악봉수라 하기도 했다. 당산은 19세기에 이르러 당산악(唐山岳)으로 바뀌었다.

제주도 본섬에 딸린 가장 큰 섬 우도를 보자. 우도는 '소섬〉소섬' 또는 '쉐섬〉쉐섬'의 한자 차용 표기다. 소를 제주어로 '쉐'라 한다.《남환박물》에도 "소가 누워 있는 형상이라 우도라고 했다"고 썼다. 우도의 가장 높은 봉우리는 소의 머리에 해당하여 우두봉, 우두산, 우두악이라 했다. 우도 등대가 있는 곳이다. 마을(천진리) 주민들은 망동산과 우도봉 일대를 '섬머리'라고 한다. 이 역시 '섬의 머리'보다는 '섬에서 가장 높은 언덕'쯤으로 해석해야 되지 않을까 싶다. 그런데 여러 곳에서 우도봉을 '웃섬머리'나 '큰섬머리'라고 설명한다. 그리고 더 나아가 섬머리가 소머리가 되고 한자로 표기하면서 우도가 되었다고 해석한다.

오름은 제주의 역사다

조선시대에는 제주를 둘러 25곳에 봉수가 설치했다. 사리봉, 원당봉, 지미봉, 도두봉, 모슬봉, 예촌망 등 오름의 이름에 '봉'이나 '망'이 붙어 있다. 식민의 시대에는 오름도 편치 않았다. 100여 곳의 오름에 지하 갱도진지를 구축했다. 진주만 공격을 시작으로 태평양전쟁을 일으킨 일본군은 수세에 몰리사 최후의 결전을 제주에서 준비했다. 전쟁을 본

토가 아닌 제주에서 맞겠다는 심산이었다. 3천여 명의 병력이 주둔하
던 제주에 7만 5천여 명이 배치되었다. 제주 북쪽 서우봉, 서쪽 수월봉
과 송악산, 동쪽 성산 일출봉, 남쪽 삼매봉 등 해안에 자살특공대를 위
한 기지가 구축되었다. 그리고 정뜨르비행장(현 국제공항), 진드르비행
장(조천), 알뜨르비행장(모슬포)이 조성되었다. 광복이 되고 나서는 조
용했을까. 좌우익의 갈등 속에 중산간에 살던 주민들은 오름에 몸을 맡
기고, 때로는 동굴을 찾아 숨어들어야 했다. 알뜨르비행장 옆에 작은
섯알오름이 있다. 입구에 '만뱅디 묘역'이 있다. 4.3이 진정될 무렵, 한
국전쟁이 일어나자 내무부 치안국의 지시에 따라 각 경찰국은 예비검
속을 실시했다. 모슬포 경찰서 관내에서 344명을 예비검속하여 관리
하다 7월 16일 1차로 20명이 섯알오름에서 학살되었다. 그리고 한 달
뒤 두 차례에 걸쳐 60명과 130명 등 총 210명을 학살해 암매장했다. 집

4.3이 진정될 무렵 한국전쟁이 일어나자 민간이 200여 명이 예비검속이라는 이름으로 섯알오름으로 끌
려갔다. 그리고 돌아오지 못했다. 집단학살을 은폐하기 위해 민간인 출입도 막고 암매장을 했다. 신원을
알 수 없어 '백조일손'(百祖一孫)이라는 말도 생겨났다.

단학살을 은폐하기 위해 민간인 출입을 차단했고, 유족들의 시신 수습도 강제로 막았으며, 가족들은 연좌제로 고통받았다. 겨우 시신을 수습하였지만 신원을 확인할 수 없어 유골을 모아 학살터 인근에 '백조일손지지'(百祖一孫之地)라는 묘역을 마련했다. 이 흔적도 지우기 위해 1961년 6월 15일 서귀포 경찰은 묘비를 파괴하고 유족들에게 시신의 이장을 강요하기도 했다. 한 올레꾼이 오름에서 내려와 비행장으로 향하다 추모비 앞에 멈춰 묵념을 했다. 추모비 뒤에 새겨진 시가 발길을 붙들었다.

    섯알오름 길

    트럭에 실려가는 길
    살아 다시 못 오네

    살붙이 피붙이 뼈붙이 고향 마을은
    돌아보면 볼수록 더 멀어지고

    죽어 멸치젓 담듯 담가져
    살아 다시 못 가네

    이정표 되어 길 따라 흩어진 고무신들
    전설처럼 死緣 전하네
    오늘은 칠석날
    갈라진 반도 물 막은 섬 귀퉁이 섯알오름
    하늘과 당, 저승과 이승 다리 놓아

미리내 길 위로 산 자 죽은 자 만나네

녹은 살 삭은 피 흩어진 뼈

온전히 새 숨결로 살아 다시 만나네

이제 오름은 제주를 대표하는 관광지다. 어느 곳에서도 흉내 낼 수 없는 제주만 가지고 있는 독특한 자연경관이자 문화자원이다. 또한 제주 생태계의 보고다. 새별오름에서는 매년 정월이면 들불축제를 한다. 오름에 방화선을 만들고 불을 놓고 소원을 비는 불놀이 축제다. 그리고 생을 다하고 제주 사람들이 묻히는 곳도 오름이다. 네모진 검은 돌담 안에 어머니의 가슴처럼 봉긋 솟아 있는 무덤이 외국인들에게는 신기할 따름이다. 무덤이다. 그 주변으로 말과 소가 들어오지 못하게 돌담을 쌓았다. 이를 산담이라 한다. 최근에는 교통이 편리하고 관리하기 좋은 밭에 무덤을 만들고 있지만, 과거에는 대부분 오름에 묻혔다.

오름의 고사리 꺾지 말라

제주에서는 일 년 내내 푸성귀가 밥상에 올라온다. '우영팟'이라 부르는 텃밭 덕분이다. 돗통시 옆에 있는 작은 텃밭에서는 따뜻한 날씨 덕분에 늘 채소가 잘 자랐다. 봄이면 산과 들에 나가 나물을 뜯는 육지와는 달리 봄나물에 욕심을 부리지 않았고, 미리 말려 저장하는 것도 익숙지 않았다. 그런데 고사리만은 제주 사람들도 욕심을 냈다. 지금은 제주 고사리를 특산물로 팔고 있다.

제주에서 고사리는 사람만 먹는 것이 아니다. 목장에 난 고사리는 제주 사람들이 꺾지 않는다. 쉐(소)가 먹어야 하기 때문이다. 숲속이나 가시덩쿨 속에 있는 고사리를 꺾어서 말렸다. 제주 고사리는 4월이면 싹을 내밀어 5월이면 온 산천이 고사리 밭이다. 비라도 내리고 나면 고사

오병윤은 영락없이 제주 토박이다. 생김새도 말투도 그렇다. 고사리를 찾아내는 것도 귀신같다. 잠깐 사이에 한 아름 꺾어 뭍에서 온 아이들에게 한 주먹씩 쥐어준다. 제주의 5월 장마는 고사리장마라고 한다. 비 온 뒤 고사리가 쑥쑥 자라기 때문이다.

리는 주체를 못한다. 그래서 제주의 5월 장마는 '고사리장마'라고 하기도 했다. 6월이 훌쩍 지난 제주 날씨는 여름으로 내달리고 있었다.

생태관광이라는 말이 생소하던 시절, 제주의 지인들과 제주 생태여행에 나섰다. 오전 일정을 마치고 점심을 먹고 난 후 '솔오름'에 올랐다. '미오롬' '미악(米岳)' '미악(尾岳)'이라고도 했다. 미악은 쌀과 오롬을 훈독하여 빌려 쓴 한자 지명이다. 또 완만한 경사의 산을 민둥산이라 하는데 '민오롬'은 여기서 비롯되었을 것이라 해석하기도 한다. 지형도에는 쌀오름으로 표기하고 있다. 서귀포시 동흥동에 위치한 표고 568미터의 오름이다. 남쪽으로 멀리 서귀포와 범섬, 문섬이 보이고, 북쪽으로 한라산 백록담과 산벌내가 눈앞에 펼쳐지는 멋진 곳이다. 목장에는 두 개의 산담이 있었고, 몇 마리의 소들이 풀을 뜯고 있었다.

제주에는 '일 강정, 이 벗내, 삼 도원'이라는 말이 있다. 사시사철 물이 마르지 않는 강정천을 낀 강정리, 산방산 옆 벗내, 대정읍에 신도리(도원리)를 일컫는다. 제주도에서 유일한 평야지대로 농사를 지었던 곳이다. 쌀농사 지을 땅이 귀한 것은 제주처럼 큰 섬도 마찬가지다. 화산섬인 제주에서는 더 말할 필요가 없을 것이다. 아마도 옛날 제주에서는 이곳이 다른 지역에 비해 살기가 '무릉도원'이었던 것이다. 모두 한라산 남쪽에 위치한 지역이다.

오름은 무주공산이 아니다. 산에 산 주인이 있듯이 오름도 땅 주인이 있다. 특히 오름에 목장이라도 있으면 당장 접근하는 것도 조심스럽다. 이번 생태여행객의 고사리 뜯기 체험을 위해서 목장 주인에게 미리 허락을 얻은 것도 그 때문이었다. 제주도의 목장은 단순하게 소와 말을 키우는 곳이 아니었다.

제주는 벼농사를 짓는 논과 먹을 물만 귀한 것이 아니었다. 땔감을 구하는 일도 수월치 않았다. 특히 겨울 난방을 위해 바깥벽 담 밑에 '굴목'이라는 아궁이를 만들어 구들(방)을 따뜻하게 했다. 이때 사용하는 땔감이 짚이나 말린 소똥과 말똥이었다. 몽고 유목민의 풍습과 같다. 비슷한 자연과 삶의 조건이 만들어낸 문화이리라. 마른 마소의 똥을 아궁이에 밀어넣고 불씨를 살려두면 천천히 타들어가 구들이 따뜻해진다. 그리고 타고 남은 재는 모아서 거름으로 사용한다. 특히 산성 토양이 많은 제주도에서 '재거름'은 매우 긴요했다. 재거름 외에 풀거름을 위해 심은 장콩을 이용한 거름, 석회질 성분이 많은 바닷모래거름, 바다풀거름, 바다고기거름, 돼지통시의 돗거름, 오줌거름 등을 이용했다.

고사리도 뜯어본 사람의 눈에 잘 보인다. 제주 남원 중산간 마을에 사는 토박이 오병윤이 고사리를 한 아름 뜯어 빈손인 아이들에게 한 주먹씩 쥐어주었다. 녀석들은 걷기에 지쳤는지 차에 타자마자 작은 손에 고사리를 움켜쥐고 고개를 떨구었다. 아이들에게 효돈천을 걸어서 돈내코까지 오르는 하천트래킹이 얼마나 힘들었을까.

거문오름, 세계유산이 되다

우리나라에 세계자연유산은 몇 개나 있을까요? 처음 거문오름을 찾았을 때 안내하는 선생님이 던진 질문이다. 답하는 사람이 없다. 우리나라에 있는 세계유산은 모두 14개다. 이 중 문화유산은 13개지만 자연유산은 단 1개뿐이다. 선생님은 '여러분이 찾은 거문오름이 얼마나 소중한지 아세요'라는 말을 하고 싶었던 게다.

"우리에게 경이로움과 즐거움을 주는 것으로, 과거로부터 계승되어 현재 우리 곁에 있고, 다음세대에게 물려주어야 할 것."

바로 세계유산이다. 우리나라 최초이자 유일한 자연유산은 '제주 도화산섬과 용암동굴'이 바로 그것이다. 이곳은 한라산천연보호구역, 성산일출봉, 거문오름 용암동굴계로 이루어져 있으며, 제주도 전체 면적의 약 10퍼센트에 이른다.

오름이 준 선물

제주에는 370여 개의 오름이 있다. '용눈이오름' '새별오름' '수월봉' 등 널리 알려진 유명한 오름도 많건만 왜 거문오름만 특정해서 세계유산에 지정되었을까. 궁금했다. 오늘은 그 비밀을 찾을 수 있을까. 날씨가 흐렸다. 하지만 걸을 만했다. 우산도 있고 우비도 있다. 40명이 꽉 찼다. 거문오름에 한 번에 오를 수 있는 인원이다. 반드시 가이드의 안내를 받아야 하고 입장료도 내야 한다. 게다가 운동화나 등산화 외에 굽이 있는 신발을 신어서는 안 된다. 겨울철에도 아이젠을 착용하거나 스틱을 가지고 갈 수 없다. 오늘처럼 비가 오는 날에도 우산은 안 된다. 비옷만 가능하다. 우리나라에서 하나뿐인 자연유산, 그래서 더 소중하게 잘 보전하기 위해 여러 가지 금기사항이 있다. 미리 예약해야 하고 탐방객도 제한하지만 이것만으로는 부족하단다. 정말 중요한 것은 방문객이 함께 지켜주어야 가능하다.

첫 번째 거문오름은 정상 코스만 돌아보고 와야 했다. 기회가 왔다. 일 년에 한 번씩 거문오름을 개방하는 '국제트레킹행사' 기간에 제주를 방문할 일이 생겼다. 이 기간에는 평소 열지 않는 '용암길'도 걸을 수 있다. 거문오름은 모두 세 개의 탐방로가 있다. 정상 코스, 분화구 코스, 용암협곡 코스 등 세 개의 탐방로가 있다. 이 중 정상 코스와 분화구 코스는 가이드 안내를 받으면 언제라도 트래킹이 가능하다. 물론 예약에 성공해야 한다. 하지만 용암협곡 코스, 즉 용암이 흘러내린 길을 따라 걷는 일명 용암길 코스는 '국제트레킹' 행사 기간에만 개방한다. 거문오름에서 솟구친 용암이 흘러내렸던 그 길이 용암길이다. 그 중 뱅뒤굴

오름과 산담. 제주 사람들은 오름이 주는 고사리 등 나물을 먹고 오름에 올라 놀다 오름에 묻힌다. 한라산이 제주의 어머니라면 오름은 제주 사람을 품는 어머니 가슴이다.

까지 이어지는 거문오름에 속한 곳이 개방된다.

　세월이 흘러 거문오름의 큰 용암덩어리는 큰 돌로, 큰 돌은 작은 돌로, 다시 아주 작은 돌과 거친 흙으로 부셔졌다. 이런 곳을 곶자왈이라고 한다. 또 거문오름은 용암덩이가 많다. 지질학에서는 '스코리아'라고 하며, 제주어로 '송이'라고 부른다. 송이는 분수처럼 분출한 용암이 떨어져 굳어진 것으로 화산탄이라고 하다. 이런 곳은 나무가 자라 숲을 이루고 물을 가두어 식수를 제공했다. 땔감을 주고 괭이와 집을 지을 목재를 주고 배를 만들 나무도 주었다. 소를 놓아기르는 마을 목장이 만들어지고, 큰 돌을 골라내고 산전을 만들어 밭농사를 지었다. 특히 거문오름은 굼부리('분화구'의 제주 말)가 크고 깊어 주민들도 길을 잃을 정도라고 했다. 그 거문오름이 세계유산이 될 것이라고 누가 상상했겠는가. 세계의 여행자들이 거문오름을 찾고 있다.

거문오름과 용암동굴, 어떻게 만들어졌나

거문오름은 제주에서도 늦게 화산활동이 진행된 곳이며 400여 차례의 화산활동을 통해 분출된 용암류들이 지표경사면을 따라 북동쪽 조천 해안으로 12킬로미터를 흘러내렸다. 그 과정에 벵뒤굴, 만장굴, 김녕굴, 당처물동굴, 용청동굴 등 20여 개의 화산동굴을 만들었다. 만장굴처럼 입구가 터져 일찍 개방되고 관광자원으로 활용하는 곳도 있다. 세계자연유산 등재에 결정적인 역할을 한 것은 뒤늦게 발견된 용천동굴과 당처물동굴이다. 이 5개의 천연용암동굴이 제주 자연유산에 포함되어 있다.

　특히 오래된 전신주 교체작업을 하다 발견된 용천동굴에서는 세계 희귀어종인 '미끈망둑'이 발견되어 주목을 받았다. 전 세계에 모두 17종 있는 이 어류는 우리나라에 7종이 서식하고 있다. 제주도 연안에 서식하는 '주홍미끈망둑과' 어류가 6천 년 전 빙하기에 해수면이 높아지면서 동굴로 유입되어 고립생활을 하면서 환경에 적응하며 눈이 퇴화되고 피부는 멜라닌 색소가 적어 옅은 분홍색으로 투명하다. 용천동굴 끝에는 '천년의 호수'라는 이름이 붙은 맑은 호수가 있다. 가장 넓은 폭이 15미터, 가장 깊은 곳은 수심 15미터, 길이는 200미터에 이른다. 당처물동굴은 32만 년 전에 만들어졌다고 추정하는 곳으로, 지표면에 바람이 가져온 모래와 화산폭발로 만들어진 용암동굴 위로 바람이 가져온 조개모래가 쌓여 만들어진 석회동굴이다. 비가 오면서 조개껍데기의 석회성분이 흘러 종유석을 만들고 화산활동으로 만들어진 석순이 자라면서 서로 만나 석주기둥을 만들어 독특한 천연동굴을 만들었다. 이 모든 동굴의 모태가 된 곳이 거문오름이다. 거문오름에서 시작해 한편으로는 화산동굴을 만들고 다른 한편으로는 선흘리 동백동산처럼 곶자왈을 만들었다. 거문오름이 370여 개 중 유일하게 세계자연유산에 등재된 이유다.

거문오름의 주인은 새와 나무들입니다

정상 코스를 지나 분화구 코스를 앞두고 억새밭 입구에서 기다리던 김숙이 해설사 선생님을 만났다. 분화구 초입에서 인사를 나누고 10여 명의 참가자들이 박수로 답했다. 그때 '쉬잇', 김선생님이 입술에 검지를 대며 말을 이었다.

"이곳에는 새들과 동물들이 사는 곳입니다. 우리의 박수소리도 그들에게는 큰 위협이 될 수 있습니다. 조용히 숲과 나무와 바람소리와 새소리를 즐기십시오. 제가 멈추는 곳에서 설명을 합니다. 나머지는 계속 걸을 겁니다."

이어지는 숲길, 초입에는 조림한 편백나무와 삼나무가 군락을 이루었지만 이내 싱록활엽수다. 첫 번째로 멈춘 곳은 동굴 앞이다. '일본군 주둔지'이다. 태평양전쟁 당시 일본군은 제주도 곳곳에 군사시설을 만들었다. 한라산과 오름 그리고 해안가를 벌집처럼 구멍을 뚫어 전쟁을 준비했다. 거문오름에는 일본군 108여단이 주둔한 것으로 추정한다.

얼마 가지 않아서 비슷한 동굴을 발견했다. 아이가 "선생님, 여기도 일본군 동굴인가요?"라고 물었다. "아니요, 그곳은 숯가마터라고 해요"라고 했다. 지금은 분화구 안이 원시림처럼 우거져 있지만 옛날에는 안에 사람이 살았단다. 밭을 일궜던 밭담 흔적도 남아 있다. 중산간 분화구에 살던 사람들에게 돈이 되는 것 중 하나가 '숯'이었다. 지천에 널린 나무를 베어다 쌓고 돌로 덮은 숯가마가 그 흔적이다. 숯을 구워 돈을 만들어 생필품을 사야 했으니 튼튼한 숯가마는 사고 팔 정도로 값어치가 있었다.

가이드의 안내 없이 거문오름을 걸을 수 없다. 미리 탐방시간을 예약해야 하며, 정한 인원이 초과되면 다음 시간을 기다려야 한다.

숲 밖은 더웠지만 거문오름 분화구는 생각보다 시원했다. 특히 바위
틈이나 계곡은 더욱 시원했다. 그 비밀은 '풍혈'이었다. 화산암이 성글
게 쌓여 있어 그 사이로 바람이 나온다. 그 바람은 일정한 온도를 유지
하고 있어 여름철에는 더운 바깥보다 시원하고 겨울철에는 따뜻하다.
즉 밖의 공기가 용암층 안으로 스며들어 일정한 온도로 바뀌어 바위틈
으로 나오면서 생긴 현상이다. 식생이 다양한 것도 겨울에도 상록활엽
수가 자랄 수 있는 것도 이런 이유 탓일 게다.

용암길, 원시림을 걷다
다음 날 아침 일찍 다시 거문오름을 찾았다. 이번에는 용암길을 걸어볼
생각이다. 용암길은 일 년에 딱 일주일만 개방한다. 가이드도 없이 혼
자서 걸어야 하다. 오직 길을 안내하는 표식만 있을 뿐이다. 약간 설레

태평양전쟁 당시 일제가 파놓은 일본군 주둔지 동굴.

고 약간 두려운 기분으로 용암굴 초입에 들어섰다. 5분쯤 걸었을까, 여성 두 분이 숲 안에서 나오는 것이 아닌가. 궁금해 물었더니, 사람이 없고 길도 미끄러워 겁이 나서 돌아온다고 했다. 어제 걸었던 분화구 코스와 다르다. 분화구 코스는 나이 든 분들도 걸을 수 있도록 잘 정비되어 있고 위험한 곳은 나무 계단을 만들어놓았다. 용암길은 인공구조물이 전혀 없다. 오직 두 발과 두 손과 두 눈으로 가늠하며 걸어야 한다. 걷는 시간도 무려 4시간 이상 걸린다. 상록활엽수는 가을에 낙엽이 지는 것이 아니라 봄에 떨어진다. 여름까지 낙엽이 쌓인다. 그런가 하면 다른 한편에서는 녹음이 무성하다. 또 남방식물과 북방식물이 공존하기도 한다. 곶자왈의 딸기는 겨울에 제대로 익는단다. 곶자왈이 많은 오름의 숲 중에서 사철 푸른 것은 이런 이유 때문이다.

용암길은 콩짜개란과 양치식물은 말할 것도 없고 바위에 이끼도 그대로다. 이번 행사기간에 밟힌 것들 제외하면 모두 원시 그대로라고 해도 지나치지 않을 만큼 완벽하다. 사람의 손길과 발길이 이렇게 무섭다. 왜 숲속을 걷는 것이 치유가 된다고 했는지 알 것 같다. 사람만 치유되는 것이 아니다. 제주 바다가 그마나 제 역할을 하는 것은 어쩌면 오름과 곶자왈이 더 크게는 한라산이 보전되고 있기 때문이다. 해안마을이 개발되고 중산간이 무너지고 있지만 안간힘으로 제주를 지키고 있는 것은 인간이 아니라 곶자왈과 오름이다. 이곳마저 무너지면 제주의 생태계에는 희망이 없다. 거문오름을 걸으면서 내내 생각했다. 복잡계에서 살다 단순계로 들어온 느낌이었다. 하지만 속내를 보면 숲만큼 생태계에 따라 생사가 결정되는 냉정한 세계도 없다. 다만 그곳은 숲, 즉 거문오름의 지속이라는 가치지향을 추구한다는 점이 제2비행장을 만들고 곶자왈을 개발하는 인간의 복잡계와 다르다.

●—곶자왈은 제주다

제주를 제대로 알려면 제주 말, 제주 음식 그리고 제주의 땅과 바다를 알아야 한다. 그런데 하나같이 녹록치 않다. 그중에 하나가 곶자왈이다. 곶자왈은 때로는 밭이 되고, 때로는 무덤이 되고, 때로는 식수가 되었다. 4.3항쟁 때는 군경을 피해 곶자왈에 숨어들어 살아난 사람도 있고, 주검이 되어 무덤으로 변하기도 했다. 이렇게 생과 사, 이승과 저승의 길목은 물질하는 바다뿐 아니라 곶자왈에도 공존했다. 제주도는 200만 년 동안 수차례의 조면암질 내지 현무암질 용암을 분출한 화산활동과 화산활동 휴지기에 의해 만들어졌다. 백록담을 통한 화산활동과 오름을 통한 분산된 화산활동으로 다양한 지층과 지질과 토양이 형성되었다.

제주의 곶자왈은 서부 지역의 한경-안덕, 애월, 동부 지역의 조천-함덕, 구좌-성산 지대로 나누어진다. 이 중 즐겨 찾았던 곳 조천-함덕 지대에 속하는 선흘리 곶자왈이다. 특히 이곳은 동백동산 선흘마을이 있고, 그곳에 좋은 친구가 있어서이기도 하다. 옛 제주 사람들은 수풀이 우거진 곳을 고지, 골밧, 곳밧, 곳, 곳산, 숨벌, 섬벌, 자왈, 자월, 곶자왈이라 불렀다. 제주 목사 이형상(1653~1733년)의 《탐라순력도》에는 묘평, 김녕, 접목, 개사, 암수, 목교, 대수, 소근, 판교, 나수 등에 큰 숲이 그려져 있다. 이들의 지명이 곶자왈과 깊은 관련을 맺고 있다. 제주시가 발행한 《제주

곶자왈에 자생하는 양치식물 제주고사리삼.

의 곶자왈》(송시태 외, 2007)에서는 곶자왈을 "화산 분출시 점성이 높은 용암이 분출되어 크고 작은 암괴로 쪼개지면서 분출되어 요철지형을 이루며 쌓여 있기 때문에 지하수 함양지역이며, 보온보습효과를 일으켜 북방한계식물과 남방한계식물이 공존하는 세계 유일의 독특한 숲"이라고 정의했다.

선흘리 마을숲은 곶자왈이다

선흘리 곶자왈은 마을숲이다. 우점종은 종가시나무이며, 구실잣밤나무, 동백나무가 자라고, 고사리삼 등 희귀식물이 서식한다. 주민들은 귤 따는 일이 끝나는 12월 말이면 종가시나무 도토리 열매를 줍는다. 열매를 잘 말리고 곱게 빻아 칼국수와 수제비를 만들어 먹었다. 해안 마을 주민들은 보릿고개를 톨밥과 깅이죽으로 버텼지만, 중산간 마을에서는 기댈 곳이 숲뿐이었다. 그곳이 곶자왈이다. 그 숲은 물을 품고 열매를 내주었다. 주민들은 숲이 품은 물을 마소와, 열매를 새들과 나누었다. 동백열매로 기름을 짜서 아픈 몸을 다스렸고, 곱게 머리를 단장하는 것은 덤이었다. 이젠 주린 배를 움켜쥐어야 할 일도, 동백기름으로 몸을 다스려야 할 일도 없다. 그런데도 숲은 습지보호지역, 람사르습지, 생태관광지, 지질공원, 람사르습지도시까지, 생각지도 않았던 선물보따리를 풀어놓았다.

　이제 삼촌들은 여행객에게 칼국수를 내놓는다. 방문객도 일 년에 '3만~4만' 명

곶자왈의 우점종인 종가시나무 아래에는 음지식물인 양치식물이 군락을 이룬다.

이면 족하다. 그 정도면 삼촌들이 안내하고 체험을 지도할 수 있다. 칼국수를 만들면서 종가시나무와 동백을 이야기한다. 숲길에서 곶자왈의 아픈 기억, 4.3도 빠뜨릴 수 없다. 숲은 마을의 역사이고 선흘리 주민들의 삶이다. 이것이 동백동산 프로그램의 기본이다. 주민 동원이 아닌 주민 참여가 가능한 것은 그 시작이 그들의 삶과 자연에서 비롯되기 때문이다.

곶자왈은 해발 20미터에서 800미터, 수평으로는 동서부지역 600미터 이하에 분포되어 있다. 이곳은 낙엽수림대와 상록활엽수림대이다. 인근에 경작, 방목, 초지 등이 분포해 있다. 제주도에 분포한 약 2,000여 식물종 중 곶자왈에 600여 종이 서식한다. 무엇보다 화석식물이라 하는 양치식물자원의 70퍼센트가 이곳에 있다. 미기록종도 발견되고 있으며, 제주 이름을 가진 '제주암고사리'와 멸종위기 야생식물인 '제주고사리삼' 등의 서식처이다. 우점하는 목본식물로 종가시나무, 때죽나무가 있으며, 복분자, 산딸기, 꾸지뽕나무, 실거리나무, 칠레, 초피, 환삼덩굴, 으름덩굴, 댕댕이덩굴 등이 있다.

곶자왈에 서식하는 자귀낭(자귀나무), 조배낭(구실잣밤나무), 솔피낭(솔비나무), 꽝낭(꽝꽝나무) 등은 '벤즐레', '따비', 괭이자루, '섬비', '남데' 등 다양한 농기구를 만드는 재료로 사용했다. 또 '뒤주' '도고리' 등 곡식을 저장하거나 보관하는 그릇, 연자매를 제작하는 데도 곶자왈 나무가 사용되었다. 농기구만이 아니다. 제주도 전통

곶자왈에 형성된 습지는 상수도시설이 마련되기 전까지 중산간 주민들의 식수였다.

배 태우 이후 두 개의 돛을 다는 덕판배는 구살잣밤나무를 사용했다. 테우는 한사란 고산지역 구상나무를 이용했다. 이 외 어선이나 군선을 만들 때는 녹나무나 가시나무를 이용하기도 했다. 선흘에서 잠녀들이 물질하러 갈 때 배에서 부르는 노래에 '요 네 상척 부러지면 선흘곶디 곧은 낭 없을소냐'라고 했다. '상척'은 '노의 상반부'로 '요 노가 부러져도 선흘곶에 곧은 나무가 많으니 걱정이 없다'라는 의미이다. 선흘리 곶자왈에 배남낸밭, 배남미르, 배남빌레, 배남터 등 배 건조와 관련된 시녕이 많이 남아 있다. 또 선흘리 곶자왈 탐방로 주변에서 숲을 굽는 가마를 쉽게 발견할 수 있다.

곶자왈은 제주 사람들에게 바당과 함께 소중한 식량창고였다. 특히 겨울철에는 꽁코를 놓고 노루덫을 놓았다. 한라산에 눈이 덮이면 노루, 꿩 등이 곶자왈로 내려왔다. 이 외 산채식물과 약용식물도 다수 분포한다. 대표적으로 고사리, 들굽낭(두릅나무), 공초(곰취), 엄낭(엄나무), 멩게낭(청미래덩굴), 꿩마농(달래), 산승(더덕) 등이다. 약용으로는 비자나무, 녹나무, 고로쇠, 활칠나무, 동백나무, 느릅나무 등 다양하다. 주거공간의 정낭과 정주목, 집의 기둥 등을 나무와 지붕을 잇고, 땔감과 사료로 사용하는 '새(띠)' 그리고 돌담도 곶자왈 주변에서 구했다. 목장, 화전, 수렵도 곶자왈이 있어 가능했다. 곶자왈의 가치는 이렇게 언급된 가치 외에도 경관 가치, 생물다양성의 가치, 자연재해 예방의 가치 등 경제 효과로 환산할 수 없는 가치가 더 크다.

선흘리 곶자왈은 식수공급원이었다. 중산간의 식수나 해안의 용천수 역시 곶자왈이 없다면 불가능하다. 폭우나 장마도 곶자왈이 스펀지 역할을 해준다.

그런데 황금알을 낳는 거위를 잡아먹자는 어리석은 개발계획이 추진되고 있다. 이미 곶자왈 곳곳은 골프장으로 개발되었거나 예정 중이며, 채석장이나 도로를 만들어 훼손한 경우도 있다. 선흘리 곶자왈에 사파리를 만들겠다는 계획을 발표하기도 했다. 종가시나무 작은 도토리가 사파리보다 훨씬 귀하다. 미래의 아이들을 위해서라도 곶자왈은 지속되어야 한다. 마을을 품은 습지, 습지를 안은 곶자왈. 그곳에 기대어 사는 제주고사리삼속 양치식물이다. 습지 주변 햇볕이 드는 그늘에서 자란다. 1속 1종의 희귀식물로서 원시 고사리 형태를 잘 보전하고 있다. 곶자왈을 지키는 식물이다. 제주 중산간인 선흘리 곶자왈에 자생한다. 선흘리 마을숲 '동백동산'은 람사르습지, 람사르습지도시, 세계지질공원으로 지정되었다.

52

벗이여!
잠녀여

해녀는 제주의 전통문화의 상징이다. 이들이 하는 생업을 '물질'이라 하고, 그들을 가리켜 '잠녀' '잠수'라고 한다. 수산업법에는 '나잠어업'으로 분류하고 있다. 나잠어업(裸潛漁業)은 '산소 공급장치 없이 잠수한 후 낫·호미·칼 등을 사용하여 패류·해조류·기타 정착성 수산동식물을 포획·채취하는 어업'으로 신고를 한 후 어업활동을 한다. 배 위에서 줄을 통해 산소를 공급하는 잠수기선 작업이나 산소 탱크를 등에 지고 물속에서 일을 하는 스쿠버 다이버와 달리 자신의 호흡과 자맥질에만 의존한다.

잠녀인가 해녀인가

해녀의 명칭을 둘러싸고 논란이 일기도 했다. 사전에는 "바닷가 물속에 들어가서 해조류와 패류를 캐는 여인"이라고 정의한다. 그대로 풀이하면 '바다의 여자'로 해석할 수 있다. 하지만 잠녀, 잠수는 '자맥질'이라는 어로의 특징이 잘 드러나는 명칭이다.

《조선왕조실록》에는 1702년(숙종 28년) 잠녀가 나오며, 1714년(숙종 40년)에는 해녀가 등장하지만 '촌락의 부녀자들과 물물교환을 하던 일본인'을 지칭한다. 한국에서 해녀라는 용어가 공식적으로 등장한 것은 1920년 제주도 해녀어업조합이 처음이다. 일본에서 해녀는 해사(海

제주에서 여자로 태어나는 것은 소로 태어난 것보다 못하다는 속담이 있다. 집안일, 밭일, 부엌일, 물질 심지어는 가계까지 책임져야 하던 때가 있었다. 이 모든 것을 감내해야 했던 여성이 해녀다. 제주에서는 잠수나 잠녀라고 한다.

土)와 더불어 '아마'라고 부르는 해양어로자들이다.

조선시대 실학자였던 장흥의 존재 위백규도 '해녀'들이 전복을 따는 것을 구경했던 모양이다. 벌거벗고 박에 몸을 의지하며 눈이 쌓인 추운 날 관리들의 채찍질로 유혈이 낭자한 모습을 볼 수 있었다고 했다. 그의 《존재전서(存齋全書)》(1791년) 중 〈금당도선유기(金塘島船遊記)〉에 '해녀'라는 용어가 적혀 있다.

해녀라는 용어에 대해서 '일본식 용어로 사용하는 것에 부정적인 입장'과 '보편적으로 통용된 용어이므로 사용해야 한다는 입장'이 있다. 해녀의 발상지를 제주라고 말하지만 자연과 적응이라는 문화현상으로 볼 때 해녀는 여러 지역에서 동시다발로 시작되었다고 추정할 수 있다. 다만 농사로 먹고살기 어렵고, 물질을 해야 하는 제주 해안 마을의

물질은 여자만 했던 것은 아니다. 조선시대에는 포작인이라 해서 진상용 전복과 물고기를 잡는 남자들이 있었다. 이들에게 공물진상 외에 수령과 토호의 수탈, 노역징발, 군역까지 부담케 하면서 유랑하거나 섬을 떠나는 사람이 늘었다. 포작인 수가 감소하자 미역을 채취하던 잠녀에게 그 역이 전가되었다.

자연환경 탓에 지속적으로 발달할 수밖에 없었던 잠수 기술이 다른 지역에도 큰 영향을 주었던 것이다. 특히 동해, 서해, 남해 등 국내는 물론 러시아, 연해주 등 해외까지 물질을 나갔으니 그 영향이 매우 컸다.

물질은 여자만 하는 것일까

본래 해산물은 포작인(浦作人, 남성)과 잠녀가 함께 채취했었다. 실제로 여수의 한 섬에서는 진상용 전복과 물고기를 잡아 진상하는 포작군이 배치되기도 했다. 통영의 섬에도 진상할 전복을 따는 포작인이 배치되었다. 잠녀와 포작인은 제주의 특산물인 전복, 해삼, 미역, 옥돔 등을 진상해서 세금을 면제받거나 감면받았다. 하지만 15세기 후반 포작인은 공물 진상은 말할 것도 없고, 관아물품 담당, 수령과 토호의 수탈, 노역징발 등 이중 삼중의 고통을 겪었으며, 왜구의 잦은 침입으로 군역까지 부담했다. 심지어 관아에 장부를 마련해 포작인은 1년에 20필, 잠녀는 7~8필의 부담해야 했다.

더 이상 견딜 수 없는 포작인은 진상과 부역을 피해 가족을 거느리고 육지로 도망가는 출륙 현상이 생겨났다. 이렇게 유민이 된 제주도민들은 전라도, 경상도, 심지어 중국 동남해안의 해랑도까지 떠돌았다. 그러다 보니 '홀로 살지언정 포작인의 아내는 되지 않겠다'는 말이 나돌 정도였다. 그 결과 17세기 포작인의 수가 크게 감소하여 미역을 채취하던 잠녀에게 전복과 소라를 따는 역이 전가되었다.

제주도로 유배 온 부친을 따라 15세부터 제주에서 8년간 생활한 이건(1614~1692년)의《제주풍토기》에 나타난 당시 해녀의 모습이다.

"해산물에는 단지 전복, 오징어, 미역, 황옥돔 등 수종이 있고, 이 밖에도 이름 모를 수종의 물고기가 있을 뿐으로 다른 어물은 없다. 그중에서도 천한 것은 미역을 캐는 여자인 잠녀라고 한다. 그들은 2월 이후부터 5월 이전에 이르기까지 바다에 들어가서 미역을 채취한다. 그미역을 캐낼 때에는 소위 잠녀가 벌거벗은 몸으로 낫을 갖고 바다에 떠다니며 바다 밑 미역을 캐어 끌어 올리는데 남녀가 상잡하고 있으나 이를 부끄러이 생각지 않는 것을 볼 때 놀라지 않을 수 없다. 전복을 잡을 때도 이와 같이 하는 것이다."

조선 초기에 '내외법'이라는 것이 있었다. 남녀 간의 자유로운 접촉을 금하는 법이다. '남녀가 내외하는 법인데'라는 말은 여기서 비롯된 것이다.《경제육전》에는 양반 부녀는 부모, 친형제자매, 친백숙고, 외삼촌과 이모 등 3촌까지의 친척 외에는 방문할 수 없도록 했다. 세종대에는 다니는 길도 달리하고, 대청을 달리할 것을 건의하기도 했다. 특히 후기 성리학이 통치이념으로 자리를 잡으면서 여성이 지켜야 할 덕목으로 정절이 자리 잡은 상황에서 잠녀가 옷을 벗고 바닷가에서 물질을 한다고 생각해보라. 뭍에서 온 관리나 유배 관리들에게는 깜짝 놀랄 일이었을 것이다.

조정에서는 1629년부터 1825년까지 200년간 출륙금지령을 내렸다. 당시 김상헌이 쓴 《남사록》에는 "제주에서 진상하는 전복의 수량이 많은데다, 관리들이 사욕을 채우는 것이 또한 몇 배나 된다. 포작인들은 그 일을 견디다 못해 도망가고 익사하는 자가 열에 일곱 여덟이다. 때문에 제주 여자들은 포작인과 결혼을 하지 않으려 한다."라고 했다. 얼마나 수탈이 심했는지 엿볼 수 있다. 그 후 진상용 해산물 채취는 잠녀의 몫이 되었고, 물질도 여자의 생업으로 고착화되었다. 하지만 일본은 물론 우리나라에서도 여수, 신안 등 곳곳에서 물질을 하는 남자들을 볼 수 있다.

잠녀들, 여성 항일운동을 이끌다

제주도에 해녀조합어업조합 설립이 승인된 것은 1920년이다. 3.1운동이후 일제의 유화정책과 맞물려 있지만 그 내면에는 다른 속셈도 있었다. 일본에서 가사리는 비단을 짜는 풀이나 건축용 자재로, 우뭇가사리는 양갱이나 화과자를 만드는 재료로 사용되었다. 그리고 감태는 상처를 소독하는 의약품이나 전쟁에 필요한 화약의 재료로 이용되었다. 섬유산업과 화학공업에 절대 필요한 해조류를 찾아 나선 일본은 그 적지로 제주도와 경남 일대의 연안을 주목했던 것이다. 식용으로 높은 가치와 가격을 보장받았던 미역보다 수십 배에서 수백 배에 이르는 가격에 거래되었기 때문에 제주도의 가사리는 일찍 바닥을 드러냈고, 목돈

제주해녀항일운동기념탑.

을 챙길 욕심으로 잠녀들의 출가는 이어졌다. 1910년대 많은 제주 해녀들이 경남과 울산 일대의 연안과 섬으로 물질을 나선 것도 이런 이유 때문이었다. 일본인 수집상이나 식산은행이 자금을 지원하고 '물상객주'라 부르는 제주 사람이 해녀를 모집해 채취를 했다. 가사리나 감태는 미역보다 몇 배 후한 값을 쳐서 구매해주었기에 해녀들은 서식처를 찾아 객지생활하는 것도 마다하지 않았다. 하지만 기존에 어장을 점유하고 있는 마을 주민들은 불청객 해녀들이 눈엣가시가 아닐 수 없었다. 어업령(1912년)이 발표되면서 해녀들도 입어료를 내고 채취할 수 있게 되었지만 그 액수가 수입의 4분의 1이나 되니 부담스러웠다. 제주해녀 어업조합은 이러한 조건에서 설립이 승인되었다. 그 결과 현지 어민들은 자신들의 바닷가에서 채취한 후 입어료를 제주에 납부하는 것을 좋아할 리가 없었다.

그런데 해녀어업조합이 잠녀들의 권익을 보호해주는 것도 아니었다. 잠녀들로부터 해산물을 수집하여 뇌물을 제공한 일본인 상인에게는 싼 값으로 해산물을 매입할 수 있는 특혜를 주었다. 이에 분노한 잠녀들은 1931년과 1932년 200여 회에 걸쳐 1만 7천여 명이 참여한 집회와 시위를 하였다. 잠녀만 아니라 청년과 일반 농민까지 가담해 대규모 항일운동으로 발전했다. 당시 해녀조합장인 일본인 도지도사가 면사무소를 방문했을 때 모두들 호미와 빗창을 들고 지정판매 반대, 공정한 입찰, 조합비 조정, 조합재정공개, 손해배상 등의 요구사항을 제시했다. 해녀어업조합은 1936년 제주도어업조합을 통폐합되었다.

해녀항쟁은 구좌면, 성산면, 우도면 일대에서 일제의 식민지 수탈정책과 민족적 차별에 항거하여 제주 지역 해녀들이 일으킨 국내 최대의 여성 항일운동이다. 1932년 1월 12일 제주 동부지역 해녀들이 총집결해 항쟁을 벌였던 '연두막 동산'에 제주해녀항일운동기념공원을 조성했다.

일제강점기 잠수들은 제주도를 떠나 일본과 중국의 다롄과 칭다오, 러시아의 블라디보스토크까지 이동했다. 국내의 출가 상황을 보면, 1930년대 후반 경남에 1,600여 명, 경북과 전남에 400여 명, 충남에 100여 명 등 2,800여 명이, 일본에는 대마도에 700여 명을 비롯해 1,500여 명이 출가를 했다. 일제강점기 잠녀가 채취한 해조류와 패류는 일본으로 수출되었고, 잠녀 수는 증가해 일본, 러시아, 중국으로 출가하기도 했다. 광복 후 해조류와 패류는 한때 제주의 전체 수출고 중 99.4퍼센트를 차지했다. 1970년대에도 80~60퍼센트에 이르렀다.

독도를 지킨 해녀

일제강점기 독도의 어장은 일본인이 운영하는 한 회사가 독점하였지만 실제로는 울릉도에 거주하는 일본인과 한국인이 이용했다. 조선시대 최상품 미역 어장이었던 독도는 일제강점기 울릉도 소재의 통조림 공장에 원료를 공급하는 곳으로 바뀌었다. 자연산 돌미역이 풍부했다. 광복 후 미군의 폭격으로 많은 사상자가 발생했음에도 불구하고 입도는 멈추지 않았다. 게다가 일본인들도 독도에 입도해 자신들의 영토라는 표목을 세우기도 했다. 특히 1953년 대일평화조약 이후 일본의 독도 침탈이 빈번하자 같은 해 4월 홍순칠 등은 독도의용수비대를 결성하였다. 그리고 독도에 주둔하면서 자체 경비를 마련하기 위해 미역 채취를 구상했다. 당시 경상북도 도지사를 만나 독도 어장의 독점적 어장 이용권을 허가받았다.

그 후 홍순칠은 제주로 가서 해녀 50명을 모집하였다. 여기에 잡역 20명과 운반선 3척까지 준비했다. 이런 일은 1956년 12월 경북 울릉도 소속 경찰 독도경비대로 임무가 인수될 때까지 이어졌다. 당시 미역을 채취해 얻은 소득은 4 대 6으로 해녀 몫은 4, 수비대 몫은 6이었다. 당시 독도에서 미역을 채취했던 해녀는 '미역 시세가 좋아 독도 순경을 하기 위해 뒷돈까지 썼다는 이야기가 공공연했다'고 기억했다.

제주 해녀들이 많을 때는 50여 명이 서도의 물골에서 숙식을 해결했다. 미역철이 되면 몇 달치 식량과 된장을 가지고 오지만 늘 부족했다. 식량이 떨어지면 갈매기알이나 소라를 삶아 먹고 쑥을 넣어 끓인 죽으로 연명했다. 심할 때는 강치를 잡아먹기도 했다고 한다. 해녀들은 물질만 한 것이 아니라 수비대의 식량이 떨어져 곤경에 처했을 때는 식수와 식량을 전달해주기도 했다. 독도는 파도가 심해 보급선이 와도 쉽게 접안을 할 수 없었기 때문이다. 막사를 지을 때는 자재도 운반해주었

울릉도 출어 부인 기념비, 한림읍 협재리 마을회관에는 1956년 마을 해녀들이 울릉도와 독도로 물질을 하러 간 것을 기념하여 세운 비다.

다. 당시 독도에는 해녀를 포함해 100여 명이 거주했다. 결국 수비대가 독도에 거주할 수 있었던 것은 제주 해녀들 덕분이라고 할 수 있다.

추락하는 잠녀의 지위

1962년 수산업법에 의해 마을어장의 권리가 어촌계로 귀속되면서 잠녀회는 어촌계의 하부조직으로 전락했다. 뿐만 아니라 마을어장에 대한 권리가 강화되어 타지에서 하는 어로는 제한되거나 금지되었다. 독도 어장도 울릉도어업조합에 귀속되었고, 지선어민인 최종덕이 1965년 독도에 거주하기 시작하면서 권리를 획득했다.

이후 잠녀들이 주로 채취하던 미역은 뭍에서 대량으로 양식되어 더 이상 경쟁력이 없어졌다. 전복은 남획으로 고갈되었고, 뭍에서는 양식이 시작되었다. 또 같은 시기에 감귤이 제주 특산물로 각광받기 시작하면서 많은 수의 잠녀들이 감귤 밭으로 이동했다. 여기에 젊은 여성들의 교육 기회가 확산되면서 물질을 기피하고 뭍으로 빠져나갔다. 이에 따라 1970년대 이후 잠녀의 수는 크게 감소했다. 이 무렵 해녀의 작업복도 물소중이에서 고무옷으로 바뀌었다. 일본에서 들어온 고무잠수복과 오리발을 착용하면 깊은 곳까지 쉽게 이동할 수 있어 소라를 채취하기에 적합했다. 하지만 그에 따라 작업 시간도 길어지고 휴식 시간은 사라졌다. 노동 강도가 훨씬 강화되었다.

전국에 물질을 하는 해녀는 제주 4,995명, 부산 986명, 통영 152명(2011년 기준)이다. 제주 해녀만 본다면 1913년 8,391명, 1960년 19,319명, 1969년 20,832명, 1975년 8,402명, 1980년 7,804명, 1990

해녀의 복장.

년 6,827명, 2000년 5,789명, 2012년 4,574명이다. 제주의 경우 현업에 종사하는 해녀의 81.7퍼센트가 60대 이상이며, 47퍼센트는 70대 이상이다.

참고로 해녀들이 사용하는 도구는 망사리, 테왁(박새기), 빗창, 종개호미, 호맹이(물호미), 갈퀴, 소살, 물수건, 눈(방수경), 잠수복 등이 있다.

순비기, 해녀들 두통을 잡는다

순비기나무는 모래밭에 뿌리를 내리고 사는 사구식물이다. 이름에서 읽을 수 있는 것처럼 해녀의 숨비소리와 관련이 있다. 물질 끝에 수면 위로 올라와 뱉어내는 깊은 숨소리가 숨비소리이다. 순비기나무의 제주 말인 '순비기낭'이 숨비소리에서 왔단다. 순비기나무가 모래밭에 깊은 뿌리를 내리고 짠물과 소금 바람을 견디며 꽃을 피우고 열매를 맺는

갈퀴와 테왁. 잠녀는 망사리, 테왁, 빗창, 수경 등 간단한 도구만 가지고 물질을 한다. 이 중 테왁은 바다에서 유일하게 붙잡고 숨비소리를 낼 수 있는 도구다. 옛날에는 박에 작은 구멍을 내서 속을 파내고 만들었지만 지금은 스티로폼을 이용한다.

다. 해녀의 삶과 너무도 닮았다. 순비기나무는 마편초과에 속하는 여러해살이 초본식물이다. 제주도뿐 아니라 우리나라 대부분 연안과 섬의 해안에 자생한다.

　모래밭 주변에 마을을 이루며 살아야 했던 제주 해안 마을의 순비기는 모래를 잡아주는 고마운 식물이다. 그래서 마소가 순비기나무를 먹어 치우는 것을 막기도 했다. 순비기나무는 모래만 잡아주는 것이 아니다. 메마른 모래밭에 뿌리를 내리고 꽃을 피우는 순비기의 강인함은 제주 사람, 특히 해녀를 꼭 닮았다. 제주에서는 '숨베기낭' '숨비기낭'이라 한다. '낭'은 '나무'를 말하는 제주 말이다. 그런데 순비기나무 열매는 통증, 어지럼증, 난청, 호흡곤란에 통하는 약성을 갖고 있다. 사계리 형제바위 근처에서 순비기 열매를 뜯는 어머니를 만났다. 용처를 물으니 '두통'이 있어 뜯는다고 했다. 이 모두 해녀병이라 일컫는 '잠수병'의 증세들이다. 한약재는 '만형자'라고 알려져 있다. 술을 담가 먹기도 한다.

순비기나무 열매는 통증, 어지럼증, 호흡곤란 등에 통하는 약성이 있다. 해녀들에게는 꼭 필요한 상비약이었다.

그야말로 해녀들에게는 필수약이다.

벗이 있어야 물질을 한다

칠성판을 지고 바다로 향하는 잠녀들이 붙잡을 수 있는 유일한 생명줄은 태왁과 벗뿐이다. 태왁은 옛날에는 박으로 만들었지만 최근에는 스티로폼으로 만든다. 그리고 벗은 같이 물질하는 동료를 말한다. 벗은 경쟁자이면서 동료가 위험에 처했을 때 먼저 도와주는 사람이다. 따라서 물속에서는 서로 신뢰하지 않으면 안 된다.

해녀들의 권리는 뭍에서 보는 공동어장에 대한 어촌계원의 권리와는 다르다. 잠녀는 모두 동등한 어업의 조건을 갖지만 채취한 자원을 공동분배하지 않고 권리의 실현은 동등하다. 노동의 대가(능력)는 성취할 수 있는 권리를 말한다. 하지만 뭍에서는 어장의 가치가 높아지면서 계원(가구)별로 채취량을 엄격하게 제한하고 있다.

바다에서 물질을 해서 소라, 전복, 문어, 성게 등을 잡을 수 있는 권리를 얻으려면 마을에 거주해야 하고, 집을 가지고 있어야 한다. 즉 마을 출신의 여성이거나 마을 출신 남성과 혼인한 여성들이 그 권리를 갖는다. 집안의 남성이든 여성이든 수협의 조합원이며 어촌계에 가입한 계원이어야 한다. 하지만 무엇보다 중요한 것은 잠수회의 동의가 없으면 물질이 어렵다. 충청도의 한 어촌마을에서는 잠수회(영어조합법인으로 등록되어 있음)의 90퍼센트 이상이 동의해야 물질이 가능하며 전체 동의가 필요한 곳도 있다. 행정에서는 어촌계만 바다를 이용하는 공식 조직으로 인정하지만 마을에서는 잠수회도 공신력 있는 여성 조직으로 인정한다.

보통 마을공동어장을 이용할 수 있는 권리를 입어권이라 하는데, 관행상 마을 거주 주민이 가졌던 권리를 어촌계원으로 제한되었다. 잠녀들도 이 법의 적용을 받지만 물질의 특성상 개인 물질이 어렵고, 상호 호혜해야 하기 때문에 소속감이 강하다. 특히 맨몸으로 바닷속에서 작업하기 때문에 같은 어로 구역에서 물질을 하는 경우 동료의 위치나 상태를 파악하는 것은 기본이다. 마늘과 양파를 심는 농사일이나 집안에 상을 당했거나 결혼식이 있을 때도 물질을 멈추고 서로 도우며 신뢰를 쌓는다. 바다에서는 서로 좋은 물건을 많이 채취하기 위해 경쟁하지만 바다라는 공간의 불확실성과 위험성은 서로간의 연대감을 공고히 한다. 그나마 물질이 지속될 수 있는 것은 잠녀들의 남획 방지를 위한 노력과 새로운 기술의 도입 저지라는 자구책 덕분이다.

제주에서는 잠녀가 사라질지 모른다는 우려 속에 세계문화유산 등재 등 문화재로 지정하려는 움직임이 있다. 최근 해녀는 국가중요어업유산으로 지정되었다. 그리고 제주해녀항일운동기념사업, 해녀박물관, 해녀학교 등 사업들도 이어지고 있다. 하지만 무엇보다 중요한 것은 잠녀들이 물질을 계속할 수 있도록 마을어장의 생태계를 지속시키는 일이다. 잠녀는 어로활동이 전제되지 않으면 지속될 수 없다. 무대에서 어업요를 부르며 퍼포먼스를 하는 해녀로 전락할 수도 있는 것이다. 법환리에서 만난 해녀들의 숨비소리가 거칠어진다.

●─해녀들이 사용하는 도구

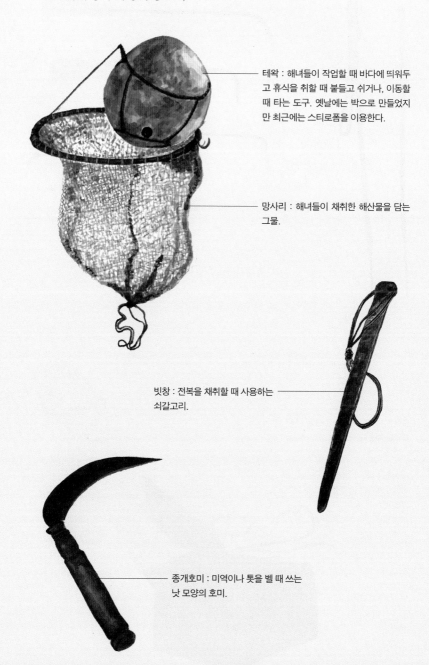

테왁 : 해녀들이 작업할 때 바다에 띄워두고 휴식을 취할 때 붙들고 쉬거나, 이동할 때 타는 도구. 옛날에는 박으로 만들었지만 최근에는 스티로폼을 이용한다.

망사리 : 해녀들이 채취한 해산물을 담는 그물.

빗창 : 전복을 채취할 때 사용하는 쇠갈고리.

종개호미 : 미역이나 톳을 벨 때 쓰는 낫 모양의 호미.

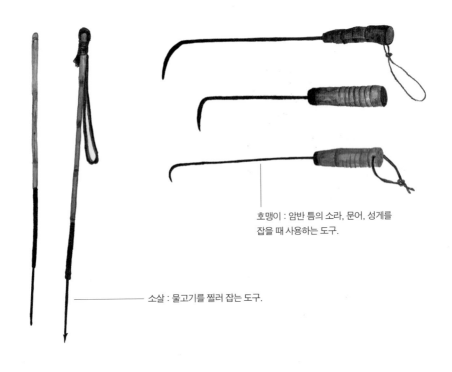

호맹이 : 암반 틈의 소라, 문어, 성게를
잡을 때 사용하는 도구.

소살 : 물고기를 찔러 잡는 도구.

물수건 : 머리카락이 흐트러짐을 막음.

물적삼 : 상의. 허리와 가슴을 감싸
보온을 해준다.

물소중이 : 하의. 옆트임이 있어
체형과 체중에 따라 조절할 수 있고,
입고 벗기 편함.

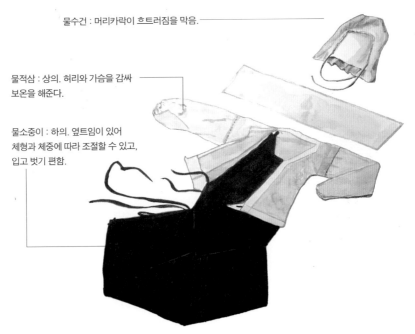

쉐눈 : 알이 하나로 된 큰 물안경.

족쉐 : 작은 알이 둘인 물안경.

납벨트 : 물속에 잘 들어가고 쉽게 뜨지 않게
약 10킬로그램 이상 되는 납을 허리에 차고 물속에 들어간다.

잠수복 : 무명잠수복 대신 고무잠수복을 사용함.

53

사라져가는
제주의 흔적들
바다에 기댄 '더불어 삶'

밭담 위로 넘실대며 익어가는 보리가 아름다운 계절이다. 보리는 제주
인들에게 목숨처럼 소중했다. 오죽했으면 이재수가 민중의 마음이 누
렇게 익어가는 보리밭으로 가 있는 걸 보고 혁명을 거두었겠는가. 제주
의 오월은 그렇게 시작되었다. 한라산을 이해했다고 제주가 보이는 것
은 아니다. 제주 바다의 생태 특성을 잘 파악하는 일도 그 못지않게 중
요하다. 제주 사람들의 바다, 생활의 지혜, 삶의 흔적을 찾아 떠나보자.

　한반도의 섬 대부분이 대륙도이지만 제주도는 울릉도와 함께 화산
활동으로 형성된 화산도이다. 대륙도는 리아스식 해안으로 이루어진
경우가 많아 해안선 길이가 다른 화산도에 비해서 매우 길다. 이러한
입지조건의 차이는 포구에 큰 영향을 미친다. 이를 입증하듯 제주 관련
고문헌에도 이를 지적하고 있다.

> "사방 둘레는 검석으로 둘러쳐 있어 썰물과 밀물에 관계없이 배를 붙
> 일 만한 포구가 귀할 수밖에 없는 섬"《남환박물》
> "섬 주위가 불과 500리다. 해변 물이 얕은 데는 바위가 검처럼 꽂혀
> 있어… 배를 잘 부리는 자가 아니면 반드시 배를 부수고 만다."《남사
> 록》

제주의 해안은 썰물에나 밀물에나 배를 붙일 만한 곳이 없다. 해안에는 검은 바위가 솟아 있고 파도를 막을 만한 곳이 없다. 그래서 전통배 테우가 들어갈 만한 작은 공간이 있으면 포구로 사용했다. 이런 곳에 용천수라도 솟으면 마을이 만들어졌다.

    섬사람은 포구 없이 생활할 수 없다. 자급자족이 불가능한 섬에서는 육지나 이웃 섬과 교역하며 생활할 수밖에 없기 때문이다. 제주도는 일찍부터 '소'와 '말', 그리고 '미역' 등을 한반도에 내다팔고 '쌀'과 '소금', '옷감' 등 생활필수품을 구해 왔다.

    포구는 제주 말로 '개, 개맛, 개창, 성창, 돈지'라고 부른다. 지금은 빌딩이 숲을 이루었지만 도두마을에는 '터우'(테우)를 매어두기에 좋은 '곱은개'(숨어 있는 포구)와 '돈짓개' 두 개의 포구가 있었고, 돈짓개 안쪽 칸살인 '펄낭'이 있었다. 곱은개는 이미 매립되었지만 돈짓개는 비교적 잘 남아 있다. 《남사록》에는 '도도리포'라고 하는데 병선도 감출 수 있는 곳이라고 했다. 지금처럼 포구를 시멘트로 포장하기 전까지 포구 앞 섬을 따라 마을 주민들이 봄과 가을철에 부역[負役. 마을 주민들이 공동으로 의무를 다해 짐을 지는 것]으로 쌓은 담이 있었다. 파도막이와 바람막이였을 것으로 추정하고 있다.《제주포구》를 연구한 고광민은 외침을 막기 위해 제주 섬을 둘러쌓았던 환해장성도 '파도막이'로 해석했디. 도두봉은 낮에 이민들과 해녀들이 바나에서 위치를 가늠하는 나침반 역할을 하는 오름이다. 밤에는 포구에 '도대불'을 밝혀 위치를 알렸다. 바다를 낀 오름에는 뱃길의 안전과 풍어를 기원하는 '당'이 있다. 도두오름 허리에도 송씨 할망을 모신 당이 있다. 허리에 위치해 있다고 해서 '오름허릿당'으로 부른다. 지금처럼 빌딩이 포구를 둘러싸기 전, 도시가 확장되기 전에는 이 당이 마을로부터 꽤 떨어져 있었겠지만 지금은 오름까지 차가 오르는 세상이다.

　오름허릿당에는 지전을 비롯해 치마저고리가 통째로 걸려 있는 폭낭(팽나무)이 있다. 옷감이 귀한 화산섬인 탓에 과거에는 천 조각으로 흉내만 냈을 뿐인데 지금은 아예 옷을 지어 바치고 있다. 그만큼 풍요로워진 것일까. 하지만 송씨 할망의 영험함이 제물에 비례할까.

제주의 포구 이름은 어떻게 지어졌을까

바다와 포구의 이름을 되새김질해보면 제주 사람의 살림살이를 엿볼수 있다. '새비늪'이 그런 곳이다. 서귀포시 강정동에 위치한 새비늪은 모슬포에 이어 대정읍에서 두 번째로 큰 상업 포구였다. 새비늪은 '속등개코지'에서 '썩은섬'(서건도)으로 가는 길목 사이에 있다. 지금은 역병으로 마을이 소개되어 흔적을 찾기 어렵지만 옛 지도를 보면 인근에 변수촌 혹은 새수촌이라는 자연마을이 있었다. '새수'란 물(민물) 마을이라는 뜻이다. 그래서 새수포(塞水浦) 혹은 변수포(邊水浦)라고도 불렀다. 제주도의 논은 전체 면적의 0.5퍼센트에 불과한데 이곳 새수촌은 논이 많은 편이었다.

제주도에서 물이 흐르는 개천을 찾기가 쉽지 않다. 새수촌에서 새비늪으로 흐르는 작은 개울 옆에는 미나리꽝이 자리해 있다. 물론 지금도 물이 '콸콸' 흐른다. 마치 뭍에서처럼. 새비늪 인근에 강정천의 큰내와 작은내도 물이 흐른다.

일부 옛 지도는 새수포를 금삭포(金索浦)라고도 불렀다. '금삭포'는 어디에서 온 것일까. 고광민의 이야기를 더 들어보자. 이곳 사람들은 '삭'(索)을 '배삭'으로 읽는다. '배'는 삼이나 칡 등으로 가닥을 지은 줄인 '바'의 제주 말이다. 쇠(金)에서 차용한 '새'와 '삭'(索)에서 차용한 '배', 즉 새비늪의 한자 차용 표기가 '금삭포'였다. 현지에서 이 궁금증을 풀 수 있었다고 했다. 그렇다면 '새비늪'은 어디에서 왔을까. 사실 이름은 의미를 담는 그릇 같은 것이다. 그도 새비늪의 의미 해석을 놓고 여러 날을 고민했다고 한다. 그런데 날물인 어느 날 이곳에 현지 조사를 왔다가 물이 빠진 수심 깊은 바당('늪')과 그곳에 솟아 있는 '여'(사이

제주의 전통 배 '테우'.

대정읍 사계리의 유채꽃밭. 척박한 자연환경에 적응해 살기 위해서 인간이 선택할 수 있는 것은 공동체이다. 어촌에 공동체가 발달할 수 있었던 것도 이런 이유 때문이다. 해안에 밀려든 바다풀도 공동으로 거두어 마늘밭에 거름으로 사용했다. 그 밭은 여행객을 위한 유채밭으로 바뀌었다.

를 의미하는 '새비')들을 확인했던 것이다. 제주 해안에는 '새비'라는 지명이 30여 개에 이른다. 자연의 특성을 보고 이름을 지은 선조들의 지혜가 돋보이는 대목이다. '늪'이란 수심이 깊은 곳을 말한다. 답은 책이 아니라 현지에 있다는 것을 확인한 셈이다.

물이 빠져도 여와 여 사이에 수심이 깊은 늪이 있어 옛날부터 '테우'나 배들이 새수포까지 들어올 수 있었다. 뿐만 아니라 조그만 썰물에도 등을 드러내는 썩은섬과 두머니물(우물) 사이에는 잘고 매끄러운 '먹돌'들이 있어 테우나 배들을 뭍으로 쉽게 올릴 수 있었다. 자연환경을 그대로 이용한 포구였다. 그곳에 도착한 날에도 주민이 사용하는 테우가 매여 있었다.

척박한 땅에서 피어난 공동체 문화, 케매기와 베늘

제주의 마을사를 들여다보면, 자연환경에 적응하는 과정에서 형성된 공동체를 곳곳에서 엿볼 수 있다. 그 대표적인 곳이 서귀포의 대평리 '케매기문화'와 사계리 '베늘문화'이다. 섬사람들에게 바다는 고기와 해초들을 뜯는 공간만 의미하는 것이 아니다. 제주는 물론 신안, 완도 등 서남 해역의 어민들은 밭뙈기를 건사하는 데 필요한 비료를 바다에서 구했다. 모래밭에는 멸치나 고등어 혹은 정어리 등 기름기가 많은 생고기를 뿌려서 곡식을 냈고, 꽃게를 고추나무 옆에 꽂아 비료를 대신했다. 지금이야 모두 값비싼 생선들이지만 30여 년 전만 해도 고기가 푸지게 많아 생선 값이 똥값이었던 시절의 이야기다.

이런 바닷고기거름 말고도 바다풀거름을 이용하기도 하였다. 바다풀거름은 해녀나 남자들이 직접 '호미'(낫을 일컫는 제주 말)를 이용해서 바다풀을 베거나, 포구 후미진 곳에 밀려든 바다풀을 건져내서 이용하는 것이다.

이런 바다풀을 '몸'이라고 하는데 수확량에 따라 돈을 내고 채취해 보리, 고구마와 담배의 거름으로 이용하였다. 이렇게 모인 돈은 마을공동기금으로 적립되었다가 '포제(농포제)'나 별제 등 마을제의 비용으로 사용하였다. 이런 마을공동체도 뭍에 '화학비료공장'이 들어서면서 사라지기 시작했다.

안덕면 대평리 당포 해변에는 오지캐, 당케 등 4개의 몸통으로 나누어 바다풀거름을 채취했다. 태풍을 타지 않는 당포는 당나라에 조공을 바치기 위해서 배가 드나들었던 포구라는 설과 영험한 당인 '당팟할망당'에서 유래했다는 설이 있다. 대평리는 너른 들판 때문에 붙여진 이름이다. 너른 들판이라고 해서 모를 심는 무논을 찾는다면 제주도를 제대로 볼 자격이 없다. 제주에서 들판은 '밭'을 말하는 것이다. 대평리는 밭담 없이 경계만 구분된 마늘밭이 넓게 펼쳐져 있다. 밭담이 없는 밭을 제주에서는 보기가 낯설다. 이 지역이 담을 만들 만한 돌들이 없는 곳이라 생겨난 현상이다. 그래서 너른 밭이 있는 것이다.

제주의 마소는 방목하는 통에 쉽게 밭, 묘지, 집 등을 넘나들곤 했다. 그래서 으레 밧담, 산담, 집담을 쌓았다. 대평리처럼 돌을 구하기 쉽지 않은 곳은 마소가 농작물에 들어가는 것을 막기 위해서 마을공동으로 '케매기'를 조직했다. 밭이 잘 보이는 곳에 관리 망대를 만들고 '켓집'이라는 관리인을 두었다. 그 대가로 보리와 조의 작황을 보고 켓곡석의 양을 정한 '서세'의 장부를 넘겨받은 '켓집'은 해당 집들을 돌아다니며 곡식을 받았다. 이러한 케매기 문화는 돌담이 없거나 낮은 강정에서 모슬포까지 분포되어 있으며 일부 지역에서는 1970년대 초반까지 이어졌다.

대정읍 사계리는 바닷가에 있는 어촌마을이다. 형제섬이 보이는 사계리 해안에서 해맞이를 하다 어머니 한 분을 만났다. 순비기 밭에서 검정색 열매를 따고 있었다. 쓰임새를 물으니 진통과 신경통에 좋다며 옛날부터 제주에서는 민간요법으로 사용했다고 한다. 모래밭이나 사구에서 자라는 순비기나무는 또 다른 용도로 사용했다. 순비기나무는 모래밭에서 잘 자라는 덩굴식물이다. 마차 그물망처럼 뿌리를 내리기 때문에 모래를 붙잡는 역할을 한다. 여기에 '베늘'을 두어 마을 공동지역을 관리했다. 옛 마을 문서에는 "순백이나무에 소가 범하는 것을 금한다"는 기록이 남아 있다. 이를 어길 경우 벌금을 부과했다.

음력 6월 초 망종 무렵이면 사람은 눈코 뜰 사이 없이 바쁘다. 소들도 밭을 갈고, 답전을 해야 하기 때문에 힘이 부친다. 그렇다고 쇠먹이를 제대로 해줄 틈이 없기 때문에 주민들이 인근 모슬밭(모래밭, 사구)에 지천으로 난 순비기 잎을 먹으라고 줄기에 매어두곤 했다. 힘이 센 소늘이 순비기나무를 뿌리째 뽑아내기 때문에 마을 공농으로 이를 금하는 공동체적 규칙을 마련한 것이다. 조선시대 을축기후라고 알려진 재앙으로 모래가 사계리를 덮쳐 60여 채의 가구가 묻혔다는 기록이 있다. 이를 극복하기 위한 방편으로 마련한 순비기나무의 지혜와 공동관리는 1950년대 후반까지 확인되었다. 척박한 모래밭도 마을의 공동재산이었다. 하지만 1970년대 초반 국유지와 군유지로 바뀌었다. 마을 주민들이 지켜낸 그들 삶의 터전을 국가가 근대화라는 이름으로 빼앗아간 셈이다.

사실 인간과 자연은 둘이 아니었다. 자연 속에 인간은 늘 포함되어 있다. 한라산에 5.16도로가 뚫리면서 잣성이 무너졌고, 마소를 기르던 마을공동체도 파괴되었다. 해안 마을마다 있었던 크고 작은 자연포구가 해안 일주도로의 건설로 무너지면서 함께 바다를 지켰던 어민들의 공동체성도 사라지고 있다.

과거 제주인들은 바다와 한라산, 인간의 힘으로 어찌할 수 없는 자연환경을 제대로 인지하고 슬기롭게 적응하며 살아왔다. 간혹 이들이 준 엄청난 재앙도 마을공동체를 더욱 굳건하게 조직하는 지혜로움으로 바꾸어 생활했던 것이다. 제주인들에게 어느 때보다 선조들의 지혜가 필요한 시기인 것 같다.

저 돌그물 몇 년이나 되었을까

얼마 전 중국 해남도의 오래된 소금밭을 조사하러 갔다가 바닷가에 있는 돌담을 보고 깜짝 놀랐다. 영락없이 독살이었다. 검은 돌로 쌓아진 모습이 제주의 독살인 '원'을 닮았다. 멜을 주로 잡는 제주와 달리 새우를 잡는다고 했다. 조차가 커서 그곳을 방문했을 때 바닷물은 독살을 완전히 덮었다.

독살은 충청남도, 전라남북도, 경상남도, 제주도 등 조차가 크고 수심이 깊지 않은 조간대에서 행해진 고기잡이 방법이다. 이 어법은 우리나라뿐만 아니라 일본의 오키나와, 중국의 해남도, 동남아시아 등에 널리퍼져 있다. 지역에 따라 석방렴, 돌살, 돌발, 석전 등 다양한 이름을 갖고 있다.

원담은 갯가에 쌓은 돌담이다. 제주에는 마을마다 바람을 막는 돌담과 올레가 있고, 밭에는 말과 소가 들어오는 것을 막는 밭담이 있다. 그리고 바다에는 물고기를 잡는 '원담'이 있다. 육지부에서 '원을 막는다'는 말은 바다 물길을 막아 논을 만드는 것을 뜻하지만 제주에서는 고기잡는 돌그물을 만드는 것을 의미한다. 불과 한두 세대 전에는 농사지을 땅을 갖는 것이 소원이었다. 그래서 물길을 막아 갯벌을 논으로 만들었다. 혼자 할 수 없는 일이기에 마을 사람들을 모아 '계'를 만들어 '원'을 막았다. 원만 막는다고 농사를 지을 수는 없다. 물을 가두고 물길을 만

제주도의 원담. 돌을 쌓아 밀물에 들어온 바닷물고기를 가두어 잡는 것을 뭍에서는 '독살' '돌살'이라 부른다. 제주에서는 '원' '원담'이라 한다. 이웃나라 일본의 오키나와, 동남아시아, 심지어는 아프리카의 원주민들도 유사한 방법으로 물고기를 잡았다. 오래된 전통 어법이다.

들어야 한다. 물이 귀한 제주에서는 바다를 막아 농사를 짓는 것이 어려웠다. 대신에 바다의 물길을 그대로 살리는 원을 쌓았다. 그리고 물길을 따라 들어온 물고기가 빠져나가지 못하게 했다.

김상헌은《남사록》〈풍물편〉에서 "제주에는 바위와 돌이 많은데 흙으로 덮인 땅은 몇 치에 불과하다"고 했다. 밭에 있는 돌을 골라내고 밭담을 쌓은 다음 부석거리는 흙은 소와 말을 이용해 밟거나 '섬피'를 끌어 씨앗을 심었다. 그런데 돌은 밭에만 많은 것이 아니라 바다에도 많다. 제주 사람들은 돌담을 쌓아 강한 바람을 순하고 농사짓기에 좋은 바람으로 바꾸었다. 뿐만 아니라 거친 바다를 원담으로 다스려 고기를 잡았던 것이다.

옛날부터 제주 사람들은 밭의 소출이 변변치 않은 탓에 바당에서 미역을 따서 '먹성'과 '입성'을 해결했다. 그렇다면 돌 많은 바다를 어떻게 이용했을까. 이원진의《탐라지》에 따르면 제주도의 "산과 바다는 험악하여 그물을 쓸 수 없다. 고기는 낚고 들짐승은 쏘아 잡는다"고 적고 있다.

제주 바다는 돌이 많고 날카롭게 꽂혀 있어 그물질이 어렵다. 대신 돌로 담을 쌓아 그 안쪽으로 들어오는 고기를 잡는 '원담'을 만들었다. 제주에는 모두 340여 개의 원이 조사되었는데, 이 중 최근까지 제 역할을 한 원은 조천읍 금릉리 '모른원'과 '소원' 등이다. 이 원담은 마을 주민 이방익이 관리하고 운영했다. 두 개의 원담 말고도 축원, 활원, 모래원 등 모두 5개의 원이 있었다. 제주에 많은 원담이 있었지만 현재까지 이용하고 있는 원담은 많지 않다. 관광객을 위한 전시용 원을 몇 곳 복원하기도 했다.

금능리는 전체 450여 호로 매우 큰 마을인데, 이곳에 사는 이씨는 음력 7~8월 두 달 정도 원담을 이용해 '멜'(멸치)을 잡는다고 한다. 멸치

중 최고로 치는 것은 남해의 '죽방렴'과 충남의 '독살'에서 잡은 것들이다. 제주에서 원담을 이용해 잡는 멸치도 최고 상품으로 판매되었다. 원담에서 잡히는 멸치는 그물에 시달리지 않아 모양새가 오롯이 남아 있다. 스트레스를 크게 받지 않아서인지 특히 맛이 좋다. 죽방렴에서 잡힌 멸치가 고가로 판매되니 원담에서 잡힌 멸치가 상품이 된다면 더욱 비쌀 것이다. 그런데 아쉽게도 원담에 들기 전에 모두 잡히는지 멸치를 구경하기가 힘들다.

그동안 이씨는 잡은 멜을 주민들이 필요하다면 조금씩 나누어주고 자식들에게도 보내주었다. 마을 주민들은 한두 됫박이라도 그냥 얻어갈 수 없어서 약간의 사례를 하기도 했다. 원담에 멜이 들면 어떻게 알았는지 서귀포를 비롯해 곳곳에서 장사하는 사람들이 와서 가져갔다. 그들도 원담에서 잡은 멜의 가치를 알기 때문이다. 이씨는 용돈벌이도 되지 않는 멜잡이를 멈출 수 없는 것은 평생 지켜온 원담이 논밭과 같기 때문이라고 한다. 원담이 갖는 문화적 가치는 그곳에서 잡는 멜의 가격을 훨씬 능가할 것이다. 그 가치를 제대로 평가할 줄 알아야 제주 관광이 지속될 것이다. 이씨 덕분에 금능리 원담은 40여 년 동안 지속되고 있다. 여름철이면 '금능원담축제'를 개최하고 있다.

소통과 생활의 공간, 캐

제주도를 둘러보는 일이 갈수록 수월해지고 있다. 중산간 도로가 펑 뚫린 것은 물론이고, 해안을 따라 도로가 만들어졌다. 게다가 관광지에서 벗어난 해안까지 펜션과 카페 등이 들어서고 있다. 이에 뒤질세라 포구도 대형화되고 있다. 돌을 쌓고 지형지물을 이용해 테우를 보관했던 전통 포구가 많이 사라졌다. 한적한 어촌의 주민들에게 전통을 지키며 불편한 삶을 유지하라고 강요할 생각은 전혀 없다. 다만 몇십 년, 몇백 년 지켜온 삶의 흔적에 대한 고민이 동시에 이루어져야 한다는 생각이 든다.

근대 이전에 제주의 포구가 북쪽에 위치한 것은 하루 빨리 뭍으로 나가고 싶은 관리들 때문이라고 한다. 비단 관리들뿐만 아니라 부역과 공납에 시달리던 제주 백성들도 신천지를 찾아 호시탐탐 북쪽 포구를 이용해 탈출을 꾀하였기도 했다. 좌천 또는 유배나 다름없는 제주에서 벗어나고 싶었던 것이다. 이런 탓에 조정에서는 다섯 개였던 연륙 포구를 1555년 북쪽에 있는 조천 포구와 화북 포구 두 개로 제한해 백성들의 출입을 통제했다. 제주에서 북쪽은 관리들에게나 민초들에게나 특별한 의미를 갖는 모양이다. 관리들은 자신의 정치적 복귀와 왕의 부름을 기다리고, 민초들은 죽음을 무릅쓰고 찾는 희망을 의미했다.

근대 이후에는 마을의 크기, 이용하는 선박의 종류에 따라 포구의 위치와 크기가 결정되었다.

원담도 그렇지만 포구도 구멍이 숭숭 뚫려 있는 돌들을 얼기설기 쌓아 물길을 누그러뜨리고 테우나 배들을 지켜낸다. 육지에 큰 포구들이 파도를 막기 위해 시멘트로 만든 대형 테트라포트 등을 쌓아 방파제를 만든 것에 비하면 자연을 그대로 활용하여 운치도 있고 제주 바다에 잘 어울린다. 제주에도 선박이 대형화되고 기능적 필요에 따라 대형 포구들이 만들어지고 있지만 아직도 옛 포구가 많이 활용되고 있다.

한림읍 수원리에는 작은 포구 '조물캐'와 보조 포구 '반막자리'가 있다. 조간대 상층에 걸쳐 있는 이 포구 안에는 용천수 2개와 소가 먹었던 것으로 알려진 '쇠물'이 있다. 쇠물 옆은 쇠물동산으로, 풀을 뜯어 먹던 소나 이를 지켜보던 목동이나 모두 갈증을 해결했던 곳이다. 소에게 먹이는 쇠물은 용천수에 비해서 염기가 약간 높은 우물이다. 소에게 필요한 염분을 보충해주는 역할을 한 것이다. 제주에서 '캐'는 포구를 말한다. 조물캐에서 바다 쪽으로 70여 미터 나가는 반막자리는 지형지물을 활용한 보조 포구로, 물때에 구애받지 않고 바다에 드나들려면 물이 적게 들 때 반막자리에 미리 자리를 잡아놓기도 하였다. 지금이야 상수도가 보급되었지만 용천수에 의존해 식수를 해결해야 하던 시절에는 포구가 바다와 잇는 생활의 길이요, 밭을 일구고 곧바로 바다로 나가는 제주 사람들의 쉼터, 우물터, 빨래터와 같은 생활과 소통의 공간이었다.

고망낚시와 사둘

제주 사람들이 가장 좋아하고 많이 먹는 생선은 무엇일까. 갈치, 고등어, 옥돔? 아니다. '자리'다. 육지 사람들이 자리돔이라 부르는 손바닥만 한 바다 물고기다. 그 작은 것이 뭐 먹을 게 있냐고? 강회로 먹고, 물회로 먹고, 튀겨 먹고, 매운탕으로 먹고, 젓갈을 담가 먹는다. 작지만 버릴 것이 하나 없는 알짜배기 생선이다.

암초와 산호초 지대에 서식하는 내만성 물고기라 제주 바다 어디에서나 쉽게 볼 수 있다. 최근 수온이 상승하면서 욕지도 등 남해와 부산 해역에서도 잡히고 있다. 중국에서도 동중국해와 남중국해에 서식하며, 일본의 남쪽에서도 확인할 수 있다.

제주 바다는 돌이 많기도 하지만 '자리'가 돌밭을 좋아해 그물로 끌어 잡기 어렵다. 그래서 자리는 예로부터 떠서 잡았다. '자리 뜨기'라는 이름이 붙은 이유다. 또 자리는 알에서 깨어난 후 다른 곳으로 이동하지 않고 태어난 곳 주변에서 자란다. 사둘이라는 어구가 만들어진 것도 이러한 제주의 지형과 자리의 생태적 특성이 만들어낸 어구다.

아마도 육지에서처럼 개막이를 하거나 각망을 놓아 자리를 잡아냈다면 진즉 씨가 말랐을 것이다. 지금껏 제주 것들이 자리를 잡을 수 있는 것은 돌이 많은 제주의 바다 특성 덕분이다. 또 늦봄에서 초여름까지만 제철인 것도 지속가능한 어업을 할 수 있는 중요한 이유다. 음식문화는 이렇게 생태계와 깊은 연결 구조를 가지고 있다.

대정읍 영락리 이두천씨는 2000년 초반까지 전통 방법으로 자리를 잡고 있었다. 《한국수산지》에 따르면 1908년 제주도에는 282개의 '자리그물'이 있었다고 한다. 지금도 현대식으로 만들어진 자리그물들이 포구에 정박한 배에 실린 것을 보면 흔적이 유지되고 있는 것 같다.

특히 갯가에서 자리를 잡는 그물을 '덕자리사둘'이라고 하는데 이씨의 덕자리사둘은 지름이 20센티미터는 족히 될 대나무('뜰대'라고 함)에 목줄을 달고, 대여섯 줄의 버릿줄을 뜰대에 연결해 지름이 10센티미터쯤 되는 대나무에 매달았다. 뜰대에는 원뿔형 그물을 부착하고 꼭짓점에 무거운 쇳덩이를 달아서 그물이 바닥에 가라앉도록 했다. 그물 안에 자리를 유인하는 미끼를 넣어 자리가 잘 다니는 목에 넣어두었다가 자리가 그물 위로 올라오면 건져 올리는 어법이다. 통나무배 테우를 타

사둘만큼 제주의 바다 환경과 주민의 적응방식을 잘 보여주는 어법이 있을까. 화산암이 파도와 바람에 무른 곳은 깎이고 단단한 곳은 날카롭게 창으로 변해 꽂혔으니 그물을 끌 수도 파도에 흘릴 수도 없다. 그러니 가만히 바다에 집어넣었다가 다시 들어 올려야 한다. 이게 사둘이다.

고 가까운 바다로 가서 자리를 뜨기도 했다.

또 다른 제주의 독특한 어법의 하나가 '고망낚시'다. 고망은 작은 구멍을 뜻하는 제주 말이다. 화산암 사이 바위틈에 낚시를 넣어 물고기를 잡는 어구 어법이 고망낚시다. 최근에 해안 마을에서 낚시 체험으로 사용하고 있다. 낚시도구는 2미터 남짓 되는 산죽이나 내나무에 3~5미터의 낚싯줄을 달고 봉돌과 낚시를 묶어 만들었다. 새우를 낚싯바늘에 끼워 바다에 담가놓으면 물고기가 입질하는 느낌이 손끝에 전달된다. 주로 우럭, 얼랭이(놀래미), 자리 등이 잡힌다. 배를 타고 나가 낚시 체험을 할 때 외줄낚시와 함께 많이 한다. 육지부의 연안이 그렇듯이 제주 바다도 맘대로 들락거릴 수 없다. 특히 전복, 소라, 성게 등을 잡아 생활하는 마을에서는 관광객은 물론 이웃 마을 주민의 접근도 제한했다. 아직도 제주 바다에 자리와 우럭 등 고기들이 많이 있다는 증거이

고망낚시에 즐거워하는 관광객. 고망낚시는 해안 마을 주민들이 즐겨 하는 고기잡이 방법이었다. 고망은 작은 구멍을 말하는데, 화산암 사이 바위틈에 낚시를 넣어 우럭, 놀래미, 자리 등을 잡는다. 최근에는 여행객을 위한 낚시 체험 프로그램으로도 활용되고 있다.

다. 최근 급속하게 늘어나는 펜션, 호텔 등의 숙박시설과 골프장과 유흥시설, 육상축양장, 축산시설 등 많은 오염원들로 제주 바다가 병들어 가고 있다. 전복은 말할 것도 없고 흔하던 소라도 귀해지고 있다. 오분자기는 사라져 된장국에 어린 전복을 사용한 지 오래되었다. 사둘과 원담, 그리고 고망낚시의 지혜가 필요하다. 제주 바다를 살리는 것이 제주도를 지키는 일이기 때문이다.

제주 해변으로 멸치가 찾아든다

제주의 전통어법은 화산섬과 형성과 관련이 있다. 이를 잘 보여주는 어법이 들망의 일종인 사둘이고 고망낚시이지만 '횃바루'를 빼놓을 수 없다. 밤에 불을 밝혀 물고기를 유인하여 그물로 떠서 잡는 어법이다. 특히 멸치잡이에 많이 이용한다. 전통어법으로는 제주도, 추자군도, 가거도 등에서 멸치를 잡는 챗배어업을 들 수 있다. 가거도에서는 주민들이 함께 횃불을 밝혀 멸치를 유인한 후 그물을 펼쳐 잡은 멸치를 나눈다. 그물이 달린 챗대를 배의 우축에 붙이고 불빛으로 멸치를 유인해 떠서 잡는 전통어법이다. 이를 '멸치챗배그물'라고 하며 어법은 '분기초망'이다. 이때 조업하면서 불렀던 '가거도멸치잡이노래'는 무형문화재로 등록되었다. 제주에서도 모슬포, 성산포, 서귀포 등에서도 많은 배들이 이 어법으로 염장용 멸치로 어획했다. 1990년대 중반까지 1만 3천여 톤을 조업할 정도로 활발했지만 지금은 수백 톤에 불과하다. 이때 중요한 역할을 하는 사람이 '불잡이'이다. 불잡이는 불이 강풍에 꺼지지 않게 조율해야 하고 적당한 속도로 멸치를 유인해야 한다. 챗배 외 챗그물을 이용해 멸치잡이를 하는데, 불잡이 외에 챗그물에는 최소 4~5명이 필요하기에 모두 6~7명의 선원이 필요하다. 하지만 유류비 상승과 배를 타려는 선원을 구하기 어렵고 어획량은 매해 줄어들어 어법이 사라질 위기다.

비양도가 보이는 금능해안의 원담에서도 멸치를 잡아 주민들과 함께 나누었다는 원담지기 이방익 어르신의 이야기를 들을 수 있었다. 원이나 원담은 독살의 제주 말이다. 지형지물을 이용해 연안에 돌을 '一'자나 'ㄷ'자나 'ㄴ' 모양으로 돌담을 쌓아 소류를 따라 들어온 물고기를 가두어 잡는 어구어법이다. 금능에는 '모른원' '소원' 등이 있다. 원담에서 '멜'이 들면 노인은 큰 소리로 '멜들었다'라고 외쳤다. 그러면 주민들은 하던 일을 모두 멈추고 대야, 소쿠리, 쪽바가지 등 있는 대로 가지고 나와 퍼 담았다. 멸치가 많이 들면 서귀포에서 멸치를 사려고 금능까지 찾아왔다.

가을에 드는 멸치는 씨알이 굵어 구워 먹고 튀겨 먹고 쪄서도 먹었다. 남는 것은 젓갈을 담가 김장에 이용하기도 했다. 한림항에서 수산물축제를 구경하다 비양도 해녀들이 멸치를 가득 가져와 튀김요리를 해서 내놓았다. 제주 여행을 하다 보면 가끔 해안에 몰려든 멸치 떼를

삼양 해수욕장에서 횃불로 멸치를 유인해 잡고 있는 고씨 가족들.

588

구경할 수 있다. 하지만 밤에 횃불을 들고 멸치를 삽는 모습은 보기 어렵다.

불을 밝혀 조업을 하는 어법으로 오징어잡이, 갈치잡이 등이 대표적이다. 이때 오징어나 갈치가 좋아하는 멸치가 불을 보고 몰려들고, 갈치나 오징어는 멸치를 먹기 위해 따라오기 때문이다. 최근 태안 안면도를 비롯해 서산과 서천 등 충남·경기·인천 일대의 바닷가에서 해루질로 바닷가가 몸살을 앓고 있다. 이 역시 근원은 횃불과 뜰채를 이용해 밤에 활동하는 물고기를 잡는 것이다.

제주의 삼양 해수욕장 해변에서는 가을철이면 가끔 횃불을 이용해서 멸치를 잡는 모습이 연출된다. 몇 년 전 지인인 유상호(당시 한국일보 기자)가 지나다 이 모습을 보고 취재해서 알려준 내용이다. 이 마을에 사는 고재훈씨가 우연히 해변에서 멸치를 발견하고 횃불을 이용해 잡기 시작했다. 어렸을 때 어른들이 불을 켜고 멸치를 잡던 것을 기억했던 것이다. 멸치가 보이면 크게 원을 그리며 적당한 속도로 멸치를 모아 오고 맞은편에 쪽그물을 가지고 기다리다 뜨는 어법이다. 잠깐에 도 그릇 가득 멸치를 잡았다.

이젠 원담 안으로 드는 멸치는 물론 연안으로 드는 멸치도 만나기 어렵다. 밖에서 큰 그물을 펼쳐 멸치를 가두어 잡고, 심지어 선단을 끌고 나가 어탐기로 멸치를 찾아내 잡기 때문이다. 그래서 고씨처럼 해변에서 멸치를 만나는 것은 운이 좋아야 한다. 그 광경을 볼 수 있고 그 멸치를 맛 볼 수 있는 것은 더 말할 필요가 없다.

콩 뿌린 데 콩 난다

제주 갯가에서 호미로 열심히 돌 틈을 뒤적거리는 사람들은 육지 갯가에서 돌 틈에 숨어 있는, 간장 게장으로 이용하는 '독게'를 잡고 있다.

그들은 호미로 돌 틈을 열심히 긁고 있다. 이상한 것은 호미 날이 꼬챙이처럼 가늘고 길게 생겼다는 점. 돌을 휘저어 드러난 모래를 긁적이자 엄지손톱만 한 바지락들이 나오기 시작했다. 제주의 어민들이 사용하는 이 어구의 이름은 '글갱이'다. 해녀들이 소라, 오분자기 등을 채취할 때 사용하는 것이지만, 밭일을 할 때는 검말(풀)을 제거하는 도구로도 사용한다.

제주 사람에게 바다는 육지의 논밭에 해당되는 셈이다. 그저 모양새만 보고 지레짐작한 필자가 다시 뒤통수를 얻어맞은 기분이다. 제주에 가거들랑 유채꽃만 보지 말고 밭의 생김새도 잘 살펴보시라. 그곳에는 제주 사람들의 지혜가 숨어 있다.

가장 흔하게 볼 수 있는 것은 밭 가장자리를 둘러친 밭담이다. 화산재와 검은 돌멩이로 덮인 거친 땅을 밭으로 만드는 데 얼마나 손이 많이 갔겠는가. 돌담은 말과 소가 밭에 들어오는 것을 막지만 바람을 막는 역할도 한다. 그런데 밭을 자세히 살펴보면 육지의 밭에서 쉽게 볼 수 있는 밭이랑이 없다. 밭이나 논에 이랑을 만드는 것은 물 빠짐을 좋게 하기 위해서 만드는 것이다. 그래서 이랑을 만들고 두둑에 콩과 팥을 심는다. 그리고 간혹 무너진 이랑을 파서 두둑에 올린다. 배수를 위한 것이다. 하지만 제주의 밭농사는 다르다. 이들은 콩을 심는 것이 아니라 그냥 뿌렸다고 한다. 화산재로 이루어진 거친 밭이라 물 빠짐보다 물을 붙잡는 것이 중요했다. 이랑을 만들 필요도 없이 뿌린 콩을 발로 꾹꾹 밟았다. 육지에 비해서 강우량이 많지만 이랑을 만들지 않았다고 해서 씨앗이 썩는 일은 없었다.

"콩 심은 데 콩 나고 팥 심은 데 팥 난다"는 속담을 제주에서는 "콩 뿌린 데 콩 나고 팥 뿌린 데 팥 난다"로 바꿔야 할지도 모르겠다.

●—등대와 도대불

제주는 섬이다. 척박한 땅보다는 풍요로운 바다에 의지해 살아왔다. 바다에서 물질을 하거나 낚시를 하고 마을로 돌아갈 때는 오름이나 한라산을 보며 위치를 가늠했다. 그런데 문제는 밤이었다. 지금처럼 등대가 있기 전이다. 그래서 제주에는 포구마다 도대불이 있었다. 도대가 있기 전에는 고기잡이 나간 남편(어부를 제주 말로 '보재기'라고 한다)을 기다리며 아내가 횃불을 들고 선창에서 기다렸다. 이것을 '갯불'이라 했다. 도대불은 '돛처럼 높은 대를 이용해 불을 밝혔기에 돛대불이 도대불이 되었다'는 설, 도로에 대를 쌓아 불을 밝혔기 때문에 도대불, 일본 말 '도우다이'에서 왔다는 설이 있다. 제주에는 1915년 무렵 시작해 1960년대까지 만들어진 민간 등대이다. 제주에는 모두 18기가 남아 있다. 그 형태도 원뿔, 원통, 사다리꼴, 상자, 표주박 모양으로 다양하다. 어부들이 당번을 정하거나 특정인이 점등과 소등을 하며 관리했다. 주로 어유, 솔칵, 석유 등을 사용했다. 북촌에 남아 있는 도대불은 선창 서쪽 높은 안반 위에 현무암 잡석을 이용해 만들었다. 그 옆에 세워진 비석에 '御卽位記念燈明臺 大正四年十貳月律'(어즉위기념등명대대정사년십이월율)이라고 새겨져 있다. 記念이란 글자는 훼손되어 겨우 읽을 수 있는 정도이다. 4.3사건 때 총알 맞은 흔적이라고 한다. 1915년 12월에 축조되었고, 등명대라 했다. 주민들은 도대불이라고 부른다. 점등과 소등을 비롯한 관리는 리사무소 급사가 담당했으며, 1973년 마을에 전기가 들어오면서 기능을 잃었다. 구엄 도대불은 나무 기둥이 삭아 기능할 수 없게 되자 1968년 원형 돌탑을 해체하고 방형 2층 구조에 마름모형 철탑을 세워 1974년까지 사용했다.

근대의 산물인 등대는 일제강점기에 만들어졌다. 제주도에는 국가가 관리하는 항로표지 등대로 산지등대, 마라도등대, 우도등대, 추자등대가 있다. 항로표지란 국제적 해양교통시설이다. 등광, 형상, 색체, 음향, 전파 등의 수단을 써서 우리나라 내수, 영해 및 배타적 경제수역을 항해하는 선박의 지표로 만든 시설이다. 그 종류로는 등대, 등표, 입표, 부표 등이 있다. 등대는 그중 하나이자 가장 널리 알려진 항로표지이다.

제주에 처음 세운 등대는 제주 동쪽에 위치한 우도등대다. 러일전쟁 시기인 1905년 일본 해군성의 요청으로 건립되었다. 정식 등대로 출발한 것이 아니라 나무 꼭대기에 도르래로 석유등을 올리고 내리는 구조로 급하게 만들었다. 1906년 3월 점등기를 설치했다. 그리고 1919년 벽돌을 쌓아 오늘날의 모습을 갖췄다. 이렇게 등대 건축은 대한제국이 비용을 부담하고 일본인 전문가를 불러 만들어졌다. 제국의 식민지 지배 방식의 전형을 엿볼 수 있다. 지금 석조 등탑은 2003년 새로 지은 것이다. 우리나라 최남단에 있는 등대가 마라도 등대다. 동중국해와 제주도 남부 해역을 오가는 선박들에게 불빛을 전하는 곳이다. 일제강점기인 1915년 3월 만들어졌고 1987년 개축했다. 산지 등대는 제주 북쪽 국제여객선과 대형 화물선이 닿는 제주항과 국제여객선터미널이 내려다보이는 사라봉 등성이에 위치해 있다. 1916년 10월 세워졌다. 추자도 등대는 전라남도와 제주 중간에 위치한 상추자도에 위치해 있다. 추자도 근해에서 조업하는 어민들이 망망대해에서 위치를 가늠하기 어렵다는 요청이 많아 1981년 만들어졌다.

북촌등명 원형.

신엄리 복원한 도대불.

북촌등명대 설립비.

산지등대.

54

제주 목사,
왜 '낭쉐'를 끌었을까
탐라국입춘굿

입춘이 가까워지면 제주가 그립다. 동백이 보고 싶어서도, 방어가 먹고 싶어서도 아니다. '낭쉐'가 그리운 탓이다. '나무로 만든 소'를 일컫는 제주 말이다. 20년 만에 복원된 제주 '탐라국입춘굿'의 백미는 이 '낭쉐 끌기'이다. 고대 탐라국 시절, 입춘날이면 왕이 직접 백성들 앞에 나서서 밭을 갈아 농사짓는 모습을 친히 재현했다. 이를 입춘춘경(立春春耕), 춘경적전(春耕藉田)이라 한다. 이때 왕이 끄는 낭쉐는 소의 신이자 목축의 신이자 테우리('목동'의 제주 말)의 신이다.

자청비는 '여행객'이다

지난해 이맘때 제주는 폭설에 강추위까지 겹쳤다. 굿을 준비하고 손님까지 청해놓은 상황이니 울상이었다. 그렇지만 제주공항에서부터 '세경문굿'으로 극진한 환영을 받았다. 세경제는 하늘에서 내려와 오곡의 씨를 뿌리는 자청비 여신을 맞이하는 유교식 의례다. 제주 경제에서 관광이 차지하는 비중을 생각하면 현대판 제주 자청비는 '여행객'이라 해도 틀린 말이 아니다.

'탐라국입춘굿'은 제주를 대표하는 지역 축제이자 도시 축제다. 제주에서는 입춘이 '새철 드는 날' '봄의 시작' '새로 시작하는 날'이다. 일제강점기 소멸된 입춘굿은 복원한 지 20여 년을 맞고 있다. 이름도 '탐라

^위 탐라국입춘굿은 제주를 대표하는 굿이요 축제다. 나무로 만든 소 '낭쉐'를 섬의 어른(호장)이 끌며 한 해 풍년을 기원한다. 한 편의 드라마이면서 가면극이기도 한 탐라국입춘굿은 일제강점기 미신이라는 이유라 강제 중단되었다가 20여 년 전에 복원되었다.
^{가운데} 관덕정 안에 차려놓은 탐라국입춘굿 제물.
^{아래} 일제강점기 관덕정 앞 입춘굿 놀이.(《제주100년 사진이야기》에서)

국입춘굿'이라 했다. 제주인과 여행객이 모여 액막이도 하고 굿도 보고 제주 음식도 먹는 잔칫날이다.

제주에서는 입춘굿을 '춘경'(春耕) 또는 '입춘춘경'(立春春耕)이라고 한다. 그래서 굿 노는 것을 "춘경(春耕)친다"고 한다. 《한국민속신앙사전》에 따르면, 제주 입춘굿은 탐라국 시대부터 전해오는 탐라왕이 백성들 앞에서 밭을 가는 친경적전(親耕籍田)의 전통이다. 조선조에는 왕을 대신하여 호장이 나무 소[木牛]를 끌며 농경의 예를 갖췄다. 그 전통은 관민이 함께 펼치는 풍농을 비는 거리굿이자 신년의 풍농굿으로 이어졌다. 그 뜻을 이어 매년 제주 어른을 호장으로 모시고 '낭쉐'를 끌어오고 있다.

입춘굿, 한편의 드라마요 가면극

활발하게 전승되던 입춘굿은 1914년 미신타파라는 이름으로 일제에 의해 중단되었다. 일본 인류학자 도리이 류조(鳥居龍藏)는 직접 입춘굿을 보고는 '춘경(春耕)이라는 무답(舞踏)으로 무당 100여 명이 모여서 했으며, 무언극으로 대사가 없는 일종의 드라마'라 평했다. 당시 제주도청에서 간행한 《미개(未開)의 보고(寶庫) 제주도(濟州島)》에는 "매년 입춘일 목사청(牧使廳)에 모여 동리마다 흑우(黑牛) 한 마리를 바쳐 목사와 도민의 안녕과 행복을 기원함과 동시에 농작물의 풍요를 산신과 해신에게 빌고, 여흥으로 가면극 형태의 고대극과 흡사한 것을 연출한다"고 하였다.

입춘굿 연행은 멈췄지만 기록이 이어져 마침내 1998년 '탐라국입춘굿'놀이란 이름으로 복원되었다. 봄의 시작이요, 한 해의 농사를 준비하는 날로 풍년을 기원하는 중요한 의미를 지닌다. 이원조의 《탐라록》〈입춘일념운(立春日拈韻)〉에 기록된 내용이다.

二十四日 立春 戶長具官服 執耒耟以木爲牛 兩兒妓左右執扇 謂之退
牛 熱群 巫擊鼓前導 先自客舍次入營庭 作耕田樣 其日 自本府設饌以
饋 是耽羅王籍田遺俗云

[12월 24일 입춘날 호장이 관복을 갖춰 입고 나무로 만든 소가 끄는 쟁
기를 잡고 가면 어린 기생이 양쪽에서 부채를 흔든다. 이를 '쇠몰이(退
牛)'라고 했다. 심방은 신나게 북을 치며 인도하며, 객사와 관덕정을 돌
며 밭을 가는 흉내를 냈다. 관아에서 음식을 차려 모두에게 대접했다.
이는 탐라왕이 적전하는 풍속이 내려온 것이다.]

낭쉐를 모는 이유

이번 입춘굿은 '봄, 움트는 생명을 맞이하다'라는 주제로 진행되었다.
관덕정 마당에서 지내는 낭쉐코사를 시작으로 거리굿, 열림굿, 입춘굿
으로 나흘 동안 진행되었다. 특히 마지막 날 행하는 입춘굿은 초감제,
세경놀이, 낭쉐몰이, 입춘탈굿놀이, 액막음으로 행사의 중심이다. 초감
제는 한라산 영실기암을 중심으로 흩어져 있는 제주의 1만 8천 신을 청
하는 제의이다. 제주는 신들이 사는 섬이다. 이 모든 신을 청하는 것이
제주 입춘굿이다. 세경놀이의 세경은 농사를 관장하는 신을 말하며, 농
신에 대한 의례이며 풍농을 기원하는 굿놀이다. 이때 자청비를 청한다.

무엇보다 볼 만한 제주다운 모습은 '낭쉐몰이'이다. 덕망 있는 인물
을 호장으로 선정하여 제주목 관아와 칠성통 입구까지 낭쉐를 몰며 직
접 농사짓는 과정을 시연하고 입춘덕담을 하는 탐라입춘굿의 전통이
다. 최근에는 낭쉐를 만드는 과정부터 시민들이 참여해 그 의미를 더하
고 있다. 입춘탈굿놀이는 밭에 씨를 뿌리고 만물이 소생하여 수확하기
까지의 과정을 담은 탈놀이다. 이 굿놀이에 쓰이는 탈은 영감놀이 등
에서 원초적인 종이탈이 발전한 형태라 한다. 꿩과 포수, 호장(양반), 할

망(처), 기생(첩)이 등장한다.

관덕정에 상이 차려지고, 앞에서는 굿놀이가 한창이다. 추운 날씨에도 적잖은 사람이 모였다. 굿청에는 사냥꾼, 호장, 농부, 첩, 말, 낭쉐, 목사, 관원 등이 등장하고, 간간이 참가자들 운수도 봐준다. 호장과 심방들이 문안 인사를 한다. 한 해 농사를 상징하는 씨뿌림과 농사를 방해하는 사악한 새와 이를 잡는 사냥꾼 등 입춘탈놀이가 이어진다.

그리고 마지막으로 '막푸다시, 도액막음, 도진'이다. 막푸다시는 마지막으로 하는 푸다시로, 남아 있는 잡귀잡신을 쫓아내는 것이다. 잡귀이름을 불러 쫓아내거나 신칼이나 불을 이용해 내쫓는다. 도진은 굿을마무리하는 의례이다. 초감제로 청한 1만 8천 신들을 돌려보내는 제의이자 입춘굿의 대미이다. 그 말미에 끝머리에서 풍년을 점치는 보리뿌리점도 볼 수 있다.

민과 관의 소통, 전승해야 할 가치

입춘굿은 하늘에서 내려온 농경신 세경할망을 모셔서 풍년을 기원하는 것이 중심이지만, 다른 굿과 차이가 있다면 관과 민이 온갖 신을 청해 대접하는 굿이요 액막음을 위한 굿이다. 제주 입춘굿은 고대부터 관과 민이 소통하고 한 해를 준비하는 큰 굿이었다. 이를 상징하듯 행정책임자와 민간에서 존경받은 어른이 호장을 맡기도 했다.

시기적으로 신구간이 끝나고 하늘에서 내려온 1만 8천 신을 모시는시기이며, 농사의 수호신 세경신을 대접해 액을 막고 풍농을 기원했다.'신구간'은 제주도 세시풍속 중 음력 정월 초순경을 전후하여 집안의신들이 천산으로 올라가 비어 있는 기간이다. 대한 후 5일에서 입춘 전3일 사이 일주일 간이다. 이 기간에 이사나 집수리 등 여러 가지 금지된일을 마음대로 할 수 있다. 신들이 하늘에서 새로 임무를 받아 지상으로 내려오기 전이므로 세간을 고치고 집을 수리하며 이사를 하기도 한다. 이 기간에 제주 제일의 심방, 목사, 민초들이 한데 내려오는 신들을 모시고 액을 막고 풍농을 기원하는 소통과 화합의 장이었다.

일제강점기 멈췄던 전통 제주 축제가 복원된 지 20년을 맞고 있다. 특히 지난해는 제주 4.3 70주년이었다. 4.3 특별법 개정, 제2공항, 민간병원 문제 등 시민사회와 행정이 서로 다른 목소리를 내기도 했다. 제주의 먹거리는 여전히 관광이라고 한다. 현대판 자청비가 여행객일 수 있다. 여행객이 줄고 찾는 여행객마저 안전을 걱정하고 있다. 여기 저기서 불통 소식만 들릴 뿐이다. 이번 탐라입춘굿을 계기로 제주의 모든 액을 걷히고, 여행객이 안전하게 제주를 만끽할 수 있도록 소통하는 계기가 되길 기원한다.

55

돌소금,
그 비밀을 찾아서

소금은 염전이 있어야 얻을 수 있는 것으로 알았다. 땅속에서 소금을 캐기도 한다는 것을 알게 된 것은 고등학생이 되어서였다. 그런데 돌 위에서 소금을 만든다는 것을 알게 된 것은 최근 일이다. 제주도의 소금 이야기다.

우리나라에 신식 염전이 들어온 것은 1907년이다. 이 염전에서도 소금을 얻기 위해서는 햇볕과 바람이 절대적이다. 그렇다면 옛날에는 어떻게 소금을 구했을까. 바닷물을 솥에 넣고 끓여서 물을 증발시켜 소금을 얻었다. 그래서 '자염'(煮鹽)이라 했다. 삶은 소금이다.

조선시대 제염법을 보면, 동해안에서는 바닷물을 직접 가마(솥)에 끓였고, 서해와 남해에서는 염전을 이용해 '간수'를 만든 후 끓였다. 간수를 만들려면 먼저 함토를 만들어야 한다. 갯벌을 써레로 갈고, 바닷물 뿌리기를 반복해 염분이 많이 포함된 흙을 만든다. 이곳을 염전이라 부른다. 조차가 크지 않은 동해에서 염전을 만드는 것은 어렵다. 이러한 염전을 신식 염전과 구별해 구식 염전이라 하자. 다음은 염분이 많은 흙을 모아 바닷물로 걸러낸다. 직접 바닷물을 길러 와 부어서 걸러내는 섯등 방식, 밀물에 자연스럽게 걸러지게 하는 통조금이나 섯구덩이 방식이 있다. 전라남도, 경기만의 많은 지역에서 섯등 방식을 이용했고, 태안과 서산 등 충청 지역에서는 통조금 방식을, 전라북도 고창 등 일부 지역에서는 섯구덩이 방식을 이용하는 것이 확인되었다. 이 차이는 갯벌의 종류와 조차의 크기에 따라 결정된다.

소금극귀, 소금품귀

그렇다면 검은 바위와 검푸른 바다 그리고 모래뿐인 제주에서 어떻게 소금을 얻었을까. 한라산에서 내려오는 하천은 비가 와도 쉽게 마르는 건천이고, 해안선이 단조롭고 바다가 거칠어 갯벌이 만들어지기 어렵다. 그러니 옛날 방식이든 요즘 방식이든 염전을 만들 만한 해안을 찾기 어렵고, 물이 싱거워 동해안처럼 직접 해수를 솥에 끓이는 것도 쉽지 않았다. 땔감 때문이었다. 그러니 소금이 귀한 것은 말할 것도 없고 품귀현상까지 생겼다. 제주에서 육지와 같은 방법으로 자염을 만들기

제주도의 소금빌레. 제주에 돌, 여자, 바람이 많다면, 반대로 소금과 쌀이 귀하다. 쌀 대신에 보리와 고구마로 끼니를 때울 수 있지만 소금 없이 살기는 어렵다. 그래서 제주에서 소금은 금보다 더 귀했다. 옴팡진 바위에 바닷물을 끼얹어 햇볕에 졸이고 솥에 끓여서 소금을 만들었다. 그 바위를 소금빌레라고 한다.

시작한 것은 1498년 무오년이다. 김상헌(1570~1652년)의《남사록》에서 확인할 수 있다.

중종 15년(1520년) 제주로 유배되었던 김정(1486~1521년)은《제주풍토록》에서 "서해처럼 전염을 만들자고 하여도 곧 만들 땅이 없고, 또 동해처럼 해염을 굽고자 하나 물이 싱거워서 공을 1백 배 들여도 소득이 적다"고 하였다. 전염(田鹽)은 염도를 높이기 위해 만든 염전을 말하며, 해염(海鹽)은 직접 가마에 바닷물을 넣고 끓여서 만든 소금을 말한다.

효종 2년(1651년) 7월부터 효종 4년 10월까지 제주 목사를 역임한 이원진(1594~?)도 "해빈은 모두 초서이니 척로의 땅이 매우 적다. 이곳에는 또 수철이 나지 않아 가마솥을 가진 자가 많지 않으니 소금이

소금빌레는 생산량이 높은 밭의 열 배 가격으로 거래가 될 정도로 비쌌다. 돌밭에 모래를 얹고 사리에 물이 들면 말렸다가 그 모래를 거두어 암반 위에 올려 얻은 바닷물을 솥에 넣고 끓이기도 했다.

매우 귀하다"고 했다. 즉 해안이 모두 갯바위(礁嶼)로 이루어져 있고, 갯벌(斥鹵)이 매우 적다는 것은 염전을 만들기 어렵다는 의미다. 게다가 가마솥을 만들 철도 나지 않으니 설상가상이다. 이형상은《남환박물》에서 "철 4천여 근을 사다가 염분 세 개를 주조해 제주에 두 가마, 대정에 한 가마를 보내 빈산에 내주었다"고 했다. 뭍에서 철을 가져와 가마를 만들어 소금을 굽도록 했던 것이다.

소금을 만들기 어렵다고 생산을 포기할 수는 없었다.《신증동국여지승람》의 토산조에는 분명히 '제주도에도 염이 있다'고 했다. 일과리, 종달리, 구엄리 등《한국수산지》의 자료(3권, 1908년)에 따르면 제주도에 염전이 23개 있었다. 이들 구식 염전 중 빌레(암반)에 바닷물을 올려서 소금을 만드는 곳이 3군데, 나머지에서는 모래밭에 바닷물을 부어 얻은 함수를 솥에 넣고 불을 지펴 증발시켜 소금을 얻었다. 이렇게 만든

갯벌이 있는 바닷가에는 뭍에서처럼 소로 펄을 갈고 바닷물을 끼얹어 말리기를 반복해서 함토를 만들어 모은 다음 바닷물로 씻어내 얻은 함수를 솥에 넣고 끓였다. 이런 염전은 제주에서는 보기 드물게 일과리에서 확인된다.

소금의 양은 당시 제주민 100명 중 23명이 먹을 것밖에 되지 못했다. 나머지 소금은 해남과 진도 등 육지에서 가져와야 했다. 제주 사람들이 소금이나 쌀을 얻기 위해 뭍으로 가져간 것은 미역이다. 제주에서는 흔하고 육지의 미역에 비해서 질이 좋아 쌀·소금은 물론 생활필수품과 교환했다.

츳물통과 소금빌레

인간은 소금 없이 살 수 없다. 어떤 조건에서건 인간이 머물렀다는 것은 소금을 얻을 수 있었다는 반증이다. 제주 사람들도 다르지 않다. 용암이 내려와 자리를 잡은 해안에서 어떻게 소금을 얻었을까. 그 비밀의 열쇠가 '츳물통'이다. 바닷물웅덩이의 제주 말이다.

사리 때 웅덩이에 고인 바닷물이 햇볕에 증발되어 염도가 높아진다. 그 물을 가져다 솥에 삶아 소금을 구했다. 김장을 할 때도 츳물통에 배추를 절였다가 소금 간을 했다. 된장을 담글 때도 마찬가지였다. 서귀포시의 색달동을 비롯해 제주의 해안 마을은 한두 개의 츳물통이 있었다. 용천수가 식수통이라면 츳물통은 소금물통쯤 될까.

《제주어사전》에 따르면, '빌레'는 '지면 또는 땅에 넓적하고 평평하게 묻힌 돌'을 말한다. 뭍에서 말하는 마당바위나 너럭바위에 해당한다. 해안에 위치한 빌레에 풍화와 파도로 웅덩이가 패여 츳물통이 만들어지기도 한다. 물웅덩이가 모여 있는 평평한 바위가 '소금빌레'다. 더 많은 소금을 얻기 위해 빌레 위에 5센티미터 내외의 둑을 쌓아 한두 평 크기로 염전을 만들어 바닷물을 증발시켰다. 구엄리의 소금빌레가 그것이다. 구엄리와 신엄리는 모두 해안에 너른 바위가 있다. 그 마을을 일러 '엄쟁이들이 사는 마을'이라 했다. 염한이, 소금 굽는 사람들을 낮춰 부르던 말이다. 그릇을 굽는 사람은 마찬가지로 '점한이'라 했다.

제주의 염전 중 가장 많은 소금을 얻었던 곳은 소금빌레였다. 《한국수산지》에 따르면, 소금을 가장 많이 생산한 곳이 제주시 '하귀빌레'이고 다음이 '구엄빌레'다. 일과리나 종달리처럼 모래를 이용한 소금이 평당 5~7근의 소금을 얻었지만 하귀나 구엄과 같은 바위 소금은 30근을 훨씬 넘었으니 '소금빌레'가 얼마나 귀했겠는가. 암반 위 두어 평 남짓 평평한 바닥에 바닷물을 올려 염도를 높이고 마지막으로 염분(솥)에 부어 해수를 증발시켜 소금을 만들었다. 이런 탓에 소금빌레는 당시 제주에서 귀하기로 소문난 '밭'의 열 배 가격으로 거래될 정도였다.

사정이 이러하니 제주 백성들은 소금을 맛보기가 어려웠다. 물질을 갔다 오면 허벅에 담아온 물을 모래밭에 붓기를 수십 회 반복해 함수를 만들고 솥에 넣고 불을 때서 가정용 소금을 만들었다. 그래서 제주에서는 뭍에서처럼 염세를 부과하는 염전이 없었다. 조선시대에 염세, 선세, 어전세는 국가, 궁, 각 기관, 지방의 관리들이 탐했던 재원이었다. 국가에서 직접 염분을 제공하면 두 말의 소금을 세금으로 징수했고, 개인이 염분을 만들어도 한 말의 소금을 거두었다. 염분은 소금을 굽는 가마를 말한다.

제주의 해안은 소금밭이다

제주의 소금밭을 연구한 고광민의 도움을 받아 제주 소금밭을 찾아 나섰다. 구엄리나 신엄리는 이미 여러 번 방문했던 곳이다. 구엄리는 고려 원종 12년에 마을이 형성된 것으로 추정한다. 당시 마을 이름은 엄장포 또는 엄장이라 했다고 한다. 조선 명종 14년(1559년)에 소금을 생산하기 시작했다. 해안을 따라 폭 50미터, 길이 300미터, 넓이는 4,845제곱미터(약 1,500평)에 이르는 소금빌레가 있다. 겨울을 제외하고 소금을 생산했다. 1950년대 소금 생산을 중단할 때까지 약 390년간 지속

제주도에서 염전을 조성할 수 있는 최적지는 종달리다. 조선 선조 때 목사 강여가 주민들을 뭍으로 보내 염전기술을 배우게 했다. 제주 사람치고 종달리에서 생산한 소금을 먹지 않은 사람이 없었다고 할 만큼 비중이 높았다. 그 염전은 농사를 짓다 멈춰 갈대밭으로 변했다.

뇌었다. 우리나라에 현존하는 가장 오래된 염전이다. 《한국수산지》에 소개된 구엄리의 제염기술이다.

구엄리 부근에는 연안의 광대하고 평판한 암석 위에 니토(泥土. 진흙)로 여러 개의 소제(작은 제방)를 만들어 증발지로 삼는다. 우선 해빈 가까운 증발지에 해수를 담는다. 차례대로 이 해수를 상방의 증발지로 옮겨나간다. 최후의 증발지에 이르러 그 농도가 20도 이상에 달하면 이것을 전오(煎熬. 삶아서 졸임)한다. 그 농도는 선충(船蟲. 갯강구)을 물속에 넣어 검정한다.

소금 생산이 중단된 후 방치되었던 돌소금밭은 최근 체험 프로그램으로 만들어 관광자원으로 활용하고 있다.

정말 찾기 어려웠던 곳은 '배무숭이 소금물밭'이었다. 그곳에 제주 문화원에서 세워놓은 안내판이 없었다면 소금밭일 거라는 것은 상상도 못했을 것이다. 애월읍 애월리에 위치해 있다. 배무숭이 바닷가는 1940년대까지도 천연소금의 원료인 소금물을 만들었던 곳이다. 조성된 시기는 알 수 없으나 조선시내 애월신성에 소금을 납품하였다는 말이 전해오고 있다. 사리에만 들어오는 바닷물을 가두어 물통을 만들었다. 좌우에 소금밭이 15개쯤 있었다. 소금밭은 구들돌을 놓아 평평하게 다져놓고 그 위에 모래를 깔았다. 모래 염전이다. 모래밭에 바닷물을 여러 차례 부어 말리기를 며칠 반복하면 모래에 소금꽃이 핀다. 이것을 옴팍하고 너른 돌 위에 얹어놓고 물통의 바닷물을 부어 소금기를 걸러내 짠물을 만들었다. 그리고 그 물을 허벅에 담아 집으로 가져가 가마솥에 넣고 끓여 소금을 만들었고, 짠물은 그대로 물소금으로 간장처럼 사용했다.

일과리 소금밭은 육지의 소금밭과 만드는 방법이 비슷했다. 특히 갯벌로 만든 구식 염전에서는 소를 이용해 갯벌을 갈았다. 일제강점기에 일과리는 서일과, 동일리는 동일과라 했다. 일과리에는 '장수원' '큰늪' '쉐늪' 등 갯벌 염전이 있었고, 동일리에는 '알모살밧' '웃마살밧' 등 '모살밧'이라는 모래 염전이 있었다.

제주에서 기록으로 확인할 수 있는 최초의 염전은 종달리 염전이다. 《한국수산지》에는 "선조 때 목사 강여가 종달리를 최적지로 보아 마을 유지들을 출륙시켜 제염술을 익혀 들어와 소금을 생산한 것이 시초다. 1900년대 초 353호 가운데 160여 명이 제염에 종사해 14,357평의 소금밭 46곳의 가마에서 연간 89,052근을 생산하였다"고 했다. 육지에서 소금이 들어오기 전에는 수레에 종달리 소금을 싣고 제주 곳곳을 다니며 소금을 팔았다. 그래서 종달리 소금을 먹지 않는 사람은 제주 사람이 아니라는 말이 있을 정도였다. 그 소금밭은 1957년 방조제를 쌓고, 이후 농지를 조성해서 사라졌다.

제주의 소금밭 중에서 콧날이 시큰할 만큼 마음이 아렸던 곳은 강정의 소금밭이다. 소금밭이라 이름을 붙이기도 민망할 정도였다. '비녀코지'라는 곳에 있는데 암석 위에 시멘트로 두둑을 만들고 흙과 모래를 깔아서 염전을 만들었다. 그 위에 바닷물을 퍼 담은 후 써레로 모래를 말려서 짠물을 얻었다. 그 물을 가마에 넣고 끓여서 소금을 만들었다. 강정리에는 '구럼비'라 부르는 너른 용암바위가 해안에 발달해 있다. 그곳은 소금을 만들었던 생활공간뿐만 아니라 독특한 연안생태계를 이루고 있는데, 해군기지 조성으로 훼손되면서 논란이 일기도 했다.

56

유배의 땅에 핀 꽃,
수선화

추사는 수선화를 무척 좋아했다. 스스로 고귀해서일까. 자만에 빠져서일까. 수선화의 꽃말과 잘 어울린다. 아직도 매서운 추위에 옷깃을 여며야 하는데 대정에는 매화꽃은 물론 수선화도 활짝 피었다. 동짓달 추운 겨울밤에 한 무리의 별이 떨어져 수선화가 되었다는데, 추사는 그 외로움을 아내가 보내준 맛과, 제자 이상적과 초의선사가 보내준 책과 차로 몸과 마음을 달랬다. 정신은 바꿀 수 있어도 쉽게 바꿀 수 없는 것이 입맛이다. 추사는 대정읍에 유배된 뒤 제주 음식에 적응하기가 꽤나 힘들었던 모양이다. 아내에게만은 외롭고 입맛에 맞지 않는다고 음식 투정을 털어놓고 싶었던 것일까. 서울에 있는 아내에게 편지를 보냈다.

> 민어를 연하고 무름한 것을 가려 사서 보내게 하시오. 내려온 것은 살이 썩어 먹을 길이 없더이다. 겨자는 만난 것이 있을 것이니 넉넉하게 얻어 보내주시오. 밖으로도 기별하였소만, 겨울이 지난 뒤 좋은 것으로 4~5접이 되든 못 되든 선편으로 부치고, 어란도 거기서 먹을 만한 것을 구하여 보내주시오. (《완당선생전집》 권 2)

모슬포에서 자리물회로 점심을 해결하고 대정읍으로 향했다. 그곳은 추사가 8년 동안 유배생활을 했던 곳이다. 어디 제주에 유배 온 사람이 추사뿐이겠는가. 조선시대 제주도에는 270여 명이 유배를 왔다. 제주에는 제주목, 대정현, 정의현 등 세 개의 행정구역이 있었다. 대정현에는 조선 중기에, 제주목에는 조선 후기에 많이 유배되었다. 제주목은 조선의 마지막 선비로 일컫는 면암 최익현이 고종대 최고 권력자 대원군에 맞서다 유배되었던 곳이다. 또 최초의 제주 풍토지인《제주풍토록》을 지은 김정과 광해군, 송시열, 김윤식, 박영효, 이승훈 등도 유배되었다. 추사는 헌종 대에 대정현으로 유배되어 포교의 집에 머물다 강도순의 집으로 옮겨와 살았다. 그 자리가 현재 추사기념관이 지어진 곳이다.

기념관 앞에서 서성이다 9시 무렵 주민 한 분이 문을 열어주어 안으로 들어갔다. 반지하에 마련된 전시관은 아늑했다. 추사의 서화와 유배지에서 가족과 교류한 벗들에게 보낸 편지가 전시되어 있었다. 그중 눈에 띄는 것은 단연 세한도였다. 추사의 자화상이라는 세한도는 이상적(1804~1865년)에게 그려준 그림이다. 이상적은 역관으로 중국을 12차례 오가면서 추사가 읽고 싶어 하는 책을 구해주었다. 아무런 힘이 없는 초라한 유배객에게 귀한 책을 구해준 정성에 감복한 추사가 유배지에서 그려준 것이 세한도다. 중국 연경에 사신으로 가는 길에 세한도를 가지고 가 내놓자 당대 최고의 문인 16인이 앞다투어 글을 지어주었다. 소나무와 잣나무 옆 여백에 그 글이 적혀 있다. 이를 제찬이라 한다. 세한도의 서화로서의 가치에도 탄복하지만, 당시 중국과의 교류사를 확인할 수 있어 더욱 소중하다.

기념관 뒤에 자리한 제주 전통가옥으로 들어가는 길에는 돌담 너머 탱자나무가 울타리를 이루었다. 위리안치의 유배형으로 대정에 머물렀던 추사의 유배형을 상징하는 것이다. 그런데 그 돌담 아래 제주 수선화가 탐스럽게 피었다. 수선화는 추사가 가장 좋아했던 꽃으로, 자신

추사기념관. 유배 중에 위리안치 형벌이 있다. 죄인을 배소에서 달아나지 못하도록 울타리를 만들어 그 안에 가두는 것이다. 중죄인에게 내리는 형벌로 전라도나 남쪽의 섬에 많이 자생하는 탱자나무를 울타리로 사용했다.

의 처지를 빗대어 '수선화'와 관련된 글이 많이 남아 있다. 유교에서는 자연물을 감상할 때 스스로 내재된 규범을 확인한다. 이를 비덕론(比德論)이라고 한다. 추사에게 수선화가 그랬다.

수선화는 중국 강남에서 자라는 꽃으로 조선에서는 보기 어려웠다. 순조 12년(1812년) 신위(1769~1847년)가 연경에 사신으로 갔다가 돌아오면서 수선화가 보급되었고, 문인들이 서로 나누어 꽃을 즐겼다. 이러던 차에 추사는 제주로 유배를 와 수선화를 보게 된 것이다. 수선화를 제주에서는 '물마농'이라 한다. 못 먹는 마늘이라는 뜻이다. 추사는 수선화를 보고 영의정을 지낸 권돈인 대감에게 "정월 그믐에 피기 시작하여 3월이면 절정에 이르러 산이나 들, 밭둑 할 것 없이 일망무제의 수

제주의 전통 가옥은 안주인이 생활하는 안거리, 바깥주인이 있는 밖거리, 별채인 모거리 등 ㄷ자형이다. 이 중 안거리에는 비바람을 막는 '풍채', 곡물을 보관하는 고팡, 구들, 정지 등이 있고, 정지 옆에는 물을 긷는 물허벅과 지고 내리기 수월하게 물팡이 있다.

선화는 흰 구름 같기도 하고 새로 내린 봄눈 같습니다"라고 글을 보냈다. 또《완당선생전집(阮堂先生全集)》권3에는 "토착민들은 이것이 귀한 줄 몰라서 우마에게 먹이고 또 짓밟아버리며, 또한 그것이 보리밭에 많이 나서 촌리의 장정이나 아이들이 한결같이 파내어 버리는데, 호미로 파내도 다시 나곤 하기 때문에 이것을 원수 보듯 하고 있으니, 물이 제자리를 얻지 못한 것이 이와 같습니다."라고 하였다.

수선화를 '아름다운 인간의 이념의 상징'으로 삼을 만큼 예찬했지만 제주 사람들은 수선화를 마소에게 먹이고, 호미로 파내는 하찮은 것으로 여겼으니 꼭 자신을 보는 듯했던 것이다. 그 수선화를 여수 거문도의 등대 밑 벼랑에서 만났다. 재래종 수선화로 하얀 꽃잎에 노란 꽃술이 어머니가 도시락에 얹어준 계란 모습이다. 그래서 '계란꽃'이라 부르기도 한다.

추사기념관 뒤에 마련된 민가는 ㄷ자형 집으로 안주인이 생활하는 '안거리', 바깥주인이 생활하는 사랑채 격인 '밖거리', 별채인 '모거리'로 나뉘어 있었다. 안거리에는 비바람과 햇볕을 막기 위한 보조지붕 '풍채', 식품과 곡물을 보관하는 고팡, 온돌이 놓아진 구들, 마루인 상방, 정지(부엌) 등으로 이루어져 있다. 부엌은 육지처럼 취사와 난방을 함께 하는 것이 아니라 취사 기능만 담당했다. 날씨가 따뜻한 탓인데, 간혹 방 안에 불을 지펴야 할 때는 별도로 '굴묵'이라는 것이 있었다. 부엌 옆에는 물팡과 물허벅이 놓여 있다. 밖거리에는 아이들을 가르치는 모습이, 모거리에는 초의선사와 차를 마시는 모습이 밀납인형으로 만들어져 있었다. 그 외에도 화장실 통시와 돼지우리를 합쳐놓은 돗통시가 있고, 정주석과 정낭이 있다.

제주는 이제 유배객 대신에 1,000만 관광객이 드나들고 있다. 어떤 이들은 여행을 '자발적인 유배'라고 한다.

57

동백꽃에
물들다

아침이다. 창문 밖 대정 하덕마을이 하얗다. 바닷가 검은 바위도 흰옷으로 갈아입었다. 계획했던 마라도를 포기하고 위미리 동백마을로 향했다. 눈은 끊임없이 내린다. 제주 겨울여행을 하면서 이렇게 많은 눈을 본 적이 있던가. 제주에 겨울 동백 명소가 몇 곳 있다. 동양에서 가장 큰 동백 수목원을 자랑하는 카멜리아 힐, 여자미로, 일출동굴 그리고 위미리, 선흘리, 신흥리 등이다. 이 중 카멜리아 힐, 여자미로, 일출동굴은 여행사들이 선정하는 겨울철 제주 여행 상품에 꼭 들어가는 곳들이

거문오름에서 발견한 팔색조(왼쪽)와 긴꼬리딱새(오른쪽). (사진 : 조영균)

다. 이와 달리 선흘리, 신흥리, 위미리는 주민들의 제주살이 속에서 조성된 동백숲이라 느낌이 다르다. 람사르습지로 지정된 선흘리 동백동산은 수령이 20여 년에 불과하지만 10만여 그루가 숲을 이루고 있다. 여기에 종가시나무, 구실잣밤나무, 참가시나무, 골고사리, 백서향, 노린재나무, 마숙줄 등 난대성 상록수림이 모여 있다. 그리고 왕잠자리, 유혈목이, 제주도룡뇽, 참개구리, 긴꼬리딱새 등 동물도 서식하며, 최근 세계지질공원으로 추가되면서 외국인들도 찾고 있다.

동백숲을 찾다

움푹 패인 곳에 용암이 흘러 구멍을 막고 웅덩이를 만들었다. 1971년 상수도가 보급되기 전까지 먼물깍 등 여러 곳 웅덩이에 고인 물을 길러 먹었다. 빨래도 하고 마소에게도 물을 먹였다. 곶자왈을 일궈 농사를 짓기 전에는 숯을 구워 생계를 잇고, 최근까지 감귤, 콩, 메밀을 심어 살아왔다. 동백동산과 곶자왈을 지키기 위한 노력에 주민이 참여하면서

다랑쉬 굴에서 시신 11구가 발견되었다. 제주 4.3항쟁 때 토벌대를 피해 용암굴로 피했던 민간인이다.

자연생태우수마을, 환경부습지보호지역, 람사르습지, 국가지질공원 명
소, 람사르습지도시 등에 지정되어 제주는 물론 우리나라 생태관광 학
습장이 되고 있다. 동백동산에서 가장 규모가 큰 용암 언덕은 '상돌언
덕'이다. 이곳은 주민들의 놀이터이자 주변을 살필 수 있는 장소였다.
제주의 아픔인 4.3 때 20여 명이 몸을 숨긴 도틀굴도 동백동산 안에 있
다. 젊은이를 찾아 죽인다는 소문에 동백동산 동굴에 숨었다. 마을에
남은 노인들을 위협해 숨은 곳을 알아낸 군인 토벌대는 다음 날 목시물
굴에 있는 주민들마저 죽였다. 죽은 시체에 불을 놓아 시신을 확인할
수도 없게 했다.

아침부터 흩날리기 시작한 눈발은 중산간에 자리한 남원으로 들어
서자 함박눈으로 바뀌었다. 도로에 차들도 줄어들더니 급기야 지나는
차도 없다. 아마 제주에서 서귀포로 넘어오는 중산간 도로가 모두 통제
된 듯했다. 바람에 흩날리던 눈이 마을로 들어서니 거짓말처럼 얌전해
졌다. 그 이유는 마을을 돌아보고서 알아차렸다. 동백숲이었다. 위미리

섬 시인 이생진은 10여 년째 4월이면 다랑쉬 동굴 앞에서 찾아온 사람들과 함께 추모제를 열고 있다.

는 동백나무가 방풍림이었던 것이다. 어른이 안아야 잡을 수 있을 만큼 굵은 동백나무들이 줄지어 서서 바람을 막아주고 있었다. 이 와중에 여행객 몇 팀이 차를 가지고 골목으로 들어왔다. 여행지가 아닌 탓에 반듯한 주차장도 없고, 입장료도 없다. 소문이 나면서 찾는 사람이 많아지니 주민들이 겪는 불편함이 제법 클 것 같다. 나도 그중에 한 명이 될 것 같아 조심스러웠다.

마을을 돌아보다 동백숲 안에 감귤, 천혜향 등 농사를 짓는 집 안으로 들어섰다. 눈 쌓인 나뭇가지에 아직도 노란 감귤이 달려 있었다. 집 안에서는 구정을 앞두고 천혜향을 따서 배달할 것들을 상자에 담고 있었다. 이런 저런 이야기를 나누다 깜짝 놀랄 이야기를 들었다. 동백나무를 심은 주인공이 바로 자신들의 증조·고조 할머니라는 것이다. 이런 우연이 있단 말인가. 뛸 듯이 기뻤다. 천혜향을 주문하고 자리를 잡고 앉았다. 할머니 이야기를 듣고 싶었다.

동백숲을 지키고 있는 4대 며느리 고씨는 김녕에서 태어나 20살에 위미리로 시집을 왔다. 바닷가에서 태어난 덕에 바다가 두렵지 않았다. 점심때 집으로 밥을 먹기 위해 가다가 바닷가에서 물놀이를 하느라 밥을 먹지 못하고 학교로 가는 일도 많았다. 그런데 물질은 배우지 못했다. 위미리로 시집와서 시누이를 따라 물질을 하러 갔는데 미역을 딸 수가 없었다. 자맥질을 깊이 해야 하는데 허리에 납을 찼음에도 들어가지 못하고 중간에 떠올라 미역 꼭지만 뜯어야 했다. 보다 못한 시누이가 얕고 구젱이가 많은 곳을 알려줘 그곳에서 물질을 했다. 처음 전표를 받은 것이 1.5킬로그램에 3,000원이었다. 그걸 받고 눈물을 흘렸다. 그렇게 4년 간 물질을 해서 아이 우윳값도 하고 11차례나 되는 제사를 지냈다. 그 사이에 동백숲 안에 키운 감귤나무가 자라 열매를 맺기 시작했다. 시아버지가 사채 300만 원을 얻어다 준 것으로 심은 나무였다.

그 전에는 소를 먹이는 '촐'만 심어져 있었다.

위미리 동백나무 숲은 한 할머니 현병춘(1858~1933년)의 아픔과 설움이 담긴 제주살이이다. 할머니는 17세 되던 해에 마을로 시집을 왔다. 먹고살기 어려워 해초를 뜯고, 품을 팔아 생활하면서 돈을 모았다. 그 돈으로 '버둑'이라 불리는 황무지를 사들여 땅을 일궜다. 하지만 땅도 척박했지만 바람 때문에 농사를 지을 수 없었다. 바람을 막기 위해 소나무를 심었지만 해충 때문에 농사를 지을 수 없었다. 그러다 한라산에서 동백나무를 발견했다. 그 씨앗을 가져다 뿌린 것이 자라나서 숲을 이뤘다. 동백열매로 기름을 짜서 잔치음식도 장만하고, 기침에도 효과가 있었다. 무엇보다 바람을 막고 땅도 기름지게 할 수 있어 농사를 지을 수 있었다.

현씨 할머니도 해녀였다. 물질을 해서 번 돈 17냥(고씨가 집안에서 들은 이야기는 17냥이라는데 안내판에는 35냥으로 적혀 있다)으로 일군 땅이다. 소라와 미역을 담은 구덕을 지고 옆에 둥근 돌을 하나씩 담아 와서 돌담을 쌓았다. 동백나무를 심고 옆에 돌담을 쌓아 바람을 막았던 것이다.

위미리만 아니라 제주 곳곳에서는 동백낭(낭은 나무의 제주 말)을 심어 바람을 막았다. 남원 신흥리는 동백숲을 마을 공유자원으로 만들어 동백마을 프로젝트를 진행하고 있다. 화장품을 만드는 기업의 도움을 받고 정부 지원사업을 받다 동백열매로 기름을 짤 수 있는 방앗간도 만들고, 동백공예체험, 동백음식, 동백비누 등을 만드는 체험센터도 지었다. 동백나무를 심어 설촌한 300년의 역사를 기반으로 미래 300년을 준비하고 있다. 아쉽게도 신흥리로 가는 길은 눈길에 막혀 돌아서야 했다.

너는 그때 아홉 살이었지

동백꽃이 지고 유채꽃도 철 지난 4월 말, 다랑쉬동굴 앞으로 하나둘 사람들이 모여들었다. 아끈다랑쉬와 다랑쉬 오름이 잘 보이는 곳이다.

　다랑쉬굴은 구좌읍 세화리에 위치한 길이 30미터 용암동굴이다. 이곳에 제주 4.3사건으로 동굴에 피신해 있던 주민 11명이 토벌대에 의해서 희생되었다. 1948년 12월 18일이다. 하도리와 종달리 주민 11명이 군·경·민 합동 토벌대에 발각되었다. 수류탄을 굴속에 던지며 나올 것을 종용했지만 어차피 죽을 것을 우려해 나가지 않았다. 토벌대는 입구에 불을 피우고 막았다. 모두 질식해 죽었지만 유족들이 사체를 수습할 수 없었다. 그리고 1991년 12월 '제주 4.3연구소' 회원들에 의해 발견되었다.

　아이 하나, 여자 셋, 남자 일곱 모두 열하나
　김진생(51) 강태용(34) 고순환(27)
　박봉관(27) 고순경(25) 고태원(25)
　부성만(24) 이성남(24) 고두만(21)
　함명립(21) 이재수(9)

　이재수,
　너는 그때 아홉 살이었지

　시인 이생진(90)은《어머니의 숨비소리》에 실린 '다랑쉬오름의 비가 6'에서 이렇게 노래했다. 제주도민도 아닌 시인은 20년 가까이 이들의 영혼을 달래는 위령제를 지내고 있다. 그와 함께 현승엽 가수와 시인을 좋아하는 문학인이 내려와 하얀 국화 11송이와 송편과 막걸리를 굴 입구에 놓고 지낸다. 시인은 1951년 제주에서 군생활을 했다. 그 인연으로 매년 봄 '4.3 행사'가 끝나고 오가는 사람이 뜸한 시간에 조용히 지인들과 함께 다랑쉬를 찾는다.

저렇게 작은 구멍으로 어떻게 사람이 들어갔을까. 덩굴식물 사이 돌무더기 사이로 아주 작은 구멍이 보였다. 작은 개 한 마리도 기어서 들어가기 힘들 만큼 구멍이 작았다. 저 안에 열한 명이 들어가서 나올 수도 없고 나오지 못하고 연기를 마시며 죽어갔단 말인가.

굴 입구에서 시작한 하얀 천이 주변을 돌아 가운데 돌무더기 위에 올려졌다. 시인은 술을 따르고 절을 올렸다. 한 명 한 명 고인의 이름을 불렀다. 특히 아홉 살 이재수와 시인이 나누는 대화에는 뭉클했다. 시인보다 열 살쯤 어리기에 생존했다면 회갑도 칠순도 지나 여든이 다 되어갈 것이다.

올해 40여 명이 참석했다. 아흔을 넘긴 노시인의 표정은 더욱 평안하다. 내년을 기약할 수 없을 것 같은 막연한 생각에 밤배를 타고 제주로 건너왔다. 이번처럼 날씨가 좋은 것은 처음이란다. 예년에 비해 참가자도 많았다. 구좌읍 문학인노 참석했노, 매달 마시막 주 금요일 시인을 모시고 시낭송회를 갖는 진흠모(이생진을 흠모하는 모임) 회원들도 참석했다. 섬여행 카페 '섬으로' 회원들도 참석했다. 구좌문학인 대표가 죄송하고 미안하고 고맙다고 인사를 했다. 제주 사람들도 관심을 갖지 않는데 조용히 한두 해도 아니고 이렇게 매년 찾아와 위령제를 지내주니 부끄럽다고 했다. 아끈다랑쉬 오름에 있는 이재수 할머니 무덤에서 시작된 인연으로 매년 이재수를 만나고 있다.

| 참고문헌 |

강정효, 《한라산 이야기》, 눈빛, 2016

고관민, 《제주도의 생산기술과 민속》, 2004

고광민 외, 《조선시대 소금 생산방식》, 신서원, 2006

고광민, 《어구, 제주대학교박물관》, 2002

고광민, 《돌의 민속지》, 각, 2006

고광민, 《제주생활사》, 한그루, 2016

국립남도국악원, 《(채정례)진도씻김굿》, 2006

국립남도국악원, 《남도 굿 예인의 삶과 예술》, 2009

국립남도국악원, 《진도의 농악과 북놀이》, 2009

국립남도국악원, 《진도 씻김굿의 무구》, 2010

국립무형유산원, 《제주해녀문화》, 2016

국립제주박물관 편, 《유적과 유물을 통해서 본 제주의 역사와 문화》, 서경문화사,
    2009

국립해양박물관, 《바다를 맛보다》, 호밀밭, 2018

국토지리정보원, 《한국지명유래집 전라 · 제주편》, 2011

기태완, 《물고기 뛰어오르다》, 푸른지식, 2016

吉田敬市, 《朝鮮水産開發史》, 朝水會, 1954

김상헌 저, 홍기표역, 《남사록》, 제주문화원, 2009

김순이 외, 《제주여성 : 문화유적 100》, 제주발전연구원, 2009

김영돈, 《한국의 해녀》, 민속원, 1999

김유정, 《제주의 돌문화》, 서귀포문화원, 2012

김재근, 《한국의 배》, 서울대학교출판부, 1994

김준, 《어촌사회의 구조와 변동》, 전남대학교 박사학위논문, 2000

김준, 《갯벌을 가다》, 한얼미디어, 2004

김준, 《어촌사회 변동과 해양생태》, 민속원, 2004

김준, 《새만금은 갯벌이다-이제는 영영 사라질 생명의 땅》, 한얼미디어, 2006

김준, 《김준의 갯벌이야기》, 이후, 2009

620

김준, 《바다에 취하고 사람에 취하는 섬여행》, Y브릭로드, 2009

김준, 《대한민국 갯벌문화사전》, 이후, 2010

김준, 《한국어촌사회학》, 민속원, 2010

김준, 《소금밭 섬여행》, 비틀맵, 2011

김준, 《섬문화답사기(신안 편)》, 보누스, 2012

김준, 《섬문화답사기(여수 고흥 편)》, 보누스, 2012

김준, 《바다맛기행 – 바다에서 건져 올린 맛의 문화사》, 자연과생태, 2013

김준, 《어떤 소금을 먹을까 – 아빠와 함께 떠나는 소금여행》, 돌고래, 2014

김준, 《바다맛기행2》, 자연과생태, 2015

김준, 《섬문화답사기(완도편)》, 보누스, 2015

김준, 《섬 : 살이》, 가지, 2016

김준, 《바다맛기행3》, 자연과생태, 2018

김훈, 《원형의 섬 진도》, 이레, 2001

나경수 외, 《진도만가》, 국립남도국악원, 2007

나경수 외, 《진도의 상장의례와 죽음의 집단기억》, 민속원, 2014

문화재관리국, 《한국민속종합조사보고서(어업용구편)》, 1992

박병술, 《진도와 진도사람》, 학연문화사, 1999

박찬식, 《4.3과 제주역사》, 각, 2018

박태성, 《우해이어보의 바다 마산만의 물고기 이야기》, 마산문화원, 2017

뿌리 깊은 나무 편집부, 《한국의 발견 전라남도, 뿌리 깊은 나무》, 1983

서연옥 외, 《곶자왈에 사는 식물》, 국립산림과학원, 2017

서유구 저, 이두순 평역, 《평역 난호어명고》, 수산경제연구원, 2015

송시태 외, 《제주의 곶자왈》, 국립민속박물관, 2007

안미정, 《제주 잠수의 어로와 의례에 관한 문화인류학적 연구》, 한양대박사논문,
    2007

이경엽, 《진도다시래기》, 국립무형유산원, 2018

이근우 역, 《한국수산지》, 한국학술정보, 2018

이기갑, 《전남 진도 지역의 언어와 생활》, 태학사, 2009

이영권, 《제주역사기행》, 한겨레신문사, 2004

이영권, 《제주사》, 휴머니스트, 2005

이우신 · 구태회 · 박진영, 《한국의 새》, LG상록재단, 2000

이윤선,《산자와 죽은자를 위한 축제》, 민속원, 2018

이종묵·안대회,《절해고도에 위리안치하라》, 북스코프, 2011

이중환 저·이익성 역,《택리지》, 을유문화사, 2002

전경수 외,《탐라사의 재해석》, 제주발전연구원 제주학연구센터, 2013

전남대학교 호남학연구단,《진도군 마을굿》, 민속원, 2007

전라남도,《전남의 섬》, 2002

정약전, 이청 지음, 정명헌 옮김,《자산어보》, 서해문집, 2016

제주돌문화공원,《제주돌의 멋》, 학문당, 2004

제주전통문화연구소,《제주해녀생애사조사보고서》, 각, 2014

제주특별자치도,《사진으로 보는 제주역사: 1900-2006》, 2009

좌혜경 외,《제주해녀문화유산 실태조사 및 지속가능한 보전방안, 제주발전연구
원 제주학센터》, 2014

진도군지편찬위원회,《진도군지 상, 하》, 2007

진도문화원,《조도면지》, 2010

최덕원,《다도해의 당제》, 학문사, 1984

최부 저, 허경진 옮김,《표해록》, 서해문집, 2019

최성락 외,《진도 남도석성》, 목포대박물관, 2011

최현섭 박태성 지음,《최초의 물고기》, 지앤유, 2017

《韓國水産誌 三輯》, 朝鮮總督府農商工部, 1910

《韓國水産誌 一輯》, 朝鮮總督府農商工部, 1908

해양수산부 국립수산과학원,《한국어구도감》, 2002

해양수산부,《한국의 해양문화》, 2002

행정안전부,《한국도서백서》, 2011

허남춘 외,《(할망 하르방이 들려주는)제주음식이야기: 베지근한 구술로 풀어내는
제주전통음식 20》, 이야기섬

허남춘,《설문대할망과 제주신화》, 민속원, 2017

현용준,《제주도 전설》, 서문당, 1996

현평효, 강영봉,《표준어로 찾아보는 제주어 사전》, 각, 2018

황루시,《진도씻김굿》, 화산문화, 2001

섬문화 답사기 진도 제주편
치열한 생존과 일상을 기록한 섬들의 연대기

1판 1쇄 펴낸 날 2019년 9월 10일
1판 2쇄 펴낸 날 2020년 8월 10일

지은이 | 김준
기 획 | 들풀
주 간 | 안정희

펴낸이 | 박윤태
펴낸곳 | 보누스
등 록 | 2001년 8월 17일 제313-2002-179호
주 소 | 서울시 마포구 동교로12안길 31 보누스 4층
전 화 | 02-333-3114
팩 스 | 02-3143-3254
E-mail | bonus@bonusbook.co.kr

ISBN 978-89-6494-279-6 04900